स्त्री-विमर्श का लोकपक्ष

स्त्री-विमर्श का लोकपक्ष

अनामिका

वाणी प्रकाशन

प्रकाशन के उत्कृष्टतम 60 वर्ष

vaniprakashan.com

सजिल्द पहला संस्करण : 2012
सजिल्द दूसरा संस्करण : 2017
सजिल्द तीसरा संस्करण : 2023

वाणी प्रकाशन

4695, 21-ए, दरियागंज, नयी दिल्ली-110 002

फ़ोन : +91 11 23273167, 23275710

शाखाएँ

अशोक राजपथ, पटना-800 004, बिहार
कॉफ़ी हाउस कैम्पस, महात्मा गांधी मार्ग, इलाहाबाद-211 001, उत्तर प्रदेश
महात्मा गांधी अन्तरराष्ट्रीय हिन्दी विश्वविद्यालय, वर्धा-442 001, महाराष्ट्र
36/ए, शेक्सपियर सरणी, रानी बिरला गर्ल्स कॉलेज के पास, कोलकाता-700 017, प. बंगाल
sales@vaniprakashan.in
vaniprakashan@gmail.com

Stri-Vimarsh ka lokpaksh
by Anamika

ISBN : 978-93-5072-146-9
Feminism

मूल्य : ₹ 695

आर. टेक ऑफ़सेट प्रिंटर्स, दिल्ली-110 032 में मुद्रित

वाणी प्रकाशन का लोगो मक़बूल फ़िदा हुसेन की कूची से

समर्पण

संजीव, वैभव, बजरंग, अंशु,
राजीव-हिमांशु, उत्कर्ष, उन्नयन
की पीढ़ी को...
उम्मीद है!

भूमिका

क्या आपके भीतर भी एक तालिबान है?

जो जहाँ है, ज़रा ठहरे! और आँखें झुका ले! यदि उसके सीने में एक समुन्दर है तो गौर से देखे—भीतर कहीं किसी पनडुब्बी में कोई तालिबानी तो छुपकर नहीं बैठा? कहते हैं, वो कहीं भी हो सकता है! राक्षस ने जैसे अपनी जान तोते में डाल रखी थी, उसने हमारे महबूबों, भाइयों, दोस्तों, बेटों, पिताओं तथा अन्य बुजुर्गों में भी छुपा रखी है अपनी दरिन्दगी—इत्ती-इत्ती ही सही, पर इत्ते अन्तरंग रिश्तों में इत्ती-सी भी दरिन्दगी अन्दर की हरीतिमा झुलसा देने को पर्याप्त है।

मैंने ऊपर वाली सूची में 'पतियों' को अलग से नहीं डाला, उनको 'महबूबों' में शामिल माना है, क्योंकि जिस प्रजातांत्रिक स्पेस का सपना हम सबकी आँखों में है, उसमें कोई किसी का पति या स्वामी हो भी कैसे सकता है! एक मनुष्य की यह मजाल कि वह दूसरे मनुष्य का स्वामी हो? धम्मपद के 'अत्तवग्ग' में बुद्ध का वह कथन याद कीजिए, मन भर आएगा—

अत्ता हि अत्तनो नाथो, को हि नाथो परो सिया।
अत्त्वाव सुदत्तेन, नाथं लभ्यति सुल्लभं।।

मनुष्य स्वयं अपना स्वामी है, उसका दूसरा कोई स्वामी नहीं है! जो स्वयं पर स्वामित्व स्थापित करता है यानी खुद को संयमित रखता है (अतिरेकों से बचाता है), दुर्लभ स्वामित्व को प्राप्त होता है! सोचिए, वह दिन कितना महबूब दिन होगा जब 'पति' भी महबूब कहलाएँगे और 'सासें' साँसों की तरह ही सहज होंगी, यानी एक दूसरी माँ—पितर-सत्ता का एजेण्ट नहीं, जो स्त्रियाँ अक्सर बन जाती हैं, खासकर उम्र के उस कगार पर जब उनको लगता है कि रूप और यौवन जो मूर्खतापूर्वक स्त्री-जीवन की केन्द्रीय उपलब्धियाँ मानी गईं, अब उनके हाथों से फिसल गये, अब ध्यान और मान पाने का एक ही उपाय है, पितरसत्ता के हथकंडे अपनाना, बात-बात में कोड़े फटकारना—कभी जुबान का कोड़ा, कभी सचमुच का!

गुलाम मानसिकता के रोगी हम, कभी-कभी हण्टरवालों के हण्टर चूम लेते हैं! बतौर रवीन्द्रनाथ टैगोर, खट्टा अचार और सख्त पति स्त्रियाँ पसन्द करती हैं! जहाँ उपाय है, वहाँ भी वे आजमाए नहीं जाते! कभी बच्चों की दुहाई, कभी बूढ़ी माँ की! नई गृहस्थी, एकल गृहस्थी बसाने लायक संसाधनों की भी भयानक कमी! ज्यादातर स्त्रियाँ बेगार करती हैं, नौकरी नहीं करतीं और जहाँ वे नौकरी करती भी हैं, उनके चेकबुक-पासबुक पतियों के पॉकेट में ही रहते हैं। चूँ-चपड़ की, लगाम ढीली करने की कोशिश की तो फिर से वही हण्टर! कोई तो बात होगी कि दुनियाभर की औरतें पुरुषों के मुकाबले तीन गुणा अधिक काम करती हैं, तिगुने हैं उनके काम के घण्टे और आमदनी नगण्य! दुनिया-भर की सम्पत्ति का मात्र 2.2% हिस्सा स्त्रियों के नाम है! यानी प्रायः सारी स्त्रियाँ सर्वहारा हैं। जो बड़े सेठों, स्मगलरों, उद्योगपतियों, कालेधन के स्वामियों से ब्याही गईं, उनके नाम से ज़मीनें और जायदादें खरीद तो ली जाती हैं (क्योंकि एक नाम पर कितनी जायदाद होगी भला) पर उनके सारे कागज उनकी पहुँच के परे होते हैं और उन्हें यदि पता चल भी गया कि उनके पति अपराधी हैं, सिर्फ घर में ही हण्टर नहीं फटकारते, बाहर भी गोरखधंधे करते हैं, तो बार-बार कोर्ट का दरवाज़ा खटकाने के बावजूद उनको तलाक नहीं मिलता! कैसे मिले? उनके नाम इतनी सम्पत्ति नत्थी जो है! कहने को तो यह सम्पत्ति उनकी है, 2.2वें हिस्सा में उनकी भी गिनती हो गई होगी, पर वास्तव में यह क्या उनकी है? ये तो बस लदनी का घोड़ा हैं! और घोड़े के नसीब में चाबुक ही आता है।

मार-पीट, गाली-गलौज, भ्रूण-हत्या, कटाक्ष, इनसेस्ट (कौटुम्बिक व्यभिचार), बलात्कार और तरह-तरह के यौनदोहन, सती, पर्दा, डायन-दहन, दहेज-दहन, पोर्नोग्राफी, ट्रैफिकिंग, वेश्यावृत्ति, यान्त्रिक सम्भोग, प्रेमहीन विवाह-बन्धन, अनचाहा गर्भ, साफ-सुथरे और सुरक्षित प्रसव केन्द्र का अभाव—दुनिया के जितने अपराध हैं—प्रायः सबका प्राइम साइट, सबकी आधार-पीठिका स्त्री-शरीर ही तो है, शरीर जो कि इतना नरम और कोमल है, फिर भी इतना कर्मठ, लचीला और फुर्तीला, शरीर जिसने आपको धारण किया है, आपको पाला-पोसा है, कहानियाँ-लोरियाँ सुनाई हैं, दिन-रात आपकी खिदमत में जुटा है, आखिर आपसे चाहता क्या है? वैसा व्यवहार जो बकौल पोरस, एक राजा दूसरे से चाहता है! प्रजातन्त्र का गौरव इसमें ही है कि यहाँ सब शहंशाह हैं, कोई छोटा-बड़ा, ऊँचा-नीचा नहीं, सबकी ही मानवीय गरिमा की रक्षा होनी है!

जो ऐसा नहीं मानता, तालिबानी है! जो भी वर्ग-वर्ण-नस्ल और लिंगगत वैविध्य को शोषण का आधार बनाकर भेदभाव की राजनीति खेलता है, तालिबानी ही है। सबसे मज़ेदार बात यह कि 'तालिबान' का मतलब है 'विद्यार्थी'! 'तुम कौन धों पाटी पढ़े हो लला?' जाने किस स्कूल के विद्यार्थी हैं ऐसे! इतने उग्र और हृदयहीन! जाने किसने उन्हें ऐसी पट्टी पढ़ाई है! पिछले दिनों ससुर से 'नाजायज़'

सम्बन्ध के आरोप पर एक मासूम, कोमल-सी लड़की की जिस तरह की नृशंस पिटाई के दृश्य इण्टरनेट पर लोगों ने देखे, और जिस तरह की क्रूर यौन-तृप्ति का नज़ारा तालिबानियों के कुटिल चेहरे पर देखा, सैडिज्म की इन्तेहा था, सैडिज्म जिसकी परिभाषा डॉन्मांस ने उन झंकृतियों के रूप में की है जो दूसरों (विशेषकर विवश स्त्रियों) की नृशंस पिटाई के दौरान पुरुष की वहशी नसों में धीरे-धीरे जगती हैं—उनकी पशु-वृत्तियाँ खून में ऊपर-से-नीचे तक हहाकर-हहाकर उठती-गिरती हैं, उन्हें एक मीठी-सी गुदगुदी लगाती हुई, और उनका अहंकार पुष्ट होता है : ये लो, अब चख लो मजा, मेरा कहा टालने का....! अपने पाँचवें डायलॉग में साद खुद लिखते हैं :

> "His sophistery as moralist, sociologist and legislator
> reaches new heights ... seduced by a false religion,
> beheld as a criminal, I reduce ourlabour to very little.
> Let us create a few laws; but let them be good ..."

(सीवर ऐण्ड वेनहाउस, द माक्यू द साद, पृ. 113)

एक पंक्ति में साद का दर्शन यह है कि सबसे पहले एक नैतिक शून्य तैयार करो, फिर उसे नई चेतना से भरो—चेतना जिसे प्रभुतासम्पन्न लोग अपनी सुविधा, अपनी शर्तों पर तैयार नियमावलियों से 'मैनुफैक्चर' करते हैं : धर्म और आध्यात्मिक मूल्यों को भी किसी तरह से पीट-पाटकर पूरा अनुकूलित करने का यत्न निरन्तर चलता है जिस तरह स्त्रियों को! इस तरह स्त्रियाँ और आध्यात्मिक मूल्य, जो दरअसल मानव-मूल्य हैं, सखियों की तरह उभरते हैं, पर फासिस्ट उन्माद की एक अवस्था ऐसी भी आती है जब ये मूल्य भी स्त्रियों के खिलाफ़ हो जाते हैं, उनके शोषण का हथियार बन जाते हैं! अब जैसे, सहिष्णुता, धीरज, ममता, क्षमा, उदारता, सेवा उत्कृष्ट मानव-मूल्य या आध्यात्मिक मूल्य तो हैं ही (हिन्दी में प्रायः सब मूल्य स्त्रीलिंग ही हैं), किंतु इन सारे-के-सारे मूल्यों का निवेशन सिर्फ स्त्री में हो ...क्योंकि स्त्री संस्कृति की प्रहरी है, संस्कृति जो कि संप्रभुओं की क्रीतदासी है...यह तर्क कहीं से भी न्यायोचित नहीं दीखता! दुनिया की सारी उच्चाशयता का ठीका स्त्रियाँ ले भी लें अगर तो वे प्रेम करने लायक (अपनी नैतिक कद-काठी का) पुरुष कहाँ से पाएँगी? अपने से कमतर पुरुष से स्नेह तो किया जा सकता है, उस पर ममता तो लुटाई जा सकती है, किंतु प्रेम सुलगाने लायक जो प्यारी-सी चुनौती सामनेवाली के व्यक्तित्व में चाहिए—उसके बिना प्रेम तो असम्भव है।

तालिबान की वह प्यारी-सी मासूम बच्ची हो चाहे तहमीना दुर्रानी के 'कुफ्र' की नायिका, नासिरा शर्मा के-संगसार' की या फिर उन अनेक फिल्मों की जो 'स्वात' क्षेत्र की कबीलाई मनोवृत्ति का भास्वर प्रतिरोध कर रही हैं ... उन्हें बृहत्तर दुनिया की उन सब स्त्रियों का उद्धुर तेज गोद में लेता है, दुलराता है; असीसता है जो

अपने छोटे-छोटे मोर्चों पर छोटे-छोटे तालिबानियों के सामने सत्याग्रह ठाने बैठी हैं। दुनिया का इकलौता पूर्णतः अहिंसक आन्दोलन है स्त्रीवाद : एक मनोवैज्ञानिक लड़ाई जिसने मकाम भी हासिल किए हैं तो बहनापे के ज़ोर से, और युद्ध, दंगे, निःशस्त्रीकरण, रंगभेद की नीति, पर्यावरण और विश्वायन—सब बृहत्तर प्रश्नों पर अपने उन भाइयों, बेटों और दोस्तों के साथ लगातार जूझ रही हैं जो उनकी तरह ही सर्वहारा और आदि-विस्थापित, हाशिए के लोग हैं।

ये ही हाशिए के लोग एक दिन स्त्री-काया, स्त्री-मन और स्त्री-दृष्टि की तालिबानी समझ दूर करने में हमारी मदद करेंगे क्योंकि प्रतिकार का और सत्याग्रह का नैतिक तेज कहीं बचा है तो इनमें ही! भाव का अभाव से नाता बहुत गहरा होता है!

शरीर चूँकि स्त्री का शरीर दुखता हुआ घाव होता है, उसके शोषण की आधारभूमि, वह इसे लेकर हमेशा सशंक रहती है! सर्वेक्षण बताते हैं कि दस लाख में से एक सम्बन्ध ही ऐसा होता है, जहाँ किसी मजबूरी में शरीर चारे की तरह बिछाने की या प्रयोजनसिद्धिमूलक कोई सम्बन्ध बनाने की या 'आ बैल मुझे मार' कहने की पहल कोई स्त्री करती है! देह का इस्तेमाल रिश्वत के रूप में वह करे जिसमें प्रतिभा कम हो या जो मेहनत से डरे, चूँकि स्त्रियाँ मेहनत से नहीं डरतीं, दस हाथों से दस दिशाओं में फैले दस काम लगातार ही साधती चलती हैं—वह भी सेवा-भाव से, इन्हें आँकी-बाँकी राह चलके विकास के मामूली अवसर 'वरदान' रूप में किसी से वसूलने की जरूरत ही क्या?

लाखों में कोई एक लड़की दूसरे पुरुष की बाँहों का तृषित आमन्त्रण स्वीकार भी करती है तो काफी हील-हुज्जत और गहरे अन्तर्द्वंद्व के बाद, और इस बारे में आश्वस्त होकर कि वह किसी और की राह का काँटा तो नहीं बन रही। अक्सर ऐसे सम्बन्ध बनते तभी हैं जब मानसिक तौर पर दोनों अकेले हों! SWCA के एक अधतन सर्वेक्षण के अनुसार 'स्त्रियाँ' विवाहेतर सम्बन्धों की ओर (जाने-अनजाने) तभी बढ़ती हैं जब दाम्पत्य का अनुभव कड़वा होता है! घरेलू हिंसा की शिकार ऐसी स्त्रियाँ जिनका जीवन उनके नीरस या/और क्रूर पति ने पहले से ही हराम कर रखा है, कभी-कभी हमदर्दी पाकर पिघल जाती हैं। शुरू-शुरू में यह रिश्ता उदात्त दोस्ती का ही होता है, बाद में पुरुष की पहल पर इसमें (कभी-कभी) दैहिक अन्तरंगता की लालिमा आ जाती है! सबसे तकलीफदेह और विडम्बनामूलक तथ्य तो यह कि हमदर्द भी 'पुरुष' या 'पति' या 'यौन-साथी' बनते ही वे ही क्रूरताएँ लगता है दिखाने जो उसे पितरसत्ता ने घुट्टी में पिला रखी हैं और स्त्रियाँ 'ताड़ से गिरे खजूर पे अटके' वाली स्थिति में पहुँच जाती हैं .... घर के भीतर तो जो ताण्डव होना है, होता ही है, बाहर का तालिबानी विश्व भी संगसार करता है तो सिर्फ उसको ही।

'चिड़िया जाल में क्यों फँसी

क्योंकि वह भूखी थी!' एक उत्तर यह भी हो सकता है, लेकिन इससे ज़्यादा पैना उत्तर है यह कि :

'चिड़िया जाल में फँसी...
क्योंकि वह चिड़िया थी'

अब बात बनेगी तभी जब 'हितोपदेश' के चित्रग्रीव और उसके शावक-दल की तरह जाल-समेत उड़ जाएँगी चिड़ियाँ : एक स्वशासित स्पेस की ओर जहाँ उन्हें साथी के रूप में तीक्ष्ण दाँत वाले लघुपतनक मिलेंगे (यानी कि हाशिए के अन्य वंचित जन)—जीर्ण-शीर्ण जाल काट देने को तैयार!

मैं बार-बार यह कहना चाहूँगी कि हमारे हिंसाविह्वल, आतंकातुर समय की सबसे बड़ी त्रासदी यह है कि स्त्रियाँ तो 'ध्रुवस्वामिनी' वाली कद-काठी पर गईं किन्तु पुरुष अभी रामगुप्त की मनोदशा में ही हैं, चन्द्रगुप्त नहीं हुए! नई स्त्री बेतरह अकेली है क्योंकि उसको अपने पाए का धीरोदात्त, धीरललित, धीरप्रशान्त नायक आस-पास कहीं दीखता ही नहीं! गाली बकते, ओछी बातें करते, हल्ला मचाते, मार-पीट, खून-खराबा करते आतंकवादी या टुच्चे पुरुष से प्रेम कर पाना या उसे अपने साथ सोने के लायक समझना किसी के लिए भी असम्भव है! स्त्रियों का जितना बौद्धिक और नैतिक विकास पिछले तीन दशकों में हुआ है, पुरुषों का नहीं हुआ, इसलिए ज्यादातर स्त्रियों की दशा विद्यापति की उस नायिका वाली है जो तकलीफ़ की इन्तेहा पर हँस देती है : 'पिया मोर बालक हम तरुनी/पिया लेली गोदक चलली बजार'! बराबर का यह साथ तभी हो सकेगा जब पुरुष अतिपुरुष न रहें और स्त्रियाँ अतिस्त्री ! एकध्रुवीय विश्व न मैक्रो स्तर पर अच्छा है न माइक्रो स्तर पर! सन्तुलन ही सुख का मूलमन्त्र है! सरप्लस न क्रोध का चाहिए, न कामना का!

ऑनर–किलिंग

करने को मैं इस वहशी मुहावरे का हिन्दी अनुवाद कर ही सकती हूँ, कई तरह से कर सकती हूँ, लेकिन करूँगी नहीं क्योंकि मैं इसे बहुब्रीहि समास की तरह पढ़ना नहीं चाहती, षष्ठी तत्पुरुष की तरह पढ़ना चाहती हूँ–वह भी उसकी पूरी अँगरेजियत समेत–'ऑनर किलिंग' यानी कि 'ऑनर' की हत्या, अपनी इज़्ज़त का खुद अपने ही हाथों से खात्मा। ऑनर-ऑनर! जज का हथौड़ा ठनका है! हथौड़ा काठ का है। मेज भी काठ की है! और कलेजा भी काठ का! एकदम से कठकरेज! हम काठ के पुतले हैं। कठपुतलियाँ!

चलें, एक लोककथा में लौटें। चार दोस्त घूमने गये। एक बढ़ई, एक दर्जी, एक पुरोहित, एक नर्तक। चलते-चलते शाम हो गई। गये एक पेड़ के नीचे। फिर बारिश होनी लगी। हुई तो होती ही चली गई। काठ का एक कुन्दा बहकर आया! बढ़ई ने बैठे-बैठे उसकी एक कठपुतली बना दी। दर्जी ने उसके कपड़े सिले। पुरोहित ने उसमें प्राण फूँके। जब वह लड़की बन गई, नर्तक उसके साथ थिरक उठा। फिर चारों में एक बहस छिड़ गई कि वह किसकी है; किसकी सेवा वह करेगी और किसके संग रहेगी। आपस में फैसला हो ही नहीं पाया, फिर एक ज्ञानी के पास गये, वह बोला–बढ़ई पिता, दर्जी भाई, पुरोहित गुरु है, जो साथ नाचा–उसी छन्द में नाचा, सखा तो वह है, वह साथ रहेगी उसके क्योंकि उससे उसका बराबरी का रिश्ता है–दोनों ही एक-दूसरे का छन्द समझते हैं, दोनों का आपसी ताल-मेल है! जो साथ थिरक उठे, दोस्त तो वहीं है, वही सखा, सुख उसी के साथ होगा क्योंकि भीतर का संगीत फूटेगा उसके ही संग! बाकी से स्नेह का रिश्ता है, सेवा-सत्कार का रिश्ता, आदर का रिश्ता! यह रिश्ता भी कोई छोटा नहीं है! तुलसी के पात-कौन बड़े, कौन छोटे। इनमें आपस में संघर्ष कहाँ है!

तीन तरह के ऋणों की बात शास्त्र करते हैं–प्राकृतिक सम्पदाओं की खातिर देव-ऋण, जन्म के लिए पितृ (पढ़िए, मातृ) ऋण, ज्ञान के लिए गुरु ऋण! कहते हैं, तीनों ऋणों की एक शृंखला बनती है। प्रत्यक्ष अवदान से ये उतरते नहीं! देव-ऋण चुकता है दरिद्रनारायण की सेवा से मातृ-/पितृऋण चुकता है समाज को योग्य

सन्ततियाँ देकर और गुरु-ऋण आगे आने वाली कम-से-कम दो पीढ़ियों में ज्ञान और प्रज्ञा के स्फुलिंग विकसित कर!

किसी भी तरह हो, इन ऋणों से मुक्ति का कोई उपाय तो है किन्तु प्रेम बेचारा तो कोई महाजनी करता नहीं! ऋण की इसे कोई सुध ही नहीं आती! यह है मुक्त अवदान।

दोनों हाथों से लुटाने में ही परम सुख है इसे! प्रेम की पहचान ही यह है कि इसे वापस कुछ पाने की सुध नहीं आती! इसका हिसाब-किताब बिल्कुल ही गण्डगोल है। दीवाना है यह तभी। रैशनल नहीं, सुपररैशनल! आत्मग्रस्तता से प्रायः मुक्त! एक के बहाने सारी दुनिया अच्छी-सी लगे तो समझिए, प्रेम हुआ! इसीलिए प्रेम की अवस्था परम अवस्था है। प्रेमी समाज का सरमौर हैं, सामान्य जात-पाँत, लोभ-लाभ से ऊपर। जो आपका गौरव हो, उसकी हत्या आत्मगौरव की ही हत्या है! अपनी इज़्ज़त का कबाड़ा।

एक के चयन में कितने बृहदमन नकार शामिल होते हैं, ये खुद ही सोचिए! मीरा जब कहती हैं—'मेरे तो गिरधर गोपाल दूसरो न कोय', उनके 'न' में कितना तेज है। यह तेज पितृसत्ता का नकार है और राज्यसत्ता का भी! ... हर प्रेमी में मीरा का तेज होता है। उनको 'कुलनासी' कहनेवाले, विष का प्याला भेजनेवाले आज मीरा-मन्दिर बनवा रहे हैं। सदियों पहले मीरा जो नाच नाची थीं—पायल नहीं, घुँघरू बाँधकर—यानी डंके की चोट पर—प्रेमियों की रग-रग में अब तक वह ठनक रहा है। नये समाज को दिशा देंगे तो यही प्रेमी। सारी संकीर्णताओं का नाश प्रेम ही है, इसलिए प्रेम क्रांति है।

मूँछ की लड़ाई में औरत की हत्या। और प्रेमी की भी। जैसे कि उनका अपना कोई वजूद ही नहीं, कोई मर्जी नहीं उसकी। कोई किसी के संग जबर्दस्ती कर रहा हो या उसे क्षणिक वासना-शान्ति का माध्यम बना रहा हो—तब की बात अलग है, हालांकि तब भी 'हत्या' की नौबत नहीं आनी चाहिए, (और तरह की सजाएँ मुहय्या हो सकती हैं) लेकिन जब कोई जीवन-भर साथ निभाने को तैयार है तो सिर्फ इस खातिर उसका वध कर देना कि उसने जात-पाँत, गोत्र-फोत्र का बन्धन नहीं माना, प्रेम भी करना था तो जात-पाँत देखकर करना चाहिए था, हैसियत देखनी चाहिए थी, वगैरह-वगैरह... यह हद है।

इतने युग बीत गये। औरत की और उसके कुल की भी इज़्ज़त का पता नहीं बदला! वह उसकी मूक आज्ञाकारिता में ही आज तक निवेशित है, उसके गुड़ियापन में। जिस देश की सारी देवियाँ स्वयंवरा रही हैं, दाम्पत्य-सुख की पराकाष्ठा रूपायित करने वाली देवी पार्वती ने जहाँ अपने पिता से बगावत करके एक सबऑल्टर्न किस्म के देवता से शादी कर लेने का आदर्श रखा है—वहाँ ऑनर किलिंग? मैं तो यह मानने को भी तौयार नहीं कि एक बलशाली पशु के बीमार

अंग से स्राव की कुछ बूँदें देह पर पड़ जाने से या उसके बलात् तन-घर्षण से लड़की या उसके परिवार की 'इज़्ज़त' चली जाती है! हादसे तो हादसे हैं, उनका इज़्ज़त से क्या सम्बन्ध। इज़्ज़त जाती है जबर्दस्तियों से और पशुता से जैसे कि 'ऑनर किलिंग' के साक्षात् विद्रूप से।

अभी-अभी मॉस्को पुस्तक-मेला से लौटी हूँ। वहाँ भी एक झुण्ड लोग ऑनर किलिंग, भ्रूण हत्या, पूर्व-नियोजित विवाह आदि शर्मनाक प्रश्नों पर तरह-तरह के सवाल उठा रहे थे। गन्दे समाचार तैराकी में अव्वल होते हैं—पहले तो पीछे चलती थी, अब इण्टरनेट के इस क्षिप्र संतरण-काल में आपके 'आगे' चलेंगी आपकी बदनामियाँ। बदनामी देश की हो या समाज की, जिम्मेदारी अपनी है। कुछ उत्तर बोलकर नहीं दिए जा सकते। यदि किसी ने बर्बरता का यह रक्त-कीच हमारे पथ पर लथेड़ा है, दस गंदे उदाहरण सामने रखे हैं तो लाखों-लाख अच्छे उदाहरण ही इसका सटीक जवाब सिद्ध होंगे। और हमारा यह युवा-समाज प्रेम से, धीरज से और परिपक्व, सस्मित दृढ़ता से इन नृशंस हिरण्यकश्यपुओं का जवाब देगा—रूढ़ियों की होलिका पूरी तरह धू-धू जलकर रहेगी।

जो ग्रहण करें, वही आपका है। किसी ने गाली दी, आपने ग्रहण ही नहीं की, वह मिसाइल उस तक ही लौटेगी : जिन्हें दुश्चरित्र कहा जा रहा है, वे सब नई लड़कियाँ ध्रुवस्वामिनियाँ हैं, उन्हें चंद्रगुप्त चाहिए, क्लीव रामगुप्त नहीं। फिराक साहब से शब्द उधार लें कहें तो—

जो हमको बदनाम करे हैं, वे क्या इतना सोचे हैं
मेरा पर्दा खोले हैं कि अपना पर्दा खोले हैं।

—अनामिका

अनुक्रम

पहला अध्याय

स्त्री-विमर्श किस चिड़िया का नाम है?

(क) भूमण्डलीकरण और स्त्री

हम एक युद्धकातर, हिंसाविह्वल समय के नागरिक हैं! आप कहेंगे कि नागरिकता तो स्थान-सापेक्ष होती है, समय की नागरिकता क्या बला है! भूमण्डलीकरण ने विश्वग्राम की जो अवधारणा सामने रखी है—उससे स्थान के कंधे 'काल' का बैताल विराज गया है। स्थानीयताएँ, स्थानीय संस्कृतियाँ तेजी से विलुप्त हो रही हैं—प्रतिरोध में सिर पटकती हुई! जैसे बुझने के पहले दीया जोर से भभकता है, जरूरत से ज्यादा देसी और मटियाले, जरूरत से ज्यादा स्थानीय, धार्मिक और रूढ़िबद्ध भी लोग हो ही रहे हैं! इसका स्पष्ट संकेत है—विस्फोट : आतंकवादी विस्फोट, सूचना-विस्फोट... अपने समय का तो सिग्नेचर ट्यून है विस्फोट : कायर और अंधे विस्फोट। सूचना भी सिर्फ पटाखा है और संस्कृति भी बम की तरह नये देशों के सर फूटने को तैयार! सूचना जो ज्ञान या विवेक बन थिराए नहीं, धूल-धुआँ अंगारा बनकर बिखर जाए, विस्फोट ही होगी और संस्कृति 'अप' और 'उप' के उपसर्ग धारे बिना रहेगी भी कैसे यदि उसका उद्देश्य शान्तिपूर्ण सह-अस्तित्व न होकर आत्मसातीकरण हो जाएगा।

सोचिए, क्या होगा जब भारत जैसे रंग-बिरंगे देश में भी हम एक ही तरह का (मैकडोनल्डीय) खाना खाते हुए, एक ही तरह के कपड़ों में (सूटेड-बूटेड), एक ही तरह के त्योहार (नया साल आदि) मनाते, एक ही तरह की भाषा (हिंग्लिश) बोलते हुए एक ही रस्ते पर (अमरीका की ओर) कवायद करते मरियल सिपाही नज़र आएँगे—भूमण्डलीकरण, कहिए भूमण्डलीकरण के सिपाही!

विचारों का, श्रम का, रिवायतों का और पूँजी का विश्वायन अपने-आप में अमंगलकारी नहीं! इतिहास के इस चरण में यह होना ही था! अमंगलकारी है इसकी एकध्रुवीय, एकांगी, एकपक्षीय प्रकृति! सौन्दर्यशास्त्र हो या नीतिशास्त्र, कामशास्त्र, काव्यशास्त्र या दर्शनशास्त्र—सम्यक्, सन्तुलित, सर्वतोमुखी पल्लवन ही सबका केन्द्रीय सूत्र है! एकांगिता विकलांगता का पर्याय है, एकपक्षीयता पक्षाघात का! 'सर्वे भवन्तु सुखिनः सर्वे सन्तु निरामयः' एक टालू और चालू किस्म की असम्भव/यूटोपियाई रूमानियत का नारा हो, ऐसी बात नहीं! यह एक सदिच्छा है! और यदि 'इच्छा' के साथ भी 'सत' न लगा तो इच्छा किस काम की!

(ख) जन्नत की हकीकत

हम एक ऐसे दौर में जी रहे हैं जहाँ चारों तरफ स्त्रियाँ हँसती हुई दिखाई देती हैं—गली में, चौराहों पर, अखबारी विज्ञापनों में और टीवी पर, लेकिन कुछ चेहरे हैं जो कहीं भी दिखाई नहीं देते क्योंकि वे चेहरे नहीं, हाथ हैं—लगातार खटते हुए हाथ!

अपने स्त्रीवादी मातृत्व के दो अनुभव साझा करना चाहूँगी जब मुझे लगा कि हाँ, भविष्य के लिए दो प्रतिबद्ध स्त्रीवादी तैयार करने में मेरे भी स्त्रीवाद की कुछ भूमिका रही है। लगातार की बातचीत का बच्चों के मस्तिष्क पर कितना असर होता है— इसका प्रमाण हैं ये दो छोटी घटनाएँ! चार-साढ़े-चार साल का उन्नयन था! अभी छोटे-छोटे शब्द जोड़कर वाक्य बनाना और पढ़ना सीख ही रहा था। दिल्ली में हर जगह मेट्रो की पटरियाँ बिछ रही थीं। दिल्ली हाट पर खड़े-खड़े हम स्कूल-बस की प्रतीक्षा कर रहे थे। उसकी आँखें सामने के बोर्ड पर से कुछ पढ़ने की कोशिश कर रही थीं, अचानक वह मेरा आँचल खींचता हुआ बोला—माँ, देखो—लिखा है 'मेन ऐट वर्क' लेकिन वहाँ काम तो औरतें भी कर रही हैं!'

दूसरी घटना उत्कर्ष के बचपन की है। हम उसके दादाजी के पास थे उन दिनों। घर के पिछवाड़े भिण्डी के पौधे लगे थे! एक लम्बी-सी भिण्डी आसमान की ओर उठी हुई थी! कुछ दिन पहले ही मैंने उसे हिन्दी का मुहावरा सिखाया था—'उँगली उठाना' यानी दोष मढ़ना! सब्जियों के अँग्रेजी नाम भी वह स्कूल में सीख रहा होगा। अचानक बोला—'माँ, बड़ों पर तो उँगली उठानी नहीं चाहिए!' मैंने मजाक में कहा—'तुम्हें कोई दुःख होता है तो मुझ पर उँगली उठाते हो न कि तुम्हारे चलते यह हो गया। मुझी पर उतारते हो औरों का गुस्सा ... आदमी जिसे बहुत प्यार करे, उसे बहुत तंग भी करता है।' इस पर वह चुप हो गया, कुछ देर में बोला—'भिंडियाँ भगवान को बहुत प्यार करती हैं क्या? सबका गुस्सा उन पर ही निकालती हैं? 'लेडीज फिंगर आसमान की ओर उठी हैं!' औरतों को

लोग डाँटते भी तो हैं—कितनी जोर से-दहाड़कर!' इसीलिए वे गुस्सा हैं! 'क्या तुम कभी किसी को डाँटोगे, 'नहीं! मैंने तृप्ति की साँस भरी। बीज डालते चलिए! कुछ बीज पत्थर पर भी गिरेंगे तो क्या! उन्हें चिड़िया-चुनमुन चुग लेंगे। शब्द से बड़ा बीज कुछ भी नहीं होता—शब्द जो एहसास से उभरता है—आत्मिक अनुभव से—कहीं-न-कहीं तो उगेगा ही! इसी अर्थ में निजी से निजी अनुभूतियाँ सिर्फ निजी नहीं रहतीं। जब उनका राजनीतिक संदर्भन हो जाता है, वे औरों की चेतना के विकास का कारक हो जाती हैं।

सिर्फ शब्द नहीं, आँकड़े भी बहुत कुछ कहते हैं। अपने समय की कुछ विडम्बनाएँ उनके ही आश्र५ ७जागर करती हूँ। 1971 में 14.2% स्त्रियाँ सार्वजनिक क्षेत्रों में कार्यरत थीं! 1991 में यह प्रतिशत 22.3 हो गया। इनमें से 87% कामकाजी महिलाएँ प्राइमरी सेक्टर में कार्यरत हैं, 4% सेकेण्डरी सेक्टर में और 8% ग्रामीण महिलाएँ जुड़ी हैं खेती-बाड़ी, डेयरी-उद्योग, पशुपालन, मछली पालन, जंगल-वपन, हैंडलूम, हैंडिक्राफ्ट और दूसरे गृहउद्योगों से!

उनका मन शहर और शहरी बाबुओं की ओर खिंचता है कभी-कभी, लेकिन कई तरह के डर उनके मन में कुनमुनाते हैं। एक पंजाबी लोकगीत का भोजपुरी रीमिक्स इधर सुना, उसी के कुछ शब्द कुछ उलट-फेर के साथ सामने रखती हूँ :

"मैं तो नहीं जाना...
शहरी बाबू-संग जी—
बमपिलाट हैं उसके जूते
और नाजुक है मेरी कमर !"

निजीकरण का इधर इतना ज्यादा शोर है किंतु निजी जीवन, स्त्रियों का जीवन अब तक खुशनुमा नहीं हो पाया। तरह-तरह की जहालतें उन्हें झेलनी होती हैं, खासकर वंचित श्रेणी की महिलाओं को! श्रीखेड के एक गीत का मुखड़ा ज़रा देखिए—

"घास खोदते-खोदते दिन ढल गया!
अभी तक रोटी का कोई अता-पता नहीं!
माटी ही कोड़ते हुए पहुँची
हड्डियाँ श्मशान में—
बलिश्त-भर के इस पेट के लिए।"

गजब ढंग से गरीबी का स्त्रीकरण हो गया है। एक सजग स्त्रीवादी सचिन जैन ने बताया, तैरासा बाई मौसम में ढाई सौ रुपये का महुआ इकट्टा कर पाती है, इसके बदले बनिए से उनको उतना ही नमक मिल जाता है! यह उनकी सबसे बड़ी जरूरत है! जब भूख सताती है और कहीं से गेहूँ मिल जाता है तो सौ ग्राम आटे में पाव-भर पानी और तीन चुटकी नमक मिलाकर 'राबड़ी' बनाती है। अगर

कभी चावल मिला मजूरी में तो माड़ खुद पीती हैं, भात बेटे को खिला देती हैं। जब यहाँ मजूरी नहीं मिलती, दो किलोमीटर पैदल चलकर अपने मायके (टिकई टोला) पहुँचती हैं, अन्नदान लेकर आती हैं तो चूल्हा जलता है!... यह सब तब जब देश के गोदामों में करोड़ों टन अनाज भरा हुआ है...।

1995 में संयुक्त राष्ट्रसंघ ने जो मानव विकास प्रतिवेदन जारी किया, उसमें महिलाओं के अदृश्य, अवचेतन, छिपे हुए काम का मौद्रिक मूल्यांकन करके यह बताया गया है कि उनकी वार्षिक कीमत 110 खरब अमरीकी डॉलर की होती है। सीधे शब्दों में कहें तो पूरी अर्थव्यवस्था में वह आधे से भी अधिक का योगदान देती है। ... अर्थव्यवस्था इतनी कमजोर नहीं है कि खाना खरीदा न जा सके, न जमीन इतनी बंजर ... भूखा रखना एक राजनीति भी है—घर में और घर के बाहर भी। यदि भरपेट भोजन मिला तो सम्भव है, मन और मस्तिष्क स्वस्थ होकर अपनी सामाजिक स्थिति पर विचार करें। जिसे समाजविद सचिन जैन 'समता और क्षमता' का प्रश्न कहते हैं—वह भी उठ खड़ा हो जाएगा।

सरकारी ऋणों के आवंटन में भी खासा लिंग-भेद है। कृषि, बागवानी, ट्रैक्टर या इस तरह की ठोस जरूरतों का पूरा सौ प्रतिशत पुरुषों के खाते में जाता है, औरतों को सहायता मिलती है अचार, बड़ी, पापड़ या सिलाई-कढ़ाई के काम के लिए। सिर्फ मध्यप्रदेश में महिलाओं ने ऐसे 2700 लाख रुपये इकट्ठा किए हैं पर एक भी उदाहरण ऐसा नहीं है जहाँ उन्हें खेत का अधिकार या निर्माण कार्य का ठेका मिला हो।

औरतों के लिए सामाजिक सुरक्षा के मायने भी उसके निराश्रित या विकलांग होने तक सीमित हैं, और अगर उसे 150 रु॰ प्रतिमाह की पेंशन भी मिलती है तो वह इसकी हकदार नहीं रह जातीं।

इसी तरह काम के आवंटन में भी भेद-भाव होता है! जिस काम में गति है, भ्रमण है, रौनक है—पुरुष के हिस्से आते हैं, उबाऊ, नीरस और कड़ी मेहनत के काम स्त्रियों के सर आते हैं। खेती के दौरान ही मर्द जब पानी ढोता है, ट्रैक्टर या बैलगाड़ी पर, महिला सर पर तीन मटके रखकर पैदल ही चल पड़ती है। घुटने-भर पानी में कमर झुकाकर धान की बुआई और कटाई महिलाएँ करती हैं, पुरुष फसल ट्रैक्टर पर लाद मण्डी में बेच आता है। संसाधनों पर मालिकाना हक औरत का कभी नहीं होता। संसार की सिर्फ 2.2% सम्पत्ति औरतों के नाम है और काम के घण्टे तिगुना! दुनिया के काम का 76.6% वे ही सँभालती हैं।

फिर भी लोग कहते हैं कि, औरतें चंट हो गई हैं और स्वार्थी और घरफोड़! औरत अपनी टाँगें, अपने हाथ, अपना मन सिकोड़कर बैठे तो धरती ही सिकुड़ जाएगी, दोस्तो! और आप कहाँ रहेंगे? कागज के पैराशूटों में—हवा में? औरत है तो धरती है, पर औरत की खातिर तो—

ये भी कागज का दौर है ...
पेट रोटी से खाली
जेब पैसे से खाली,
बातें बसीरत से खाली,
वादे हकीकत से खाली,
दिल दर्द से खाली,
दिमाग अक्ल से खाली,
शहर फरजानों से .... (इब्ने इंशा)

(ग) अस्मिता-आन्दोलन और स्त्री
छोटे मियाँ-बड़े मियाँ : विचार-विमर्श

विमर्शों के साथ एक खास बात तो यह है कि ये हमारे साथ ही बड़े हुए। जब हम छोटे-छोटे थे—'विचार' और 'विमर्श' कल्याणजी-आनन्दजी या शंकर-जयकिशन या तबला-डुग्गी या चूल्हा-चक्की या प्रेमचन्द की कहानी के 'बड़े भाई साहब', 'छोटे भाई साहब' की तरह जहाँ प्रकट होते थे—साथ-साथ। 'सलाह-मशविरे' की तरह 'विचार-विमर्श' का प्रयोग होता था—'रुको जरा, 'विचार-विमर्श कर लें, फिर बताते हैं कि करना क्या हैं।' एक आपसदारी पलती थी इनके बीच। 'विमर्श' का बड़ा भाई विचार था। जहाँ निकलता था—नन्हें विमर्श को गोद में टाँगे या एक विमर्श को कनगुरिया उँगली पकड़ाए हुए। पिछले बीस वर्षों में—समझिए कि दक्षिणी अफ्रीका के नेगिच्यूड आन्दोलन के समय से नदीम-श्रवण की तरह विचार-विमर्श की जोड़ी टूटी हुई दीखती है। आधुनिक विमर्शों पर मुख्य अभियोग यह है कि ये प्रत्याख्यानमूलक हैं, पलटकर जवाब देते हैं, विचार या मेटानैरिटिव्स या वैचारिक आग्रहों या दूसरे बने-बनाये मोनोलिथ खाँचों से भी अपना पल्ला ये झाड़ चुके हैं। फ्रेम के बाहर निकल आये हैं, ये श्वेत-अश्वेत, हिन्दू-मुसलमान, गरीब-अमीर, ऊँच-नीच, स्त्री-पुरुष—सब द्विपद! एक साथ लेकर चलने वाला समन्वयवादी-दर्शन इन्हें एक फटा हुआ तम्बू लगता है। इस फटे हुए तम्बू से अलग-अलग कई छतरियाँ या बरसातियाँ बन सकती हैं—मोटे तौर पर यही कहते नजर आते हैं ये विमर्श! यह एक तरह का आपातकाल है। इसके अपने संकट और अपनी उदासियाँ हैं—'मैं यहाँ छतरी में खड़ा हूँ और मेरा अकेलापन वहाँ बारिश में भीग रहा है।' तूफान में छतरियाँ काम आती हैं, तम्बू उखड़-उखड़ जाते हैं, इसका मतलब यह नहीं कि तम्बू बनेंगे ही नहीं। जिन्दगी तो कोई एक छतरी के नीचे गुजार नहीं सकता। बारिश-तूफान में दोनों हाथों से 'अस्मिता' की छतरी ताने खड़ा हर 'विमर्श' सड़क

के उस पार होने की कोशिश तो कर ही रहा है, कोशिश तो कर ही रहा है 'छतरी' का घेरा बड़ा करने की।

अलगावादी नहीं हैं विमर्श और अस्मिता आन्दोलन। 'अब लौ नसानी, अब न नसैहौं—मुझे याद है—मैं स्कूल में पढ़ती थी—जयप्रकाश आन्दोलन अपनी उठान पर था। डायलेसिस पर थे जयप्रकाश नारायण, मुसहरी ब्लॉक में पहला या दूसरा उनका भाषण हुआ था और तीसरा हमारे शहर मुजफ्फरपुर के तिलक मैदान मे। 'रामचरितमानस' की यह पंक्ति कुछ इस तरह उद्धृत की थी उन्होंने कि हमारी हड्डियों में विस्फोट की चिनगारियाँ तिनक उठी थीं—'अध्यात्म' का ऐसा राजनीतिक संदर्भन व्यवस्था विरोध के लिए! आध्यात्मिक कशमकश और दास्य-भक्ति के एक करुण प्रसंग का ऐसा सतेज विनियोग अपने आपमें विलक्षण है—'अब लौ नसानी, अब न नसैहों! जहाँ से जागो, वहीं सवेरा।

और 'सवेरा' एक बड़ा रूपक है। सवेरा जब होता है, प्रकाश सबके जीवन में फैलता है। प्रकाश की वितरण-व्यवस्था हमारी आर्थिक प्रणालियों की वितरण व्यवस्था-सी एकांगी नहीं है। पितृसत्ताक जातिवादी कहते हैं, आधुनिक विमर्शों ने 'प्रेम' और 'अध्यात्म'—दोनों का कबाड़ा किया है! स्त्री-विमर्श ने घरों की सुख-शान्ति-भंग की है, दलित-विमर्श ने मुहल्लों का 'भाईचारा' खत्म किया है, जातीयता भड़कायी है और दंगे भड़काये हैं, आतंकवाद को पनाह दी है—अल्पसंख्यक-विमर्श ने। सब एक साथ बोल पड़े हैं। कोई किसी की नहीं सुनता। ऐसे थोड़े ही चलते हैं कार्यक्रम। यह तो अनार्की है...आदि-आदि। ये सब जो तर्क है—सत्ता को अनुकूल पड़ने वाले तर्क हैं, सत्ता जो संवाद में विश्वास नहीं करती—एक धरातल पर बैठाकर कंधे पर हाथ रखकर बतियाने का ढोंग तो करती है, मुण्ड तो हिलाती है प्रतिपक्ष की दलीलें सुनकर, पर उसके लिए स्पेस नहीं बनाती, विश्वास करती है तो एकपक्षीय आदेशों के गर्जन-तर्जन में या फिर आकाशवाणियों में जो धरती की आवाज को कोई जगह ही नहीं देती।

बच्चों को सोते समय मैं एक गाना सुनाती हूँ जो बचपन में मैंने "जौहर महमूद इन गोवा" फिल्म में जॉनी वाकर पर फिल्माया हुआ देखा था। प्रसंग मुझे साफ-साफ याद नहीं है—पहली-दूसरी में ही पढ़ती होऊँगी तब। गोवा के स्वतन्त्रता संग्राम की कहानी थी शायद। मुझे सिर्फ दृश्य याद है कि एक पतला-दुबला आदमी, जॉनी वॉकर खचाखच भरी ट्रेन में उकड़ू खड़ा है और उसके ठीक सामने सीट पर एक मोटूमल पसरे पड़े हैं। मोटूमल को पतलू पांडे जो कहते हैं—सारे विमर्श सत्ताधीशों को वो ही कहते नजर आते हैं—हास्य-व्यंग्य, क्रोध-अमर्ष, ऊब-खीझ-सबक और खैनी-चूना तलहथी पर मलते हुए—'ऐ मोटे लाला, तूने किया है कैसा छल, टिकट तेरा सिंगल, मगर तू डबल/ खिसक जरा प्यारे, सरक जरा प्यारे, ऐसी बॉडी में दिल भी बड़ा चाहिए/ एक मुसाफिर को दुनिया में क्या चाहिए, सिर्फ थोड़ी-सी

दिल में जगह चाहिए/बैठ जाऊँ?' सारे व्यंग्य-विनोद की पूँछ में यह 'बैठ जाऊँ' है! प्रेम और अध्यात्म–दोनों के बारे में सारे आधुनिक विमर्शों की मूल मान्यता हैं कि दोनों के संस्थायन की अपनी विकट समस्याएँ हैं जो शान्तिपूर्ण सह-अस्तित्व के दर्शन के आलोक में हुई मुक्त बातचीत के ज़रिये ही सुलझ सकती है। विमर्शात्मक लेखन उसी बातचीत की गोलमेज है। बढ़ई हैं हम सब उस गोलमेज के।

अध्यात्म की नैतिक चेतना का संस्थायन 'धर्म' में जब होता है– जगह-जगह दंगे फूट पड़ते हैं, तरह-तरह के 'लहरके' और क्रूसेड प्रायोजित होने लगते हैं। प्रेम जैसे उदात्त भाव का संस्थायन भी 'विवाह' में होता है तो समस्याएँ आती हैं। समस्या दरअसल 'प्रेम' और 'भक्ति' में नहीं–ये तो परदुःखकातरता, अहं-विसर्जन आदि बड़े भावों के संवाहक हैं–समस्या हैं इनके संस्थायन में जो अन्तरंग सम्बन्धों को भी ताकत के उथले खेल में तबदील कर देता है, एक पक्ष को भेड़िया, दूसरे को भेड़ बना देता है और इस क्रम में नुकसान दोनों का होता है क्योंकि मानवीय गरिमा से दोनों नीचे गिरते हैं।

स्त्रीवाद के आग्रह से स्त्रियों का स्नेह-तत्व मर गया हो, यह मानना एक सिरे से गलत है। पहले की स्त्रियाँ सम्बन्ध निभाती थीं तो आर्थिक परतन्त्रताजन्य विवशता उनके साथ रहती थी। पति आदि से विरोध भी है तो चुप सहना है, निभाना है–इसके सिवा उपाय भी क्या है। अब आर्थिक स्वतन्त्रता है तो उपाय बहुतेरे हैं। स्वास्थ्य-सजगता और बच्चे कम होने के कारण भी स्त्रियों का दैहिक आकर्षण अधिक दिनों तक बरकरार रहता है और पढ़ी-लिखी होने के कारण आत्मिक-बौद्धिक-नैतिक परिष्कार भी उनमें आया ही है, पति अनेक न भी हों तो अक्सर उनके प्रशंसक अनेक होते हैं। इसके बावजूद स्त्रियाँ जहाँ तक हो पाता है घर-बाहर दोनों निबाहती ही हैं, पर भीतर-भीतर कहीं यह दृष्टि भी खुदुर-बुदुर-सी मचाती रहती है कि बॉलीवुड सिनेमा की तरह विवाह भी ज्यादातर स्त्रियों के जीवन की सम्भावनाओं का 'द एण्ड' होता है। विवाह के पहले दिल दहल जाता है हर लड़की का–अपने पूरे जीवन का वादा एक बार कर देने की हिम्मत नहीं होती। एकान्त में सोचती है, इस साल, हो सकता है, मैं विवाहित रहना चाहूँ, लेकिन अगले साल? अपनी छात्राओं से अक्सर मैं गपशप करती रहती हूँ और एक ने तो मुझे कुछ दिन पहले ही यह कहा कि 'साल-दो-साल की विवाह-शृंखलाएँ या मैत्री करार बहुत बुरा है क्या, दीदी? ऐसा नहीं कि विवाह नामक संस्था में अनास्था व्यक्त कर रही हूँ, बल्कि यह दृष्टिकोण उसके प्रति मेरी विनम्रता का प्रतिफल है और सिविल राइट्स मूवमेन्ट की सीख का कि चीजों और पदों को अस्थायी समझो और उनसे तब तक ही जुड़ो जब तक तुम्हें लगे कि तुम इन्हें अपने व्यक्तित्व का सर्वोत्तम दे रहे हो।'

कम-से-कम स्त्री-विमर्श पर अलगाववाद का ठप्पा नहीं लगाया जा सकता। स्त्री समाज एक ऐसा समाज है जो वर्ग, नस्ल, राष्ट्र आदि संकुचित सीमाओं के

पार जाता है और जहाँ कहीं दमन है—चाहे जिस वर्ग, जिस नस्ल, जिस आयु, जिस जाति की स्त्री त्रस्त है—उसको अंकवार लेता है। बूढ़े-बच्चे-अपंग-विस्थापित और अल्पसंख्यक भी मुख्यतः स्त्री ही हैं—यह मानता है। 'लंगड़ो चलै मूक पुनि बोलै, रंक चलै सिर छत्र धराई' की पहली ईश-निरपेक्ष व्याख्या है यह, अपने ढंग का पहला अहिंसात्मक आन्दोलन जिसने दिलों में थोड़ी जगह तो बनायी ही है। 'जागो मोहन प्यारे' भाव में राग-भैरवी सुनाते हुए औरतें हमेशा जगाती रही हैं, जगाने का काम दुरूह तो होता है—नींद के गरम, गुदगुदे सपने से माँ भी बाहर खींचती है तो उसको दस बातें सुननी होती हैं। कोई बात नहीं। बहुत सुना है। कुछ और सुन लेंगे। घड़ी आपकी पहुँच से दूर चली गयी है! अलार्म बज रहा है। उठिए नहीं तो बस छूट जाएगी। हरिऔध से शब्द उधार लेकर कहूँ क्या—

"उठो तात, अब आँखें खोलो।
पानी लायी हूँ, मुँह धोलो।"

(घ) स्वाभिमान मिशन

तो पश्चिम में 'डिस्कोर्स' भले ही गिरजाघर से लबादे पहनकर अकेला निकला हो और अकादमिक जगत् के विशिष्ट ओहदों पर विराज गया हो, हमारे यहाँ विचार-विमर्श की जोड़ी शंकर जयकिशन, कल्याणजी आनन्दजी, नदीम श्रवण या सीता-गीता, राम और श्याम, जैकेल-हाइड की मस्त-मलंग जोड़ी रही है! जैसे पत्थर-पानी, बर-बिछौना, वैसे विचार-विमर्श! इसे विवाहित स्त्री-पुरुष का जोड़ा भी समझ सकते हैं! विचार अन्दर खदकते हैं, विमर्श बाहर होता है—विमर्श यानी सलाह-मशविरा, सार्वजनिक स्पेज में उस नए विचार का प्रवेश जो अब तक भीतर-भीतर उमड़ा।

समय के साथ-साथ यह सिद्ध होता गया कि भूख और अपमान दुनिया के दो मूल दुःख हैं! लात पेट पर पड़े या पीठ पर, चोट बराबर लगती है! रोटी भी फेंककर दी जाए तो गले नहीं उतरती। वर्ग तो बड़ा यथार्थ है ही पर जाति, लिंग, नस्ल और धर्म भी शोषण के भयावह हथियार रहे हैं। और अपमान की जो राजनीति ये लगातार खेलते रहे हैं, उससे उपजी दोयम दर्जे की नागरिकता का दर्द स्त्रियाँ, अल्पसंख्यक, आदिवासी, दलित और अन्य पिछड़ी जातियाँ ही नहीं, पिछड़े प्रदेशों के विस्थापित, शरणार्थी, सिर्फ मातृभाषा बोल पाने वाले लोग और प्रायः सब वृद्ध अपंग, बेराजगार, मजदूर और किसान झेल रहे हैं। पिछले कुछ दशकों से समकालीन विमर्श उनके ही अनुभव और अनुभूतियाँ लोकमनीषा में दर्ज कर रहा है। एक शब्द में कहें तो यह एक तरह का स्वाभिमान मिशन है जिसके तहत भाषा-विमर्श भी शामिल है क्योंकि भाषा से चेतना का नाभिनाल वाला रिश्ता है।

कुछ लोग विमर्शों के नाम से चिढ़ते हैं। वे समझते हैं कि साहित्य की गंगा इनसे दूषित हो रही है। इससे बड़ी भ्रान्ति कोई हो ही नहीं सकती। विमर्श साझा चूल्हा है और इनका लक्ष्य है संवाद। संवाद तब तक होते हैं जब तक परिवर्तन और परिष्कार की कोई उम्मीद हो वरना अबोला हो जाता है या मार-काट शुरू हो जाती है! विमर्श मार-काट नहीं मचाते, प्रजातंत्र के अच्छे नागरिकों की तरह मानवाधिकार के मुद्दे उठाते हैं, तार्किक ढंग से उठाते हैं। और सहमति अर्जित करते हैं ताकि प्रदूषण घटे! विमर्श क्या है—स्वानुभूत विचार, विचार जो आप कहीं से उठाकर नहीं लाए, आपने खुद अर्जित किए है खून-पसीना और आँसू बहाकर! आँसू से आँखें साफ हो जाती हैं! खून-पसीने से रोम-कूप खुल जाते हैं। रोम-रोम में आँखें विकसित हो जाती हैं! स्वयं कमाया हुआ ज्ञान या विचार मामूली ज्ञान या विचार नहीं होता! वह होता है विवेक या संज्ञान! और विवेक बाँटता नहीं, जोड़ता है! ईसा मसीह यह कहकर चुप हो लिए कि हे ईश्वर, इन्हें माफ करना कि ये नहीं जानते ये क्या कर रहे हैं। फिर विमर्शों ने जिम्मा उठाया कि यदि वे नहीं जानते कि वे क्या कर रहे हैं, तो उन्हें यह जानना चाहिए, हम उनको आईना दिखलाएँगे। हर घाव एक आईने की तरह दिखा देने की परम्परा तबसे शुरु हो गई! एक तरह से देखें तो 'बहिरौ सुनै, मूक पुनि बोलै, रंक चलै सिर छत्र धराई' का ही महावाक्य नये सिरे से उचारा गया पर यहाँ 'कृपा' या दुहाई से परहेज था! सहज मानवाधिकार कृपा-भाव से क्यों दिए जाएँ—मुद्दा तो यह था! 'अब लौं नसानी, अब न नसैहों' जैसे महावाक्य भी एक राजनीतिक अर्थदीप्ति पा गये!

स्वानुभूति-सहानुभूति भी विचार-विमर्श की तरह का एक सुन्दर जोड़ा है! स्वानुभुति-सहानुभूति का महत्त्व कम करके नहीं आँकती, परकायाप्रवेश का महत्त्व समझती है! पर प्रवेश प्रवेश ही होता है! बाहर से आनेवाला भीतर का हाल-चाल जानते-जानते ही जानेगा। कल्पना और सम्वेदना बड़े भाव तो हैं ही, 'वैष्णवजन तो तेणे कहिए जे पीर पराई जाणे रे' एक बड़ा सच यदि यह है तो दूसरा बड़ा सच यह भी कि 'जाके पाँव न फटी बिवाई सो का जानै पीर पराई! .... ठीक है, इसमें पीड़ा की वह इंटेंसिटी नहीं होगी, पर पीड़ा से सर्वथा अपरिचित भी भला कौन होगा : देह धरे को दण्ड है, सब काहू को होय।

(ङ) 'तन्त्र का 'स्व' और स्त्री-अस्मिता

दो तरह के प्रकाश-वृत्त होते हैं : एक ढिबरी या लालटेन का प्रकाश-वृत्त और दूसरा, सड़क के लैम्प-पोस्ट का! इसी तरह स्वाधीनता भी दो तरह की होती है—एक सहज उपलब्ध और दूसरी वो जिसमें बार-बार सीली माचिस जलाने का

संघर्ष, बत्ती पूरने की दीर्घसूत्रता, ढेर-ढेर धुआँ और आँसू शामिल हों। मर्द की, खासकर पश्चिम के गोरे, धनी मर्द की स्वाधीनता राजपथ के लैम्प-पोस्ट की रोशनी है। वह एक दत्त प्रमेय है—उसे किसी आँधी का डर ही नहीं—आतंकवाद, युद्धादि स्थितियाँ कभी थोड़ी देर बत्ती गुल कर भी दें तो कोई बात नहीं, फिर फ्यूज जुड़ जाएगा। स्त्री-स्वाधीनता ढिबरी का प्रकाश-वृत्त है।

उपनिवेश रह चुके भूखण्डों में स्त्रियाँ दोहरे (नस्लगत + यौनगत) दोहन का शिकार थीं। स्वतन्त्रता आन्दोलन में गाँधी उन्हें सड़क और मिलों तक लाकर सार्वजनिक स्पेस का हिस्सा बना गये तो भी 'घरेबाहिरे' का द्वैत बना ही रहा। पश्चिमी महिलाओं की तरह कोई सैफ्रोगेट आन्दोलन नहीं चलाना पड़ा हमें : वोटादि डालने के मौलिक अधिकार के लिए! पर राजनीतिक स्वतंत्रता के बाद भी कुछ मौलिक समस्याएँ जस-की-तस बनी ही रहीं : अशिक्षा, अस्वास्थ्य, बेइन्तिहा गरीबी, नून-तेल-लकड़ी तक न जुट पाने का विकट क्षोभ, प्रेमहीन विवाह-बन्धन, असुरक्षित और भावहीन सम्भोग, अनचाहे गर्भ के अनन्त सिलसिले, साफ-सुथरे प्रसव और गर्भपात तक की सुविधाओं का अभाव, मार-पीट, गाली-गलौज, बलात्कार, यौन-शोषण, घरेलू बेगार और कहीं-कहीं तो संयुक्त परिवार के तिगुने-चौगुने पुरुष-वर्चस्व का दबाव—इनके बीच इनकी अस्मिता अपनी हाजिरी लगा ही न पायी।

फिलहाल विश्व-बाजार का नवोपनिवेशवाद हमें अजीब घनचक्कर में डाले है। नन्हीं गरीब बच्चियों का माल-असबाब की तरह एड्सभीत उन्नत देशों में निर्यात, ब्यूटी-पेजेण्ट्री की अन्तरराष्ट्रीय स्पॉन्सरशिप, सौन्दर्य मिथ के अक्ष पर स्त्री का और बम और बोलबम बनाने वाले, घर-बाजार, दुनिया-जहान सब पर कब्जा करने वाले शौर्य के अक्ष पर पौरुष का ध्रुवीकरण आज स्त्री-जगत् के बड़े प्रश्न हैं।

मुक्ति वैसे, हमेशा से एक दुरूह अवधारणा है। जिन दिनों मुक्ति का रूढ़ केवल 'मोक्ष' हुआ करता था, उन दिनों भी एक विकट विरोधाभास इसके साथ जुड़ा था। तब 'मोक्ष' या अर्थ 'मुक्ति' का अर्थ था 'कामनाओं से मुक्ति'! किशोरावस्था में बुद्ध-वुद्ध पढ़ते हुए अक्सर हम इस भूलभुलैया में उलझकर रह जाते थे कि कामनाओं से मुक्ति' क्या स्वयं एक कामना नहीं है!! कामनाओं से मुक्ति सम्भव भी है क्या? उनका दमन या उन्नयन तो सम्भव है मगर उनसे छुटकारा? एक तरफ तो 'देह धरै को दण्ड है—सब काहू को होय' का सामान्यीकरण और दूसरी तरफ 'दैहिक-दैविक-भौतिक' तापों से मुक्ति का स्रोत 'हरिभजन' में गुनने का एकसूत्रीय फॉर्मूला—सरलीकरण की पराकाष्ठा लगती थी।

वैसे, "बहुत दिया देने वाले ने तुझको, आँचल ही न समाए तो क्या कीजै" और "जब आवै सन्तोष धन, सब धन धूरि समान" के समानान्तर 'आए थे हरिभजन को ओटन लगे कपास' और "भूखे भजन न होहि गुपाला" का यथार्थवादी विमर्श भी पल्लवित होता रहा, और अब तो मुक्ति का अर्थ इतना फैल गया है—

"अब तो बेल फैल गयी/आनन्द फल होई"। आध्यात्मिक मुहाने से भले ही शुरू हुआ हो मुक्ति का कल-कल निनाद, घाट-घाट का पानी पीती-पिलाती घोलती-घुलाती अब इसकी धारा चलती है तो इसका पहला अर्थ 'रानीतिक दासता से मुक्ति' होता है! पर वहाँ भी यह ठहरती नहीं—आर्थिक मुक्ति, जात-पाँत-धार्मिक घेरों और जकड़नों से मुक्ति और अंततः देह-मुक्ति के प्रश्नों से सीधी आ जुड़ती है।

इसमें अब कोई शक नहीं रहा कि हम एक साथ कई घरों में रहते हैं! एक घर हमारा शरीर है, एक परिवार, एक मुहल्ला, एक सम्प्रदाय, एक शहर या गाँव, एक देश, एक इतिहास! हमारी भाषा, हमारी स्मृतियाँ, हमारे सपने भी एक घर ही हैं—इतने सारे घरों में रहने वाली यह अकेली बुढ़िया दाई—'अस्मिता' दोस्तोवस्की के 'क्राइम ऐण्ड पनिष्मेण्ट' की उस बुढ़िया दाई की याद दिलाती है जिसकी हत्या क्रान्तिकारी नायक इस सफाई से करना चाहता है कि कोई सुराग न मिले और इस तर्क पर कि इतना गड़ा खजाना बटोरकर यह बुढ़िया करेगी क्या, मारो इसको, धन छीनो और जरूरतमन्दों में बाँट दो!

सब प्रगतिचेता लगे हैं सात घरों में रहने वाली इस बुढ़िया दाई 'अस्मिता' के पीछे! वे समझते हैं कि 'अस्मिता' के प्रश्न रोटी के प्रश्न से बड़े नहीं हो सकते! उन्हें बस इतना ही याद दिलाने की जरूरत है कि सिर्फ साधनहीनता किसी गरीब के दुख का कारण नहीं होती! उसके दुख का कारण होता है अवमाननाओं का अनन्त सिलसिला जो उसके कहीं 'कुछ नहीं' होने से जगता है! साधनहीन तो पण्डित-मौलवी, साधु-संन्यासी और फकीर भी होते हैं, पर समाज ने उन्हें जिस सोपान पर बिठा रखा है—वहाँ से उन्हें दुनिया ही छोटी नजर आती है और जो मान-सम्मान उन्हें बेवजह भी मिलता रहता है—वह उन्हें मस्त ही रखता है! साधनहीनता उनका दुख नहीं बनती—'मन मस्त हुआ तो क्या बोले' की स्थिति में वे रहते हैं—क्योंकि 'अवमानना की राजनीति' उन्हें नहीं डँसती! उनकी साधनहीनता ऐच्छिक है और वह उनके अपमान का साधन नहीं बनकर उनके सम्मान का साधन बनती है तो उसका उनको दंश क्यों होगा? इस एक उदाहरण से यह बात स्पष्ट होती है कि पेट की आग के बराबर ही तपिश अपमान की ज्वाला में होती है जो गरीबों, दलितों, स्त्रियों, अल्तसंख्यकों, बिहारियों, अश्वेतों, विकलांगों की अस्मिता लगातार हताहत रखती है। अपने ही देश, अपने ही समाज से दूसरी श्रेणी की नागरिकता झेलते अस्मिता-आन्दोलन से जुड़े ये सारे उपसमूह कोढ़ में में खाज की तरह आर्थिक संकट और अस्मिता पर प्रहार साथ-साथ झेलते हैं—राजनीतिक शरणार्थियों और अन्य विस्थापितों के ही समानान्तर।

यह अकारण नहीं कि वैयक्तिक बिछोहों को घर-संस्कृति और भाषा के सामूहिक बिछोहन में प्रतिच्छायित देखता है स्त्री-आन्दोलन। वह मानता है कि

संस्कृति, इतिहास, परिवार और निजी अस्मिताएँ होती हैं—पुश्तैनी घर बेचने के समय किसी देवदार की पेटी में अचानक ही मिल जाने वाले पुराने कागज-पत्तरों की तरह—एक-दूसरे से चिपकी हुई, पीली, जर्जर परत-दर-परत नत्थी। इसलिए स्त्री-लेखन में भी मुख्य स्पन्दक की भूमिका स्मृतियों की होती है और स्त्री लेखन की प्रिय तकनीक है टेलिस्कोपन : दूर की चीजें पास लाकर देखना। स्मृतियों का फलक खुलता है किसी बड़े ऐतिहासिक मोड़ पर (आन्दोलन-निष्कासन-युद्धादि पर) और धीरे-धीरे संकीर्ण होता हुआ अन्तरतम संघर्षों या पारिवारिक विघटन पर आ ठहरता है। इसी बिन्दु पर घट जाता है गठबन्धन 'निजी' और 'सार्वजनिक' का।

वैयक्तिक तकलीफों का सामाजिक सन्दर्भन, सुख-दुख में साथ खड़ा हो लेने का उदात्त सखी भाव स्त्रियों में नैसर्गिक होता है। तभी तो जो जहाँ परितप्त है, स्त्री-आन्दोलन अपने आँचल की छाया में उसे समेट लेता है।

1980 में लिबरल फेमिनिस्ट परमाण्विक निःशस्त्रीकरण के मुद्दे से जुड़ीं। सातवें आठवें दशक में रैडिकल फेमिनिस्ट जुड़ीं ब्लैक मूवमेण्ट से, नौवें दशक में दलित आन्दोलन और पर्यावरण रक्षक अभियानों से उनका स्पष्ट जुड़ाव रहा और पर्यावरण के प्रश्न को भी इकोफेमिनिज्म इधर एक नया आयाम दे गया है! अपनी आदिशक्ति का स्रोत इकोफेमिनिस्ट प्रकृति में ढूँढती हैं—शक्ति जो पदानुक्रमग्रस्त जीवन से नहीं, सामंजस्यपरक जीवन से आती है। अभी स्त्रियाँ भूमण्डलीकरण के ख़िलाफ़ संघर्ष करतीं तीसरी दुनिया के साधनहीन लागों की चिन्ता में पड़ी हैं।

'सार सार को गहि लियौ थोथा उड़ाय'—फटक बीनकर थोथा उड़ा देने और सार ग्रहण करने वाले घरेलू सूप में स्त्रीवाद अपना मॉडेल देखता है—तभी तो वैकल्पिक स्रोत-विश्लेषण में उत्तर औपनिवेशिक, साम्य दर्शन में मार्क्सवादी, भाषिक विश्लेषणों और अस्मिता विषयक अवधारणाओं में उत्तर-संरचनावादी है। मौखिक साहित्य, क्षेत्रीय साहित्य और देशी परम्पराएँ, रीति-रिवाज और मिथक ज्ञान-प्रत्याख्यान के वैकल्पित स्रोत हैं। स्त्रीवाद ने ही सम्भव बनाया है इस प्रत्याख्यान के वैकल्पिक स्रोतों का संधान और इतिहास-लेखन का प्रजातान्त्रीकरण। घरेलू चिट्ठियों, तस्वीरों, कथानकों, अर्द्धकथानकों और अन्य अनादृत दस्तावेजों के आधार पर कैनोनिकल और कोलोनियल—दोनों पर चिमटे की चोट की है।

आज एक चौथी दुनिया भी उभरी है—ऑस्ट्रेलिया की एबोरिजिन्स, न्यूजीलैण्ड की माओरी स्त्रियाँ, भारत की आदिवासी और दलित स्त्रियाँ इनमें हैं। और भी बहुत सारे उपविभेद बनते हैं—राजनीतिक विस्थापन की शिकार औरतों, युद्ध और दंगे की सतायी औरतों, वेश्यावृत्ति के लिए मजबूर औरतों के। सबकी विशिष्ट समस्याएँ हैं और सबको 'एक लाठी से नहीं हाँका जा सकता' स्त्रियाँ लाठियों से हाँकना नहीं चाहती! सबसे मिलजुलकर रहना चाहती हैं।

वर्ण, वर्ग, नस्ल, धर्म, सम्प्रदाय हमने नहीं बनाए, इसलिए ये विभाजक रेखाएँ हमारी संघ-शक्ति का तन्वीकरण न करें।

कुल मिलाकर ये कहें कि स्त्री-दृष्टि थोड़ी अलग तो होती है—थोड़ी ज्यादा महीन! मन हो रहा है कि महीन को 'ज़हीन' से मिला दूँ पर ऐसा नहीं करुँगी क्योंकि बहुत ज़हीन या [illegible]नल होना भी एक समस्या है। आधुनिक सभ्यता का विकास ही एकांगी हुआ है! हृदय पक्ष वहाँ अनादृत रहा है। गिरहकट सफलता के मारे हुए हम एक नई तरह के SPIRITUS MUNDI, स्फिग्स या नरसिंहावतार आधा पशु और आधा मनुष्य हो गए हैं या आधे मशीन और आधे पशु। पशुओं में भी कोई सिंह, कोई घोड़ा तो कोई रैटरेस का चूहा जिसके बारे में अपनी एक अमरीकी दोस्त को चिट्टी लिखी तो वह बहुत हँसी : "Even if you win the rat race, you remain a rat" वाकई मन में यह बात बड़ी साफ थी कि सामाजिक जीवन और वैयक्तिक जीवन में जो भी विसंगतियाँ हैं, उसका मूलभूत कारण है मेल-प्रिंसिपल और फीमेल-प्रिंसिपल, एक्स-फैक्टर और वाई-फैक्टर, बुद्धि-तत्व, न्याय और करुणा के बीच का असमंजन! स्त्री-दृष्टि का वाहक स्त्री ही होगी और पुरुष-दृष्टि का वाहक पुरुष ही—ऐसे भी स्टीरियोटाइप में हमारा विश्वास नहीं है। रामकृष्ण परमहंस, महर्षि अरविंद और भी कितने चिन्तक-मनीषी और लेखक हुए हैं जिनकी दृष्टि माँ की दृष्टि थी और भाषा माँ की भाषा। विवेकानन्द की मूँछ भले ही नहीं हो पर उनकी भाषा मुच्छड़ भाषा थी। वह डाँटती बहुत थी! डाँटने-फटकारने वाले बाप की भाषा, को नॉनसेन्स भाषा, कानपकड़ भाषा अब कहाँ चल पाएगी, प्रजातन्त्र गहरा गया है।

भाषा और दृष्टि का सम्बन्ध नाभि-नाल वाला है! बिम्ब और शब्द-चयन, प्रवाह, टोन और डिक्शन—सबकी अलग ही ठमक और ठाठ! कहाँ-कहाँ से शब्द और सन्दर्भ ले आती है स्त्री-भाषा : देवदार की पेटी से जैसे कि पुराने बरतन, पुराने मुकदमे के कागज़, अजब-गजब लोकोक्तियाँ, लोरियाँ और लोकगीत! भाषा की दीवार पर हाथों की मटियाली थपकन से सपनों और जातीय स्मृतियों का अहिवात लिखती है स्त्रियों की भाषा। स्त्रियाँ न हों तो भाषा की जातीय अनुगूँजें ही गायब हो जाएँ। अकारण नहीं है कि नानी-दादी, घर या मुहल्ले की वृद्धाओं की संगति में पलने वाले बच्चों की भाषा में एक अलग अनुगूँज होती है। भाषा के साथ 'मातृ' का प्रयोग उसे एक अलग तरह की ताकत देता है—माँ के दूध की ताकत, बतरस की लहक! आँचल का दूध, आँखों का पानी और बतरस—तीनों मिल-जुलकर भाषा को दशमूलारिष्ट और ग्राइपवाटर पिला देते हैं। नवजातक की तरह अपनी जंघा पर उलट-पलट कर भाषा की तेल मालिश स्त्रियाँ करती हैं। अनौपचारिक-सी उमंग और संवादधर्मिता डेमोक्रैट के गुण हैं! कन्धे पर हाथ रखकर घरेलू बिम्बों में सहज ढंग से कोई डेमोक्रेट ही बतिया सकते हैं। इससे यह सहज प्रमाणित होता है कि

स्त्री-दृष्टि एक प्रजातान्त्रिक दृष्टि है और आज प्रजातांत्रिक दृष्टि और प्रजातंत्र की जरूरत स्वयंसिद्ध है।

शिक्षा-दीक्षा के अभाव या परिस्थिति-जन्य कुण्ठाओं के कारण कुछ स्त्रियाँ पितृसत्तात्मकता की विशेष एजेण्ट जरूर बन जाती हैं–जैसे कि गुजरात के दंगों में बनीं, पर मूलतः स्त्री-दृष्टि अहिंसक दृष्टि है और ग्लोरियस क्रान्ति के बाद का एकमात्र अहिंसक आन्दोलन स्त्री-आन्दोलन ही है। अपवादों को जाने दीजिए पर धनी-गरीब, ऊँच-नीच, काले-गोरे का फर्क मिटाकर ही स्त्रियाँ सहज-भाव से एक-दूसरे से गले मिलती हैं। यही है सार्वभौम भगिनीवाद। दुनिया के सारे अनादृत समूहों, गरीबों, दलितों, विकलांगों, बूढ़ों को सहज भाव से स्त्रीवाद अपने आँचल में समेट भी रहा है, इस दृष्टि से विचार किया जाए तो स्त्री-मुक्ति में सबकी मुक्ति है। जैसे एक स्त्री को शिक्षित करना पूरे परिवार को शिक्षित करना है–स्त्री की मुक्ति भी एक साझा चूल्हा है–ऐसा जानिए, जिसको कि आधुनिक विज्ञान e.q. कहता है–उससे सम्बलित स्त्री-दृष्टि परदुखकातर और महीन जो होती है तो सिर्फ इसलिए नहीं कि वाई गुणसूत्र उसकी जीन में नहीं होता, बल्कि इसलिए भी कि दुनिया के सारे महीन काम उसको शुरू से ही करने पड़े! तो दुनिया पर पुरुषों का आतंकवादी प्रशासन भले ही काबिज हो, कम-से-कम बच्चों के दिल और आत्मा पर एकछत्र राज माँ का ही होता है। माँ, प्रेमिका, पत्नी, शिक्षिका–किसी-न-किसी रूप में हर परिष्कृत पुरुष का नीतिबोध और सौन्दर्यबोध स्त्री नैतिकता के गर्भ में ही पलकर बड़ा होता है। स्त्री-दृष्टि से नाता टूटा नहीं पुरुष गया रसातल में।

औरत काम करते-करते भी गा-बतिया सकती हैं। वे एक साथ बहुत तरह के काम कर सकती हैं, क्योंकि वैज्ञानिक शोधों का निष्कर्ष है, उनका दायाँ और बायाँ मस्तिष्क एक साथ काम करते हैं और इसलिए उनका दिमाग सन्तुलित भी ज्यादा होता है। दुनिया के हर देश का ऊर्जस्वी लोक-साहित्य और अब तो शिष्ट साहित्य भी (साथ-साथ) कपड़े पछीटती, पालने डुलाती, धान कूटती, चक्की चलाती औरतों का अवदान है। वर्ण-वर्ग-नस्ल-राष्ट्रीयता सापेक्ष कुछ विशिष्ट समस्याओं के बावजूद विश्व-भर की स्त्रियाँ भगिनी भाव से जुड़ी इसलिए हैं कि दैहिक, मानसिक और आर्थिक शोषण से जुड़ी इनकी ज्यादातर समस्याएँ और इनकी मानसिक बनावट भी मिलती-जुलती है। लेकिन बात मैं यह कह रही थी कि पाँचों इन्द्रियाँ एक साथ सजग हो जाती हैं–स्त्री लेखन में और जीवन में भी। पाँचों इन्द्रियाँ एक साथ सजग रखने की सिनेस्थेसिया तकनीक भी स्त्री-दृष्टि का बहुत बड़ा अवदान है जो उस चिंतन को एकांगी नहीं बना देता और उसे चीजों को समग्रता में लेना सिखता है। दूसरों के पक्ष से सोच पाने की क्षमता उनमें विकसित करता है।

(च) स्त्री मुक्ति का साझा चूल्हा

तो दुनिया के दो आदिम दुःख हैं—भूख और अपमान! लात पेट पर पड़े या पीठ पर तकलीफ़ बराबर होती है! महापण्डित सिखाते हैं—'दुधारू गाय की लथाड़ भली' पर जो यह सिखाते हैं—उन्हें फेंककर रोटी दी जाए, उनके अधिकार उन पर कृपा की तरह बरसें तो उनको कैसा लगेगा? फिर हम तो ऐसी व्यवस्था में जी रहे हैं जहाँ प्रशासन की गोमाता बिसुखी पड़ी है—लात मारती हैं और दूध भी नहीं देतीं! कितनी औरतों, लड़कियों, कितने दलितों-आदिवासियों को दिन-भर की खटनी के बावजूद दो बार चाय भी मयस्सर नहीं होती। मयस्सर हो भी जाती है तो कृपा भाव से—टूटे गिलासों, बिना कान के कपों में! बिना कान के वे कप सांकेतिक हैं! बिना कान की तो यह पूरी व्यवस्था है! पहली औटन की चाय वे पीते हैं, दूसरी औटन की चाय हम! सामन्ती परिवारों में तो अब तक एक बड़ी थाल में मालिक का खाना परोसा जाता है—इतना ज्यादा परोसा जाता है कि उसकी जूठन पर पल जाएँ पत्नी और कामगर दलित! जब तक वह अंकशायिनी है, पत्नी पर थोड़ी कृपा यह होती है कि यदि उसको कटहल की सब्जी या तिलौड़ी पसंद है तो उस एक व्यंजन की परसन उसके स्वामी जरा ज्यादा ही लेते हैं ताकि वह भरपूर छूटे और मन-भर खा-पीकर कमरे में पैर दबाने समय से पहुँच जाए पत्नी।

पैर दबाने या सेवा कर देने में कोई हर्ज नहीं, मगर तब तक जब तक सेवा पारस्परिक हो! कभी जब पत्नी बीमार हो तो उसके भी दबा दिए जाएँ न हाथ-पैर! प्रेम का कोई व्याकरण नहीं होता किन्तु प्रशासन का होता है! और ज्यादातर स्त्रियों को अपने पतियों से और दलित/आदिवासी कामगरों को अपने अधिपतियों से ये ही तो मूल शिकायत है कि वे ज्यादा प्यार नहीं करते, उनकी सारी कारयित्री ऊर्जा पत्नी और अन्य मातहतों के नियन्त्रण में ही खर्च हो जाती है! वे न प्यार देते हैं, न पगार! दिन-भर की खटनी का हासिल क्या? डॉट-मार फटकार-गाली-गलौज, यौन-शोषण और गहरी उपेक्षा!

अस्मिता की लड़ाई मुख्यतः स्वाभिमान की लड़ाई है! महापण्डित कहते हैं, "भूखे भजन न होहिं गोपाला।" स्वाभिमान, लेकिन कोई लक्जरी नहीं है कि पेट भरा रहने पर सूझेगा! क्या होता है स्वाभिमान, यह उन स्त्रियों, उन दलितों से पूछिए जो मान में कई-कई दिन भूखे रह जाते हैं। और फिर थककर, बिन मनाए काम पर लौटते भी हैं तो एक नए रूप में, प्रतिघात के उपयुक्त अवसर की ही प्रतीक्षा में, एक नए संकल्प के साथ—'इक दिन ऐसा आएगा मैं रोदूँगी तोय!"

वर्ग-संघर्ष से जुड़े लोग लिंग-चेतना या जातीय चेतना की बात करने वालों से गुस्सा हैं! उन्हें लगता है कि आर्थिक साम्य लिंगगत और जातिगत कुटिलताएँ स्वयंमेव ध्वस्त कर देने वाली जादुई छड़ी है और 'अपनी-अपनी डफली,

अपना-अपना राग' संघशक्ति का तन्वीकरण ही करते हैं। जो वे कहते हैं, उसका सारांश है कि लम्बी रेस का घोड़ा क्षुद्र स्वार्थसिद्धि में पड़े अगर तो उसकी वही गत होती है जो ऐटलाण्टा की हुई थी! अस्मिता आंदोलनों से उनकी नाराजगी का सार यदि एक कथासूत्र में व्यक्त करें तो ये कहेंगे कि वे ऐटलाण्टा वाले लाभ-लोभ में पड़ गए हैं। ऐटलाण्टा पी.टी. ऊषा जैसी तेज धावक थी प्राचीन ग्रीस में! जब सीधे नहीं हरा पाए उसके स्पर्धी तो उसकी राह में सोने की खूबसूरत बॉलें बिखेर दीं! दौड़ती-दौड़ती वह सुनहरी गेंद चुनने को झुक पड़ती और स्पर्धी आगे बढ़ जाते।

अस्मिता का प्रश्न स्वर्णाभ है तो जरूर, लेकिन राहों में डुगर-डुगर करता-सा नहीं पड़ा रहता है यह और सामाजिक न्याय या मानवाधिकारों के प्रश्नों की आसन्न प्राथमिकता आर्थिक मुद्दों पर छिड़ी बृहत्तर जंग के प्रति कहीं कोई अनास्था नहीं व्यक्त करती। आज की तिथि में आर्थिक मुद्दों पर बहस भूमण्डलीकरण पर बहस है! तीसरी दुनिया के वंचित जनों की पक्षधरता जब तक इस भूमण्डलीकरण से नहीं सधती, तब तक वे इसके एकध्रुवीय चरित्र पर शंका तो व्यक्त करेंगे ही, इसे अनुकूलित करने को जी-जान भी लगा देंगे!

पर आर्थिक स्तर का साम्य भी औरत और दूसरे दलितों को अपमान की लंबी शृंखला से मुक्ति नहीं देता! ऐंगल्स ने ठीक ही कहा था कि बुर्जुआ की सुविधाएँ जुटते ही सर्वहारा भी बुर्जुआ मूल्य आत्मसात् कर देता है। संपन्न दलित भी विपन्न और अन्य दलितों, अपनी और अन्य स्त्रियों के प्रति धुआँती हुई वाचिक-मानसिक और दैहिक क्रूरताएँ उसी तत्परता से निभाते हैं जैसे सवर्ण पितृसत्ताक। यही हाल नेग्रीच्यूड आन्दोलन की शानदार सफलता के बावजूद अश्वेत पुरुषों का है।

क्या है स्त्री दृष्टि?

इराक युद्ध के समय एक तस्वीर 'हिन्दू' के मुखपृष्ठ पर छपी थी—दस महीने का इराकी बच्चा मुँह उठा रो रहा है और उसकी आठ बरस की बहन जो खुद भी बम से उतनी ही आहत है—अपना रोना भूलकर उसे चुप करा रही है। स्त्री-दृष्टि का यह एक व्यंजक उदाहरण है। अमूमन यही करती हैं स्त्रियाँ। किसी की परेशानी में अपना रोना भूल जाती हैं और उठ खड़ी होती हैं—मृत्यु की विभीषिका के ख़िलाफ़।

विश्वयुद्ध के भीषण नरसंहार के बाद पश्चिम का समाज एक बड़ी हद तक विधवाओं, वेश्याओं, वियोगदग्ध नर्सों, लाचार माँओं, परेशानहाल बहनों और बेटियों का समाज रह गया था—कुछ दिन तो समझ में ही नहीं आया कि इस जीवन का करना क्या है। भावनात्मक स्खलन और सामाजिक असुरक्षाओं की बात छोड़ भी दें तो रणभूमि से एक तार आने का मतलब था मनीऑर्डरों के सिलसिले थम जाना, पर उद्दाम हिंसा के बीच भी स्त्री की सर्जनात्मक शक्ति अपनी नई राह बनाती

रही। जॉन स्टेनबेक के उपन्यास 'द ग्रेम ऑफ रॉथ' का वह दृश्य एक रूपक की तरह लें तो मरे हुए बच्चे के वियोग में दूध से फटती अपनी छाती भूख से मरे जाते, एक अनजान आदमी के मुँह से लगा देने में भी स्त्रियाँ नहीं चूकीं! युद्ध के ख़िलाफ़ हाथ उठाकर दुआ करती सारी इराकी महिलाएँ भी एक तरह की राबिया फकीर ही थीं–

एक हाथ में लुकाठी है मेरे,
दूसरे में पानी का मटका,
एक से चली हूँ बहिश्त राख करने दूसरे से लपटें बुझाने दोजख की।

साहित्य में स्त्री दृष्टि की जरूरत

हमारे मुहल्ले में एक बड़े मजाकिया-से बूढ़े बाबा थे। देहली पर खाट डाले बैठे रहते और आते-जाते, जब-तब हमें रोककर किसी पहेली में उलझा देते! बाबा के झोले की एक पहेली थी–

एक आँख से एक मील देखते हो
तो दो आँखों से कितने मील देखोगे?

एकक नियम के अभ्यास में कोई बच्चा चटाक से बोलता–'दो' तो हो-होकर करके खूब हँसते! उनकी वह पोपली हँसी बहुत याद आई जब उस दिन किसी ने स्त्री-दृष्टि की बात की! एक आँख से एक मील तो दो आँखों से भी एक ही मील, पर एक से दूसरी सम्बलित तो होगी। एक से दूसरे को बड़ा सहारा रहता है–प्रकृति ने दोनों आँखें एक ही सतह पर बिठाई हैं, कुरते के बटन की तरह–ऊपर-नीचे नहीं बिठा दीं। वैसे तो बात हमें आँख की नहीं, दृष्टि की करनी है; नरजिए की; पर एक ही धरातल से।

समाजशास्त्रीय निकषों पर

स्त्री-विमर्श के तीन पक्ष हैं : (क) स्त्री लेंस से देश-दुनिया की और स्वयं स्त्री के देह-मन की नई समझ का विकास; (ख) विकास के नए मॉडलों की तलाश जहाँ कोई किसी पर हावी न हो, न प्रकृति का दोहन हो, न मनुष्य का, विकास के अवसर सबको बराबर मिलें और (ग) करुणा-सम्बलित न्याय-दृष्टि का पल्लवन हर तरफ हो यानी कि युद्ध और दंगा, घेरलू और बाहरी आतंकधर्मिता, बहुविध हिंसा और असंतुलन धीरे-धीरे जन-जीवन से और वैयक्तिक जीवन से तिरोहित हो जाएँ।

फ्रान्सीसी क्रान्ति ने 'भाईचारे' की बात की थी! स्त्री-विमर्श बहनापे की बात करता है! उसके अनुसार मनुष्य मात्र में मातृदृष्टि का विकास सबके हित में है और वर्ग-वर्ण-नस्ल-धर्म आदि कृत्रिम विभेदों के पार विश्वभर की स्त्रियाँ बहनें हैं!

हर वर्ग-वर्ण-नस्ल-धर्म की स्त्रियों की कुछ समस्याएँ विशिष्ट भी हैं—पर देह सबके शोषण का मूलाधार है—बलात्कार, इन्सेस्ट, खून, यौन-शोषण, प्रेमहीन विवाह-बंधन, घरेलू बेगार, मार-पीट, गाली-गलौज, साफ-सुथरे और सुरक्षित प्रसव का अभाव, पर्दा, सती, डायन-दहन, पोनोग्राफी, पण्यीकरण ...! कोढ़ में खाज यह कि भोजन-वस्त्र-आवास और शिक्षा—जैसी मूलभूत आवश्यकताएँ भी हर वर्ग, हर वर्ण, हर नस्ल, हर धर्म की ज्यादातर स्त्रियों की खातिर गूलर का फूल हैं—कम खाओ, कम पीओ, गुड़िया—जैसी दीखो, ससुराल-मायका—कोई तुम्हें एक कोना 'अपना' न दे, रह-रहकर कहे—'गेट-आउट', 'शट-अप', फिर भी सबकी सेवा में जुटी रहो। दूधो तब नहाओ जब पूतो फलो, यदि बेटी जनी तो जहालतों में नहाओ या चुल्लू-भर पानी में जाकर डूब मरो!... ऐसी भयानक इस दुनिया में कहीं कोई परिवर्तन लाएगा तो विचार ही, विचार-विमर्श, स्त्री-विमर्श जो अस्मिता की गुत्थियों को भाषा में परावर्तित देखता है और चाहता है प्रक्षालन-धर्म-ग्रन्थों का कानून का, दृष्टि का, आचार का ....!!

अलग-अलग आयाम

वैसे तो भारतीय चिन्तनधारा में और लोकगीतों में भी स्त्री अस्मिता का यह या असर्शन दिखाई देता है, किन्तु विधिवत् ढंग से इस शास्त्र का विकास पश्चिम में हुआ। दो विश्वयुद्धों के बाद जब पश्चिमी समाज में (युद्ध में मारे गये) पुरुषों का प्रतिशत घटा, ज्यादातर घर पुरुषविहीन हो गये, घर चलाने के लिए स्त्रियाँ सड़क पर आयीं और शेक्सपियर की प्रसिद्ध पंक्ति चरितार्थ हुई "Sweet are the uses of adversity" प्रसाद से शब्द उधार लेकर कहें तो—'मंगलमय विभु अपने अमंगल में भी मंगल के बीज छुपाए रहता है!'

स्त्री-अस्मिता के विकास का यह निर्णायक मोड़ था! धीरे-धीरे यह महसूस किया जाने लगा कि मुसीबत के वक्त के लिए ही सही, औरत को गुड़िया-कलेवर से बाहर निकलने लायक शिक्षा वगैरह दे देनी चाहिए! पश्चिमी शिक्षण-संस्थान स्त्रियों से भरने लगे, स्त्रियाँ नौकरी करने लगीं और बड़े फैसले देने लगीं : लिबरल फेमिनिस्टों ने निःशस्त्रीकरण का नारा दिया, रैडिकल फेमिनिस्टों ने रंग-भेद नीति के ख़िलाफ़ आवाज उठायी—शुरू से ही स्त्री-आन्दोलन के ध्येय बृहतर रहे, सिर्फ स्त्री-दशा के सुधार तक यह सीमित नहीं रहा!

भारत में गाँधीजी ने शुरू से ही स्त्री-शक्ति के राजनीतिक विनियोग की प्रज्ञा दिखाई। स्वतन्त्रता आन्दोलन में स्त्रियों का महत्त्व अक्षुण्ण था : पिकेटिंग, 'जेल-भरो अभियान' आदि में तो था ही, 'भारत की माता के रूप में अवधारणा, 'घर बाहिरे' की विमला आदि चरित्रों में पोर्शिया और सावित्री का 'मणिकांचन संयोग' घटित करने की कोशिशों के पीछे भी गाँधी की इस स्त्रीवादी मान्यता का योगदान था

कि बल का अर्थ यदि पशु-बल है तब तो स्त्रियाँ पुरुषों के कमतर हैं। पर यदि उसका अर्थ बुद्धि-बल और नैतिक बल है तो वे उनसे बीस ही हैं, उन्नीस नहीं!

गाँधीजी से बस थोड़ी-सी विनम्र असहमति के साथ मैं इतना-भर जोड़ना चाहूँगी कि बुद्धि-बल और नैतिक बल में ही नहीं, दैहिक सामर्थ्य में भी स्त्रियाँ पुरुषों से बीस ही हैं। पुरुष शरीर प्रसव-पीड़ा जितनी गम्भीर पीड़ा झेल पाने में अक्षम है। एक हल्के बुखार में भी तो उनकी फूँ सरक जाती है, नहाया-धोया-खाया-पीया-मुस्काता बच्चा तो उनसे उठाए नहीं बनता, रोता-झींकता बच्चा क्या खाकर वे पालेंगे ... संयम, सहिष्णुता आदि गुण उनमें इतने कम होते हैं, काम और क्रोध का ऐसा सरप्लस होता है कि तरह-तरह के रोग भी उनको जल्दी ही घेर लेते हैं। लचीलापन उनके देह-मन दोनों में कम होता है, घर-बाहर दोनों के काम वे साधकर तो देखें—हाथी के दाँत खाने के और दिखाने के और।

फिर भी स्त्रियाँ उनसे बैर नहीं करतीं! आखिर वे उनके ही पैदा किए और पाले हुए हैं! वे उनका सही प्रशिक्षण चाहती हैं! स्त्री-विमर्श इसी प्रशिक्षण को निवेदित शास्त्र है जो पितृसत्ता के उकसाए पूर्वग्रहों से मुक्ति चाहता है—उनकी और पूरे समाज की!

पोस्ट-फेमिनिज्म : की पोस्ट करदी कुड़ी

'पोस्ट' शब्द बहुत मज़ेदार है—अपने तीनों अर्थों में ! 'कनक-कनक ते सो गुनी मादकता अधिकाय, यह खाये बौरांय नर, वह पाये बौराय' में 'कनक' पर श्लेष है। इसी तरह का श्लेष है 'पोस्ट पर भी! सबसे पहला 'पोस्ट' तो वही है जिसका सम्बन्ध कहीं न कहीं 'कनक' से जुड़ता है—'अफीम' वाले कनक से नहीं, 'स्वर्ण' वाले कनक से। इस 'पोस्ट' का अर्थ है, 'पद', 'प्रतिष्ठा'। 'यह पाये बौराय नर' के सैकड़ों हादसे होते देखे गये हैं। नर के बाद नारियाँ पद-प्रतिष्ठा पाकर कितनी 'बौरायी' हैं, इसके भी समाचार मिलते हैं, लेकिन कम।

नया मुल्ला बहुत प्याज खाता है, नया-नया आजाद हुआ प्राणी पूरे उत्साह से तिगुने दायित्व भी निभाता है—घर-बाहर—दोनों सँभालते हुए बच्चे भी पाल लेने का तिहरा दायित्व। घूस लेती हुई कोई महिला अफसर जल्दी नहीं देखी जाती। सुबह जल्दी-जल्दी चार-छह टिफिन पैककर चार्टर्ड बसों में गुरुग्रन्थ साहब वगैरह पढ़ती (यानी बिना एक क्षण गँवाए—बस में बैठे-बैठे भी परलोक में अच्छी सीट का रिजर्वेशन कराती हुई) महिलाएँ समय पर दफ्तर भी आ जाती हैं। ममतामयी होने के बावजूद पैरवियाँ ज्यादा नहीं सुनतीं। 'घोटालों' में इक्का-दुक्का महिला-मुख्यमन्त्रियों का नाम आया भी है तो अपवादस्वरूप ही। आँकड़े बताते हैं कि औरतें छवि मटियामेट करने वाले काम जल्दी नहीं करतीं। इतनी व्यावहारिकता उनको बचपन से घुट्टी में पिला दी जाती है कि कीचड़ से बचकर चलो। काजल

आँखों के लिए ठीक है पर काजल की कोठरी में मुंड घुसा देना न आँखों के लिए ठीक है न उजले दुपट्टे के लिए। कुछ करके घर तो लौटना ही है, गड़बड़ करोगी और बच्चा आँचल झटककर पूछेगा, 'माँ ये क्या किया? ये लोग क्या कह रहे हैं, तो क्या जवाब दोगी? सबसे मुश्किल तो बच्चों की अदालत होती है। इसी से सम्बन्ध जुड़ता है उस 'परफॉरमेंस कॉम्प्लेक्स' का जो औरतों में भरपूर होता है। जिसके जन्म से ही सबके चेहरे उतर जाएँ, कदम-कदम पर उसे अपनी 'अच्छाई', 'तेजस्विता' और 'वकत' सिद्ध तो करनी ही पड़ती है। प्रेम और प्रतिष्ठा पाने के 'जतन' तो करने ही होते हैं।

'पोस्ट'—श्लेष का दूसरा अर्थ 'चिट्ठी डाक में डाल आना' है। यह काम भी औरतें बहुत देर से कर पाईं पर जब किया, ऐसे सैकड़ों की तादाद में लिख-लिख भेजी पाती' कि परदेसी पिया तो पढ़-पढ़कर उलट ही गए, सम्पादक-आलोचक-सहयोगी लेखक भी अचकचाकर रह गए। इतनी आग, इतनी ऊष्मा संचित थी भीतर? इससे तो लिख लोढ़ा पर पत्थर ही ठीक था। लोढ़े की चोट शब्दों की चोट से तो कमतर होती ही है। मेरी एक मौसी तो अपने बचपन में अपनी तकलीफें लिख-लिखकर सीधे भगवान को ही पोस्ट कर आती थी। 'माई या भाई' को धारावाहिक चिट्ठियाँ लिखतीं स्त्रियाँ ईमेल के इस युग में भी आपको घर-घर मिल जाएँगी। ये चिट्ठियाँ डाक में नहीं डाली जाएँ तो भी लिखी जरूर जाती हैं।

पोस्ट के तीसरे अर्थ 'उत्तर' में सबसे ज्यादा पेंच हैं। उत्तर-आधुनिकता, उत्तर उपनिवेशवाद, उत्तर-संरचनावाद और अब उत्तर-स्त्रीवाद! मूल प्रश्नों के समीचीन उत्तर ढूँढ़े बिना ही प्रश्नों के पार कूद जाना इक्कट-दुक्कट नामक देहाती खेल का उत्तर आधुनिक प्रकार है। तर्कनिष्ठा, सामाजिक न्याय, आर्थिक वैषम्य का नाश और धर्मनिरपेक्षता आदि आदर्श लेकर आधुनिकता बीसवीं सदी के पूर्वार्द्ध में हमारे घर आई, उत्तर-आधुनिकता आई बीसवीं सदी के चल-चलन्त की बेला में फ्रेंच बीयर पीकर, औपनिषदिक मुद्रा लिए 'अथातोब्रह्मजिज्ञासा, कुरेदती। प्रश्नों के पार चला जाना कोई बुरी बात नहीं है यदि इसे प्रश्नों से टकराते चले जाने से उपजी तात्कालिक थकान मानें, पर आधुनिक हुए बिना उत्तर-आधुनिक होने का ढोंग करने लगे—यह तो खूब रही!

पश्चिम में स्त्रियों के यौनाधारित शोषण का स्कोप कुछ कम हुआ है। अपने-आप नहीं कम हो गया। उसके लिए लम्बी लड़ाई लड़नी पड़ी है—इसलिए अब जर्मन ग्रीयर, एण्ड्रिन रिच आदि पश्चिमी स्त्रीवादियों का ध्यान तीसरी दुनिया की उन स्त्रियों पर है जो अब तक ज़मीनी संघर्ष से जुड़ी हैं! यह है बहनापे का जोर!

(छ) स्त्री-विमर्श कई रंगों में उपस्थित है

भारत में ही नहीं, दुनिया के किसी भी हिस्से में कोई भी 'आन्दोलन' 'विचारधारा' के विरुद्ध नहीं होता—'मोटर-ड्राइव' वहीं से आती है, स्नायुतन्त्र वहीं होते हैं। पर स्नायुतन्त्रिका सजग होकर भी कर क्या लेगी जब हाथ-पाँव नहीं हिलेंगे या हिलने से इनकार करेंगे। एक तरह का अन्योन्याश्रय सम्बन्ध इसमें है। पक्षाघात के खतरे भी हैं अगर दोनों का सही समायोजन नहीं हो पाए!

'आन्दोलन' शब्द के दो अर्थ हैं ही—दोनों कहीं-न-कहीं जुड़ते भी हैं। किसी घटना के प्रभाव में पहले तो मन आन्दोलित होता है, भीतर तरंग उठती है, एक विचार-तरंग, फिर करवटें लेती हुई एक हिलोर बन जाती है।

महाभारत का एक पात्र है 'बर्बरीक'। धड़ से उसका सिर अलग हो गया है, फिर भी एक डाल पर बैठा लगातार युद्ध पर सटीक टिप्पणियाँ किए जाता है। मुक्तिबोध के 'ब्रह्मराक्षस' की कोटि का एक बुद्धिजीवी एक लम्बे समय तक हमारे संक्रमणशील समाज का सच रहा। पितृसत्तात्मक भाषणधर्मिता के भी अनुकूल बैठता था यह कि हाथ-पाँव हिलने लायक नहीं हों तो भी ऊँची डाल पर बैठकर या ऊँची ड्योढ़ी-दालान पर आसन और हुक्का जमाए डाँट-फटकार साधे चलो।

भाषणधर्मिता के ख़िलाफ़ संवादधर्मिता का आन्दोलन है स्त्रीवाद—'ऐक्शन-बेस्ड रिसर्च' का नारा जिसने दिया। औरतें काम करते-करते भी गा-बतिया सकती हैं। वे एक साथ बहुत तरह के काम कर सकती हैं क्योंकि, वैज्ञानिक शोधों का निष्कर्ष है, उनका दाहिना और बायाँ मस्तिष्क एक साथ काम कर सकते हैं और इसी से उनका भाव बुद्धि-कोष उनका इमोशनल इन्टेलिजेंस भी ज्यादा होता है। शब्दों का मर्म अनुकूलित करने का कौशल, परदुखकातरता आदि गुण यही इमोशनल इन्टेलिजेंस घोषित करता है।

स्त्री-विमर्श से जुड़ी हर स्त्री मुख्यतः एक ऐक्टिविस्ट ही है क्योंकि समस्याएँ मिल-बाटने का सहज घरेलू तरीका ही आज अन्तरराष्ट्रीय विस्तार पा गया है। एक सखी तत्त्व हर स्त्री में नैसर्गिक होता है—विमर्श इसे बस धार ही देता है। एक स्त्री दूसरी की नैसर्गिक सखी तो होती ही है, सब परितप्त जनों और प्रकृति-तक की अनन्य सखा भी वह होती है। 'चिपको आन्दोलन' इसका भास्वर प्रमाण है। छठे दशक में लिबरल फेमिनिस्टों का परमाण्विक शस्त्र-विरोध और अब के स्त्रीवाद का युद्ध और दंगा-विरोध भी इसी के प्रमाण हैं।

संविधान तो 'मुक्ति के बाद ही बनते हैं, हाँ—मैनिफेस्टो पहले बन जाते हैं! पर मैनिफेस्टो भी संविधान की तरह लिखित-अलिखित—दोनों होते हैं। हमारे यहाँ स्त्री-विमर्श का गाँधीवादी मॉडल पनप रहा है—अहिंसात्मक प्रतिरोध और पिकेटिंग का मॉडल और इसका ध्येय है यौन शोषणयुक्त एक एगैलिटेरियन समाज

की स्थापना जहाँ वर्गगत, वर्णगत, नस्लगत शोषण का भी कोई स्कोप न छूटे।

जहाँ कानून हैं भी, उनका सख़्ती से लागू कराया जाना बेहद जरूरी है। विशिष्ट कानूनी सुरक्षा के अधिकारी हैं :

- ❒ स्त्री-भ्रूण—हत्या का मुद्‌दा
- ❒ पैतृक सम्पत्ति, मैट्रिमोनियन सम्पत्ति, एलिमनी आदि में बराबरी के हिस्से का मुद्‌दा।
- ❒ बलात्कारी के शिश्न-भंग का मुद्‌दा।
- ❒ घरेलू हिंसा और गाली-गलौज के निराकरण का मुद्‌दा
- ❒ बराबरी के श्रम पर बराबरी के वेतन का मुद्‌दा
- ❒ फ्लेश ट्रेड और ट्रैफिकिंग पर अविलम्ब रोक।

इसके अलावा कुछ मौलिक सुविधाएँ भी मुहैया कराने की व्यवस्था होनी चाहिए जिनमें मुख्य हैं :

- ❒ कामकाजी महिलाओं के सन्दर्भ में उत्कृष्ट क्रेश और डे-केयर इण्टर की बहुतायत।
- ❒ अधिकाधिक महिला हॉस्टल जहाँ बच्चों के साथ भी अकेली स्त्री गरिमामय एवं सुरक्षित जीवन जी सके।
- ❒ पढ़-लिख नहीं पायीं या रोजगार ढूँढ नहीं पायीं स्त्रियों का समुचित कार्य-प्रशिक्षण जिसमें उन्हें अपने पाँवों पर खड़ी होने में सुविधा हो।
- ❒ साफ-सुथरे और सुरक्षित प्रसव की व्यवस्था।
- ❒ बच्चे पैदा करने हैं कि नहीं, करने हैं तो कब और उन्हें कैसे, किनकी मदद से पालना है—इन सबका निर्णय स्त्रियों के हाथ सौंपने की व्यवस्था।
- ❒ पुरुष और स्त्री—दोनों के माँ-बाप, भाई-बहन, दोस्त और अन्य परिचितों के साथ एक-जैसा सम्मानजनक व्यवहार।
- ❒ अपने ढंग से खर्च करने की छूट
- ❒ इन सबके अलावा एक नया स्त्रीवादी मूल्यांकन आर्ष ग्रन्थों, क्लैसिक्स, रीति-रिवाजों, शास्त्रीय और लोक-कला के स्तम्भों, साहित्य, दर्शन, इतिहास, मिथक, अर्थशास्त्र यहाँ तक कि भूगोल आदि मान्यताओं का भी।
- ❒ स्त्री के शोषण को प्रकृति/पर्यावरण दोहन के समकक्ष देखकर पर्यावरण सुरक्षा को नया मोड़ा देने की कोशिश।
- ❒ युद्ध, दंगा, विस्थापन आदि की विभीषिका का शिकार औरतों का विशिष्ट समायोजन।
- ❒ यौनकर्मियों के बच्चों के लिए हर अच्छे स्कूल में हॉस्टल की सुविधा।

- वृद्धाश्रम के परिसर में ही अनाथाश्रम का निर्माण जिसका संचालन स्त्री-शक्ति करे!

मध्यवर्ग की स्त्रियाँ एक हाइफन हैं—तथाकथित उच्चवर्गीय और निम्नवर्गीय महिलाओं को जोड़े रखने वाला। महिलाओं का अपना वर्ग क्या होता है? आँकड़े बताते हैं कि विश्व की दो प्रतिशत सम्पत्ति भी महिलाओं के नाम नहीं। पिता, पति या बेटे के धन से कोई धनी नहीं हो जाता। रिफ्लेक्टेड ग्लोरी रिफ्लेक्टेड ग्लोरी ही रहती है। इस दृष्टि से देखा जाए कि विश्व की अधिकांश स्त्रियाँ सर्वहारा हैं और 'खग जाने खग ही की भाषा' का तर्क उन्हें आजीवन जोड़े रखता है। धनी (?) हो या गरीब, गोरी या काली, सवर्ण या दलित—मार-पीट, गाली-गलौज, यौन-शोषण और अश्लील जुमले कौन-सी स्त्री नहीं झेलती! किसके कामकाज, आत्मीय सम्बन्धों या कला-साहित्य का यथेष्ट मूल्यांकन हो पाता है? किस वर्ग/वर्ण/नस्ल की महिलाओं को मिलते हैं विकास के सामान्य अवसर?

लेकिन हाँ, रोटी का सवाल तो सबसे बडा है ही। जो जितना गरीब और पिछड़ा है—उसकी समस्याएँ उतनी ही गम्भीर हैं। दलित और अल्पसंख्यक स्त्रियों की 'सफरिंग' दोहरी है—इसमें कोई शक नहीं। इस सन्दर्भ में हमें तमिल दलित कवियत्री सरूपारानी की पंक्तियाँ हमेशा याद रखनी चाहिए—

घर में पुरुष अहंकार एक तमाचा जड़ता है तो गली में जातीय अहंकार दूसरा।

राजनीतिक एकजुटता की कुछ शर्तें होती हैं। दलितों के त्रास अनन्त थे या हैं पर पर्दा-प्रथा और घरेलू कैद उन्हें नहीं झेलनी पड़ी। सड़क राजनीति का आँगन है। जो धरती बिछाकर आसमान ओढ़ेगा—किसी अम्बेडकर, किसी नामदेव ढसाल, किसी दया पवार, किसी नारायण सुर्वे, किसी धर्मवीर के लिए आसान होगा—उस समूह में राजनीतिक एकजुटता जगाना, उसे एक परचम के नीचे करना या संविधान में ही सही—उसे आरक्षण आदि कुछ सुविधाएँ मुहैया करा पाना। स्त्रियों को राजनीति में अम्बेडकर जितना दबंग कोई नेता भी नहीं मिला। सरोजिनी नायडू भारतीय 'कोकिला' कहलाती थीं और कोयल को ढेला मारना, उसकी नकल उतारना गली के बच्चे तक अपना जन्मसिद्ध अधिकार समझते हैं।

जब तक भारतीय कोकिलाओं ने अबाबील के डैने और चील-निगाहें पायीं, अपने 'अनाम' दुखों के 'ठोस' मनोसामाजिक कारण (ऑवजेक्टिव कोरिलटिव) ढूँढे, जब तक 'नीर-भरी दुख की बदली' ने अपनी आध्यात्मिक या अस्तित्वगत बेचैनियों या दुखों का 'असल' उत्स पहचाना, जब तक शृंखला की कड़ियाँ खुलीं—कुछ देर तो हो ही चली थी। एक बहुत बड़ा जाल था जिसके अलग-अलग छोरों पर फँसी पड़ी चिड़ियाँ अपने पंख अलग-अलग तो जरूर फड़फड़ा रही थीं, पर यह उन्हें सूझ नहीं रहा था कि मुक्ति का मार्ग बस एकजुटता है, अलग-अलग पंख फड़फड़ाने से अच्छा है एकजुट होकर जाल-समेत उड़ जाना। कभी कोई तो

पहाड़ खुदेगा, खुदे पहाड़ के नीचे कोई तो राजनीतिक चुहिया मिलेगी जो जाल कुतर देगी।

सड़क राजनीति का आँगन है तो कैद पढ़ने-लिखने की ठीक-ठीक जगह। घर में बैठकर पढ़ना, पूर्ववर्ती लेखन-परम्परा से सजग मनःसंवाद कलम को धार देने वाली बेहद जरूरी चीज है। दलित लेखकों को (शान्त बैठकर लिखते-पढ़ते हुए) अपने लेखन को धार देने का अवसर कम मिला—स्त्रियों से भी कम! इसलिए हो सकता है—दलित साहित्य में शैलीगत सौष्ठव (फिनिस) कम हो—पर उससे क्या? उसकी कयास ही उसकी शक्ति, उसकी ऊर्जा है। कुछ फल कच्चे ही अच्छे लगते हैं। 'खटतुरूस' चीजों का अलग एक रस होता है। हर चीज पकी-पकायी और साँचे में ढली हुई ही क्यों हो? सात्विक आक्रोश का एक अलग गैरिक बाना होता है। नामदेव ढसाल की कविताओं में 'ग़ाली' भी शेक्सपियर की गालियों—जैसी पैनी और धारदार लगती है।

हिन्दी साहित्य में स्त्री-विमर्श कई रंगों में उपस्थित हैं—कहीं प्रत्यक्ष, कहीं परोक्ष, कहीं आड़ा, कहीं तिरछा। पुरुष स्त्रीवादियों की भी एक अलग कोटि है।' पर स्त्रियों का एक विशिष्ट अनुभूतिमण्डल होता है (बलात्कार, यौन-शोषण, घर का, न घाट का होने की स्थिति, भावहीन यान्त्रिक सम्भोग, गर्भधारण, दूध पिलाना, अन्तहीन घरेलू कैद आदि)—पुरुष लेखक जिसकी सूक्ष्म तरंगें (गहनतम पराकायाप्रवेश के बावजूद) पूरी तो नहीं पकड़ सकते। जो पुरुष झेलते हैं—बतौर एक नागरिक—वो तो अबकी स्त्रियाँ भी झेलती ही हैं—सड़क का यथार्थ—इसके अलावा यह सब।

साहित्य में सब छन रहा है और एक अलग ही भाषा में—क्योंकि स्त्रियों का अनुभूतिमण्डल ही अलग नहीं होता, उनकी भाषा का मिजाज भी कुछ अलग होता है। उसके मनोसामाजिक गढ़न्त अलग होते हैं। इतिहास, मिथक और आत्मकथा के सम्मिश्रण (बायोमाइथोग्राफी) से कथा-साहित्य में नया स्पेस सृजित हो रहा है।

एक और नयी घटना घट रही है। घर-गृहस्थी, नौकरी और बच्चों की तिहरी जिम्मेदारी और अधूरे, अतृप्त, प्रेम के तनावों के बीच एक स्त्री दूसरी का सम्बाध्य बन रही है और एक नये रस का परिपाक हो रहा है। कविता में और कहानी में भी। इस नये रस में वात्सल्य, करुणा और शान्त—सब अपने उदात्ततम रूप में समाविष्ट दीखते हैं। बच्चों में और दूसरी औरत में (माँ/मौसी/बुआ/पड़ोसिन/सहयात्रिणी/रूममेट/सहकर्मिणी/हॉस्टलमेट/क्लासमेट/एक परचून दुकान से राशन खरीदने वाली सहक्रेता तक में) एक औरत विश्वास, निष्ठा और सहानुभूति का परिविस्तार सहज ढूँढ लेती है। ये स्पन्दन कुछ ऐसे हैं जो उसे पुरुष के संसर्ग में बहुधा नहीं मिलते तो वह मीरा-महादेवी की सी मनःस्थिति में आकश-तत्व की

ओर मुड़ जाती है या लेस्बियन रचनाकारों की तरह आत्म-निर्भर घेरों के सन्धान में या फिर जीवन के जंजाल के बीच की एक प्रच्छन्न पारस्परिकता में।

प्रेम, आनन्द और शान्ति की यूटोपिया का क्लान्त अस्तित्ववादी सन्धान इधर हाशिए पर चला गया है। अधिकार-हनन के विरुद्ध सधा व्यंग्य भी भाषा और स्थितियों के साथ एक आत्मविश्वास-भरी छेड़छाड़ में तब्दील हो गया है। लोकगीतों की सी परिहास-वृत्ति, एक महीन-सा ह्यूमर भी इधर की स्त्रीवादी रचनाओं की एक बड़ी उपलब्धि है।

आत्मान्वेषण का हर्ष इतना घटना है कि श्रेष्ठ रचनाकार भाषा से होली खेलती दीखती हैं। समर्थ हिन्दी लेखिकाएँ अच्छी तरह समझती हैं कि भावों की शुद्धता की रूमानी अवधारणा मनुष्य के दिमाग की क्लिष्ट बनावट के प्रतिकूल पड़ती है! प्रेम में पड़ा आदमी दिन-रात सिर्फ प्रेम के बारे में ही नहीं सोचता, सच्चे से सच्चे प्रेमी को भी कभी पैसे की चिन्ता समाप्त कर सकती है, कभी दुनिया के अन्य क्रूर यथार्थों की इसलिए उसकी मनःस्थिति का यथेष्ट चित्रण केन्द्रीय और उपकेन्द्रीय—दोनों संवेगों की बहुआयामी प्रस्तुति से ही सम्भव है।

बहुत दिनों तक महादेवी वर्मा आधुनिक हिन्दी कविता की एकलौती बेटी रहीं—सात भाइयों की अकेली चम्पा जिन्होंने प्रखर स्त्रीवादी तेज से अपना अकेलापन झेला भी—

'पन्थ रने दो अपरिचित, प्राण रहने दो अकेला।
चिरव्रती निर्माण, उन्मद! ये अमरता नापते पद
बाँध लेंगे अंक—संसृति से तिमिर में स्वर्णवेला!

पर जैसा कि अँग्रेजी में कहते हैं—'लोनसम लार्क डजनॉ ड्रॉ स्प्रिंग।' अकेला चना भाड़ नहीं फोड़ता।

सुभद्रा कुमारी चौहान ने 'वीर' और 'वात्सल्य' को महादेवी जी की 'करुणा' से अलग एक पहचान दी—यह उनका बड़ा अवदान है। भाव-निक्षेप की दृष्टि से और शब्द-चयन के निकस पर भी स्त्री कविता का परिवृत्त बड़ा करने का श्रेय उन्हें जाता है। काव्य भाषा की जकड़न खोलने, उसे बातचीत की भाषा के करीब लाने में उनको कविताओं की ऐतिहासिक भूमिका है।

छायावादोत्तर गोधूलि में सन्धिप्रकाश रागों के अवसाद के साथ जो स्त्री-स्वर उभरे उनमें से कुछ पर आरोप लगा कि वे अपने परिवेश से कटे हुए हैं। आत्मदया से और कच्चे आक्रोश से भरी हैं उनकी कविताएँ, कुछ अलोचकों ने 'फरियाद की कोई लय नहीं है' कहकर इन्हें समंजित करना भी चाहा तो दयाभाव से।

स्त्री-कविता अपने विशिष्ट स्त्रीवादी रंग में परवान चढ़ी है पिछड़े दशक में जब एक साथ कई स्त्री-स्वर उभर कर आये हैं जो सरगम के सात सुरों की तरह सब अलग-अलग पहचाने जा सकते हैं। किसी का किसी पर प्रभाव नहीं है।

'पर्सनल इज पोलिटिकल' का दर्शन सबके सिर चढ़कर बोलता है पर 'मैं' की चौहद्दी सामाजिक ही नहीं, परिणामात्मक निकष पर भी सब स्त्री-कवियों के यहाँ बढ़ी है। 'मैं' और 'हम' का तो फर्क ही मिट गया है वहाँ उनका 'मैं' सर्वसमावेशी हो गया है। राजनीतिक/अस्तित्ववादी/रूमानी/गैर-रूमानी विलोम बासी पड़ गये दिखते हैं स्त्री-कविता की व्याख्या में। हर अच्छी स्त्रीवादी कविता राजनीतिक-अस्तित्ववादी/रूमानी/गैर-रूमानी विभेदों के पार जाती है।

(ज) आधुनिक इतिहास की गलियों में स्त्री-प्रश्न

जैसा कि पहले भी कहा गया, गाँधीजी ने स्वराज-मिशन से भी स्त्रियों को जोड़ा और मतदान का अधिकार दूसरे मौलिक अधिकारों के साथ हमें सहज ही मिल गया—कम-से-कम कागज पर!

भारत में स्त्री-प्रश्न कागजों से उतरकर सड़कों पर, गलियों में मोर्चे बाँधने लगा पिछली सदी के सातवें दशक से! नक्सलवादी आन्दोलन में कुछ स्त्रियाँ सजग थीं, फिर इस तरह से उनकी राजनीतिक सजगता जयप्रकाश आन्दोलन में दीगर हुई! 1974 में कई महिलाओं ने मिलकर एक रपट प्रकाशित की थी—'समानता की ओर' के नाम से, उसे ध्यान में रखकर जनता शासन के दौरान प्रमिला दण्डवते और मृणाल गोरे आदि कुछ कर्मठ महिलाएँ स्त्री-वर्चस्व के प्रश्न से जुड़ीं। मृणाल गोरे महाराष्ट्र में 'पानी वाली बाई' के नाम से लोकप्रिय थीं क्योंकि बस्तियों में पानी का संकट दूर करने में उनकी बड़ी भूमिका रही! जीवन की दैनन्दिन जरूरतों की आपूर्ति में बाधा का सबसे ज्यादा मुआवजा स्त्रियों को भी चुकाना पड़ता था। इस बात का ध्यान रखकर स्त्रियों की एक टोली गठित की और स्त्री संघ-शक्ति पानी के संकट से निवारक के रूप में प्रकट हुई।

स्त्री आंदोलन का प्रतिभार ऐसे ही नन्हें-मुन्ने प्रतिरोधों को समर्पित रहा, जिसकी माँगें चारा-ईंधन-पानी और मँहगाई-निवारण थीं! सबसे पते की बात यह है कि इसका नेतृत्व समाज के सर्वाधिक वंचित वर्ग की स्त्रियों ने सँभाला था : पहाड़ पर गौरा देवी, महाराष्ट्र में झोपड़पट्टी की औरतें और आंध्रप्रदेश में बुनकर महिलाएँ संघर्ष के मोर्चे पर थीं! इन्हीं की पहल से स्वतन्त्र आर्थिक विकल्पों के इर्द-गिर्द SEWA (सेल्फ एम्प्लॉएड विमन्स एसोसिएशन) गठित हुआ।

1975 में यू.एन.ओ. द्वारा प्रथम अन्तरराष्ट्रीय महिला समिति गठित हुई थी। नैरोबी में इसकी बैठक के बाद ही आई थी 'टुवर्ड्स इक्वैलिटी' वाली वह प्रस्तावना जिसका असर विश्व-भर की प्रबुद्ध महिलाओं पर पड़ा था और वे अपनी सबसे वंचित बहनों के साथ स्त्री-मोर्चे पर संगठित हुई थीं! मधु किश्वर और रूथ वनिता द्वारा 'मानुषी' इसी वक्त प्रकाश में आई थी और उसने मथुरा बलात्कार-काण्ड, दहेज

आदि मुद्दों पर राष्ट्रीय बहस भी कराई थी! जगह-जगह स्त्री-उत्पीड़न के मामले उठाते नुक्कड़ नाटक खेले गये थे! विश्वविद्यालय में 'विमेन्स स्टडीज' नामक एक अन्तरअनुशासनात्मक विषय की प्रस्तावना उसी वक्त दे दी गयी थी, पर मुख्यतः वे वर्ष जमीनी लड़ाई के वर्ष थे।

वियतनाम में अमरीकी युद्ध के ख़िलाफ़, अमरीका में रंगभेद नीति और युवा-दमन के ख़िलाफ़ जिस तरह सिविल राइट्स आंदोलन हो रहे थे, उसी आलोक में जर्मन हरबर्ट मारक्यूस ने मनोवैज्ञानिक और राजनीतिक यथार्थ के अन्तरसम्बन्ध टटोलती एक महत्त्वपूर्ण थीसिस दी। उसी समय फ्रान्स की सड़कों पर शिक्षा-पद्धति की अर्थवत्ता चुनौती पा रही थी। मिशेल फूको ने उससे जुड़े युवा-आन्दोलनकारियों का अध्ययन किया और एक थीसिस दी। यौनिक ऊर्जा और राजनीतिक आन्दोलनों का आपसी रिश्ता टटोलती यह थीसिस स्त्री-पुरुष के आपसी रिश्तों के पेंच टटोलने का एक बड़ा माध्यम बनी। अन्तरंग सम्बन्धों का सामाजिक सन्दर्भ एक बड़ी घटना तो थी ही।

उसी समय फ्रैंक फेनन और जेम्स बॉल्डविन यूरोपीय साम्राज्यशाही, मर्दानगी और नस्लवाद के आपसी रिश्ते टटोलते हुए इस बात पर सहमत हुए कि वैयक्तिक और सामूहिक अवचेतन से राजनीतिक उठापटक का एक स्पष्ट नाता बनता है।

कुल मिलाकर अकादमिक शोधों से भी यही बात निकलकर सामने आयी कि दुनिया में जितने ध्रुवान्त हैं—स्त्री-पुरुष, मनोविज्ञान, राजनीति, शासित-शासक, घर-बाहर, काले-गोरे—सब एक अन्तर्सम्बद्ध जाल का हिस्सा हैं! स्त्री-श्रम एक निकाय के रूप में उसी समय रेखांकित हुआ और भारत की श्रमशक्ति रपट एक चर्चित रपट रही। उसी से आगे उभरे स्त्री-अस्मिता के प्रश्न जो फ्रान्स में उभे मनोसामाजिक शोधों से और सम्पुष्ट हुए।

फ्रांसीसी क्रांति के द्वारा प्रजातान्त्रिक आदर्श वैसे तो सेण्ट साइमन के समय से (यानी उन्नीसवीं शताब्दी से ही) खुले विमर्शों (फ्री एन्क्वायरी) को प्रश्रय दे रहे थे। बीसवीं शताब्दी तक आते-आते वे सारे विमर्श इस बात पर सहमत-से लगे कि 'पॉजेशन' गलत भाव है—वह चाहे सम्पत्ति का हो या व्यक्ति का! पूँजीवाद और विवाह 'कब्जे' का भाव जगानेवाली जड़मति प्रपत्तियाँ हैं, इन्हें ध्वस्त करो। स्त्रियाँ पुरुषों पर या किसी सम्पत्ति पर क्या खाकर कब्जा करतीं, होता तो यही था कि दुनिया का अधिकांश पौरुष सम्पत्ति और स्त्रियाँ ही हथियाने के फेर में पड़ा रहता था! स्त्रियों का ध्यान इस पर गया! और वॉएलक्विन नामक एक विदुषी ने वे रैडिकल (सेण्ट सेमिऑनियन) स्त्रियों की एक सभा में ऊर्ध्वबाहु घोषणा की : "औरतों की खातिर मर्द वही हैं जो आततायी सरकार लोगों के लिए! वे हमें डराते हैं और हमें प्यार नहीं करते! ... आगे 'आने वाले समय में सम्पत्ति साझी होगी, बच्चों का पालन-पोषण और घरेलू कामकाज भी।" एक स्त्रीवादी जरनल Tribune des femmes ने स्त्रियों को पुरुषों की पदवी नाम से हटाने की सलाह दी (नाम जोड़ना है तो हम अपनी माँओं का नाम साथ में जोड़ें ... जैसे, भारत में गांगेय, जाबाल आदि।)

इस समय अमरीका में उन्मुक्त प्रेम की भी एक लहर उठी। तब तक स्त्रियाँ नौकरी-चाकरी करती घर से बाहर निकल गई थीं और उन्हें साफ-साफ लगने लगा था कि विवाह नामक संस्था उनके व्यक्तित्व के बहुवर्णी आयामों के साथ न्याय नहीं करती। व्यक्तित्व की कई अन्तर्धाराएँ हो सकती हैं और अलग-अलग अन्तर्धाराओं का अलग-अलग व्यक्तियों से सच्चा अनुराग हो सकता है। इसी समय गर्भनिरोधकों का अन्वेषण हुआ और मुक्त प्रेम का दर्शन परवान चढ़ गया। विक्टोरिया वुडहल की प्रस्तावना 'वफादरी अपने वजूद से' काफी लोकप्रिय हुई। उसका तर्क था कि पदों और रिश्तों से तब तक ही जुड़ना चाहिए जब तक लगे कि आप अपने व्यक्तित्व का सर्वोत्तम उन्हें दे रहे हैं। प्रेम की स्वतन्त्रता रहने पर ही कोई प्रसन्नतापूर्वक अपने दायित्व निभा सकता है।

ये सब सवाल अक्टूबर 1917 के बाद रूस में भी उभरे और लेनिन ने 'द ओरिजिन ऑफ दा फैमिली, प्राइवेट प्रॉपर्टी ऐण्ड द स्टेट' में यह भी दिखाया कि कमाया हुआ धन अपनी ही औरत से जन्मी सन्तान को मिले, इस फेर में मर्द औरतों को परिवार नाम की संस्था में कैसे कैद करने लगे।

एलेक्जेण्ट्रा कोलॉनताई नामक बॉलशोविक स्त्री ने जिस सामुदायिक चौका-चूल्हा और बच्चा-पालन केन्द्र की कल्पना की थी, उससे लोग सहमत नहीं हुए। फिर श्रमजीवी वर्ग की ब्रिटिश चिन्तक स्टेला ब्राउन की बात भी लोगों ने अनसुनी की। उनका कहना था कि आर्थिक उत्पादन में स्त्रियों की भागीदारी दुगुनी हो सकती है यदि घर में उनके साथ मानवीय व्यवहार हो और घरेलू कामों में भी उनका हाथ बँटाया जाए। इसी समय हैवलॉक एलिस ने समलैंगिक प्रेम के प्रश्न पर भी एक बहस शुरू की! नाम बदल-बदलकर वह बताता फिरा कि सेक्सुअल फैण्टेसी भी एक चीज है जिस पर कोई जोर नहीं चलता।

कॉलोण्टे और गोल्डमैन लेनिन की इस प्रस्तावना से सहमत नहीं थे कि प्रोडक्शन पर पुरुषों का प्रभुत्व हो। 'रीप्रोडक्शन' भी एक प्रोडक्शन ही है जो स्त्रियाँ अकेले सँभालती हैं। मार्क्सवाद और स्त्रीवाद की तू-तू मैं-मैं जब आगे बढ़ी, एक मोड़ पर कैथरीन ए. मैकेनॉन ने कहा कि मार्क्सवादी चिन्तन में जो स्थान श्रम का है, स्त्रीवादी चिन्तन में वही यौनिकता का! औरतें दोहरे दोहन का शिकार हैं। गुलामी वाला श्रम, बँधुआ श्रम और लादा गया श्रम—तीनों का विकट रूप, वह भी 'फॉर ग्राण्टेड'। परिवार, रिश्ते-नाते, समुदाय और अर्थतंत्र, सब वाम यानी प्रतिकूल।

1999 में शीला राउबॉथम इस प्रस्तावना के साथ समाने आयीं कि पितरसत्ता और पूँजीवाद दो अलग-अलग तम्बुओं (इण्टरलॉकिंग सिस्टम्स) की तरह न देखे

जाएँ। वर्ग और नस्ल के अंतर्गत लिंगाधारित विभेदों का अध्ययन सम्भव है ... संस्थाएँ और संस्कृतियाँ तीनों के अन्तर्घात का परिणाम होती हैं। औरत-मर्द के आपसी रिश्ते का वर्ग-संघर्ष या नस्ली सन्घर्ष पर भी स्पष्ट प्रभाव होता है। भारत नें पार्थ चैटर्जी के 'घोरे बाइरे' वाली प्रस्तावना इससे जुड़ी मानी जा सकती है।

बीना अग्रवाल आदि स्त्रीवादी समाजविद परिवार की व्याख्या परोपकार सिद्धान्त पर आधारित ऐसी इकाई के रूप में करती हैं जहाँ स्त्रियों की असमान आर्थिक स्थिति (अनईक्वल रिसोर्ज पोजिशन) ज़मीन के पितरसत्तात्मक बँटवारे के कारण भी है। पूरा परिवार मिलकर मजदूरी करे तो भी भारत में 'पारिवारिक' मजूरी मर्द को मिलती है। दलित स्त्रियों का दोहन तो और भी घनेरा होता है। इसकी पीड़ा सुरूपा रानी की इन पंक्तियों में पढ़ी जा सकती है :

"घर में मर्द-अहंकार एक गाल पर थप्पड़ मारता है
और गली में जातीय अहंकार दूसरे गाल पर।"

बात सिर्फ थप्पड़ की नहीं, अनवरत जहलत, यौन-दोहन और श्रमदोहन की भी है। पण्डिता रमाबाई को ज्योतिबा फुले का, उसके पहले सीता को वाल्मीकि का जैसा समर्थन और आश्रय मिला था, स्त्री-आन्दोलन को दलित और अन्य अस्मिता आन्दोलनों का सुलझा हुआ साथ मिलता रहे तो जटिल संरचनाओं का वह 'ग्रिड' टूटे और एक सहकारी, पारस्परिक सम्मान से परिष्कृत इगैलिटेरियन समाज सामने आए जिसका सपना दुनिया का समस्त स्त्रीवादी वाङ्मय देखता रहा है : जातीय स्मृतियों से स्पन्दित, प्रजातान्त्रिक मूल्यों से लहालोट नैतिक भूगोल, एक समुन्नत जागरूक समाज का सपना जहाँ कोई किसी पर हावी न हो, सब अपने ढंग से फूलें-फलें और एक हरी-हरी धरती का वारिस बनें। जिस अर्थ में 'मनीमेघलाई' बुद्ध के आदर्श जीती है—देह को नकारे बिना या जिस अर्थ में गाँधी स्वयं को ईश्वर का ही अंश कहते थे—हम अपने रास्ते बढ़ सकते हैं। रास्ता कोई भी हो, धर्म कोई भी हो—यदि वह अतिकारी न बनाए और मानवीय गरिमा की रक्षा को प्रस्तुत हो—मुक्ति का रास्ता बन तो सकता है—'राह पकड़ तू एक चलाचल/आ जाएगी मधुशाला!' 'ऑल रोड्स लीड टू रोम!'

(झ) भारत में स्त्री आन्दोलन के तीन चरण

भारत में स्त्रीवादी आन्दोलन के तीन चरण थे! उन्नीसवीं शताब्दी में पण्डिता रमाबाई, ज्योतिबा फुले, सावित्री फुले, राजा राममोहन राय, ईश्वरचन्द्र विद्यासागर आदि ने स्त्री-शिक्षा और स्वावलम्बन की मुहिम का मार्ग प्रशस्त किया—कई ऐसी रूढ़ियाँ तोड़ते हुए जो स्त्री-जीवन, खासकर विधवाओं, वेश्याओं और अन्य एकाकी स्त्रियों का अन्तरंग जीवन क्षत-विक्षत रखती थी : बेवजह उन्हें एक कठघरे में बन्द

रखती हुई : रवीन्द्रनाथ, शरतचन्द्र आदि के साहित्य का भी प्रभाव जरूर रहा होगा कि गाँधीजी ने स्वराज-मिशन से स्त्रियों को जोड़ा और इसका एक स्पष्ट परिणाम यह हुआ कि वोट के लिए, अन्य राजनीतिक अधिकारों की खातिर भी भारत में अलग एक संघर्ष करने की जरूरत स्त्रियों को नहीं हुई।

उसके बाद बुनकर और दूसरे कामगार संगठनों के उपांग के रूप में (जैसे तेलांगना आन्दोलन के वक्त) स्त्री-संगठन आन्ध्रप्रदेश और महाराष्ट्र में विकसित हुए! 'चिपको आन्दोलन', 'शराब-बन्दी' आदि अभियानों के साथ पहाड़ों पर और दहेज-दहन आदि के ख़िलाफ़ देश की राजधानी में स्त्री-आन्दोलन का उग्रतर रूप सामने आया। इसी समय स्त्रियों की अलग पत्रिकाएँ, स्वतन्त्र प्रेस (जैसे काली फॉर विमेन), स्वयंसेवी संगठनों द्वारा समय-समय पर आयोजित कार्यक्रम स्त्रियों को लोकवृत्त (पब्लिक स्फियर) में लाए। नुक्कड़ नाटकों और प्रतिरोधी जलसों में स्त्रियों की भागीदारी आपातकाल के आसपास सघनतर हुई।

इस समय तक पत्रिकाएँ भी महिला-विशेषांक निकालने लगी थीं। इतना तो मुझे भी याद है कि जयप्रकाश आन्दोलन के तुरन्त बाद कमलेश्वर ने सारिका का 'स्त्री विशेषांक निकाला था! ज्यादातर अखबारों में 'आधी दुनिया' नामक स्तंभ अलग से निकलने लगे थे! उसके पहले भी 'धर्मयुग' ने कई विशिष्ट लेखिकाओं की रचनाएँ धारावाहिक छापी थीं—शिवानी, मालती जोशी, मेहरुन्निसा परवेज, प्रतिमा वर्मा, सूर्यबाला, उषाकिरण खान, बिन्दु सिन्हा, दीप्ति खण्डेलवाल, राजी सेठ, कमल कुमार, मृदुला गर्ग, मंजुल भगत, अर्चना वर्मा, चन्द्रकान्ता, चन्द्रकिरण सौनरेक्सा, सुधा अरोड़ा, नासिरा शर्मा, ममता कालिया, अर्चना वर्मा, अरुणा सीतेश, मृणाल, पाण्डे आदि (कृष्णा सोबती, मन्नू भण्डारी और उषा प्रियम्बदा के अलावा) ये नाम भी हिन्दी जनमानस से स्त्री विषयक कई पूर्वग्रह लगातार काट रहे थे! पर आठवें दशक तक स्त्री-आन्दोलन जब परवान चढ़ा और पढ़ी-लिखी स्त्रियों की दूसरी पीढ़ी 'घोरे बाहिरे की कशमकश काटकर पति और परिवार से दूर, वर्किंग विमेन्स हॉस्टल आदि में रहकर नौकरियाँ करने लगीं, स्त्री-लेखन का तेवर थोड़ा उग्रतर हुआ और भाषा थोड़ी ह्यूमरस, फक्कड़ और स्वाभिमान से महमह!

और फिर नवें दशक में तो मन्दिर-मण्डल और मार्केट के तीन महामकार पंचमकारों पर स्त्री-लेंस से नयी रोशनी डालने लगे। मत्स्य, मुद्रा, मन्त्र, मैथुन और मांस : स्त्रियाँ जब इन मकारों पर कलम चलाने लगीं, 'टिड्डी उड़ी फुर्र' के भाव से रूढ़ियाँ लगीं उड़ने। पुरुषों को तब पहली बार लगा कि जिन्हें वे कुर्सी-टेबुल समझते थे—उनके दिल-दिमाग और जबान भी हैं! सिर्फ एक लदी हुई गर्भ वे नहीं, अपनी मांताओं और मौसियों की तरह 'डिग्निफायड सफरिंग' का महामहिम घूँघट काढ़े हुए अब वे 'मधुर-मधुर कुछ बोल/ वीणा, मधुर-मधुर-मधुर कुछ बोल' भाव से नहीं रहेंगी! न 'मधुर-मधुर' अब दीपक जलेगा!

भूमण्डलीकरण के बाद दृश्य-माध्यमों का उभार इण्टरनेट-मोबाइल-ब्लॉग-सर्फिंग का प्रभुत्व बिम्बों और शब्दों के महाप्रलय का सा दृश्य सामने ला रहे हैं। जिसे भी देखो, क्या स्त्री, क्या पुरुष—सजे-धजे पुतलों-सा घूम रहा है, लगातार बातें ही किए जा रहा है लेकिन शब्दों से अर्थ छूटने-से लगे हैं—महाप्रलय की धारा में शब्द कहीं बह रहे हैं, अर्थ, कहीं बिम्ब कहीं बह रहे हैं, प्रभाव कहीं और। टेलिफोन ऑपरेटर, कम्प्यूटर ऑपरेटर आदि पदों पर काम करती स्त्रियाँ हों या एयर होस्टेस, वेट्रेस, होटेल-मैनेजर, इवेण्ट-मैनेजर, ब्यूटीशियन, जिम ट्रेनर—लगातार इन्हें बोलना पड़ता है पर कितने थोड़े-से रटे-रटाए वाक्य! लगातार इन्हें मुस्कुराना भी पड़ता है। घर से भले पिटकर निकली हों, लेकिन हँसना तो है। इसलिए कहती हूँ, हँसी नये जमाने का घूँघट है—अपने दुख छुपाए रखने का साधन।

इस पीढ़ी का स्त्री-लेखन वर्ग-पूर्वग्रहों और यौन-कुण्ठाओं से मुक्त स्त्री-लेखन हो गया है। मैत्रेयी पुष्पा के यहाँ सबला ग्राम्याएँ, नोटिफाइड कबीलों की स्त्रियाँ चित्रा मुद्गल, दीपक शर्मा, क्षमा शर्मा, नीलाक्षी सिंह, कविता, मनीषा कुलश्रेष्ठ आदि के यहाँ छोटे पदों पर काम करने वाली औरतें, कॉरपोरेट सेक्टर, मॉड्लिंग आदि व्यवसायों से जुड़ी स्त्रियाँ, परित्यक्ताएँ, वर्किंग विमेन्स हॉस्टल की स्त्रियाँ आदि... नई औरतें अलग-अलग रंग में उपस्थित हैं। इनमें एक बड़ा प्रतिशत विस्थापन की मारी स्त्रियों का भी है : युद्ध, दंगे और विस्थापन : नई तरह के संकट स्त्री-जीवन में कैसे झेलते हैं : एन.आर.आई. लेखिकाओं में भी इसकी आहट है और गाँव-कस्बों से महानगर बसने आई स्त्रियों के लेखन में भी।

(ञ) स्त्री आन्दोलन : ममता का विस्तार : स्त्री की भूमिका

गुजरात के दंगों में औरतों की शिरकत की खबर हमारे रोंगटे खड़े कर गई। रीबॉक जूते पहने औरतें मँहगी गाड़ियों से उतरीं और उन्होंने लूटपाट में भी पहल की। पथराव के लिए पत्थर तोड़ती और विध्वंसक शक्तियों से मोबाइल पर सम्पर्क साधती हुई भी वे स्पष्ट दीखीं। आतंकवादी शक्तियों, एलटीटीई आदि द्वारा महिला बमों का उपयोग : वाममन्थी और दक्षिणपन्थी—दोनों शिविरों में हिंसा की परकालाओं के रूप में औरतों का प्रशिक्षण पितृसत्ता का नवीनतम हथकण्डा हैं जिसके जाल में इसी तरह फँसती चली गई औरतें तो लिंग-वर्ग, धर्म-नस्लगत विद्वेषों से मुक्त समतावादी समाज की स्थापना का इनका सामना खटाई में पड़ जाएगा। नव-स्वतन्त्रत समूह भी असंयत, असभ्य और आदर्श-विमुख रहने लगे तो उनकी और उनके समूचे अस्मिता-आन्दोलन की विश्वसनीयता जाती रहेगी।

'जाके पाँव न फटी बिवाई, सो का जानै पीर पराई' : इस सामान्य-से तर्क पर ही हम यह निष्कर्ष निकालते हैं कि तकलीफ़ों की सरगम साध चुका मनुष्य

सामान्य मनुष्य की तुलना में अधिक सहृदय है, परदुखकातर, धैर्यवान और अधिक न्याय-सजग भी। अस्मिता आन्दोलनों का आधारभूत दर्शन ही है यह अवधारणा कि जो अन्याय झेल रहे हैं, कम-से-कम वे तो न करें अन्याय। पर अन्य पिछड़ी जातियाँ दलितों के लिए जो बोल बोलती हैं, और अब ये स्त्रियाँ जो हिंसा का हथियार बन रही हैं, उससे यह तो समझ में आता है कि चिड़चिड़ाहट, विद्वेष, टुच्चापन आदि ऐसे बुखार हैं जिनसे नवस्वतन्त्र समूह भी मुक्त नहीं। इससे पहले कि यह मियादी बुखार किसी असाध्य रोग का रूप ले—हमें आत्म-परीक्षण तो कर ही लेना चाहिए। जीवन और साहित्य के निर्णायक क्षणों में युद्ध, दंगे और सार्वजनिक हिंसा के अन्य प्रसंग झेलती हुई हमसे पहले की स्त्रियाँ जो छिटपुट आदर्श खड़े कर गई हैं, उस पर भी नज़र डालना यहाँ मुझे जरूरी दीखता है।

विश्व युद्ध के भीषण नरसंहार के बाद पश्चिम का समाज एक बड़ी हद तक विधवाओं, वेश्याओं, वियोगविदग्ध नर्सों, लाचार माँओं और परेशानहाल बहनों-बेटियों का समाज रहा गया था—कुछ दिन तो जिन्हें समझ ही नहीं आया कि इस जीवन का करना क्या है। ज्यादातर घरों में पुरुष खेत आ चुके थे, और चूँकि वे ही 'अर्निंग हेड्स' (कमाऊ मुखिया) थे—उनके साथ ही उठ जाता था परिवार की आमदनी का ज़रिया। एक तार आता था और छप काट जाता था मनिऑर्डरों का सिलसिला। एक तरह की गहरी विवशता में ही बहुत सारी औरतों ने अपनी देह और आत्मा पर पड़ी वल्मीक-कवच झाड़ी और अपने पाँवों पर उठ खड़े होने के जतन लगीं करने। एक तरह से देखा जाए तो मृत्यु की विभीषिका ही इनके जागरण का सूत्र बन गई।

दूसरा दृश्य जो इस सन्दर्भ में मुझे याद आता है, वह नोबेल लारिएट जॉन स्टेनबेक के प्रसिद्ध उपन्यास, 'द ग्रैप्स ऑफ रॉथ' का है। 1939 में प्रकाशित यह उपन्यास ओखलाहोमा के विस्थापित किसानों की संघर्ष की गाथा है जिसमें आगजनी, हिंसा, राजनीतिक क्रूरताओं, नृशंस बलात्कार के बीच खदकती भुखमरी का बहुत ही हृदयविदारक चित्रण हुआ है। उपन्यास का अन्त एक बहुत ही विवादास्पद किन्तु सम्वेदनशील बिन्दु पर होता है जो स्त्री-विमर्श की दृष्टि से मुझे तो बहुत महत्त्वपूर्ण लगता है। और लेबर-विमर्श की दृष्टि से भी! जिम केसी के लेबर-यूनियन में खलबली मची है। लोग दाने-दाने को मुहताज हैं। जोड परिवार की सबसे बड़ी बेटी रोज ऑफ शैरन ने अभी-अभी एक मरे हुए बच्चे को जन्म दिया है। तकलीफ और दूध के आवेग से उसकी छाती फट रही है—सामने सड़क पर उसे एक अनजान आदमी दीखता है जो भूख से मर रहा है। कुछ देर वह उसे देखती है, फिर अचानक उठती है और अपनी छाती का दूध पिलाकर उसकी जान बचा लेती है। यह है उद्‌दाम हिंसा के बीच पकती स्त्री की उद्दाम ममता जो किसी की जान बचाने की खातिर लोक-लाज से भी ऊपर उठ लेती है कई बार!

तीसरा दृश्य एक कोलाज है—स्वतन्त्रता-आन्दोलन की पृष्ठभूमि पर लिखे बहुतेरे भारतीय उपन्यासों में चित्रित उन वेश्याओं और दूसरी स्वतन्त्रचेता स्त्रियों का, जो पुलिस की नृशंस लाठी का भय त्यागकर क्रान्तिकारियों को शरण देती थीं—खाना-पानी भी।

पाँचवा दृश्य फिर एक कोलाज है—भारत-पाक विभाजन के बाद के दंगों में तार-तार धुन दी गई औरतों की देह का। मारपीट हो या बलात्कार या मान-मर्दन का सिलसिला, जिसे 'साइकिक रेप' भी कहते हैं—सब इस बात का प्रमाण है कि औरतों में होता है एक कोई अग्निपाखी जो अपनी ही राख बदन से पोंछकर फिर उठ-बैठने की शक्ति उसमें पैदा करता है। यह शक्ति सखी-भाव-विस्तार से दुगुनी-तिगुनी बढ़ जाती है। तकलीफ़ के क्षणों में महिलाएँ जैसे एक-दूसरे का सम्बल बनती हैं—उसके कई प्रमाण ऋतु मेनन, कमला भसीन और उर्वशी बुटालिया की उन किताबों में मिल जाएँगे जहाँ उन्होंने विभाजन के समय का मौखिक इतिहास औरतों के नजरिए से दर्ज किया है।

छठा दृश्य फिर एक तस्वीर है जिसकी चर्चा पहले भी की! पाँच-साढ़े-पाँच महीने पहले यह तस्वीर 'हिन्दू' के मुखपृष्ठ पर छपी थी—दस महीने का लड़का मुँह उठाए रो रहा है और उसकी दस बरस की बहन जो खुद भी बम से उतनी ही आहत है—अपना रोना भूलकर उसे चुप करा रही है।

अमूमन यही करती हैं स्त्रियाँ। किसी की परेशानी में अपना रोना भूल जाती हैं, यही है स्त्रीत्व। यही है मनुष्यता। कोई भी अस्मिता-आन्दोलन, मनुष्यता का मूलमन्त्र साधे बिना फूल-फल सकता ही नहीं। अपेक्षा, अनादर, हिंसा और अन्धी प्रतिस्पर्धा की मारी हुई इस दुनिया में औरतों की सर्जनात्मक शक्ति का उपयोग बखूबी हो सकता है यदि हम इतनी-सी बात समझ जाएँ कि विश्वभर की स्त्रियाँ बहनें हैं और उन्हें मिलजुल कर एक नये तरह का बन्धु-परिवार गठित करना है जहाँ कोई ऊँच-नीच न हो!

(ट) तो क्या कर रहा है यह स्त्री आन्दोलन

हमारे शहर में एक अच्छन खान थे। जहाँ कहीं कोई मुसीबत होती थी, वे वहाँ बाल्टी-बोरा-अग्निशाम बालू, दिलजोई की अजब बातों की डलिया और सब सामान लिए पहुँच जाते थे। उन्हें यह याद ही नहीं रहता था कि जिसकी तरफ मदहोशी में वे दौड़ते-हाँफते पहुँच रहे हैं—वह हिन्दू है कि मुसलमान, देसी है कि विदेशी, औरत है कि मर्द, अमीर है कि गरीब ! उनका कोई अपना वर्ग-चरित्र न था कोई तयशुदा आलोचनात्मक औजार न थे। उनके झोले में एक बेखयाली और बेचैनी-सी थी जो उनकी अपनी थी और कुछ अपना न था। इसलिए वे 'कोई' नहीं थे।

यही स्थिति आज स्त्री-आन्दोलन की है—चेखव की 'डार्लिंग' की सी स्थिति, अपने इन अच्छन खान की-सी स्थिति। जो जहाँ भी परितप्त है—स्त्री-आन्दोलन उससे जुड़ जाता है। छठे दशक में लिबरल फेमिनिस्ट-उदार नारीवादी-परमाणु निःशस्त्रीकरण के लिए जी-जान से खटीं, सातवें-आठवें दशक में रैडिकल फेमिनिस्ट (आमूलचूल नारीवादी) जुड़ी अश्वेत आन्दोलन से। इन दिनों वे दलित आन्दोलन और पर्यावरण—रक्षा से जुड़ी हैं। दरअसल हुआ यह कि स्त्री आन्दोलन की शुरुआत लिबरल विचारधारा के साए में हुई जो यह मानता था कि मानवमात्र तार्किक है, इसलिए उसका संस्कार-प्रक्षालन सम्भव है, हृदय परिवर्तन भी। बाद के अनुभवों (जैसे सोवियत संघ के बिखराव से) यह बात खण्ड-सत्य लगने लगी तो उदारता-विरोधी अतिरेकों की बात लगी होने।

जो भी हो, लब्बोलुबाब यह कि तीसरी दुनिया के छोटे-से-छोटे शहर में आज स्त्रीवादी संगठन अद्भुत कर्मठ ढंग से काम कर रहे हैं। विश्व-भर के अखबारों और अब तो इंटरनेट से भी स्त्री-विषयक सब समाचार व्यवस्थित ढंग से 'डाउनलोड' किए जाते हैं। अलग-अलग क्लिपिंग्ज की अलग-अलग फाइलें तैयार होती हैं, केस स्टडीज तैयार होती हैं, उनका सामूहिक अध्ययन होता है। तदनुकूल दबाव समूह और कार्रवाई समितियाँ बनती हैं, अकादमिक दुनिया के लोगों से सम्पर्क-सेतु गठित कर संघर्ष के बृहतर सैद्धान्तिक आयाम उसी दत्तचित्तता से विमर्श के दायरे में लाए जाते हैं जिससे अचार, बड़ियाँ और बेस्वाद सम्बन्ध को चटपटा बनाने के नुस्खे! जीवन के तथाकथित छोटे और महत्त्वहीन प्रसंगों का तार बृहतर सच्चाइयों से जोड़ना, कॉमनप्लेस का तार कॉस्मिक से, ग्लोबल का लोकल से जोड़ पाना स्त्रियों के ही वश में था और उन्होंने साधा!

एक विकट बहस जो स्त्रीवाद को लेकर इधर उठ गई है—वह यह कि अलग-अलग जातियों, वर्गों और नस्लों की स्त्रियाँ अलग-अलग ढंग से परितप्त हैं—उन सबकी समस्याएँ जब अलग-अलग हैं तो उनका समाधान एक-सा कैसे होगा! एक दलित स्त्री का सच एक ब्राह्मणी विधवा के सच से अलग होगा! एक सेठानी की समस्याएँ उसकी महरी से अलग होंगी! अगर वे एक-दूसरे के दुःख-दुख किसी उदात्त सखी-भाव में बाँट भी लेती हैं तो क्या? एक-दूसरे से कन्धे पर सिर रखकर रो लेना समस्याओं का समाधान न भी हो तो समाधान की दिशा में उठा पहला कदम यह सखी-भाव अवश्य है। मनोवैज्ञानिक दीवारें ये सखी-भाव ही गिराता है और बिना मनोवैज्ञानिक दूरियाँ पाटे तो हो चुकी क्रान्ति : विशेषकर भारत जैसे संक्रमणशील समाज में जो गँवई है और नागर भी, धार्मिक है और धर्मनिरपेक्ष भी, प्रगतिमुखी है और प्रतिगामी भी।

वर्ग-हितों के ऊपर उठ पाना कठिन तो है, पर असम्भव नहीं—स्त्री-आन्दोलन ने यह अच्छी तरह सिद्ध कर दिखाया है! नस्ल-वर्ग-राष्ट्रीयता-जाति-धर्म आदि

उपविभेद कॉन्सेंट्रिक वलयों की तरह एक-दूसरे को कहाँ काटते, कहाँ पाटते हैं—यह साफ-साफ समझ पाना आसान नहीं पर इन संकीर्ण बद्धताओं के बावजूद विश्व-भर की स्त्रियाँ बहनें हैं : दैहिक शोषण का साझा सच तो सबका है!

सोवियत रूस में एलेक्जैंड्रा कोलोंताई आदि स्त्रीवादियों ने जब प्रोडक्टिव और रिप्रोडक्टिव लेबर को साथ गिने जाने की बात की और घरेलू बेगार को 'अनपेड लेबर' की श्रेणी में डालकर उसे शोषण का सामान बताया, तो कॉमरेडों के एक समूह में यह भय पनपा कि 'वर्ग' के अतिरिक्त किसी श्रेणी का यह स्वीकार—गरीब औरत और धनी औरत की उभयनिष्ठ समस्याओं के रेखांकन द्वारा उन्हें करीब ले आने की कोशिश—कहीं-न-कहीं क्रान्तिधर्मिता की शत्रु सिद्ध होगी, किन्तु उनका भय निर्मूल था। दैहिक और मानसिक शोषण साधनहीनता और राजनैतिक वर्चस्व के अभाव में कोढ़ का खाज हो जाता है, पर कोढ़ अपने-आप में कम कष्टकर नहीं। बलात्कार, भावहीन यान्त्रिक सम्भोग, मार-पीट, गाली-गलौज, यौन-शोषण आदि उत्पीड़न उसी बेचैनी से हर वर्ग की औरतें झेलती हैं। कहते हैं—प्रेम न जाने जात-कुजात/भूख न जाने बासी-भात। दिल की चोट के लिए यही बात लागू है। अपमान झेलते-झेलते एक बिन्दु के बाद सबका मन अघर जाता है, पर कलेजा मुँह को आने का भयावह अनुभव या रोम-रोम कलप उठने की त्रासद अनुभूति मानव-मात्र में निराशा, कुण्ठा या पत्थर हो जाने का एहसास भरती तो है! जैसे खून का रंग एक है, आँसू का स्वाद भी—पूरब-पश्चिम, गरीब-अमीर का भेद कम-से-कम औरतों और सम्वेदनशील पुरुषों के सन्दर्भ में यहाँ कारगर नहीं।

कुछ कच्चे प्रगतिशील इस बात पर स्त्रीवाद का मज़ाक उड़ाते हैं कि यह वर्ग-विभेद का तन्वीकरण करता है। स्त्रीवादी आलोचना का उत्तर-संरचनात्मक तन्त्र उन्हें कहीं का ईंट कहीं का रोड़ा' लगता है जबकि यह बात उन्हें समझनी चाहिए कि नए तथ्यों के आलोक में मार्क्स का पुनर्पाठ मार्क्स को सबसे बड़ी श्रद्धांजलि है। उन्हें यह बात भी समझनी चाहिए कि मार्क्स की इन मूल स्थापनाओं का अवदान स्वीकारता है स्त्रीवाद।

मनुष्य के अस्तित्व की सार्थकता, प्राकृतिक साधनों से उसके सर्जनात्मक/अन्तःक्रियात्मक संवाद में है। कोई भी भूमिका जो 'लेबर' या काम के मूलाधिकार से वंचित करे—शोषणपरक है। पूँजीवादी व्यवस्था का केन्द्र है अहंवादी, ठिंगना, लालची, भोग-भाव जिसके ख़िलाफ़ संघर्ष समवेत होना चाहिए।

स्वार्थपरता और क्षुद्रता जनने वाला पूँजीवादी मण्डल एकाकीपन आदि रोगों का जनक भी है। परिवार, प्रेम, यौनिकता और नैतिकता की नई परिभाषाएँ गढ़ते हुए इन मानसिक रोगों के निराकरण का यत्न होना ही चाहिए : स्त्रियों से अधिक इस बात का मर्म और कौन समझ सकता है। सम्बन्धों का मर्म समझ पाने की अन्तःप्रज्ञा के कारण वर्ग-जाति-नस्ल आदि के विभेदमूलक सौतेलेपन के बावजूद

आपस का सगापन रेखांकित करती हैं स्त्रियाँ। इन्हें टुकड़ा-टुकड़ा बाँटना स्त्रीवाद के ख़िलाफ़ एक षड्यन्त्र ही कहा जाएगा। सबको साथ लिए चलने की कोशिश एक जटिल दृष्टि का हिस्सा है। सबको यूनिफॉर्म पहनाकर परेड के लिए खड़ा कर देना स्त्रीवाद का मन्तव्य कभी नहीं रहा, अलग-अलग समस्याओं, अलग-अलग (व्यक्ति-अभियोत्तव) व्यक्तियों की सजग मान्यता के बावजूद विश्व-भर की स्त्रियाँ एक तो हैं ही—देह और दैहिक उत्पीड़न के अनगिनत बिन्दुओं पर। कहीं-न-कहीं मानसिक बनावट भी इनकी बेहद मिलती-जुलती है। जिसे 'मैन-मैनेजमेन्ट' शास्त्र के 'इमोशनल इंटेलिजेंस' कहने लगे हैं—वह औरतों की बहुत बड़ी ताकत है और यही है उनके भगिनी भाव का मूलाधार! जो इनका मुँह चिढ़ाते हैं, उन्हें आईने में एक बार अपना चेहरा देखना चाहिए।

(ठ) स्त्री-आन्दोलन : ममता का विस्तार

कुल मिलाकर यह कहें कि दुनिया के कुछ महादुःख हैं—दारिद्रय, कलह, मृत्यु, रोग गलतफहमियाँ, वियोग, आत्माभिव्यक्ति का अभाव, अनिश्चय, भूख, अपमान और आतंक। बौद्ध भिक्षुणियों के धीरज से स्त्रियाँ महादुःखों के निवारण में तन-मन-धन से लगी हैं। 'तन-मन-धन' पर गौर कीजिए! मैं बार-बार कहती हूँ, तन-मन से तो स्त्रियाँ पहले भी लगी रहती थीं—पूरे घर को खुश करने में! इन दिनों अपने कमाए हुए धन का विनियोग भी वे कर देती हैं। इस प्रकार शब्दशः तन-मन-धन से वे सेवा में ही लगी रहती हैं और सिर्फ अपने घर की सेवा में नहीं, उन सारे घरों-बेघरों की देख-भाल में जो उनके सम्पर्क में आएँ! इस तरह से अपने घर का दायरा उन्होंने बहुत बढ़ा लिया है—पूरी वसुधा नहीं भी तो—एक मिनी माइक्रो वसुधा अब उनका घर है! वे अब बेदरोदीवार के घर में रहती हैं जहाँ कोई उनका बेगाना नहीं! पड़ोसी, सहकर्मी, अखबारवाले, सब्जीवाले, दूधवाले, पाठक, श्रोता, छात्र, क्लाएण्ट, मरीज, गाड़ी-चालक, कम्प्यूटर ऑपरेटर, माली, परचून की दूकानवाले, सेल्सगर्ल्स, सेल्स ब्वॉएज, एल.आई.सी. एजेण्ट, बैंक-कर्मचारी, डाकघर और पुस्तकालय के लोग, कुरियर वाला, साधु-फकीर, बस-मेट, पुराने सहपाठी, मायके-ससुराल के सभी सरलचित्त लोग, कबाड़ी, कुछ अनाथालय और स्त्री-सदन, थोड़े-से वृद्धाश्रम, बच्चों के शिक्षक और कोच—कम-से-कम इतने लोगों से तो उनके एकदम सच्चे, अन्तरंग, दूर तक चलने वाले रिश्ते बनते ही हैं! सबके सुख-दुख, सबकी हारी-बीमारी में वे शामिल होती हैं! .... गौर कीजिए, इनमें से कोई भी रिश्ता नर-मादा वाला रिश्ता नहीं होता! सहज बहनापे का रिश्ता होता है!

फ्रान्सीसी क्रान्ति ने 'भाई-चारे' की बात की, और 'बहनापे' को उसमें शामिल समझा, जबकि दिनानुदिन के अनुभव से भी आप ये साफ समझते हैं कि बहनों

का स्नेह, भाइयों के स्नेह से कहीं ज्यादा मुखर और गहरा होता है! कई मनोसामाजिक कारणों से पुरुष क्रोध और नफरत की अभिव्यक्ति तो खुलकर करते हैं पर कोमल भावों का प्रकाशन, खासकर यौनेतर सम्बन्धों में, उनको अपनी हेठी जान पड़ती है! थोड़ी-सी भी कहीं असुविधा हुई, मान लीजिए कि गाड़ी ही कहीं ट्रैफिक जैम में फँस गई या खाना मन-लायक नहीं बना तो पटापट—जैसे कड़ाह की तपती बालू में मकई के लावे फूटते हैं, उनके मुँह से गालियाँ लगती हैं फूटने! एक-से-एक भयावह गालियाँ। किन्तु कृतज्ञता और स्नेह की अभिव्यक्ति उनको जरूरी नहीं जान पड़ती! उस समय उन्हें गलाबकोर लग जाता है! बीमार माँ या उदास बहनों के सिर पर आश्वस्तिपरक हाथ रखना, उनसे हृदय खोलकर बातें करना उनको बिलकुल जरूरी नहीं लगता! पत्नी और बच्ची के प्रति किसी-किसी का व्यवहार थोड़ा नरम होता है—किन्तु तभी तक जब तक पत्नी नयी हो बेटी बच्ची-यानी कि उनका जीता-जागता खिलौना, उनकी स्माइली-वॉकी-टॉकी, उनकी गुड़िया! विवाह के पहले माँ और बहनें भी थोड़ी सगी होती हैं, पर विवाह के बाद तो, पूछिए मत। कहने को तो लड़कियाँ विदा होती हैं पर मन से विदा होते हैं लड़के। डोली चढ़ते ही उनका मन डोला पाँय-पाँय हो जाता है, मुड़कर देखना ही नहीं चाहता—'अग्रशोची सदा सुखी' का दर्शन वे शब्दशः आत्मसात् कर लेते हैं। मगर उनकी 'सोच' का दायरा सीमित होता है, उनका 'मैं' सर्वसमावेशी नहीं होता, उसमें शामिल होते हैं सिर्फ उनका करियर और उनके बीवी-बच्चे—वे भी तब तक जब तक वे उनकी पूरी गिरफ्त में रहें—उठने को कहें तो उठें और बैठने को कहें तो बैठ जाएँ, ये बोलें के सूरज पश्चिम से उगता है तो वे कहें—"जी-जी-जी!"

जो भी अलग सोच रखता है या अलग होता है—उसके प्रति मन में तरह-तरह के डर और अपडर पैदा होते हैं! वीरता पौरुष का आधार-स्तम्भ है किन्तु वीरों की हिंसा पाशविक हिंसा नहीं होती! रोज के अनुभव बताते हैं हिंसक मर्दों के दिल में तो अक्सर एक चूहे की जान बसती है। जरा-सा कोई अपनी गति चला या कोई पत्ता उनकी मर्जी के ख़िलाफ़ खड़का तो उनकी फूँ सरक जाती है! तरह-तरह की अन्धी आशंकाओं से उनका मन घिर जाता है : ये मुझसे अलग है तो मेरा दुश्मन ही होगा ! इस तरह का एक भ्रम उनके दिल में हल-हल करने लगता है! पूर्वग्रह और भ्रान्तियाँ यहीं पर जड़ पकड़ती हैं! यहीं जड़ पकड़ती हैं रूढ़ियाँ। इन्हीं अपडरों से, यहीं से शुरू होती हैं 'अदरिंग'—'जो मेरे जैसा नहीं है, वह दुश्मन हैं—दुनिया की सारी समस्याओं की जड़ है यही एक विभ्रम्! निर्धनों, स्त्रियों अल्पसंख्यकों, दलितों और अश्वेतों के बारे में जितनी रूढ़ियाँ इस समाज में पलती हैं—उसका कारण भी यही है!

कहने वाले तो यह भी कहते हैं कि स्त्री-मुक्ति एक नारा है, आन्दोलन नहीं! पर कहने का क्या! आन्दोलन का अभीप्सित अर्थ सिर्फ सत्ता-परिवर्तन यदि लगाया

जाए तब तो जितने भी अस्मिता-आन्दोलन हैं—'नारा' की 'कारा में ही बन्द रह जाएँ—पर्यावरण-परिरक्षण को निवेदित 'नर्मदा बचाओ' आन्दोलन और चिपको आन्दोलन, रंगभेद को निवेदित 'नेग्रिच्यूट मूवमेण्ट', अमरीका का सिवित राइट्स मूवमेण्ट, दुनिया-भर के छात्र आन्दोलन, लिबरल फेमिनिज्म द्वारा ही उत्पप्रेरित निःशस्त्रीकरण आन्दोलन! मानवाधिकारों के लिए दुनिया के हर कोने में जितने भी दबाव-समूह काम कर रहे हैं, अभिजनसमाज के प्राण हैं वे, उनके प्रति ऐसा टालू रवैया हम रखेंगे, तब तो भूमण्डलीकरण के बाद की एकध्रुवीय दुनिया सांसत और फांसत में फँसी हुई ठीक से घिघिया भी नहीं पाएगी—नारों की तो छोड़ ही दें।

नारों के प्रति भी इतना नकारात्मक रवैया अपनाने की जरूरत क्या है—नारे आन्दोलन का कवित्वमय पासवर्ड होते हैं, जैसे मन्त्र कास्मॉस की दोवोपम ऊर्जा तक पहुँचने के अन्तःसूत्र ! जिनको हम सत्ता-परिवर्तन के पारम्परिक अर्थों में भी आन्दोलन क्या, क्रान्ति ही कहते हैं—फ्रेंच रेवोल्यूशन, 1917 का रशन रेवोल्यूशन—उन्हें भी याद तो उनके नारों के कारण ही किया जाता है! जो राजनीतिक सत्ता उन्होंने पलटी थी, उस पर तो प्रतिगामी शक्तियाँ हावी हो गयीं—मगर फ्रान्सीसी क्रान्ति के नारों के दम पर आज भी दुनिया के सारे प्रजातन्त्र साँस ले रहे हैं : Liberty, Fraternity और Equality स्वतन्त्रता, बराबरी और भाईचारा, हम सबके जीवन का मूलमन्त्र अब तक है! स्त्री आन्दोलन ने 'भाईचारे' को 'बहनापे' का विस्तार दिया है—'Universal sisterhood' का नारा देकर, i.q. का परिष्कार e.q. (emotional quotient) के रूप में घटित करके करुणा सम्बलित अहिंसक न्याय दृष्टि W.T.O.से I.T.O. तक, युद्ध और दंगों की दहशत से लेकर चौका, दफ्तर और बिस्तर की दहशत तक प्रस्तावित करके!

पता नहीं किस महामूढ़ ने यह कहावत प्रचारित की कि जो गरजते हैं, बरसते नहीं। प्रकाश की रफ्तार ध्वनि से ज्यादा होती है, इसलिए बिजली चमकती दिखाई देती है पहले, गरज-तरज पीछे सुनाई देती है। आन्दोलन की प्रक्रिया ज़रा उलटी है! यहाँ नारों का ऊर्ध्वबाहु उद्घोष सुनाई पड़ता है पहले और परिवर्तन की चमक नजर आती है बाद में, पर कुछ लोग जो आँख पर पूर्वग्रह की पट्टी और कान में यथास्थितिवाद की ठेपी पहने बैठ जाते हैं, उनके बारे में 'बाइबिल' पहले से कह गई है—'Seeing they dont't see, hearing they don't hear.'

चेतना का प्रक्षालन एक लम्बी और दुरूह प्रक्रिया है, उसके प्रभाव नाटकीय नहीं होते! अब जैसे एक पेड़ लगाया तो पर्यावरण पर उसका प्रभाव पड़ेगा ज़रूर पर एक ही बार में जलवायु बदल नहीं जाएगी! स्त्री-आन्दोलन, दलित या अश्वेत आन्दोलन चेतना के परिष्कार को निवेदित अहिंसक आन्दोलन है, इसलिए उसके प्रभाव सूक्ष्म जरूर हैं, मगर हैं अटल और दूरगामी। जैसे माँ अपने गर्भ में हम सबको अपना खून, अपनी आत्मा का सत्त पिलाकर पालती है—स्त्री आन्दोलन e.q.

सम्बलित नैतिकता की कोख में आतंक, हिंसा और पागल स्पर्द्धा की मारी इस दुनिया को स्नेह और ममता से सींच रही है। मैं टॉनी मौरिसन, किरण बेदी, कल्पना चावला, सुनीता विलियम्स, मेधापाटेकर, अरुन्धती राय जैसे सितारों के दम पर कुछ कहना नहीं चाहती, टोकेनिज्म के ख़िलाफ़ है स्त्री-आन्दोलन क्योंकि वह देश-दुनिया की साधारण स्त्रियों को निवेदित है—खेत-खलिहान में, मिलों में, चकलाघरों में, चौके में, चूल्हे में जुटी हुई साधारण स्त्री को। वे 'बेचारी नेक लड़की', 'मैं चुप रहूँगी', 'बेचारी दुख की मारी' वाले भाव से तो ऊपर उठी है! कुछ तो उनमें अधिकार चेतना जगी है—हर मोर्चे पर वे डटकर खड़ी तो हैं ईंधन-पानी के लिए ही नहीं, डिग्निटी के लिए भी। शराबबन्दी, बराबर पगार, बराबर शिक्षा, बराबर सम्पत्ति सार्थक मुद्दे हैं—इतना जो समझ सकी हैं तो स्त्री-आन्दोलन के ही दम से। स्त्री-आन्दोलन और स्त्री साहित्य के जगाए ही यह चेतना भी जगी है कि देह गाजर-मूली नहीं। देह के प्रति एक खास तरह का स्वत्व-बोध इसलिए जरूरी है क्योंकि देह उनके शोषण की आधारभूमि है। कम-से-कम अब इन पर हश-हश नहीं होती, आँगनबाड़ी की महिलाएँ भी उठकर रिपोर्ट को दर्ज कर आती हैं, पढ़ी-लिखी महिलाओं का भी समर्थन मिलता है उन्हें। स्त्री आन्दोलन वैयक्तिक यातनाओं का सामाजिक सन्दर्भन सम्भव हुआ है और गरीब से गरीब पददलित स्त्री भी आँख मिलाकर कह रही है—'हम भी मुँह में जबान रखते हैं, कोई पूछे तो मुद्‌दा क्या है? नारा और आन्दोलन एकजुट होकर ही सार्वभौम मूल्य बन जाते हैं!

गरीब स्त्री को सबसे ज्यादा कष्ट झेलने होते हैं, पर देह से जुड़े दुःख—मार-पीट, गाली-गलौज, देह का पण्य-रूप में दारुण दोहन और प्रीतिहीन दाम्पत्य हर वर्ग-वर्ण की स्त्री की साझा पीड़ा है! स्त्रियों का भावकोश (ई.क्यू) और सामाजिक सम्बन्ध कोश (एस.क्यू) जीन्स के वाई गुणसूत्र और पालन-पोषण की विशिष्टता के कारण पुरुषों से ज्यादा समृद्ध होता है—इसलिए स्नेह-सहानुभूति-सहकारिता और जी खोलकर बतियाने की क्षमता भी इनमें ज्यादा होती है! 'स्त्री-विमर्श' की परिधि के बाहर तो बेरोजगार पुरुष, वृद्ध, विकलांग और बच्चे भी जब नहीं हैं तो समदुखभोगी अन्य स्त्रियाँ कैसे होंगी?

रही साहित्य को खानों में बाँटकर देखने की प्रवृत्ति तो इस पर आपत्ति करने वालों को एक जवाब हमारे रसोईघर की मसालदानी देगी! एक बड़े डब्बे में अलग-अलग खाने बने हैं—एक में धनिया है, दूसरे में मिर्ची, तीसरे में हल्दी, चौथे में ज़ीरा, पाँचवें में सरसों, छठे में गरम मसाला तो इससे खाने का स्वाद बढ़ता ही है न, कम तो नहीं होता! सब घच-पच कर दिया जाए तो अनुपात का अन्दाज कैसे रहे? सारा मामला अनुपात का ही है! इतने दिन जो सब कुछ घच-पच रहा तो अच्छी गृहस्थी चली क्या?

दूसरी बात जो यहाँ स्पष्ट करनी जरूरी है, वह यह कि साहित्य जजमेण्टल

होने से हमको बचाता जरूर है पर लेखक की कलम न्यायाधीश की कलम भी होती है—दूध का दूध, पानी का पानी करने वाली! हमारी बहुतेरी अस्मिताओं में एक है हमारी लैंगिक अस्मिता, एक वर्ग और वर्ण अस्मिता पर। कुल मिलाकर ये अस्मिताएँ मानवीय अस्मिता की ही प्रशाखाएँ हैं! पर पेड़ के विकास के हित में सारी प्रशाखाएँ उजाड़ फेंकना न सौन्दर्यशास्त्र की दृष्टि से उचित है, न नीतिशास्त्र की दृष्टि से! स्त्री लेखक मनुष्य भी होती है, दलित लेखक भी। मानवीय गरिमा की रक्षा के लिए ही तो सब विमर्श अपनी-अपनी राह चल रहे हैं—चतुरंगिनी सेना के निकाय अलग हैं पर पक्ष तो एक ही है—मानवीय गरिमा की रक्षा, भूख और अपमान—दुनिया के दो मूल दुःखों का निराकरण!

इसे 'शॉर्टकट' कहना इसका अपमान है! हम जहाँ हैं, वहीं से तो शुरू करेंगे अपनी यात्रा! जो हमारे अपने अनुभव हैं, वे ही बनेंगे बृहत्तर सत्य का गवाक्ष! सोचिए, ऐसा घर कैसा दमघोंटू होगा जहाँ दरवाजे हों, पर खिड़कियाँ हो ही नहीं! 'माइक्रो ही 'मैक्रो' का प्रवेश द्वार है! 'विशिष्ट' से ही 'सामान्य' की ओर बढ़ा जाता है और निजी से समवेत की ओर ...। तीन तरह की चुनौतियाँ हैं—पहली चुनौती जो खुद हम अपने को देते हैं—अपनी जड़ताओं और गलदश्रु भावुकता के ख़िलाफ़! दूसरी चुनौती जो घरेलू कामों के अनन्त सिलसिले हमें देते हैं—सौदा-सुलुफ, आए-गये की देख-भाल, बच्चों को पढ़ाना-लिखाना, उनके नैतिक गुंजलक सुलझाना, बुजुर्गों की सेवा, पति की रम्भा-मन्त्री-माता लगातार ही बनी रहना, चौका-चूल्हा, 'झाड़-पोंछ, टेलीफोन उठाते रहने और दरवाजे की घण्टी का जवाब देते रहने की जिम्मेदारी ... बिजली-टेलीफोन, गैस और बच्चों की स्कूल-फी जमा करने का दायित्व—सब स्त्रियों के ही जिम्मे रहता है! जरा-सी कहीं चूक हुई नहीं कि सब काट खाने को दौड़ते हैं। ... और अगर कहीं नौकरी पर भी जाना हो तो लिखने-पढ़ने का समय 'चुराना' पड़ता है—रात में सबको सुलाने के बाद या सुबह सबके जगने के पहले जैसे गोपियाँ कृष्ण से मिलने जाती थीं, हम अपनी कलम-किताब-लेखनी से सुख-दुख बतियाने निकल जाती हैं : चोरी-चोरी, चुपके-चुपके ... लाइट से किसी की नींद न टूटे, खटका न हो... कितना अच्छा है, भाई, कि कलम चुपचाप चलती है और कहीं भी अँट जाती है....।

तीसरी चुनौती हिन्दी पब्लिक स्फियर की है जो जब तक काफी पिछड़ा हुआ है! एक तो कोई स्त्री के लिखे हुए को उसका अपना लिखा हुआ मानने को तैयार नहीं होता! जहाँ किसी की चार रचनाएँ प्रकाश में आईं, तरह-तरह की लन्तरानियाँ चल पड़ती हैं कि ये ... ये तो फलां प्रकाशक या सम्पादक, चिलां वरीय लेखक के पाँव दबा-दबाकर इसने लिखवा ली हैं... अच्छी रचना है तो किसी-न-किसी मनचले सीनियर की कृपा का ही फल होगा, एक नाजायज़ सन्तान...किसी के पिता-भाई, चाचा-ताऊ लेखक हुए तो फिर भी गनीमत है, इतना भर कहकर रह

जाया जाता है कि सिलाई-कढ़ाई के नमूनों की तरह लेखन-कला के नमूने भी शादी-ब्याह में बरतुहारों की खुशी के लिए रख लिए गये हैं .... पर रचना का क्रेडिट इस स्थिति में भी उनको नहीं दिया जाता, 'शौकिया लेखन, खानदानी पेशा' कहकर उसका मज़ाक जरूर उड़ाया जाता है।

रिसेप्शन के सिवा मूल्यांकन की भी कई समस्याएँ हैं—स्त्री-जीवन पर फोकस करो तो स्त्रीवादी रोना-धोना या चिल्ल-पों कहकर खारिज किया जाता है, बृहत्तर समस्याओं पर लिखो तो कहते हैं, निजी अनुभूति का सत्व ही नहीं है! कम लिखो तो कहते हैं कि दो कहानियाँ छपी नहीं कि लेखक कहलाने को मचल उठीं, ज्यादा लिखो तो कहकहे लगते हैं—धवकाड़ा-लिखखाड़—घर में कैसे झेलते होंगे इसको सब ! 'गोष्ठियों में जाओ तो कहते हैं—'गुटबाज', न जाओ तो 'घरघुस्सू' !

'पहले आती थी हालेदिल पे हँसी, अब किसी बात पर नहीं आती'—यह पुरुषों का यथार्थ होगा! स्त्रियों का यथार्थ उलटा है—पहले तो 'हँसी कि फँसी' से हँसी पर ब्रेक लग भी जाता था, अब तो हर बात पर हँस पड़ती हैं स्त्रियाँ!

रुश्दी के देशनिकाले से भी ज्यादा भीषण तसलीमा का निर्वासन रहा है—स्त्री की काया में दर-दर भटकना कठिनतर तो होता ही है—कैसे, यह उनकी आत्मकथा से स्पष्ट है! जानलेवा हमले के पहले स्त्री की गैरत पर भी लगातार हमले हुए तो हैं ही!

राजनीतिक सेंसरशिप के सिवा 'गुड गर्ल सिण्ड्रोम' का सांस्कृतिक सेंसरशिप भी स्त्री और उसकी सर्जनात्मकता लगातार झेलती रही है।

अब आएँ आर्थिक और राजनीतिक मसलों पर ! दुनिया के अधिकांश स्त्रीवादी संगठन साम्राज्यवादी और फासिस्ट विक्षेपों का सस्वर विरोध करते हैं! दुनिया का इकलौता पूर्णतः अहिंसक आन्दोलन स्त्री-आन्दोलन ही रहा है! जन्मदात्री यमदूतिका बने, ऐसा शायद ही होता है! दक्षिणवर्ती पार्टियों के जो महिला-विंग हैं, जैसे कि आर.एस.एस. और बजंरग दल के, उनमें काली-दुर्गा सिण्ड्रोम सुलगाकर हर विपक्षी को 'महिषासुर' बताने की नादान साजिशें चली हैं जरूर, किन्तु सद्यः प्रकाशित कुछ केस विश्लेषण जाहिर करते हैं कि प्रचण्ड दंगों के दौरान भी धड़काने, हल्ला मचाने और थोड़ा-बहुत वानरी लूट-पाट मचाने तक तो स्त्रियाँ भड़कीं, किन्तु कोख चीरने, गला काटने, बम फोड़ने, छुरा भोंकने या गोली दागने की नीचता तक वे नहीं उतरीं! योगिता ताई नामक एक कार्यकत्री जो मुम्बई की झुग्गी-झोंपड़ियों की शिवसेना-सम्बलित गॉडमदर थी, जीवन-भर लोगों के झगड़े-फसाद सुलझाती रह गयीं, 'बेगानों' को धड़काया जरूर कि भागें, लोकल जनता की रोजी-रोटी क्यों छीनते हैं, अपने देस जाएँ, किन्तु एक बिहारी ऑटोचालक को जब हल्की-सी कसक पर सवारियों ने कूटा तो उसका एफ.आई.आर. दर्ज करने उसके आगे वहीं गईं! फिर उसकी मरहम-पट्टी भी उन्होंने ही की!

सीधी-सादी घरेलू स्त्रियाँ जिन्हें जीवन-भर पितरसत्तात्मक परिवार दबाकर

रखते हैं, ऋतुचक्र मुक्ति के बाद के दिनों में अचानक 'मरदों का मरद' बन जाता हैं—चिड़चिड़ी सास आदि! आखिर क्यों? रूप और यौवन को औरत के जीवन की केन्द्रीय विभूति माननेवाला यह मर्दवादी समाज, रूप और यौवन के पार तैर जाने वाली वैसी वरिष्ठ स्त्रियों के मन में गहरी असुरक्षा भरती हैं जिन्हें अपनी कारयित्री ऊर्जाएँ विकसित करने का अपना वृत्त बड़ा करने का अवसर मिला ही नहीं! मध्यवय तक आते-आते और भी भावगत संकट घिर आते हैं। व्यस्त से व्यस्ततर हुए जाते पति-पुत्रों के जीवन का केन्द्र भी मध्यवय में वे नहीं रहतीं! उधर मायके में माता-पिता गुजर जाते हैं और भाई-बहनों से सम्पर्क न के बराबर रह जाता है! वैयक्तिक मित्र बना पाने के कभी अवसर आते ही नहीं, न कोई अन्य शौक विकसित करने का मौका मिलता है! ऐसे में स्त्रियाँ कभी-कभी परिवार का शक्ति-केन्द्र बने रहने के मर्दवादी हथकण्डे आजमा लेती हैं क्योंकि यही एक मॉडेल है जो उनके सामने रहता है! लगातार दुश्मन के बारे में सोचते हुए कोई भी चाहे-अनचाहे दुश्मन की रणनीतियाँ आजमाने लगता है! पुराने दुश्मनों का और बूढ़े पति-पत्नी का चेहरा तक एक-दूसरे से मिलने लगता है, ऐसा कहते हैं!

होशियारपुर ज़िले की मस्जिदें बूढ़ी मुसलमान औरतों को मस्जिद में प्रवेश दे देती हैं! तर्क यह कि अब उनकी देह से युवा स्त्री की शैतानी ताकत निकल ली, अब उन्हें पोट लिया जाए ताकि पितरसत्ता के एजेंण्ट के रूप में उनका प्रवेश घरों में हो।

हिंदुत्ववादी ताकतें युवा स्त्रियों को भी कसरत-वरसत सिखाकर संस्कृति का पहरेदार नियुक्त करती हैं। शक्ति तो नहीं मगर शक्ति का विभ्रम और एक देवी सिण्ड्रोम-सा उन्हें घेर लेता है! कल्पना कीजिए, दिन-भर घरेलू गुलामी और अकारण जग जाने वाले मार-पीट के भभूखे झेलने वाली किसी गृहलक्ष्मी से किसी रोज कोई राजनेता सदलबल मिलने आया, ऐसा स्थानीय नेता जिसका अक्स वह प्रायः रोज स्थानीय दूरदर्शन पर या अखबार के दूसरे-तीसरे पन्ने पर देखती है। एक लम्बे, चाकू-भोंक भाषण के बाद उसने स्त्री को देश का सांस्कृतिक प्रतिरक्षक नियुक्त किया तो क्या होगा? उसकी तो साँस टँगी की टँगी रह जाएगी! नाटकीय महिमान्वयन से अभिषिक्त वह बेचारी अकबका जाएगी कि नहीं! सार्वजनिक क्षेत्र में काम कर पाने के खयाल से ऐसे चकाचौंध में पड़ेगी तो सहसा समझ में नहीं आएगाः देश की खातिर काम करना संकीर्णता के दायरे में खिंचना कैसे है, गाँधी के समय भी तो स्त्रियाँ देश-हित में सड़कों पर उतरी थीं!

गली-मुहल्ले में आए दिन राजनीतिक सम्मोहन के ये टुच्चे प्रयोग घटित होते हैं। समन्वित स्त्रीवाद तब उन्हें सम्बोधित करके यह स्पष्ट करने की कोशिश करता है कि धर्म, सम्प्रदाय, मान्यता, नस्ल आदि अलग होना पराया होना नहीं है! 1857 का गदर, सूफी विरासत और दूसरी साझी परम्पराओं के आश्रय यह समझाया जाता

है कि बँटवारे के वक्त तो एक बड़ा-सा विकल्प और अवसर था, उस वक्त जिन परिवारों ने हिंदुस्तान में ही बसे रहने का अस्तित्ववादी जुड़ाव रेखांकित किया, वे पराए भला कैसे! जो भी समझाया जाता है, उसे हम इस पुराने श्लोक के तर्क में समेट सकते हैं जिसका सारांश है कि जिसने भरोसा किया, उसे छलने में कौन-सी बुद्धिमत्ता, जो गोदी में आकर सो गया, उसे मार डालने में कौन-सी बहादुरी!

इसी प्रकार आर्थिक मोर्चे पर हम गौर करें तो पता चलेगा कि ज्यादातर स्त्रीवादी संगठन पर्यावरण-प्रबन्धन और संरचनागत समंजन की नव-उदार नीतियों का समर्थन करते हैं! पूँजीवादी हउहत्तीपन में तो उनकी रुचि नहीं, समतामूलक वितरण की वे समर्थक हैं, किन्तु साम्यवादी अधिनायकतंत्र ने प्रोडक्शन और रिप्रोक्शन, सामान्य 'लेबर' और प्रसूतिमूलक लेबर--दोनों में स्त्री के दोहरे अवदान का सिला तो नहीं ही दिया गया था, 'ग्लास ऑफ वॉटर' थेयरी आदि आश्चर्यजनक प्रपत्तियों द्वारा यौनकर्म का विरुमानीकरण करने से भी नहीं चूके थे, इसकी कसक स्त्रियों को अभी तक है। यह धीरे-धीरे ही जाएगी! चूँकि क्षमा और ममता स्त्रियों का मूल भाव है, बात को बहुत तूल देना वे नहीं चाहती, पर घाव भरते-भरते ही भरते हैं।

दूसरा अध्याय

उर्दू-हिन्दी समाज और स्त्रियाँ : कामकाजी, मुसलमान, दलित स्त्रियाँ

हिन्दी व्याकरण का सबसे दुरूह और रहस्यमय विधान लिंग-निर्णय है! 'ता, ती, हट, वट' आदि जिन शब्दों के अन्त में आएँ, उन्हें स्त्रीलिंग लिखिए : विदेशियों को हिंन्दी पढ़ाते हुए अक्सर इस तरह के नियम रटाए जाते हैं और साथ ही अपवादों की सूची भी थमा दी जाती है! और शब्दों पर तो बाद में कभी बात हो लेगी, फिलहाल चार-शब्द लेते हैं जिनका स्त्रीलिंग होना बड़ा व्यंजक है और मारक भी! ये चार शब्द हैं—प्रकृति; शक्ति, करुणा, गरीबी। इन चार-पाँच शब्दों से पितरसत्ता स्त्री का चेहरा गढ़ती है—प्रकृति का वैभव, बर्दाश्त करने की शक्ति, निर्माण और पुनर्निर्माण की भी, करुणा जो न्याय पर काबिज हो जाती है और गरीबी जो किन्हीं पितरसत्तात्मक षड्यंत्रों के चलते हरदम उसके हिस्से आती है जो शालीन होता है यानी 'जिसकी लाठी, उसकी भैंस' का तर्क जिसे कभी आश्वस्त नहीं कर पाता जिसके मन में लगातार यह आदर्श टिमकता है कि जो हो, सबका हो और बिना मार-काट के! दूसरे अस्मिता-आन्दोलनों ने तो कहीं-कहीं धैर्य खोया भी, दलित, आदिवासी, अल्पसंख्यक, अश्वेत कभी-कभी ईंट का जवाब पत्थर से देने पर उतारू भी हुए किन्तु स्त्रियों ने कभी प्रतिशोध का दर्शन नहीं साधा! थोड़ी झनर-पटर की, पर कुल मिलाकर उनका प्रतिरोध पूर्णतः अहिंसक रहा।

मारतीं भी तो किसे मारतीं—उसे जिसे पैदा किया था, जिसे कंधे पर लेकर घूमी थीं, उँगली पकड़कर चलना सिखाया था, हारी-बीमारी में रात-दिन एक करके जिसकी सेवा की थी ... उस बेटे, भाई-बाप, दूल्हे और प्रेमी को ... उन्हें मारकर होता भी क्या? वे भी तो पितरसत्ता के ही मारे हुए थे यानी उन सामाजिक पूर्वग्रहों

के जो स्त्री-पुरुष के बीच भेड़-भेड़िया का रिश्ता कायम करता है। जैसे इनकी नाक पोंछी थी—वैसे ही अब उनके पूर्वग्रह साफ करने थे, और सफाई धैर्य का काम होता है। दृढ़तापूर्वक अपने पक्ष पर कायम रहते हुए एक विवेक-सम्मत संवाद की कोशिश—परिवार के भीतर भी प्रजातन्त्र की पहल इसी जनतांत्रिक तरीके से होनी होती है जो बहुत उबाऊ, थकान और उलझनभरा किन्तु एकमात्र ठोस और सही रास्ता है, वो इसलिए कि इसके दूरगामी परिणाम टिकाऊ और अच्छे होते हैं—'बहुजन सुखाय, बहुजनहिताय' के निकष पर पूर्णतः सफल। धैर्य का फल मीठा ही होता है। फल के पकने की एक अपनी ही लय होती है। इस लय का अनुसरण ही उसकी मिठास है! यहाँ कोई धक्का-मुक्की नहीं चल सकती! नूडल्स नहीं हैं फल कि 'टू मिनट्स प्लीज' का तर्क वहाँ चल जाए।

इसी विवेकसम्मत और अभंग धैर्य का कमाल है कि लिबरल-रैडिकल स्त्रीवाद के दौर से यानी करीब सौ साल के भीतर स्त्रियों ने अपनी स्थिति सजी-धजी गुड़िया या पालतू गाय से बढ़ाकर तेजस्वी सहचरी वाली तो अवश्य कर ली है। इक्का-दुक्का विशिष्ट स्त्रियों का प्रभुत्व तो पहले भी कायम हो जाता था बीच-बीच में, लेकिन अब का हाल तो यह है कि जत्था की जत्था साधारण स्त्रियाँ उठी हैं और लाख अड़चनें काटकर न सिर्फ अपना, बल्कि पूरे समुदाय और पर्यावरण, हर वर्ग, हर वर्ण, हर नस्ल, हर धर्म के शोषित एकक का सर्वतोमुखी विकास सम्भव किया हैं। यह ठीक है कि अभी भी बहुत कुछ किया जाना बाकी है, पर कुछ तो स्त्री-विमर्श की गझिन उपलब्धियाँ रही हैं जिससे स्त्री-विमर्श का रंग-रुतबा ही अलग हो गया है! अब यह रोती-बिसूरती, दुख की मारी, बेचारी नेक लड़की की विनय पत्रिका नहीं रही, हँसती-मुस्काती, आत्मविश्वास से पगी स्त्री-भाषा का प्रजातान्त्रिक मोर्चा है। आत्मविश्वास का सबसे सुखद पक्ष होता है विश्वास—सामने वाले की आधारभूत अच्छाई में! इसी विश्वास के सहारे कोई अहिंसक रहने का धीरज भी साध सकता है! बराबरी की बुनियादी शर्त्त है मजबूत औरतें और न्यायसिद्ध, धीरोदात्त पुरुष! चखमुख ही जीवन का सच्चा प्रमाण है। चखमुख नहीं तो जीवन कहाँ! पारस्परिक सम्मान का आधारभूत लक्षण है संघर्ष। संघर्षशून्य सम्बन्ध पारस्परिक सम्मान का सम्बन्ध हो ही नहीं सकता! बराबरी के लिए लड़ने की सबसे बड़ी व्याप्ति तो यही है कि स्त्री को पुरुष की आधारभूत अच्छाई में विश्वास है, उसे विश्वास है कि आँख की पट्टी खुलेगी तो वह अच्छा दोस्त भी होगा और अच्छा पिता भी! पूर्वग्रहों के पत्थर तोड़ती हैं वह ! पत्थर पर सर पटकने वाली मूर्खता नहीं करती।

यही काम साहित्य भी करता है! कुल मिलाकर स्त्री-विमर्श का ध्येय वही है जो साहित्य का—मन की जलवायु बदलना! जाहिर है कि पहला पेड़ लगाते ही जलवायु बदल नहीं जाती, पर पेड़ लगाया तो जलवायु पर इसका तिरछा, महीन और अवश्यंभावी असर कुछ तो होगा ही। कुल मिलाकर जैसे पर्यावरण पर संकट

के बादल मँडरा रहे हैं, स्त्री-विमर्श पर भी! इसका सीधा सम्बन्ध है राष्ट्रराज्य की शक्ति के क्षय से और धार्मिक कट्टरपन्थीपन से भी। इतना तो सबको ही याद होगा कि दबी-कुचली अस्मिताओं का स्वाभिमान-मिशन से जुड़ाव सेक्यूलर और कल्याणकारी राष्ट्रराज्य मॉडेल में ही सम्भव हुआ! वियतनाम, पर्शिया, तुर्की, चीन और भारत में फ्रान्सीसी क्रान्ति के पाए के मुक्ति-संग्राम 1906 से 1911 तक घटित हो गये और उसके बाद का इतिहास तो दबी-कुचली अस्मिताओं की स्थिति में क्रमिक बदलाव का इतिहास ही कहा जाएगा! राष्ट्रराज्य का विकास जिस कल्याणकारी, सेक्यूलर मॉडेल पर हुआ, उससे उस धर्म की सत्ता क्षीणतर हुई जो खुदा की नहीं, खुदा के बन्दों की बनाई हुई थी और जहाँ 'जिसकी लाठी, उसकी भैंस' का ही तंत्र चलता था!

नवस्वतन्त्र देशों के संविधान में बराबरी कम-से-कम कागज पर जरूर सम्भव हुई। स्त्रियाँ नागरिक समाज का हिस्सा बनीं, इधर राष्ट्रराज्य की शक्ति क्षीण हुई है तो, 'यूरोपीय इकोनोमिक कम्यूनिटी', 'नॉर्थ अमरीका फ्री ट्रेड जोन आदि उठ खड़े हुए हैं। इन हलकों में स्त्रियों को बराबरी की तनख्वाह और पगार तो नहीं ही मिलती, क्रेश आदि की सुविधा पर भी किसी का ध्यान नहीं जाता! केनिया जैसी जगहों में ''इथेनिक सारवाद'' जैसे खतरे भी पनप रहे हैं जो मानते हैं राष्ट्रीय नागरिकता नस्लवादी दमन से पूर्ण मुक्ति का आश्वासन नहीं देती।

पिछले तीन दशकों में धार्मिक कट्टरता बढ़ी है और स्त्रियों पर उसका विकट प्रभाव भी हुआ है। धर्म करता क्या है कि संस्कृति की पहरेदारी स्त्रियों के सर ही डाल देता है और इस बहाने डाल देता है उनकी नाक में नकेल। तुनीशिया, मोरक्को और अल्जीरिया हो या वे मुस्लिम देश जहाँ तेल नहीं : तेल वाले मुस्लिम देशों पर उनकी बेपनाह आर्थिक निर्भरता है! पर्शियन गल्फ वाले ये देश भयानक ढंग की धार्मिक कट्टरता के शिकार हैं। ईजिप्ट, यमन, बांग्लादेश, तुर्की, पाकिस्तान आदि के विस्थापित मजदूर सख्त धार्मिक कट्टरता के माहौल में काम करते हैं। उन देशों में तरह-तरह के सहायता-ग्राण्ट भी धार्मिक कट्टरता के पोथे के साथ एक पैकेज-रूप में आते हैं और स्त्रियों की नाक में दम कर देते हैं।

इन दिक्कतों के निवारण के लिए कई अन्तरराष्ट्रीय महिला संगठन बने हैं, सार्वभौम बहनापे का दर्शन विकसित हुआ है। विमर्श विद्रूपण, विलोपन, विस्थापन की तीन विकृतियों से जूझती हुई स्त्री संघशक्ति के क्रमिक विकास का मंजर सामने लाता है। पर सार्वभौम बहनापे की बात करता हुआ भी यह अन्धे सार्वभौम का हिमायती नहीं जैसा कि विश्वायन! देशों/वर्गों/वर्णों/नस्लों के अलग-अलग सांस्कृतिक इतिहास, अलग-अलग नैतिक भूगोल और उसके हिसाब से उसका चरित्र भी विविधवर्णी है! सुरक्षा, स्वायत्तता, घरेलू, सार्वजनिक, सामुदायिक और बाजार के सारे संसाधनों का निर्बाध उपयोग, शिक्षा, रोजगार और जीवनसाथी का

चुनाव, शादी करने न करने, बच्चा जनने न जनने के निर्णय की स्वाधीनता, घरेलू कामों की सहभागिता ... ये माँगें साझा हैं, पर दुनिया के अलग-अलग मुद्दे भी रेखांकित हो रहे हैं। अब चीन की ही बात बताऊँ तो वहाँ कामकाजी महिलाओं का रविवार और भी ज्यादा भारी होता है! हफ्ते-भर का घरेलू काम, ऊपर से दिन-भर बाल की खाल निकालते पति की डाँट-डपट! युई दाइचुन और लिजिन ने यह पूरी दुर्दशा तीन पदों में पकड़ने की कोशिश की है ''अपराइट सैटरडेज, फाइटिंग सण्डेज, एक्जॉस्टेड मण्डेज !'' आगे हम भी यह जोड़ सकते हैं कि जिस तरह का व्यवहार स्त्रियों के साथ होता है, उसमें 'सन्डे' तो शायद ही किसी का 'फनडे' होता हो, ज्यादातर का वह 'गन डे' हो जाता है, जान पड़ता है कि लगातार सर पर कोई बन्दूक ताने खड़ा है!

हुआ दरअसल यह है कि मर्दानगी पर एक विशेष संकट आन पड़ा है! मोर्चों पर पुरानी तरह के युद्ध तो होते नहीं, सारा पौरुष वे ओछी लड़ाइयों में निकाल देते हैं। दिन-भर चीखने-चिल्लाने वाले पिता से बच्चे भी कन्नी काटते हैं, इससे उनका व्यर्थता-बोध और उनकी खूँखारिता और भी बढ़ जाती है! बल के आधिक्य के दावों के बावजूद काम-धाम उनसे कुछ होते नहीं, बैठे ठाले करें भी क्या तो रोब ही गालिब कर देते हैं।

बात मज़ाक में उड़ाने की नहीं है। अर्जेण्टीना, यूरोगे, दक्षिण अफ्रीका, घाना और नाइजीरिया में व्यापक राज्य-हिंसा लोगों ने झेली है! शुरू-शुरू में तो इसका व्यापक विरोध स्त्री संगठनों ने किया! फिर मिलिटरी शासन के दौरान उनकी क्या, उनके मर्दों की भी राजनीतिक भागीदारी लुप्तप्राय हो गई। राजनीतिक पार्टियाँ और श्रमसंगठन बैन हो गये। मर्दों का सार्वजनिक संसार लुप्त हो गया। दिन-भर घर में रहने को वे विवश क्या हुए, औरतों-बच्चों का जीना ही दूभर कर दिया।

पोलैण्ड की कैथोलिक सरकार गर्भपात का हक माँगनेवाली स्त्रियों को "Too right and too left" कहकर लताड़ती है। मार्क्सवादी सरकार ने इतना तो समझा था कि सेक्स ज्यादातर औरतों के लिए एकदम से थका देने वाली विरस नोच-खसोट ही होता है, एक तरह का बलात्कार, बिना मन के बच्चे पैदा भी कर लें तो पालेगा कौन, इसलिए गर्भपात की सुविधा मिलनी ही चाहिए, इसलिए उनको too left कहा, और चूँकि वे स्वतन्त्र पूँजीनिवेश चाहती हैं, "vanguard of a self retrospective capitalism" कहकर उन्हें डाँटा।

सूडान जैसी जगहों में बाढ़, सुखाड़ और गृहयुद्ध औरतों-बच्चों को राहत-शिविरों का मुहताज रखते हैं! पिछले ही वर्ष बेबी-फूड की जगह वहाँ साबुन-पाउडर बँट गया जिससे सैकड़ों बेमौत मर गए।

1970 के अंत तक युनाइटेड नेशन्स के 15 देशों में सिर्फ 6 की महिला-प्रतिनिधि थीं। 100 से अधिक देशों में सब महत्त्वपूर्ण पदों पर मर्द ही

काबिज थे! दुनिया-भर में सिर्फ 10% राजनीतिक पदों पर स्त्रियाँ हैं और यह प्रतिशत दिनों-दिन घट ही रहा है क्योंकि सोवियत संघ रहा नहीं जहाँ 20-30% सीटें स्त्रियों के लिए तय थीं। राजनीतिशास्त्र में जिसे "चैप्स मेण्टैलिटी" कहते हैं, उसी का शिकार हैं ज्यादातर मर्द—जितनी कंजूसी से राजा सामन्तों को अधिकार देता है, उससे भी ज्यादा कंजूसी से सामन्त व्यापारियों को देते हैं फूलने-फलने के कुछ हथियार! और व्यापारी सामान्य जनता को और कुछ नहीं देना चाहता। जबकि सोवियत संघ के विघटन के बाद स्त्रियों ने जो नारा दिया था, अपने-आप में बिल्कुल सार्थक है, "औरतों की शिरकत के बिना प्रजातन्त्र प्रजातन्त्र है ही नहीं, 'सबऑल्टर्न, काउण्टर पब्लिक' है।

हिन्दू-समाज में वैधव्य

आज भी विधवाओं को देखकर कलेजा मुँह को आ जाता है। ऐसा लगता है मानो एक खाली, महान रियासत खड़ी हो सामने, साँय-साँय हवा बह रही हो चारों तरफ, सुखाड़ से भरी हो ईश्वर की आवाज—

नीचे की ओर झुके हों पेड़ दयावान
पेड़, अकेलेपन क पेड़
जिनके काले कोटरों में रहती हो
एक अनुगूँज की छाया—
खींचती हुई उस दीवार पर
एक अजब चित्र
जिसके पीछे है गुप्त-सी सुरंग—
गुमसाइन हवा, बासी स्मृतियाँ,
लौह सीढ़ियाँ चक्करदार
जो खुलती हैं सूनी छत की तरफ!
बैठा हुआ दीखता/ एक विषैला मकड़ा
प्रेमहीन तीलियों के ऊपर।
जो गाते बाणों की तरह
उड़ गये स्वर्ग की ओर—
क्या पलटकर देखते होंगे यह देह—
अखबार का एक पन्ना—
आग पर धरा!
कमजोर धुआँ और मृत्यु है वह साड़ी
जो वह लपेटे रखती है अपने चारों तरफ!

सितारों के ऊपर के कड़े शून्य में
फाख्ते-सी फड़फड़ाती होंगी आत्माएँ—
इस सोच में लेकर दाने तलहथियों पर
देह अकेली, एक पाँव पर खड़ी!
(सिल्वया प्लाथ)

दैनिक-मानसिक सन्तापों के ऊपर आर्थिक भूकम्प और सामाजिक/आध्यात्मिक गोलाबारियाँ व्यावहारिक संकट अलग पैदा करते हैं। अब यह तो शायद नहीं होता कि विधवाएँ मनहूस समझी जाएँ या वैधव्य पिछले जन्मों के कुकृत्यों का फल माना जाए या विधवा-विवाह करते हुए कोई इस बात से डरे कि परमाण्विक हथियार इसकी जन्मकुण्डली में दर्ज हैं, शादी करूँगा तो हो सकता है, मेरे भी प्राण संकट में पड़ जाएँ, बिना बाल-बच्चों की कमसिन विधवाओं का विवाह लोग कट्टर मध्यवर्ग में भी अब करने ही लगे हैं, दिवंगत पति की सम्पत्ति पर पत्नी के अधिकार की बात कम से कम कागज पर तो दर्ज है—पर कई ऐसे मनोवैज्ञानिक संकट हैं जिनसे निबटना अभी शेष है। पति के असामयिक निधन के बाद मानवीय आधार पर पत्नियों को उनकी शिक्षा-दीक्षा के अनुसार पति के दफ्तर में कोई-न-कोई जगह दी तो जाती है—पर उनके साथ जो सुलूक होता है—खासकर यदि वे आकर्षक हुईं—चार्टर्ड बसों में चलते हुए किसी भुक्तभोगी से पूछकर जान सकते हैं।

एक खासी खूबसूरत, उदास-सी लड़की से अभी हाल-फिलहाल किसी चार्टर्ड बस में ही मेरी दोस्ती हुई। उसका एक पाँव जरा-सा खराब था, बस में चढ़ते हुए उसको हल्के सहारे की जरूरत होती थी—कई दिन देखा कि पिलपिले व्यक्तित्व वाला एक छिपकलीनुमा आदमी उसे करीब-करीब रोज अपनी गोद में उठाकर एक स्टॉप पर चढ़ा देता है और अलग होते हुए हल्की चिकोटी भी काट लेता है कहीं न कहीं! उसके बाद सारे रास्ते वह लड़की सामने वाली सीट के पट्टे पर मुँह गाड़े एक उदास नींद सोने का ढोंग किये रहती है। ऐसा लगता है उसे देखकर कि रोने की ऊर्जा भी उसमें नहीं बची! सिर्फ थकान बची है—'जो होना है, हो जाए, जो घटना है, घट जाए' वाली निस्पृह-सी, काली थकान।

काफी हिम्मत जुटाकर मैंने उससे बातचीत शुरू की ओर बातों में जाना कि उस अपने बॉस की पिलपिली हरकतों का मुखर प्रतिरोध यह सिर्फ इसिलए नहीं कर पाती कि इसके उस पर काफी एहसान हैं। पति की असामयिक मृत्यु के बाद उसने न सिर्फ उसको नौकरी दी, बल्कि उसकी बच्ची का दाखिला भी एक बड़े स्कूल में कराया डे-बोर्डिंग है जहाँ। डे-बोर्डिंग नहीं होती तो पीछे में बच्ची को स्कूल-बस से उतारता कौन—रोज तो स्कूल बसों के इतने हादसे होते हैं। कहने लगी—'अब इस देह का उपयोग भी क्या है—किसी भट्ठी में झोंक दो—जितनी

देर बॉस इधर-उधर हाथ लगाते हैं, साँस रोक लेती हूँ, सोचती हूँ—कर्ज उतार रही हूँ।'

मेरा सवाल उन बॉसों और गॉडफादरों से है! क्या उनके पुरुषार्थ और स्वाभिमान को गवारा है यह स्थिति? बिना प्रेम के दैहिक संस्पर्श औरतों में ऐसी ही वितृष्णा जगाते हैं, मन ही मन भिनककर वे यही सोचती जाती हैं कि चलो, कर्ज की एक किश्त तो उतरी! उन्हें चुटकी-भर भी आनन्द नहीं आता इस पूरे कार्य-व्यापार में! सूअर समझती हैं वे देह पर थूथन भिड़ाए बॉस को और एक-एक क्षण गिनती जाती हैं कि कब उसकी भड़ास उतरे और वह भागे अपनी बीवी के पास (उसके साथ मनाली-शिमला की सैर पर) जान छूटे इतने दिन! सोचिए सर, अगली बार किसी असहमत, बेजुबान लड़की की ओर हाथ बढ़ाने के पहले ये जरूर सोचिए कि आदमीयत तो खटाई में गयी ही, मर्दानगी भी गयी क्योंकि वह आपको आदमी या मर्द तो समझती ही नहीं—आप उसकी नाक पर नाक रखेंगे और उसका मन फुर्र से उड़ जाएगा चिड़ियाघर के जानवरों की तरफ भी नहीं, पालतू पशुओं की ओर जिनसे वह मन-ही-मन आपके चेहरे का मिलान करती हुई लगातार यही सोचेगी—'जल तू, जलाल तू, आयी बला को टाल तू! दुहाई फत्ते खां महाराज की, छूः थूः, छूः' फिर घिनाए हुए मन को सांत्वना देंगी—'चलो, कर्ज उतार रही हूँ।' आदमीयत दिखायी है तो उसकी कीमत न लगाइए, सर! उसका कद कम न करिए—किसी और की निगाह से गिरने के पहले तो अपनी निगाह से गिरना पड़ता है! अच्छी लगती है यह उठा-पटक?

धरती का नमक हैं ये ठस्सेदार वृद्धाएँ

पिछले हफ्ते सिन्धिया कैडोहाटा की कहानी 'मिरेकल्स इन द स्काई एण्ड ऑन द रेड' पढ़ी। कहानी का मुख्य किरदार है आधी अमरीकी, आधी जापानी एक शालीन वृद्धा जिसे कोई आपत्ति नहीं है इस बात पर कि उसका पूर्व पति, जो वर्षों पहले उसे किसी और स्त्री के लिए छोड़कर चला गया था, उसके और उसके बच्चों के साथ क्रिसमस मनाने आयें। अभी-अभी उसके पूर्व पति की दूसरी स्त्री गुजरी है—गुजरी क्या है—मुँह पर तकिया रखकर उसने उसे मार डाला है—इस चिन्ता में कि उसके बाद उसकी यह दूसरी स्त्री, जो बूढ़ी और बीमार है, जिएगी किसके सहारे। खुद भी वह मरने की तैयारी ही कर रहा है कि क्रिसमस की शाम उसे खाली और वीरान लगती है ....! पुराने परिवार के साथ क्रिसमस मनाकर वह लौट रहा है, पूर्व पत्नी गाड़ी चला कर उसे अपने किसी रिश्तेदार के घर छोड़ने जा रही है। रास्ते में वह पेशाब के लिए रुकता है और दूर से अपनी ज़िप बन्द करता हुआ इतना कमजोर और कृशकाय दीखता है अपनी पूर्व पत्नी को कि उसकी तुलना में उसे अपनी ज़िन्दगी चमत्कारपूर्ण ढंग से सुखद दीखती है।

होती हैं, वृद्धाएँ वृद्धों से ज्यादा सुखी होती हैं। मनोविज्ञान का एक पारिभाषिक शब्द है—ईगो-इण्टेग्रिटी! हिन्दी में इसे अहं-तोष या आत्मगौरव कह सकते हैं। हमारा जीवन दूसरों के लिए कितना उपयोगी है, आसपास के लोगों के बीच अपनी उपयोगिता हम किस हद तक सिद्ध कर सकते हैं, दूसरों की आँखों में हमें देखकर चमक उभरती है नहीं—हमारे अन्तर्जगत् की समृद्धि, हमारी जिजीविषा और मानसिक शान्ति मुख्यतः इसी पर निर्भर है। इस तरह से 'ईगो-इण्टेग्रिटी का ही खेल है सारा जीवन जगत्। इसी का संकेत बाबा तुलसीदास के इस परम व्यावहारिक दोहे में भी मिलता है जिसे कबीर और रहीम के दोहों के साथ अपने जीवन के मूल सूत्रों में शामिल कर लेना चाहिए—

आवत ही हरषे नहीं, नैन न उमगे नेह,
तुलसी वहाँ न जाइए, कंचन बरसे मेह।

भक्त-कवियों की खुद को सम्बोधित करने की यह शैली मुझे बहुत मज़ेदार और अर्थपूर्ण लगती है। और कोई सुने न सुने (सुने, इसकी क्या गारण्टी!) इसलिए खुद को ही सम्बोधित कर लो। खुद ही अपने गाल पर चपत मारकर कह लो कि भाई, ऐसा न करना। जो ठोकर खायी सो खायी, आगे न खाना। अपने को चेताने का काम शेक्सपियर के नायक भी अपने एकालापों में बखूबी करते हैं। और इसकी एक क्लासिक अभिव्यक्ति 'तीसरी कसम' भी है!

बुढ़ापे में जीवन एकालाप ही रह जाता है—पर वृद्धाओं के लिए सरस आत्मालाप जिसमें भगवान नामक मोहक खिलौने से इनकी कट्टी-दोस्ती भी शामिल होती है। वृद्धों के लिए यह एकालाप एक किरकिरी, मच्छरमार किस्म की थूकम-फजीहत हो जाती है जिसमें बीते दिनों की शेखी और नये जमाने पर कोफ्त कोंच-काँचकर भरे हों। वृद्धाओं की 'ईगो-इण्टेग्रिटी' भी वृद्धों से कई गुना अधिक होती है क्योंकि उनके उपयोग हजार हैं। घर में किसी वृद्धा के होने का सीधा अर्थ है बच्चों का बेहतर लालन-पालन और घर की बेहतर देख-रेख। एक वृद्धा हो घर में तो छोटे-मोटे कपड़े सिलाई के लिए दर्जी के यहाँ भेजने की जरूरत नहीं होती, इसके अलावा होता है घर में एक-से-एक स्वादिष्ट खाना बनने का स्कोप, छोटी-मोटी बीमारियों का मुफ्त घरेलू इलाज, जीवन के विषम मोड़ों पर व्यावहारिक सुझावों का सिलसिला। और बदले में ये चाहती हैं क्या? थोड़ी-सी हवा, थोड़ी सी इज़्ज़त, थोड़ा-सा स्पेस, थोड़ा-सा भोजन...। (बूढ़ी काकियाँ शाश्वत डायटिंग पर रहती हैं, अब, प्रेमचन्दजी)

गाय पर जो पहली कविता मैंने प्राइमरी स्कूल में पढ़ी थी, वह फेमिनिस्ट कहकर जाति-बहिष्कृत की जा सकती है। पूरी कविता तो लम्बी है, मैं सिर्फ अन्त का हिस्सा उद्धृत करना चाहूँगी—

मरकर देती खाल, खाल से चप्पल-जूते बनते हैं,
लगे न ठोकर, गड़े न काँटा, जब हम इन्हें पहनते हैं!

मैं आत्मोसर्ग को जरूरत से ज्यादा महिमान्वित कर रही हूँ—ऐसा बिलकुल न समझा जाए। पर जीने का व्यावहारिक ढंग यही है—अपनी उपादेयता बनाये रखना : मस्त-भाव से रोनी सूरत बनाकर नहीं, और किसी से दबे बगैर खुद अपना स्पेस रेखांकित करते हुए। यह निहायत निजी 'ब्रीदिंग स्पेस' कई तरह से रेखांकित हो सकता है। कुछ पढ़-लिखकर, सैर पर जाकर, पेड़ के नीचे यूँ ही बैठकर, मन-लायक लोगों के साथ गप्पें मारकर, अगर किसी ललित कला में रुचि हो तो वह साधकर या यों ही संगीत-वंगीत सुनकर, छोटे बच्चों या भगवान नामक प्यारे खिलौने से बोल-बतिया और खेल-खालकर, अपने सपनों और स्मृतियों से दो-चार होकर, पुराने दोस्तों को चिट्ठियाँ लिखकर, घर सजाकर और सोकर ...।

जवानी-भर तो इन्सान कोल्हू का बैल ही बना रहता है—वही गोल घेरा, वही तेल-पैरौवल, मियाँ की दौड़ मस्जिद तक। सूर्योदय-सूर्यास्त देखने—जैसे सुख भी दुर्लभ ही हो जाते हैं। जीवन की शाम ही ऐसे दुर्लभ सुखों का आयोजन हो सकती है जिसके लिए ताउम्र तरसे। देह के धरातल पर जो परिवर्तन घटित होते हैं इस अवस्था में—उसका भी एक अपना ही सुख है—ऋतुचक्र से मुक्ति मिलती है, अनावश्यक मेल-अटेशन से भी, छँट-छँटाकर बुढ़ापे तक वे ही दोस्त या प्रेमी साथ बने रहते हैं—जिन्हें आपके भीतरी तत्त्व से प्यार हो। जिसे अँग्रेज़ी में स्किन डीप अटैचमेंट कहते हैं—छँटते चले जाते हैं!—देह का आकर्षण कुछ कम भी हो तो क्या, व्यक्तित्व का आकर्षण बढ़ जाता है, उसमें एक अलग तरह की पुख्तगी आ जाती है जिसे किसी तरह का दयाभाव स्वीकार नहीं करना चाहिए।

गैबरियल गार्सिया मारक्वेज के उपन्यास 'लव इन द टाइम ऑफ कॉलेरा' में एक पात्र पर धनी होने का आरोप लगता है जिसके जवाब में वह कहता है—नहीं, धनी नहीं, ढेर सारे पैसों वाला गरीब आदमी हूँ मैं .... और यह एकदम अलग तरह की बात है' ढलती उम्र की किसी स्त्री को जब युवा दीखने का कॉमप्लिमेंट मिले तो उसे इसी तर्ज में जवाब देना चाहिए—'नहीं', युवा नहीं—मैं धरती सी पुरातन हूँ, और यह अलग तरह के सुख हैं।'

मीनोपॉज से जुड़ी समस्याएँ सजग सामुदायिक जीवन जीने वाली स्त्रियों, स्त्री-कलाकारों, किसी उदात्त पैशन या आस्था को समर्पित स्त्रियों को नहीं होती। दैहिक सौंदर्य जीवन का केन्द्रीय सत्य नहीं, आम्रपाली जब बौद्ध धर्म में दीक्षित हो गयी, अपने दैहिक प्रसाधनों के अनन्त सिलसिलों और पुराने प्रेमियों की विकट ठकुरसुहातियों पर उसे बार-बार हँसी आयी। अपने पकते हुए केशों को निवेदित कई थेरी गाथाएँ उसने लिखी हैं। इस प्रसंग में बार-बार मुझे अपनी तरफ की अकुण्ठ वृद्धाएँ भी याद आती हैं जिनकी स्मृति में मैंने एक कविता लिखी थी 'मौसियाँ'! इसकी अन्त की पंक्तियाँ हैं—

बीसवीं शती की कूड़ागाड़ी/ लेती गयी खेत में कोड़कर, अपने जीवन की

कुछ जरूरी चीजें, जैसे मौसीपन, बुआपन/ चाचीपन्थी, अम्मागिरी मग्न/ सारे भुवन की।

ईद की सेवइयाँ

एक जमाना था जब ईद-बकरीद (विशेष अवसरों पर ही) याद करने वाले लोग 'दोस्त' नहीं माने जाते थे। ईद का चाँद या गूलर का फूल हो जाने वाले धुरछक मरम्मत का पात्र बनते थे—मिले नहीं कि ले दनादन, दे दनादन। एक उम्मीद-सी होती थी कि जो दोस्त होगा—सुबह-शाम हालचाल लेगा, कुछ आपबीती, कुछ जगबीती सुनेगा-सुनाएगा, चाय की चुस्कियाँ भरेगा, संग-हँसेगा-हँसाएगा!

गये लन्तरानियों के दिन! चुपचाप चले गये। अब दोस्ती भी प्रेम की तरह का एक गुम-सा एहसास रह गयी है—'उसने कहा था' वाले प्रेम का गुमसुम एहसास। एक अन्तःसलिला। शर्मीली शुभकामना, पार्श्वभूमिसंगीत। ऐसा नहीं है कि हमें दोस्तों की सुध नहीं रहती। एक इशारे पर मर-मिटने को अब भी तैयार रहते हैं हम, पर वह लगातर की मस्त चकल्लस, चाण्डाल चौकड़ी, अभंग-संवाद का वह सुख कम-से-कम औरतों के जीवन से तो बिलकुल गायब है।

गाहे-बगाहे ईद-बकरीद के बहाने जिन मुसलमान दोस्तों की याद भी आती है—ज्यादातर के पते पास नहीं। बहुत दिनों से मन था—एक खुली चिट्ठी उन्हें लिखूँ। 6 दिसम्बर और गोधरा काण्ड के बाद तो, खैर लगातार मुसलमान सखियों के चेहरे स्मृतियों में जगमग करते रहे! क्या जाने कौन कहाँ होगी, किस हाल में होगी। एक मुट्ठी घास थे हम। मिल-जुलकर खुदबुद करते थे। जाने क्या सोचकर इधर-उधर फेंक दिये गये। जो जहाँ पड़ा, उसने वहीं जड़ जमायी। फिर से जमा ली। और भी गहरे अर्थ में।

यह तो सभी जानते हैं कि मुसलमानों में मध्यवर्ग नहीं के बराबर था। बचपन में हम जिस भी मुसलमान के घर में जाते थे—उनके बारे में ये ही सुनने में आता था कि ये किसी नवाब के नाती हैं या मुगलिया खून है उनमें। एक हमारी आयशा बुआ थीं जिनके यहाँ चाँदी ही चाँदी थी। गिलौरियों के पैसे नहीं रहते थे कई बार, पर चाँदी का खूबसूरत गिलौरीदान, सरौते, पीकदान, हुक्के सँभालकर सजाये होते थे चारों तरफ। उनकी भाषा की मैं कायल थी। इतनी खुशनुमा हिन्दुस्तानी बोलती थीं वे और ऐसे मीठे पेचोखम के साथ बोलती थीं कि तबीयत हरी हो जाती थी।

सबसे मज़े की बात यह थी कि उससे जरा भी कम जानदार उन मुसलमान औरतों की भाषा नहीं होती थी जिन्हें लगातार गुरबत में जीना पड़ा था। मुनकिया चूड़ीहारिन हो या हमारे आँगन में आकर मुंगौरियाँ-तिलौड़ियाँ-पापड़-अदौरियाँ, सपने और स्मृतियाँ 'पारा' करने वाली रजिया ममाइन—किस्से-कहानियाँ-गीतों-मुकरियों

का अक्षय कोष थीं वे। उनकी टूटी-फूटी उर्दू में स्थानीय लोकभाषाओं (बज्जिका, भोजपुरी, मगही, मैथिली, अंगिका) की छौंक ऐसी असरदार थी और उनका पूरा लहजा इतना दिलकश था भूखे पेट भी वे एकदम हँसती हुई जान पड़ती थीं! एक बात और उनकी मुझे याद है कि कभी वे कुछ 'माँगती' नहीं थी, मुगलिया स्वाभिमान (इतनी गरीबी के बाद भी) बरकरार था। माँ खुद ही जो देती थी—वे दुआएँ देकर ले लेती थीं, वह भी खासे संकोच से।

मेरी माँ उदार थी, उदार है। सबसे मिल-जुलकर सुख-दुख बतियाती है। मुसीबत में सबके काम आती है। लेकिन अभी हाल-फिलहाल तक इन सब गरीब औरतों के प्याले-तश्तरियाँ-कटोरे-गिलास वगैरह माँ के आँगन में भी एकदम अलग थे। वे अलग ही धुलते-पुँछते थे। एक प्रश्नचिह्न की तरह आज भी माँ की उदार गृहस्थी में वे कहीं एक कोना पकड़े रहते हैं। मैं माँ को चिढ़ाती हूँ कभी-कभी, वह हँसकर रह जाती है, इतने विमर्श देखती-पढ़ती है, सो इतना मानने लगी है 'संस्कार एक बार में तो नहीं धुलते, बेटा : जैसे कि हांडी से भी चिकनाई एक रगड़ में नहीं धुलती। उस समय इतना सूझता भी नहीं था कि बरतन अलग रखना कहीं कोई हल्का भी दर्द-जगा सकता है। बीमारियों से डर लगता था क्योंकि वे साफ नहीं रह पाते थे।'

मुसलमान हीरोइनों का एक तीसरा वर्ग था जिससे हम सब मुतासिर रहते थे। सुरैया, नसीम बानो, मधुबाला, नरगिस, मीना कुमारी, वहीदा रहमान, सायरा बानो से लेकर जीनत इमान, शबाना आज़मी वगैरह तक अपने-अपने ढंग से अनूठी थीं। दिलों पर राज करना मुल्कों पर राज करने से ज्यादा मुश्किल होता है। जो दिलों पर राज करती हैं, एक आदर्श चरित्र बनाकर जीना होता है उन्हें—तलवार की धार चलना होता है हरदम। साधारण लोगों का टुच्चापन माफ भी कर दे कोई, अपनी वाली 'रोल मॉडेल' की कोई टुच्ची हरकत उसके गले नहीं उतरती। फन्तासियाँ टाँगने की खूँटी हममें से हर किसी को चाहिए। और वह खूँटी बन पाना इतना आसान भी नहीं। आसान नहीं उदात्तता का अभिनय भी : चौबीसों घण्टे।

इन सबसे अलग रूमानियत की अँगनैया के पास पड़ने वाला चौथा वर्ग था तवायफों का। 'उपराव जान अदा' और 'पाकीजा' के भव्य सेट इनके अभव्य जीवन का मुँह चिढ़ाते जान पड़ते हैं। अपनी सहपाठी, मासूमा नाज की कहानी मैं पहले भी लिख चुकी हूँ। इनके अलावा भी कितनी मासूमाएँ फटे बुर्कों के हाथ निकालकर (गुदैले बच्चे की खातिर) भीख माँगने को मजबूर इधर-उधर घूमती मिलेंगी—हजरत निजामुद्दीन औलिया के पास, जामिया नगर या ऐसे ही कितने गरीब, मुसलमान बाजारों में। ये भीख माँगती हैं तो भी इनकी आवाज और भाषा में शाइस्तगी होती है, ये पीछे नहीं पड़तीं, सकुचायी-सी थोड़ी देर पीछे चलती हैं, फिर ठगी-सी खड़ी-की-खड़ी रह जाती हैं मानो जमकर पत्थर हो गयी हों।

हादसों की शिकार, तलाकशुदा, विधवा या यों ही छोड़ी हुई औरत गरीब और प्रायः अशिक्षित, सहमी-सी इन औरतों का 'सहेली', 'जागो री' वगैरह जैसा कोई साझा-सा आँगन भी नहीं गरीब मुसलमान इलाकों में और न ही वे इतनी बेखबर हो पायी हैं कि 'दूर का सफर' तय करने का शाहबानों जैसा जिगरा दिखा पाएँ।

छठा प्रवर्ग नवशिक्षित, मध्यवर्ग की मुसलमान औरतों का है जो पर्दा नहीं करतीं पर शाइस्तगी की मिसाल हैं। अँग्रेज़ी-फ्रेंच भी उसी सफाई से बोलती हैं जिस सफाई से 'उर्दू-हिन्दी'। 'सहमत' जैसी संस्थाओं, लघु-पत्रिकाओं और जन-नाट्य मंचों में इनकी सजग उपस्थिति होती है और यह मौलिक प्रपत्ति/ यह विश्वास इनकी रगों से लहू की तरह दोड़ता है कि वर्ग, नस्ल, धर्म आदि कृत्रिम विभेद इक्कट-दुक्कट की घेरेबंदियाँ और खेल-तमाशा है—इन सबके पार जाती है हमारी आपसदारी, जैसे कि हर दिल से हर दिल तक एक राह जाती है। यह छोटा-सा प्रवर्ग काफी महत्त्वपूर्ण है। इसमें है सीमा मुस्तफा, सीमा क़ासिम, नीलम इस्लाम, सिम्मी अख्तर, शहनाज अख्तर, शीबा फहमी जैसे महत्त्वपूर्ण हस्तेक्षप, शहनाज अख्तर जो चुपचाप कहीं-न-कहीं 'पुल' बना रहे हैं और सेवइयाँ भी। बेगम, अख्तर इस्मत आपा, कुर्तल-एन-हैदर, नासिरा शर्मा, मेहरुन्निसा परवेज़ ज़ोहरा बेगम, जाया हसन और शबाना आज़मी की संघर्ष कथा परवान चढ़ तो रही है।

सुजाता की खीर, बीरबल की खिचड़ी

रूपकों की समझ जनमानस को खूब होती है—कहावतों के रूपक याद करें, साहित्य के रूपक, मुहावरों के रूपक भी। किंवदन्तियाँ खुद रूपक हैं। बादशाहों की समझ में नहीं अँटती महीन बातें। बेचारे बीरबल को आग के दस हाथ ऊपर खिचड़ी की हंड़िया टाँगकर एक विकट दृष्टान्त का नाटकीय आयोजन साधना पड़ा था। कुछ लोग शर्मिंदा हुए बिना बात ही नहीं समझते, कुछ लोग शर्मिंदा होने के भी परे होते हैं। कभी-कभी यह भी होता है कि समझकर नासमझ बने रहने में फायदा दीखता है। और फायदा जहाँ दीखे, वहाँ नीति-अनीति ताक पर या फिर बीरबली खिचड़ी की हंडिया में! ...इसलिए इस बात की सम्भावना से भी इन्कार नहीं किया जा सकता कि अकबर जानकर अनजान बन रहे हों, पहले ही अकबर की समझ में अँट गायी हो बात : बूढ़ा आदमी कह रहा है कि पूस की रात तालाब के पानी में खड़े-खड़े उसने दूर जलते एक चिराग के सहारे काटी तो यहाँ चिराग एक रूपक है।

हर आदमी के जीवन में कुछ दूरस्थ चिरागों का सहारा होता है। दूर टिमकते सितारे भी तो कुछ भौतिक नहीं देते, पर उनका होना जीवन को एक नया आयाम देता है, आत्मा को एक अनुपम विस्तार। सुजाता का बुद्ध से ऐसा ही कोई रिश्ता बना होगा। एक दलित लड़की थी सुजाता। दलित स्त्रियाँ साधारण पुरुषों की ऐसी

सतायी हुई होती हैं कि कोई असाधारण पुरुष ही उन्हें आकर्षित कर सकता है, कोई ऐसा पुरुष जिसे उनकी 'काया' में दिलचस्पी न हो। जो पास खींचते समय जात न पूछे पर दूर धकेलते समय आपको आपकी औकात जरूर बता दे—ऐसे परमपुरुषों की पहचान उन्हें खूब होती है। बुद्ध असाधारण पुरुष तो थे ही। उन्हें तो अपनी काया में भी दिलचस्पी नहीं थी—यह बात लक्ष्य करके ही कटोरी में खीर भरी होगी सुजाता ने । इस कटोरी का बुद्ध से एक उपयोगिताकारी रिश्ता जरूर बना, उसने उनकी क्षुधाग्रस्त काया में नये प्राण फूँके पर सुजाता का बुद्ध से कोई उपयोगितावादी रिश्ता न था।

दलित स्त्रियों का तेज और उनकी वाक्‌पटुता हमेशा से चर्चा का विषय रही है। यदि आपने जनजीवन करीब से देखा है और आपके जीवन का एक हिस्सा गाँवों या कस्बों में बीता है तो आपके लिए यह तय कर पाना मुश्किल नहीं होगा कि आपकी स्मृतियों में रस और रंग के अधिकांश सोते किसी धोबीघाट, किसी नाइनपारा, किसी चमस्टोली से फूटे हैं। कोई-न-कोई पन्ना धाय, कोई-न-कोई निउनिया, कोई-न-कोई धोबिन, कहारिन, नाइन, पासिन, कुंजरिन, नटी, चूड़ीहारिन ही आपके लिए लोक-संस्कृति की सजग दूतिका बनी है। किस्से, कहानी, पहेलियाँ, मुकरियाँ, हास-परिहास, डोमकच का पूरा गीत-संगीत और जन्म से मृत्यु तक के नेगाचारों के बहाने सुख-दुख में साथ खड़ा होने का एहसास ये ही भरती रही हैं आपमें।

जीवन वहीं है जहाँ संघर्ष है। और संघर्ष इनका पेट पोंछता बच्चा है। पीठ पर इसे बाँधकर लगातार ये ऐसे खट सकती है : जैसे कन्धे पर असबाब टाँगे सिपाही। संघर्ष के कठिनतम क्षणों में भी वे हँस-बोल सकती है—अगल-बगल वालों को सहज हँसा भी दे सकती हैं। चूँकि इन्हें परदे में रहना नहीं पड़ता, राजनीतिक चेतना भी इनकी प्रबल रही है। 1857 के आन्दोलन में कलावती मेहतरानी की भूमिका से कौन अनभिज्ञ है? पन्ना धाय के अलावा स्तनदायिनी दाई माएँ हममें से बहुतेरों के जीवन का बड़ा सच है। जो पाले हुए बच्चों के लिए इतना भाव रखती हैं, वे दलित माताएँ खुद अपने बच्चों के लिए क्या भाव रखती होंगी, यह अनुसन्धान का विषय है।

नस्ल और वर्ग भी मातृमूलक सम्वेदनाएँ प्रभावित करने वाले तत्त्व हैं, इस बात से किसको इनकार होगा! अपने आलेख 'जेण्डर इन द कंस्ट्रक्ट ऑफ रेस रेण्ड जेण्डर' में एलिजाबेथ स्पेलमैन एक-एक उदाहरण देकर बताती हैं कि कैसे श्वेत और अश्वेत, सम्पन्न और विपन्न माताओं की अन्तश्चेतना भी बच्चों की अन्तश्चेतना पर अलग-अलग ढंग से प्रभाव डालती है। वैसे तो नस्लगत शोषण का इतिहास जातिगत दोहन से अलग है—'नस्ल' और 'जाति' अस्मिता आन्दोलन की अलग-अलग कोटियाँ हैं। पर उपर्युक्त सूची में 'श्वेत और 'अश्वेत' माताओं के साथ 'दलित' और 'कमदलित' माताओं को हम आसानी से शामिल कर सकते

हैं। अश्वेत, विपन्न, दलित माताएँ अपने बच्चों को ज्यादातर जो कहानियाँ सुनाती हैं, वे दुखांत होती हैं। आने वाले दिनों में जो जिल्लत और पराभव अन्यायपूर्ण व्यवस्था के चलते या 'भाग्य की विडम्बना से उनके हिस्से आना है—उसके लिए उन्हें तैयार करनेवाली कहानियाँ (समृद्ध, निश्चिंत माताओं की तरह बच्चों का मनोबल मजबूत करने वाली सुखान्त परी-कथाएँ) वे नहीं सुना पातीं।

लेकिन पराभव के लिए तैयार रहने का मतलब हताश बैठ जाना नहीं है। पंजाबी के एक विलक्षण दलित कवि, बलबीर माधोपुरी की कविता के साक्ष्य से मैं यह बात स्पष्ट करने की कोशिश करूँगी—

'माँ
फुलझड़ी की तरह खिलती
मुझे बताती है
तेरे जन्म के समय
वह फरहाद की तरह
शिवालिक की पहाड़ियों के बीच
दिन-रात खोदता था लहरें
ताकि हों लहरें-बहरें
ताकि हरे-भरे हों रेगिस्तान
खुशहाल हो सके बंजर ज़मीन
माँ
मुझे बताती है
और हँसती है
जब तू खेलने-कूदने लगा
गिर-गिरकर दौड़ने लगा
तब दरियाओं पर पुल बना,
पिचकी छाती, चट्टानी सीना तना
ताकि कम हो सकें फासले ताकि गुजर सकें काफिले
... माँ
मुझे बताती है
मानो घोड़े की काठी कसती है
जग में बेशक हैं बेशुमार लोग
पर कहीं-कहीं ही जूझते हैं जुझारू लोग
.... माँ
मुझे बताती है
मानो घोड़े की काठी कसती है

जग में बेशक हैं बेशुमार लोग
पर कहीं-कहीं ही जूझते हैं जुझारू लोग
... माँ
मुझे बताती है
मानो घोड़े की काठी कसती है
....और अब मैं
बार-बार
माँ के कहे शब्दों पर करता हूँ गौर
और बढ़ता हूँ घोड़े की ओर।

छुटपन में रवीन्द्रनाथ ठाकुर की काव्य-नाटिका ने 'अन्त्यज' शब्द से परिचय कराया। गाँधीजी के आलेखों के माध्यम से और उसके बाद महात्मा फुले के वक्तव्यों से मैंने यह पीड़ा समझने की कोशिश की कि कैसा लगता होगा अछूत होना। पर बारह-तेरह साल की उम्र में पहला खयाल यही कौंधा कि अछूत होना तो बड़े आराम की बात है, छूने को कोशिश कोई न करे—इससे बड़े आराम की बात कम-से-कम एक लड़की के लिए क्या हो सकती है। बेधड़क जा सकती है वह कहीं अस्पृश्य बनकर, यह तो बाद में पता चलता गया कि बिस्तर छुआछूत नहीं मानता, सिर्फ बरतन-बासन, मन्दिर-चौबारे ही छूत मानते हैं।

जो लोग दलित साहित्य पर शिल्पहीनता का आरोप लगाते हैं या 'फरियाद की कोई लय नहीं हैं' कहकर उसे ग्रेस-मार्क देते हैं, उन्हें इधर का दलित साहित्य ध्यान से पढ़ना चाहिए।

सर्वप्रथम महात्मा फुले ने स्त्रियों और दलितों की आपसदारी की बात की थी। नाइयों को एकजुट किया था कि विधवाओं के केश-कर्तन से वे साफ मना करें—पति का गुजर जाना कोई अपराध नहीं, संयोग है। सिर्फ इसलिए जबरदस्ती क्यों सिर मुंड़ा दिया जाए कि पति जीवित नहीं रहे? सिर मुंड़ाने के लिए सिर नवाना—बेसिर पैर की परम्पराओं के आगे सिर नवाने जैसा है। जन्म-मरण के संयोग किसी अपमान या जबर्दस्ती का बहाना नहीं हो सकते।

तीसरा अध्याय

स्त्री और कानून : कागज के फूल

डिग्रियाँ और डिक्रियाँ नव-स्वतन्त्र देशों में कागज के फूल बन गई हैं। स्वतंत्रता के पैकेज के रूप में दबी-कुचली अस्मिताओं को संविधान में बराबरी का अधिकार दे गया। स्वतंत्रता आन्दोलन में स्त्रियाँ भी शामिल थीं! अवसरों की समानता, न्याय की नजरों में सर्वथा एक होने की घोषणा और वोट डालने का अधिकार औपनिवेशिक सम्प्रभुओं के विदाई-समारोह यानी भारतीय गणतन्त्र की घोषणा का ही पैकेज था! उसके लिए हमें अलग से संघर्ष की जरूरत न हुई जैसे पश्चिमी देशों में!

पश्चिमी देशों में स्त्री-आन्दोलन सफरेज़ मूवमेंट के रूप में परवान चढ़ा! अल्जीरिया और तुर्की, तुर्की और ग्रीस, रूस और चेचेन, फारस और अरब, हूडुस और तुतसिन, ब्रिटेन ओर फ्रान्स और जर्मनी, लिबिया और ईजिप्ट लगातार लड़-भिड़कर शान्त हुए तो कम्यूनिस्टों और भ्रष्ट पूँजीपतियों के बीच का शीतयुद्ध अपने अस्ताचल पर सभ्यता-संघर्ष के बीज डाल गया। वितरण और कल्याणकारी राज्य की सफलता में नागरिक समाज की भूमिका अलग से रेखांकित हुई और यह भी आम सहमति बनी कि मानवाधिकारों की खातिर होने वाले सारे संघर्ष अहिंसात्मक होने हैं!

एक मिलियन अमरीकन मरे तो दसों मिलियन रूसी, यहूदी और जिप्सी, 3 मिलियन कम्प्यूचियन, हजार मिलियन बोसेनियन संस्कृति देवी के रौद्र रूप की भेंट पहले ही चढ़ चुके थे। बिगड़ा था तो किसका बिगड़ा था? सोचने की बात यह थी कि फ्रैंकफर्ट, न्यूयॉर्क, हान्गकॉन्ग, जोहान्सवर्ग, इस्तामबूल, लॉस ऐंजेलस, मेक्सिको सिटी के अन्तरराष्ट्रीय ब्यूरोक्रेट, व्यापारी और राजनेता सात-सितारा होटलों

में मीटिंगें करते हुए ठाठ में थे और सुरक्षित भी। बिगड़ा तो सड़क के ही लोगों का ही जिनकी दुनिया में आज तक एक हरी-भरी, बेहतर और उत्फुल्ल दुनिया का सपना है और करुणा-सम्बलित न्यायदृष्टि का आह्वान!

करुणा सम्बलित न्याय दृष्टि ही स्त्री-दृष्टि है जो यह मानकर चलती है कि एक दमनचक्र का जवाब दूसरा दमन-चक्र होता रहे तब तो थमे ही नहीं सिलसिला! आदमी के व्यवहार और उसके भौतिक उत्पादों का सम्यक् विनियोग ही आगे वाली पीढ़ियों को व्यापारियों और विजेताओं के धुमगज्जर से बचाएगा! 'जीओ और जीने दो' ही सर्वतोमुखी सार्वजनीन विकास का एकमात्र सूत्र है!

सांस्कृतिक फॉल्ट लाइन (भूकम्पसूचक पट्टियाँ) दुनिया की राजनीतिक अस्थिरता का भी कारक बन गई हैं। सांस्कृतिक प्रोसेसर के रूप में स्त्रियों की उद्‌धुर शक्ति का विनियोग अगर ढंग से नहीं हुआ और अतिकारी शक्तियाँ उनके फैन्सी के झिलझिल प्रदेश में स्वर्णमृग या स्वर्णकन्दुक इसी तरह छोड़ती रहीं जैसे कभी सीता और ऐटलाण्टा के मार्ग में छोड़े थे, तब तो हुआ गण्डगोल ! वयस्क स्त्री के भीतर एक बच्चा-स्त्री भी बसती है जिसकी प्रकृति दुधकट्टू बच्चे की प्रकृति से मिलती-जुलती मानी जा सकती है! यह बच्चा-स्त्री झिलमिल प्रलोभनों से यों बदल जाती है जैसे दुधकट्टू या वंचित बच्चा खिलौनों से! अतिवादी शक्तियाँ दंगों में, युद्ध शिविरों में या फैशन-रैम्पों में इस बालबुद्धि स्त्री को बहलाकर ले जाती है। एक तरफ ये झिलमिल तर्क कि राष्ट्र की सांस्कृतिक प्रहरी वे ही हैं, वे ही है माता कालिका और दूसरी ओर यह मुगालता कि देह ही तो उनकी एकमात्र पूँजी है, यह देह जो उनके शोषण का प्राइम साइट रही है, उनकी मुक्ति का रास्ता भी खोल सकती है यदि मीडिया की मायानगरी में इसका छायानुवाद वे होने दें और अप्सरा/परी या बार्बी गुड़िया बनकर दूर से लुभाएँ/दिखाएँ देह जैसे कि शोहदों को अँगूठा दिखा रही हैं।

1.50 मिलियन मीडिया अभियोजक, इन्फोस्फीयर और स्वागत-उद्योग (हॉस्पिटैलिटी उद्योग) की अन्य कटी-छँटी, सजी-धजी मनोहर बालाएँ लगातार मुस्कुराते रहने को जो अभिशप्त हैं, अक्सर अपनी मुस्कान का उपयोग घूँघट के रूप में ही कर रही हैं। घर से पिटकर भी निकली हों तो मुस्काना! बच्चा बीमार और अकेला हो घर पर, तब भी मुस्काना! खून की कमी से चक्कर आ रहे हैं, तब भी हँसना। कोई लगातार प्रेम के दावे ठोंकता हुआ होटल के कमरे में चलने को कह रहा हो तो भी हँसना। एक तरह की ड्रेसकोड है यह मनोहर मुस्कान, नए ढंग की पर्दादारी! क्या यह आरोपित मुस्कान मुक्ति का मार्ग खोलेगी? क्या यह खुद ही मयदानव का प्राचीर नहीं? दुःख भी बड़ा दुर्ग है लेकिन उससे भी बड़ा कैदखाना है सुख का अभिनय यानी फेकिग, फेकिन्ग जो अन्तरंग क्षणों में भी स्त्रियाँ करती हैं—देह पर खेली गई हर कबड्डी और वनमानुसी उछल-कूद दाँत

पर दाँत रोपकर झेल जाती हुई—कभी किसी भय से तो कभी मात्र इस करुणा से वशीभूत कि बेचारा, यह पुरुष तो ढह ही जाएगा यदि इसके इस विकट उपक्रम को प्रोत्साहन पुरस्कार भी नहीं दिया, यह देह वैसे भी किस काम की, मिट्टी में ही मिलती है तो मिल जाए। कुल मिलाकर देखा जाए तो यह अभिनय न स्त्री के अपने सम्यक् विकास के हित में है, न उसके लिए स्वाभिमान-सम्मत जिस पर दया दिखाई जाती है! इस तरह पड़ती है झूठ की बुनियाद, उस सफेद झूठ की बुनियाद जो बड़े बुलबुले की तरह एक मिनट की रंगीनी तो प्रतिभासित कर देता है, लेकिन फिर इस तरह से फुस्स होता है कि पूछिए मत।

स्त्रियों का भाषिक वैभव, उनकी सुन्दर मुस्कान और कमनीयता एक तरह से उनका वरदान भी है और अभिशाप भी। बन्धनकारी भी यह हो सकता है और मुक्तिकारक भी! सफेद झूठों के पक्ष में आसानी से तर्क दिए जा सकते हैं कि ये तो जीवन का नमक है और चीनी और चन्द्रखिलौना और पता नहीं क्या-क्या, यह सृष्टि खुद ही एक सुन्दर मनोहारी झूठ है, साहित्य भी जल्पना से अधिक कल्पना है यानी यथार्थ के चुनिन्दा क्षणों का यूटोपियाई विनियोग आदि-आदि। बाइबिल दूसरों का दिल रखने के लिए या किसी को बचाने के लिए उचारे गये झूठों को फिक्शन या मेमनावर्णी दयालु झूठ कहता है। इन्हें वह पाप भी नहीं मानता। पुराण 'सत्यं ब्रूयात प्रियं ब्रूयात न ब्रूयात सत्यम् + अप्रियम्' की बात कहते ही हैं। व्यावहारिकता का तकाजा भी है कि अप्रिय बातें हिंसक ढंग से उचारी न जाएँ, हर अच्छी-बुरी टिप्पणी जो मन से गुजर रही है, बोल ही दी जाए तो शब्द बम की तरह छूटें! हर बात एक विस्फोट ही मचा दे! सच सुनने की ताकत विकसित होनी चाहिए, सिर्फ सच कहने की ताकत से काम नहीं चलता! मुक्ति का उत्स ही वह बिन्दु है जहाँ बोलने वाला सच बोलते न सकुचाए और सुननेवाला सच सुनते!

स्त्री मुक्ति एक साझा चूल्हा है! मुझे हमेशा लगता है कि जैसे एक स्त्री को शिक्षित करना पूरे परिवार को शिक्षित करना है, स्त्री-मुक्ति में सबकी मुक्ति है। तैयार करनी है एक ऐसी फिजां जहाँ सच कहते या सुनते किसी की आँख न झुके, कोई किसी का हक छीने नहीं, सबकी दुनिया, सबकी धरती हरी-भरी, उत्फुल्ल हो और झूठ किसी जीवन का चन्द्रखिलौना न हो। बालपन से तो निकलना है। वयस्क होना है इस पूरी मनुष्यता को उस सम्यक् दृष्टि के साथ जो 'जिसकी लाठी, उसकी भैंस' के अराजकतावादी दर्शन में बिल्कुल विश्वास नहीं करती और इतिहास की भूलों से सीख लेकर हर तरह की आतंकप्रवर छीनझपट का अहिंसक किन्तु अटल प्रतिरोध करती है।

इस तरह का प्रतिरोध प्रजातन्त्र में ही सम्भव है। मानवाधिकार वहीं सही ढंग से पल्लवित-पुष्पित हो सकते हैं : कानून के आश्रय! एक सजग नागरिक—

समाज के प्रस्तावों/प्रतिरोधों का नतीजा है कि कानून मानवीय प्रस्तावनाएँ बनकर उभरे हैं किन्तु कानून की भाषा और उसके भाष्य इतने दुरूह हो गये हैं कि कई-कई सुनवाइयाँ तो व्यर्थ की लकड़पेच में भी निकल जाती हैं! अधिवक्ता लोभी या लद्धड़, न्यायमूर्तियाँ बेजान और सुस्त महज लकड़ी का हथौड़ा-ठक्-ठक्-ठक् ... जस्टिस डीलेड इज जस्टिसस डिनाएड' जैसे डिकेन्स के समय थीं, अब तक हैं ही। तीस बरस की उम्र में किसी ने किसी का खून कर दिया तो जब तक फैसला मिलेगा, वह अपनी उम्र मजे में काट लेगा—बेल लेता-लेता! कचहरियाँ बेल धूँकने की जगह हो गई हैं, परिवार कंगाल हो जाते हैं, चप्पलें घिस जाती हैं, एक छोटी-सी सुनवाई में : 'एक पजामा—दो भाई—परापारी कचहरी जाई।' क्या अर्थ है ऐसी ठट्ठेदार कहावतों का? ये इन्हीं दैनन्दिन अनुभवों पर आधारित है कि एक केस की सुनवाई में परिवार की यह हालत हो गई कि दो भाइयों के बीच एक ही पायजामा साबुत बचा—कचहरी जाना हो तो दोनों एक साथ नहीं निकल पाते, बारी-बारी ही जा पाते हैं—वह भी गठरी-मुटरी लेकर कि क्या जाने कितने महीने फुटपाथ पर यों ही काटने पड़ें!

स्त्री-विषयक जो महत्त्वपूर्ण कानून इधर पारित हुए, उनमें कुछ से जुड़ी विडम्बनाओं की चर्चा विशेष रूप से करना चाहूँगी :

(क) दहेज
(ख) बलात्कार/यौन हिंसा
(ग) भ्रूण हत्या
(घ) बेटियों का उत्तराधिकार
(ङ) घरेलू हिंसा बिल
(च) सहजीवन

विचाराधीन बिलों में प्रमुख हैं—विधायिका में आरक्षण और यौनकर्मियों को लाइसेंस! पिछड़ी जातियाँ, पिछले वर्ग की महिलाओं के दोहरे आरक्षण की बात कहती हैं, इसलिए यह मामला खटाई में पड़ा है। यौनकर्मियों को लाइसेंस देने पर एक आपत्ति तो यही समझ में आती है कि यह श्रम की गरिमा के विरुद्ध यानी आलस्य को लाइसेंस देने जैसा है : पुलिस और अन्य मध्यस्थों के उत्पात से यह लाइसेन्स स्त्रियों को बचालेगा; जिन विस्थापितों/अधिक उम्र के कुँवारों, विधुरों, परित्यक्तों, परदेसियों और यौन बुभुक्षा से पीड़ित मानसिक रोगियों का यौन-जीवन बाधित है—उन्हें आराम फरमाने की एक सुरक्षित जगह मिल जाएगी किन्तु उन सब स्त्रियों के लिए यह आत्मघाती व्यवसाय एक आसान विकल्प हो जाएगा जो शिक्षा/स्वाभिमान आदि के अभाव में यह समझ ही नहीं पातीं कि खुजली मिटाने वाली एक मशीन के रूप में देह का अनवरत उपयोग उसे मानवीय गरिमा से गिराता है, प्रेमहीन सेक्स—वह भी तरह-तरह के रंगरूटों के साथ—एक खासी उबाऊ प्रक्रिया

हो सकती है जिसमें एलियनेशन और अभियान्त्रीकरण के काफी खतरे हैं! सेक्सवर्कर कहने को कहती हैं कि और दस कामों की तरह यह भी एक काम है, बुद्धिजीवी दिमाग बेचते हैं, पुस्तकें और अन्य उत्पाद, तो देह में ही ऐसा कौन सुरखाब का पर लगा है; बरतन आदि घिसने या अन्य घरेलू कामों की कीमत कभी उतनी नहीं आँकी जा सकती जितनी सेज की; वे यह भी कहती हैं कि उनके ही दम से समाज की अन्य बहू-बेटियाँ सुरक्षित हैं; किन्तु हाथी के दाँत खाने के और दिखाने के और !... स्थिति इतनी ही सुखद होती तो हर यौनकर्मी अपनी बेटी को भी यही बनाना चाहती, पर कोई यौनदासी ऐसा नहीं चाहती!

कुल मिलाकर यह किया जा सकता है कि चार-पाँच वर्षों के लिए लाइसेन्स दे दिया जाए, इतने में वे रोजगार के अन्य साधन जुटा लें! कुल मिलाकर तो है यह महाजाल ही! दाल-भात का कौर या पेप्सी-पित्सा का पैकेज सेक्स को भी बना दें अगर कि पैसे डालो और काउण्टर पर वह हाजिर तो उससे वह रोमांस, वह थ्रिल ही झड़ जाएगा जिसके पीछे लोग पागल रहते हैं। भोनू भाव न जाने, पेट भरे से काम! जानवर या मशीन हो जाने से खुद को बचाना तो चाहिए! अर्गलाएँ हैं तब तो इतने अपराध हैं, अर्गलाएँ न रहीं तब दो ही सूरतें रहेंगी—एक जंगल राज, दूसरा रोबॉटीकरण! दोनों भयंकर बातें हैं, यह मानकर ही चला जाए कि

बड़े फ्रेम में टँग जाते हैं ब्रह्मचर्य के कड़े नियम, उसी फ्रेम के पीछे चिड़िया गर्भवती हो जाती है। प्राकृतिक आवेगों पर पूर्णविराम तो वैसे भी लगने से रहा, पर आँख का एक भरम चाहिए ताकि सनद रहे।

रहा आरक्षण का मसला तो पंचायतों को स्त्री-सरपन्च जिस तरह आगे ले गई हैं, उससे तो ये ही लगता है कि पिछड़ी जाति की स्त्रियों को दोहरा आरक्षण भी मिलना चाहिए। लेकिन इस राइडर के साथ कि एक पिछड़े परिवार को यह विशेष आरक्षण सिर्फ कई बार मिले! जिस परिवार की एक व्यक्ति सफल शासन कर चुकी/का है या सार्वजनिक क्षेत्र में आ चुकी/ का है, उसकी अगली पीढ़ी इतनी उन्नत हो जाती है कि उसको आरक्षण की जरूरत ही नहीं होती! उसके बाद की पीढ़ियों में आरक्षण का सिर्फ दुरुपयोग ही होता है। पिछड़ी जाति के मन्त्रियों/राजनेताओं/ अफसरों/बुद्धिजीवियों के बच्चे किसी कुन्ठा या अभाव का शिकार नहीं होते! सो आरक्षण हो, किन्तु एक बार, सिर्फ एक पीढ़ी तक! सामान्य स्त्री-आरक्षण पर भी यह बात लागू होती है!

रही उन बिलों/ कानूनों की बात जो पारित हैं, उनका कार्यान्वयन क्यों सफलतापूर्वक नहीं हो पाता! इनके सफल कार्यान्वयन में पितरसत्ता कैसे बाधक बनती है, इसका अध्ययन कुछ प्रमुख केसों के सजग विश्लेषण द्वारा सम्भव है जिनमें प्रमुख हैं भँवरी बाई और मथुरा केस, शाहबानो केस आदि। इन सब केसों के अध्ययन से इतना स्पष्ट है कि

(क) दहेज माँगते हुए वर-पक्ष इसलिए नहीं हिचकता कि उसको लगता है : पिता की सम्पत्ति का सिर्फ यही अंश तो 'दूहती' है दुहिता, इस पर उसका हक है, आगे की देखभाल तो हमीं करेंगे ... कभी-कभी उसको यह भी लगता है कि बहू से लेंगे नहीं तो बेटी को देंगे क्या ... दहेज से ही पगड़ी ऊँची होती है, सामाजिक रुतबे का मार्कर है दहेज—आई.ए.एस. से लेकर चपरासी तक सबका एक प्राइस टैग है ... दिखावे की शादी बिना सहायता-राशि के कैसे होगी।

(ख) बलात्कार के बारे में बात करते हुए पितृसत्ता 'आ बैल मुझे मार' का तर्क आजमाती है, कहती है कि लड़कियाँ खुद मुसीबत मोल लेती हैं आकर्षक/भड़काऊ कपड़े पहनकर या देर रात घर से निकल कर ... कुछ लोग यह भी कहते हैं कि कुछ चरित्रहीन औरतें खुद अपने कपड़े फाड़कर 'सद्‌पुरुषों' को बदनाम किया करती हैं—'सद्‌पुरुष' का विपक्षी उनसे यह काम करवाता है, और चूँकि ये बिकी हुई होती हैं, इनकी पहले से ही कोई इज्जत नहीं होती तो लुटने को क्या रहा!

(ग) स्त्री भ्रूणहत्या के समर्थन में तर्क यह दिया जाता है कि लड़कियों की सेना पालकर क्या होगा, उन्हें तो पराए घर जाना है, हमारे मयूरतख्त की और परलोक की रक्षा तो मर्द-बच्चा करेगा।

(घ) बेटियों को पिता की सम्पत्ति में हिस्सा मिला तो भाई-भाभी रुष्ट हो जाते हैं और बेटा-बहू को रुष्ट करके माँ-बाप अपनी मिट्टी पलीद करना नहीं चाहते सो बेटी को ये ही समझाते हैं कि बेटियाँ त्याग की मूरत होती ही हैं, थोड़े-से पैसों की खातिर भाई से झगड़ा ... मायका छूट जाएगा ... मायका यानी वैकल्पिक संसार ...।

(ङ) घरेलू हिंसा कानून के विपक्ष में कहा जाता है कि घर की बात सड़क पर लाने से वह और अधिक बिगड़ जाती है, पति-पत्नी के बीच उभरी दरार एक बार सार्वजनिक हो गई तो फिर मर्दों की आँख का पानी भी चला जाता है!

(च) सहजीवन को पितरसत्ता एक स्वार्थी अभियान और खतरनाक खेल कहती है—इसलिए कि यह दो परिवारों के बीच का बन्धन न होकर दो लोगों के बीच का करार होता है, और खतरनाक इसलिए कि दोनों में से किसी एक की नौकरी छूटी तो उसे उस तरह की आर्थिक सुरक्षाएँ नहीं मिलतीं जो विवाह के घेरे में मिलती हैं। बच्चों का भविष्य भी खटाई में पड़ जाता है।

दहेज वाली आपत्ति का जवाब हैं पिता की सम्पत्ति में बेटी का हक और सादा विवाह समारोह। बलात्कार वाली आपत्ति का जवाब मेडिकल रिपोर्ट और यह

सामान्य ज्ञान कि 'मेरी एक आँख फूटे तो फूटे, तुम्हारी दोनों फूट जाएँ' स्त्रियों के यहाँ नहीं चलता; समाज उनके प्रति अधिक निष्ठुर है; फिर अपवादों के कारण नियम नहीं बदले जा सकते। स्त्री भ्रूण हत्या और बेटे को खुश रखने के मनोविज्ञान का सीधा जवाब यह कि आस-पास के सब घरों पर निगाह फेरें और स्वयं आकलन करें कि बुढ़ापे का भावनात्मक या आर्थिक अवलम्ब बेटे हैं कि बेटियाँ! ... एक कानून तो यह भी पारित किया जा सकता है कि बुढ़ापा बेटियों के साथ ही गुजरेगा ... हर घर की समस्या सुलझ जाएगी, सास-बहू के झगड़े भी निबटेंगे ... बेटों को घर से मतलब ही कितना रहता है, मतलब रहे भी तो माता-पिता के सिरहाने बैठकर उसके सुख-दुख बतियाने का समय वे कितना निकाल पाते हैं!!

घरेलू हिंसा बिल के प्रतिरोध का जवाब यह कि साम-दाम के बाद ही मजबूरी से कोई स्त्री दण्ड-भेद आजमाती है, जब तक पानी सर के ऊपर नहीं आता, कान्तासम्मित उपदेशों से वह काम चलाती है, और दो-चार थप्पड़ तो यों ही टेसुए बहाकर भुला देना आम बात है उसकी खातिर!

अच्छे सहजीवन की खातिर दोनों पक्षों का अविवाहित और नौकरीशुदा होना एक जरूरी शर्त है चूँकि इसमें आर्थिक अधिकार सुरक्षित नहीं होते, इस बात का खतरा तो रहता है कि मन भर जाए तो कोई बिना किसी आर्थिक अवलम्ब के बीच सड़क अकेला छोड़ सकता है। ऐसी स्थिति में बच्चे पालना भी मुश्किल होगा। विकसित समाजों में इस ढंग का वैयक्तीयन निभाना आसान है ... विकासशील देशों में इसका मुआवजा भोग रही हैं वे सारी आदिवासी/दलित/निरक्षर औरतें जिन्हें बहला-फुसलाकर परदेसी कुछ दिनों की खातिर 'घर' रख लेते हैं ... मन भरते ही या तबादला होते ही दूध की मक्खी वे हो जाती हैं। ... कोई किसी के साथ पंजीयन के बाद ही रहना शुरू करे तो ठीक वरना चार दिन की चाँदनी, फिर अँधेरी रात का अन्तहीन सिलसिला किसी के रोके रुकेगा नहीं।

यदि कोई राह चलते-चलते इतना ज्यादा पसन्द आ गया कि उससे रिश्ता बनाना जरूरी लगा तो यह रिश्ता दोस्ती का हो सकता है ... उससे बड़ा कोई रिश्ता नहीं और यह किसी के रास्ते में भी नहीं आता।

साहित्य के कठघरे में अण्डर जस्टिस की अवधारणा

नैतिक ऊहापोह का दौर भी एक होता है जब सहसा समझ में नहीं आता, सही क्या, गलत क्या, "fair is fowland fowl is fair" – किसी की मनोसामाजिक परिस्थितियाँ समझो तो जजमेण्टल होना वाकई मुश्किल है, फिर भी दूध का दूध और पानी का पानी करना ही होता है ताकि समाज में जंगल-राज न कायम हो जाए!

ऐसे में गाँधीजी की "hate the sin and not the sinner" वाली प्रपत्ति भी बड़े काम की सिद्ध होती है पर सजा देना जिसका धर्म हो, वह करे तो करे क्या!

आज प्रकृति और कानून की नजर में सब बराबर हैं—सिद्धान्ततः, पर यह भी जगजाहिर है कि हाथी के दाँत खाने के और, दिखाने के और! एक जमाना यह भी था जब प्रकृति और धर्म की निगाह में कागजी तौर पर भी सब बराबर नहीं थे : म्लेच्छ, स्त्रियाँ, दलित और गरीब कभी करुणा का पात्र थे, कभी ताड़न के अधिकारी—पर विकास के समान अवसरों की कल्पना भी उनके लिए असम्भव थी! उन्हें 'अन्य' और 'ओछा' जानकर उन्हें बर्दाश्त किया जा सकता था या सुधारा जा सकता था, समकक्ष भाव से उनसे राय-विचार भी कल्पनातीत था! बाद में नये संविधान बने, समकक्ष मौलिक अधिकारों की बात उठी तो वोट, शिक्षा, स्वास्थ्य और सम्पत्ति जैसे मौलिक अधिकार भी कृपा-भाव से और आंशिक तौर पर सैंक्शन होने लगे। यही वह दौर था जब औरतों ने न्यायालय का दरवाजा खटखटाया!

न्याय की देवी भी स्त्री ही है पर उसकी आँखों पर पट्टी बँधी है! प्रेम के देवता, क्यूपिड के साथ भी यही दुर्घटना घटी थी! उसे भी आँखों पर पट्टी बाँधे, अँधेरे में तीर चलाता दिखाया गया! प्रेम अन्धा होता है, कानून अन्धा होता है, वर्ग-वर्ण-लिंग-सम्प्रदाय की राजनीति न खेलता है, न खेलना चाहता है! एक व्यक्ति और दूसरे में भेद नहीं करता--इतनी-सी बात बताने के लिए आँखों में पट्टी जिसे बाँधने पड़े, जाहिर है कि उसे अपनी सम्यक् दृष्टि पर पूरा विश्वास नहीं है! यदि उसे अपनी आँखों से यथार्थ परखने दिया जाए तो बहुत सम्भव है कि वह केस की आत्मनिष्ठ व्याख्या करे, वस्तुनिष्ठ न्याय नहीं! हाथ का तराजू सन्तुलन का प्रतीक है, पर कई बार इसका पलड़ा मानवीय कमजोरियों की ओर झुक जाता है और वह चाहते-न-चाहते अपने-जैसों के पक्ष में थोड़ी डण्डी मार भी जाता है : अपनी जात-बिरादरी, दीन-मजहब की ओर, पुरुष है तो पुरुष-पक्ष जाहिर कर और क्लास लॉयलटी की बात तो जाने ही दें ...!

फिलहाल मैं जेण्डर जस्टिस तक ही बात जारी रखूँगी और चाहूँगी कि आत्मविश्लेषण कर खुद परखें कि 'क्राइम अगेन्स्ट विमेन' सुलझाते हुए आपका मन कितनी बार पुरुष-पूर्वग्रह से ग्रस्त हुआ? क्या जैनेन्द्र के नायक की तरह आपने अपनी जजी को लानत भेजी? कभी आपको यह एहसास हुआ कि आप भी एक तरह के कवि हैं, एक तरह के भाग्यविधाता और आपको भी वैसी ही पोएटिक जस्टिस करनी है जो जजमेण्टल होने से बचाए, उँगली उठाए तो पर इस एहसास के साथ कि ज्यादातर लोग, खासकर स्त्रियाँ परिस्थितिवश अपराध करती है और अधिकांश केसों में अपराध का लाचार शिकार ही होती हैं वे!

जिसे कानून हाथ में लेना कहते हैं, वह दुर्दम्य वाई फैक्टर के प्रभुत्व में घटने वाली है। स्त्रियों में वाई फैक्टर होता नहीं, उनका सामाजीकरण भी कुछ वैसा होता

है कि वे law abiding नागरिक होती हैं, फिर भी पग-पग पर कितना अन्याय, कितनी जिल्लत उन्हें झेलनी होती है—इसका कच्चा चिट्ठा खोलता है स्त्री साहित्य और कुछ इस तरह, इस मार्मिकता के साथ कि आपकी आँखें झुक जाएँ—इसलिए स्त्री-विमर्श और स्त्री-साहित्य से आपका रू-ब-रू होना ज़रूरी है!

स्त्रीवाद के प्रथम चरण में स्त्रियों ने जैविक शरीर के रूप में उन पूर्वग्रहों और जलालतों से मुक्ति चाही थी जिसकी आधारभूमि स्त्री-शरीर है और फिर निर्णायक समितियों में अपनी स्पष्ट हिस्सेदारी! दो विश्वयुद्धों के दौरान निःशस्त्रीकरण और सर्जनात्मक आवेगों को जितना प्रश्रय नवप्रसूत लिबरल फेमिनिस्टों से मिला, और किसी से नहीं! उसके बाद के वर्षों में बौद्धिक विमर्शों और कला-क्षेत्र की चैम्पियनशिप इन्होंने हासिल की! इस दौरान विद्रूपण, विलोपन आदि सांस्कृतिक दुरभिसन्धियों से मुक्ति तलाशते सशक्त-स्त्री-चरत्रि साहित्य भी सामने लाया! पिछले कुछ दशकों में भूमण्डलीकरण के बाद की दिक्कतों पर स्त्रीवाद की दृष्टि गड़ी है—पर्यावरण और ट्रैफिकिन्ग से जुड़ी समस्याएँ, विस्थापितों और शरणार्थियों का कयास और एड्स जो छठे दशक में उभरी यौन-मुक्ति की दुर्दम्यता प्रश्नकीलित भी करता है! यही वह समय है जब सामाजिकी और वैधानिकी (law studies) और राजनीतिक प्रतिनिधत्व के प्रश्न के मसले नया स्त्रीवादी नज़रिया पा रहे हैं! मिलिटेंसी और हिंसा के ख़िलाफ़ खड़ी स्त्री चेतना स्त्री-अधिकार का मुद्दा इस प्रकार उठा रही है कि विशिष्ट अधिकारों का आलोक एक नयी तरह की स्त्री-सब्जेक्टिविटी रच सके! संक्षेप में कहें तो एक सच्चे यौन प्रजातन्त्र का विकास स्त्री-आन्दोलन का मूल मुद्दा है जो कानूनविदों की मदद से ही फूले-फलेगा! "जिसकी लाठी, उसकी भैंस" वाला आतंकवादी तरीका अपनाने से स्त्री-आन्दोलन स्पष्ट गुरेज करता है, इसीलिए कानून की सुविचारित सुरक्षा उसे चाहिए! कागज पर 'घरेलू हिंसा बिल' के पहले भी दहेज, बलात्कार, सम्पत्ति आदि दुरूह मुद्दों पर कानूनविदों ने स्त्री-संगठनों की स्पष्ट मदद की है!

जो कमियाँ छूट गयी हैं, उनका कानूनविदों में स्त्री-दृष्टि के विकास से ही सम्भव होगा और यह स्त्री-दृष्टि, करुणा-सम्बलित न्यायदृष्टि विकसित करेगा साहित्य ही।

दुनिया का सारा साहित्य व्यक्ति के न्याय-भाव, उसके नीर-क्षीर विवेक का उद्‌बोधन है! साहित्य एक ऐसी अदातल है जहाँ लेखक अलग-अलग पात्रों के पीछे से अपनी वकालत करता है और अन्त में पोएटिक जस्टिस करता है, न्यायविद बनकर सामने आता है। इसी तरह साहित्य यूटोपिया भी है, उसके फैसले सूक्ष्मतर नैतिकता से परिचालित होते हैं–'regulative use of reason से नहीं। उसके हाथ में लोहर का हथौड़ा होता है, लकड़ी का नहीं। यह Objection Overruled or Sustiained से परे है : कहावतें सृष्टि में कार्य-कारण सम्बन्ध की महिमा रेखांकित

करती हैं और न्याय की सर्वमान्य परिभाषा का आधार प्रमेय भी बनती हैं किन्तु दैनन्दिन अनुभव बताते हैं कि मनुष्य जो बोता है, जरूरी नहीं है कि वह उगे ही, कभी-कभी ज़मीन ही बन्जर होती है और अगर बोये हुए बीज उग भी गये तो फसल वही काटेगा जिसने बीज बोए, कोई और काटकर नहीं ले जाएगा उसकी फसल-बाहुबल से या करदण्ड न्याय से—इसकी गारण्टी नहीं! न्यायालय इसकी गारण्टी लेते हैं पर ''जिसकी लाठी उसकी भैंस'', "There is many a slip between the cup and the lip." हाथी के दाँत खाने के और दिखाने के और'' आदि कहावतें सच का दूसरा पहलू भी उजागर करती हैं! "Justice delayed is justice denied" लेकिन होता अक्सर यही है कि फैसला आते-आते उम्र ही बीत जाती है और जेल लोग जेब में हाथ दिए इस सहजता से चले जाते हैं जैसे खाला के घर जा रहे हों या ससुराल : ''ये दो दीवाने दिल के/चले हैं कैसे मिल के/चले हैं, चले हैं, चले हैं ससुराल।''

स्त्री-सम्बन्धी जो अपराध हैं, उनकी 'ऐम्बिनयूटी' या 'झुटपुटे' का घेरा और भी सघन होता है! बलात्कार का प्रोवोकेशन आया कहाँ से? लड़की ने स्कर्ट छोटी पहनी या वह खुद ही शिकारी क़िस्म की थी, किसी भले आदमी को जाल में फँसाने के लिए भेजी गई विषकन्या, उसके किसी दुश्मन की भेजी हुई ... उसकी इज़्ज़त कोई थी ही नहीं तो जाती क्या! ये आम विवाद है जो प्रखर न्यायविद को धूँमायित करते हैं। अक्सर ही जेण्डर-लॉयल्टी या मर्द-मानसिकता के तहत घटना के कई साल बाद औरत के दुनिया-जहान में भरपूर अपमानित हो लेने के पश्चात् छोटी-सी टिप्पणी आती है लोक के मन में जज्बा भरती हुई कि वे Judgmental न हों हर अपराधी परिस्थितियों से मजबूर होता है, इसलिए hate the sin and not the sinher गेटे की तरह सच का दूसरा पहलू दिखाती हुई वह यह भी कह जाती है कि दुनिया का कोई अपराध नहीं जो करते हुए मैं अपनी कल्पना न कर पाऊँ! इस प्रकार लेखक वकील और जज होने के पहले कल्पना के जूतों में अपराधी बनकर भी देखता है! इसे ही कहते हैं परकायाप्रवेश जो सुधारात्मक न्याय का प्रवेश-द्वार भी है। पर स्थिति तब भी विषम होती है जब विकट अपराधों का ऐसा टुइआँ-सा फैसला सुनाया जाता है—भुम्म, जैसे दीवाली में पटाखे वाली खिलौना-बन्दूक से कोई मुसी हुई गोली छूटी हो : Full of sound and fury/signifying nothing.

कई बार स्त्रियाँ हत्या भी करती हैं? 'दूसरी सीता' या 'प्रतिघात' जैसी फिल्में सिर्फ एक Revenge tragedy नहीं होतीं! लम्बे मनोसामाजिक संघर्ष के बाद की थकान, अनन्त मानसिक या दैहिक दोहन का ही परिणाम होता है कि जन्म देने वाली, जीवनदायिनी उद्धरशक्ति खण्ड्धारिणी हो जाती है। कम-से-कम औरतें कानून हाथ में लेने का वैयक्तिक फैसला तब ही करती हैं जब उनको अदालती फैसलों पर कोई विश्वास नहीं रहता! कानून प्रमाण खोजता है और अँधेरे बन्द

कमरों के उस मानसिक दोहन का प्रमाण क्या जो तहमीना दुर्रानी के ब्लासफेमी या "Feudal Lond" जैसे उपन्यासों में पूरी बेबाकी से चित्रित हैं। ऊँचा-नीच से घिरे समाज में 'बराबरी' एक समस्याग्रस्त संवर्ग तो है ही।

डेटलाइन और शादी डॉटकॉम

प्रेम एक कठिन उपक्रम है : उससे भी कठिन उपक्रम है प्रेम का संस्थायन यानी प्रेम विवाह। ज्यादातर स्थितियों में जिसे प्रेम विवाह कहते हैं, वह आत्मनियोजित विवाह होता है जिसमें हानि-लाभ के वे ही आकलन, फिजिक्स-केमेस्ट्री, इतिहास-भूगोल के वे ही सूत्र काम करते दीखते हैं जो बुजुर्गों के तय कराये, थाली में परोसकर सामने किये गये प्रस्तावों में!

'जेहि के जेहि पर सत्य सनेहू, सो तेहि मिलहि न कछु सन्देहू' इस निकर्ष पर तो (शादी के फेरों से दूर रह गये) बेचारे राधा-कृष्ण, दान्ते-बिएट्रिस, रोमियो-जूलिएट, लैला-मजनूं, शीरी-फरहाद, हीर-राँझा, सोहनी-महिवाल आदि सब शास्त्रीय प्रेमियों का 'सनेह', 'असत्य' के खाते में पटक दिया जाए। और अगर हेमिंगन्वे की बात मानें तो प्रेम की परिणति सुखद तो कभी हो ही नहीं सकती (इफ़ टू पीपुल लव इच अदर, देयर कैन बी नो हैपी एण्डिंग टु इट) पर एक सच यह भी है कि शिव-पार्वती, राम-सीता, विष्णु-लक्ष्मी और हजार मस्त-मलंग-विवाहित जोड़ों पर आधी दुनिया टिकी है—सुखी परिवारों की आधी दुनिया (सन्दर्भ : 'ऐना केरिनिना की पहली पंक्ति' 'सारे सुखी परिवार एक ही ढंग से सुखी होते हैं और हर दुखी परिवार होता है एक अनूठे ढंग से दुखी)।

खैर, यह विषय अगाध है, इस बारे में निश्चित क्या निष्कर्ष निचले हो जाएँ : हरि अनन्त हरि कथा अनन्ता! फिलहाल इतना ही कि प्रेम तो सबको नसीब नहीं होता, लेकिन शादी प्रायः सबकी हो जाती है! आत्मिक या मानसिक जरूरतें पूरी हों-न-हों, आदमी की भौतिक और सामाजिक जरूरतें पूरी होती रहें, इसका इन्तजाम सभी समुदायों में हमेशा से भरपूर रहा है। प्रकृति जिन्हें थोड़ा आकर्षक बनाती है, उनके आगे-पीछे तो युवावस्थाा के उत्तरार्ध तक इतने भद्रजन-अभद्रजन लगातार-मँडराते हैं कि 'तीन बुलावै तेरह आवै निजि-निजि विपदा रोई सुनावै' का आलम घिर आता है। पर प्रकृति का सबसे वाहियात वरदान-दैहिक सौन्दर्य-सौभाग्य/दुर्भाग्य से जिनके पास नहीं होता—उनकी शादी का इन्तजाम इसके सिवा क्या हो कि उनके बीच सेतु-निर्माण का कार्य चले और फिर वही तोड़-फोड़, वे ही डाइवर्शन्स, वहीं धुआँ-धक्कड़, वही अन्तहीन इन्तजाम कि 'वह सुबह कभी तो आएगी' ज़ब सब ठीक-ठाक होगा।

वैवाहिक मध्यस्थता की अपनी लम्बी और समृद्ध परम्परा सभी सभ्यताओं

में रही है। दो लोग या दो परिवार बिना मध्यस्थों की पहल के गले-गले मिल जाएँ—इस पर हमेशा से भृकुटियाँ तनी हैं। समाज की पुरधायनपन्थी में ही तो उसका वर्चस्व छुपा है—तभी तो वह व्यक्तियों की उनकी 'औकात' बताते रहने में कभी नहीं चूकता, कभी ढीली नहीं करता उन पर अपनी लगाम। आदमी के भीतर असुरक्षा या अनिश्चित भविष्य का जो अनजाना खौफ छुपा है, 'खतरे' न उठाने का मूलभूत आग्रह—उसका भरपूर फायदा समाज उठाता है। वह अच्छे दलाल की तरह लाभ का अच्छा प्रतिशत व्यक्ति को भी देता ही है, देता है मौलिक सुविधाओं की गारन्टी! 'सुविधा' जुटाने की होड़ में 'सुख' गूलर का फूल हो जाए—यह बात अलग है।

प्राचीन यूनान में बुद्धिमती स्त्रियों की एक सिविल सर्विस-सी चलती थी जिसका मुख्य कार्य था विवाह-योग्य लड़के-लड़कियों की डायरेक्टरी तैयार करके सम्बद्ध परिवारों तक पहुँचाना। रोमनों और यूनानियों के यहाँ भी प्रायः यही परम्परा थी और अन्धकारयुग से लेकर अब तक यूरोप में भी विवाहित प्रौढ़ाएँ विवाह-योग्य लड़के-लड़कियों को पार्टी या बॉल रूम या अन्य सामाजिक समारोहों में एक-दूसरे से परिचित कराती थीं कि आजमाकर देख लो, कहीं बात बन गयी तो बन ही गयी। एडवार्डियन युग में सम्भावित युगलों के मन में प्रेम के बीज अंकुरा देने की कला खूब फली-फूली। समृद्ध स्त्रियाँ 'फोरसाइट सागा' के से विशाल मकानों के सुसज्जित कक्षों में बड़े-बड़े बॉल्स आयोजित करती थीं। खूबसूरत बग्घियों में बैठकर, तरह-तरह के चाकचिक्यपूर्ण परिधान पहने युवक-युवतियाँ वहाँ आते थे और शाम की शुरुआत ही होती थी कुछ इस ढंग से 'इनसे मिलिए, ये हैं'...। 'अरे मुझे तो विश्वास ही नहीं होता कि आप पहले मिल चुके हैं।' 'मैं बहुत दिनों से मन ही मन इनको सराहता रहा हूँ, मदाम'।

जरा सोचिए तो, इसी तरह के हास्यास्पद ढंग के औपचारिक वाक्यों में अन्तरंग रिश्तों की नींव पड़ा करती थी—प्राइवेट और 'पब्लिक' का अटपटा समन्वय था यह। इसकी भाषा भी उतनी ही भड़कीली और लटपट थी जितनी कि बोलने वालों की दुमछल्ला गाउनें, जिन्हें पकड़कर सेवक चला करते थे। तॉलस्टॉय के 'वार एण्ड पीस' में ऐसे दृश्यों की भरमार है जहाँ सार्वजनिक रूप से समारोहपूर्वक प्रेम का इजहार होता है और उसके बाद होती है शादी!

'बिन देखे और बिन पहचाने तुम पर हम कुर्बान'—प्रायः इसी दर्शन के तहत अपने यहाँ दरबारों में देश-देशान्तर की सुन्दरियों के रूप-वर्णन, चित्र-प्रस्तुति की परम्परा से लेकर स्वयंवर आयोजन की परम्परा तक रही है। उसके बाद अपहरण, बलात्कार आदि के किस्सों से लेकर, 'दुलहन वही जो पाठक जी दिलवायें', 'रिश्ते ही रिश्ते', 'एक बार मिल तो लें' के पड़ाव तक ब्याह-शादी की मध्यस्थता के एक-से-एक किस्से रहे हैं। सामान्य घरों में नाइनों और पण्डितों की मध्यस्थता के

रोचक प्रसंग घटित होते थे जिनका एक बड़ा हिस्सा लोकगीतों, लोकगाथाओं में भी छन आया है।

आज इन सारी जटिल प्रक्रियाओं का आधुनिकीकरण डेटलाइन और शादी डॉट-कॉम में हो गया-सा दीखता है। शादी डॉट-कॉम के ज़रिये तो फिर भी विवाह के प्रत्याशी सामान्य जोड़े एक-दूसरे के सम्पर्क में आते हैं। डेटलाइन के कुछ प्रस्ताव तो मुझे अनूठे दीखे। दो बानगियाँ प्रस्तुत हैं–

डेविड-55 साल के चार्टर्ड इन्जीनियर। खाली समय में क्लासिकल और रॉक संगीत सुनते हैं या फिर जंगल में टहलते हुए दूर निकल जाते हैं। थोड़ी दूर भी साथ चल सकने वाली कोई चाहिए। अकेलापन डँसता है। खुद को सम्वेदनशील और महत्वाकांक्षी मानते हैं।

लीना-42 साल की होटल मैनेजर! सुन्दर और स्वस्थ, सिगरेट नहीं पीतीं। सोशल ड्रिंकिन्ग पसन्द है, सिनेमा-थियेटर भी। कभी-कभी शामें अकेली हो जाती हैं। साथ लेटकर बचपन की बातें करने वाला कोई चाहिए। स्पर्श हाथों तक सीमित रखना होगा, उसके बाद भी छुअन से उबकाई आती है। खुदा को आत्मविश्वास और स्नेह से लबालब मानती हैं।

कितना अकेला हो गया है बुढ़ापा! करियर की धू-धाँ में कई लोग समय से शादी नहीं कर पाते, कई करते हैं तो टूट जाती है शादी, और नहीं भी टूटती तो नून, तेल, लकड़ी और बाल-बच्चों की अनन्त सुविधाओं के जुगाड़ में नीरस और बेरंग हो जाती है। कई बार असमय वैधव्य आ घेरता है। बच्चे भी इधर-उधर देस-परदेस छिटक जाते हैं। चिट्ठियाँ नहीं आतीं, आते हैं फोन कॉल–संक्षिप्त और कामकाजी। किताबों पर परत-दर-परत धूल चढ़ती जाती है और परेशानी पर परत-दर-परत चढ़ता जाता है खिन्न मन अकेलापन। 'बूढ़ी काकी' को रोटी मिल भी जाती है तो सीधे मुँह बात करने वाला कोई नहीं मिलता। तब ही तो उनके मन में ऐसी ख्वाहिशें जगती हैं, जिन पर पहले युवक-युवतियों का एकाधिकार समझा जाता था।

लोग हँसते हैं कि कब्र में पैर लटके हैं और एषणाओं का अन्त नहीं हुआ। 'बूढ़ी घोड़ी लाल लगाम', 'टाट पर रेशमी पैबन्द' आदि हृदयहीन कहावतें भी समाज में बाजाप्रा प्रचलित हैं, पर ठीक से सोचा जाए तो कितनी सूक्ष्म होती हैं बुज़ुर्गों की माँगें–सिर्फ इतनी ही तो कि समय पर खाना मिल जाए, कभी-कभी सिर-पैर दबा दे कोई, यह एहसास जगा दें कि वे जिंदा हैं, जीते-जी मर नहीं गये। थोड़ा-सा उनका अनुभव वृत्तांत सुन ले कोई, उनसे उनके बचपन की बातें कर ले, दो-चार मशविरे ले-ले, चार कदम साथ चल दे, घर से निकलते समय बता-भर दे कि कहाँ जा रहे हैं और कब लौटेंगे ...। लोग अक्सर इसे भी जहमत समझकर कुफ़्त होते हैं या मजाक उड़ाते हैं उनका। लेकिन ऐसे प्रसंगों में हँसी समस्या को गैरजिम्मेदाराना

ढंग से एक ओर टरकाने की हृदयहीन कला का नाम बन जाती है। इसके जवाब में एक बुजुर्ग महिला अपनी सखी को परामर्श देती हुई हँसकर बोली—'बुढ़ापा ठीक काटने का तो एक ही उपाय है, शीला कि पर्स का मुँह खुला रखो और अपना मुँह बन्द', जवानी के साथ यह अजीब चक्कर है कि जब तक वह रहती है, आदमी को होश ही नहीं रहता कि कभी यह जाएगी भी, कभी हम पर भी ये दिन आएँगे ...। गाँवों और छोटे शहरों में हँसोड़ नाइनें और गदबदे पण्डित कुण्डलियों का पुलिन्दा लिये अब भी घर-घर घूमते हैं। मनोरंजक होता है उनका रंग-ढंग। अकेले बूढ़े-बूढ़ियों से छेड़छाड़ तो कर लेते हैं उनके कई गीत, श्लोक, दोहे, कहावतें आदि पर उन पर कठोर तंज हमने कभी नहीं सुना। वहाँ तो सामुदायिक जीवन में वानप्रस्थ भी अलग-रस-रंग है, एक अलग तरह की उपादेयता। बड़े शहरों में शायद यही भूमिका निभाने की कोशिश है सम्बन्ध डॉट-कॉम। डॉट और कॉम की तरह ही संक्षिप्त और खासे नामालूम रिश्ते हों या घर के अन्तरंग बन्धन-आदमी/औरत के अकेलेपन से शतरंज की एक बाजी तो खेल ही जाते हैं ये।

पर हाँ, ऑफिसों, कारपोरेट सेक्टरों और कई अन्य बड़े संस्थानों से जुड़े बुजुर्ग बॉस ओर गॉडफादर छोटी बच्चियों/युवतियों का जो यौन-शोषण अपने रुतबे का फायदा उठाते हुए करते हैं—वह तो घृणास्पद है ही। प्रयोजनमूलक, कार्यसिद्धिमूलक या जबरदस्ती स्थापित अस्थायी सम्बन्ध आदमीयत के मुँह पर तमाचा है। किसी इन्सान की यह मजाल नहीं होनी चाहिए कि वह दूसरे इन्सान को कार्यसिद्धि का उपादान-भर समझे। स्नेह-सहानुभूति, वात्सल्य एवं ममता जगाकर उँगली पकड़ते-पकड़ते पहुँचा पकड़ने की कोशिश वितृष्णाकारी तो होगी ही। जिनमें प्रतिभा कम होती है, महत्वाकांक्षा ज्यादा—वे लड़कियाँ लम्बी साधना से घबराकर भौतिक सफलता का शॉर्टकट अपनाने के फेर में दाँत पर दाँत चढ़ाकर, उबकाई रोकते हुए, बुजुर्गों का यौन शोषण सह भी लें तो बुजुर्गों को समझना चाहिए कि ऐसा अनमना स्वीकार खुद उनके लिए स्वाभिमान के अनुकूल है क्या? ययाति बनना खुद उनके स्वाभिमान के अनुकूल नहीं और स्वाभिमान से बड़ी क्या चीज होती है भला? इससे तो अच्छा है कि उत्तर-आधुनिक नाइनों के सहारे अपनी उम्र और अपनी रुचि का सहचर तलाशें जिसकी भावनात्मक आवश्यकताएँ इनकी भावनात्मक आवश्यकताओं से थोड़ी तो मेल खायें। कानून के परे जाती हैं भूलें—कम-से-कम अकेले बूढ़े-बच्चों की अतृप्त तृषणाओं से जुड़ी भूलें, उनके लिए तो फिर काउन्सिलिंग ही है : सामूहिक अन्तर्वैयक्तिक बातचीत का लम्बा सिलसिला। इस नये तरह के 'सहजीवन' में कानूनी पेंच नहीं उठते क्या? कानून काउन्सिलिंग सेलों को निवेदित नहीं करना चाहिए?

हत्यारिनें : न हन्यते ?

मेरे पड़ोस में एक दबंग महिला का लड़कियों के बारे में दृढ़ मत था कि उन्हें हमेशा फुर्ती में रहना चाहिए। जहाँ कोई खोई-खोई सी लड़की दिखाई दी कि फटाक गोली दागती थीं—'क्या हत्यारिनों-सी सूरत बना रही है! जा, जाकर हाथ-मुँह धो! कुछ कर-धर।'

बार-बार उनके मुँह से यह सुनते-सुनते बचपन से मेरे मन में बैठ-सा गया कि उदास वही औरत होती है जिसने किसी की हत्या की हो, बाकी किसी को उदास-हताश, अनमना और सुस्त होने का हक ही नहीं! थोड़ी और बड़ी हुई तो सोचने लगी—'वे क्या परिस्थितियाँ होती होंगी जब कोई औरत किसी जीते-जागते आदमी की हत्या कर देती है। जन्म और जीवन देने वाली औरत और हत्या? पाँव तले चींटी आ पड़े, पंखे से कटकर गौरैया गिर पड़े तो भी परेशान हो जाने वाली औरतजात जनहित में तलवार उठा ले, महिषासुरमर्दिनी बन जाए लेकिन आत्मरक्षा में जौहर ही करे, आग में खुद ही कूदे, परत-दर-परत यही बैठाया जा रहा था संस्कारों में।

फिर विदेशी साहित्य की खिड़कियाँ खुलीं। गेटे को पढ़ा और उनकी यह पंक्ति मन में गहरे उतर गयी कि दुनिया का कोई ऐसा अपराध नहीं जो करते हुए मैं अपनी कल्पना न कर पाऊँ। सोते-जागते महीनों यह पंक्ति मुझे मथती रही! बहुत सारे प्रश्न मैंने खुद से पूछे। अपने को बहुत जाँचा-परखा इस निकष पर कि क्या-क्या अपराध मैं कर सकती हूँ? चोरी-डाका? आगजनी? मार-पीट? गुण्डागर्दी? हत्या? डाका देती, मारपीट और गुण्डागर्दी करती हुई तो मैं खुद को कल्पना की आँखों में बखूबी देख लेती थी। अतिशय दारिद्रय की स्थिति में या बूढ़ी काकी की स्थिति में पड़कर चोरी कर सकती हूँ—इनके लिए भी मन बना लिया था, पर हत्या के प्रसंग में मेरे अहं की सुई बार-बार अटक जाती थी, विश्वास नहीं हो पाता था कि किसी को जड़ से उखाड़ फेंकना मेरे लिए सम्भव होगा या किसी भी सामान्य स्त्री के लिए जिसे बचपन से घुट्टी में एक ही बात पिलायी गयी है—

'अंकम् + आरुह्य सुप्तानाम्...
वंचनम् + किम् + विदग्धता !'

रह-रहकर पिताजी का समझाया यही श्लोक याद आता जिसका सीधा-सादा भावार्थ है—जिसने विश्वास किया, उसे छलने में कौन-सा कौशल? जो गोद में आकर सो गया, उसे मार डालने में कौन-सी बहादुरी? और औरत की गोद तो इतनी बड़ी होती है कि सब उसमें आकर सोना ही चाहते हैं, फिर वह किसी को मारे तो कैसे? कहाँ मार पायी लेडी मैकबेथ राजा डंकन को? कटार उठाकर पास गयी भी

तो उसके पके हुए, छितराये केश उसे अपने पिता की याद दिला गये और वह घबराकर लौट आयी। सो था राजा, नशे में धुत्त थे उसके अंगरक्षक, वह मैकबेथ की अपनी अतिथिशाला थी, एक बार में डंकन का काम तमाम हो जाता तो फिर मैकबेथ हो जाता राजा, पूरे हो जाते उसके सपने, पर हत्या लेडी मैकबेथ से सधी ही नहीं और नर्वस ब्रेकडाउन का शिकार होकर, घुट-घुटकर वह मरी ...।

आसान नहीं हत्या, किसी भी स्त्री के लिए आसान नहीं फिर भी स्त्रियों के हाथों हत्या होती है—आत्मरक्षा के क्रम या क्षणिक क्रोधावेग में ही नहीं, योजनाबद्ध ढंग से सोच-समझकर की गयी हत्या के कई प्रसंग स्त्रियों के हाथ घटित हुए हैं और हर जगह। पिछले दिनों 'इंडिया टुडे' में पति-हत्या या अन्य किसी आत्मीयजन के हत्या-प्रसंग में जेल गयी महिला कैदियों पर विस्तृत रपट पढ़कर और उससे भी ज्यादा सलाखों के पीछे खड़ी उन तथाकथित 'हत्यारिनों' की आँखें बाँचकर जो कुछ बातें मेरी समझ में आयीं—उनमें पहली तो यह कि एलिजावीदन या जैकोबियन 'रिवेन्ज प्लेज' या ग्रीक त्रासदियों के नायक की स्थिति में स्त्रियाँ तभी आती हैं, कानून अपने हाथ में तभी लेती हैं जब उन्हें लगता है कि कोई बाहरी सत्ता—चाहे वह धर्म हो या ईश्वर, परिवार या समाज, सरकार या न्यायालय—उन्हें 'शान्त-सुखी जीवन' की मूलभूत परिस्थितियाँ जुटाने में कोई मदद नहीं कर रही, कोई मदद नहीं कर रहा उनके जीवन की बुनियादी उलझनें सुलझाने में, उनके मन की आग बुझाने में। रीति-रिवाज, धर्म-कानून—सबसे आस्था डिग जाए जब, दिन-रात, मार-पीट, झगड़ा-टण्टा, रोक-टोक, भूख, हिकारत, गाली-गलौज का आलम हो, सारे वैयक्तिक त्रासों का जिम्मेदार एक ही व्यक्ति नजर आये तो सबसे आसान उपाय सूझता है—उसे रास्ते से हटा देना—येन-केन प्रकारेण, सीधी उँगली से घी न निकले तो टेढ़ी उँगली से ही सही!

कानून में इतने ज्यादा पेंच हैं। और न्याय इतनी देर से मिलता है कि कई बार लगता है, क्या पता, बच ही निकलें। बच निकलेंगे तो जीवन कितना सुखी होगा, और पकड़े गये तो भी क्या जाएगा। कौन-सी बहुत इज़्ज़त-चैन की जिन्दगी जी रहे हैं! हो ही ले नौ-छौ।

ज्यादातर घरेलू टण्टों के मूल में या तो पैसा होता है या फिर दाम्पत्य सुख का अभाव। घर में भावहीन यांत्रिक सम्भोग, नोच-खसोट, मारपीट झेलती-झेलती औरतें कई बार किसी अन्य-पुरुष के आकर्षण-पाश में बँध जाती हैं और उसके बाद वैकल्पिक जीवन व्यवस्था की तलाश में होती है पति-हत्या! 'मोहब्बत और जंग में सब जायज है', 'जीवन तो एक बार ही मिलता है', एक बार ही मिलता है आदमी का चोला—यह मौका क्या गँवाना, यही सब सोचा जाता होगा। कई बार क्रूर पति क्रूर पिता भी होते हैं—और माँ की मुक्ति में ही बच्चों को अपनी मुक्ति दीखती है। परेशान करता है आर्थिक अवलम्ब का अभाव। अगर माँ के

पास अपने संसाधन हैं या उसमें है अकेले या प्रेमी के भरोसे गृहस्थी चला लेने का दमखम तो बच्चे भी सम्बन्ध पर आपत्ति नहीं जताते, पर सुलह से अलग होना इतना आसान है क्या? इतना आसान है तलाक? इतनी आसान है मुक्ति? मुक्ति के महल का चोर दरवाजा ही होती है शायद पति-हत्या, छोटा-सँकरा पिछला दरवाजा-शॉर्टकट। पुंजीभूत घृणा का आवेग लगातार कई वर्ष चुपचाप प्रतारणाएँ झेलने के बाद ही अचानक लावा बनकर फूटता है।

आत्महत्या या बच्चों के साथ कुछ खाकर हमेशा के लिए सो रहने की इच्छा में पीछे भी-कई बार प्रतिशोध भावना ही होती है, होता है एक दबा-ढँका गुस्सा—'हम तो डूबेंगे सनम, तुमको भी ले डूबेंगे।' पार्वती जो अग्निकुण्ड में कूदीं या सीता ''धरती में समायीं—एक तरह से आत्महत्या ही की उन्होंने—पिता और पति या पितृसत्तात्मक समाज के विरुद्ध प्रतिरोध ही जाहिर किया जैसे सिल्वया प्लाथ, ऐन सेक्सटन और मर्लिन मनरो ने जाहिर किया था कि अब पछताओ आराम से हाथ मलकर और रोओ मेरे नाम को, नहीं रहूँगी तो पता चलेगा मेरा महत्त्व।

हत्या के आरोप में जेल गयी स्त्रियों के बच्चे प्रायः जेल में ही पलते हैं। हत्या की साजिश में बन्दी बने प्रेमीयुगल जेल में शादी भी करते हैं। सुधार गृहों और खुली जेलों में एक खास तरह का मोहक भगिनी भाव भी पल्लवित होता ही है—'जाके पैर न फटी बिवाई, सो का जाने पीर पराई।' औरतें एक-दूसरे को अपने हुनर सिखाती हैं, सेवा-सुश्रूषा भी करती हैं एक दूसरे की। परिस्थितिवश किसी अपने की हत्या कर देने वाली स्त्रियों में ममता-कोमलता के सब स्रोत सूख नहीं जाते, पर आँखें सबकी पथरायी हुई होती हैं।

जिस तर्क से दोस्तोएवस्की के 'क्राइम और पनिश्मेंट' के नायक ने समृद्ध बुढ़िया की हत्या की थी, जिस तर्क से नक्सलवादी सामंतों की हत्या करते हैं, जिस तर्क से दुर्गाकाली, लक्ष्मीबाई, अहिल्याबाई, चाँदबीबी आदि ने तलवार उठायी थी, दुष्टदलन के उसी तर्क से ज्यादातर स्त्रियाँ 'हत्यारिनें' बन जाती हैं। कुछ हत्याओं के पीछे टुच्ची स्वार्थसिद्धि और अदम्य क्रोधाग्नि भी होती है और सबके पीछे होता है अधैर्य—न्यायालय का रास्ता बहुत ही खर्चीला, सर्पीला, प्रायः अनंत है—कौन जाए उस रास्ते—वहाँ तो आधे रास्ते में ही टें बोल जाएँगे, टें न भी बोले तो बूढ़े हो जाएँगे—''जिस धीरज से धूप सुखाती है ओस की बूँदें और धरती पीती है बारिश का पानी, हमने सोचा एक-दूसरे से प्यार करने के बारे में ... और बूढ़े हो गये।''

कई ऐसे हैं जो एक बार किसी प्रिय का सिर सहलाने का अवसर ढूँढते-ढूँढते, नन्हा-सा स्वप्नांकुर मन में दबाये-दबाये सचमुच ही बूढ़े हो गये—किसी की हत्या क्या, त्याग-बलिदान आदि बड़े-बड़े आदर्श साधते हुए किसी चिड़िया का भी दिल उन्होंने कभी न दुखाया तो क्या वे कायर थे? या बेवकूफ? क्या उनका प्रेमावेग कम था? नहीं, वे सब छोटे-छोटे योगी थे। योग या उदात्तीकरण या बृहत्तर विवेक

सबके वश का नहीं होता। परदुखकातरता या परकायाप्रवेश के लिए जितनी कल्पनाशीलता चाहिए– वह सबके पास नहीं होती। सामान्य जन को हत्या की तकलीफदेह और आत्मपीड़क स्थितियों से बचाने का एक ही रास्ता है–सम्पत्ति के बँटवारे और विवाह मुक्ति की प्रक्रिया अधिकाधिक आसान हो और ज्यादातर विवाह प्रेम-विवाह हों। बिना प्रेम के विवाह का कोई अर्थ नहीं जैसे बिना आर्थिक स्वतन्त्रता के स्वतन्त्रता का कोई खास मतलब नहीं। इनके अभाव में हत्या या आत्महत्या की त्रासद स्थितियाँ बनती हैं।

'इंडिया टुडे' के मुखपृष्ठ पर जो तस्वीर है–उसमें हत्या के आरोप में जेल गयी स्त्रियों के जेल में पल रहे बच्चे जेल की सलाखों के भीतर से मस्ती में मुस्कुराते खड़े हैं मानो जीवन का कितना बड़ा आयोजन हो यह कि उनकी तस्वीर छपेगी। कैसी विडम्बनात्मक स्थिति है यह! क्या कहीं-न-कहीं हम सब इस रुँधे हुए बचपन और कुंठित यौवन-शृंखला के जिम्मेदार नहीं? इस अन्यायपूर्ण व्यवस्था के निराकरण के लिए हम क्या कर रहे हैं सिवा टेसुए बहाने के?

बिन घरनी घर भूत का डेरा : घर ? किसका घर?

सर्वोच्च न्यायालय में अभी याचिका दायर हुई है। गुजरात का एक व्यक्ति अपनी पत्नी को इसलिए तलाक देने पर आमादा है कि वह भुर्ज में अपने वृद्ध, असहाय माँ-बाप के पास रहकर नौकरी करती है, उसके घर रहने नहीं आती, गाहे-बगाहे ही मिलना हो पाता है! उच्च न्यायालय को तलाक की यह वजह वाजिब लगी, इसी पर आहत होकर उस स्त्री ने सर्वोच्च न्यायालय में यह प्रश्न उठाया कि 'विवाह का घर' वधू का घर होता है कि वर का! बहस अभी चल रही है। और लाखों-लाख औरतें आश्चर्य-विह्वल आँखों से देख रही हैं उधर कि यह कैसा प्रश्न उठा! 'विवाह का घर' चाहे जो भी हो, पर लगातार 'विस्थापित' की मनोदशा यानी क्लासकीय उठल्लूपन झेलने वाला 'स्त्री-समुदाय' तो अक्सर न घर का होता है, न घाट का! माँ-बाप के घर यही सुनते हुए कान पक जाते हैं कि परायी अमानत हो, आन गाँव जाना है, मेहमान हो चार दिन की। यानी 'हमारा घर' तो तुम्हारी सराय है, पड़ाव है, छोटी-सी प्रशिक्षणस्थली है। ससुराल में जरा भी गलती हो–रोटी चाँद के मुँह-सी टेढ़ी हो जाए या टेबल पर किताबें बिखरी रह जाएँ तो काट खाने को दौड़ते हैं लोग कि कैसी कुलच्छनी है, गृहस्थी ठीक से चला भी नहीं सकती। थू, कैसे घर से आयी है! कभी-कभी बात मार-डाँट, गाली-गलौज तक पहुँच जाती है और त्रिशंकु की स्थिति में डोलती स्त्री समझ ही नहीं पाती कि जाए तो जाए कहाँ। घरनिकाला देशनिकाला दीखता है क्योंकि 'घर' ही अब तक उसका 'देश' रहा है।

अमीर खुसरो पुरुष थे, तभी तो इतनी आसानी से कह पाये 'चल, खुसरो, घर आपने! रैन भई चहुँ देस!' जहाँ सारा जीवन अँधेरा हो जाए, हर बत्ती गुल हो जाए, कोई चिराग मयस्सर न हो, वहाँ भी रहना तो है ही। सड़क पर खड़ा कर दिया जाए—निकाल देने की धमकी दी जाए तो भी अपनी घायल 'खुदी' का झोला-झण्डा समेटकर खुद़ को आवाज देने का आत्मविश्वास नहीं जगता—'चल खुसरो, घर आपने।' समझ में ही नहीं आता कि आखिर कौन-सा घर है 'अपना', जहाँ चलें। पिट-विटकर औरतें घर से निकल भी गयीं तो जाती कहाँ हैं? मन्दिर या गुरुद्वारे की सीढ़ियों, पार्कों, बस-स्टॉप के बेंचों, डाकघर की चौखटों पर बैठी, टेलीफोन बूथों की क्यू में खड़ी-खड़ी मन ही मन गुनती हैं कुछ-कुछ और हार-थककर जब फिर लौट जाती हैं वापस तो ये ही सुनने को मिलता है—'क्यों? खा ली बाहर की हवा? निकल गयी हेकड़ी? लिवा गये भाई-बाप? ले आयी बाप की 'प्रापर्टी' का हिस्सा? बना लिया 'हवा महल'?'

औरतें नौकरी नहीं करतीं—तब तो बाहर की दुनिया से और भी ज्यादा डर लगता है और माँ-बाप का (घुट्टियों में पिलाया) यही दर्शन बार-बार मन में कौंधता (सड़क पर अकेले चलते) कि हजार भेड़ियों के बीच रहने से तो अच्छा है एक भेड़िए के साथ जिन्दगी काट लेना। नौकरी करें तो भी 'घर' चलाने में सारे पैसे फुँक जाते हैं, कभी इतने पैसे नहीं जुट पाते कि स्त्री अपने लिए अपना वह निजी कोना बना सके। जिसे वर्जीनिया वूल्फ 'अ रूम ऑफ वन्स ओन' कहती हैं। वर्किंग हॉस्टल भी बच्चों वाली औरतों को पनाह नहीं देते। और इस तरह 'शेयर्ड स्पेस' स्त्री की नियति बन जाती है। एक अदृश्य कैम्प है हर घर में जिसमें औरतें जीती हैं—चारदीवारियों के पक्केपन के बीच एक कच्चे तम्बू का यह जीवन उन्हें लगातार एक अभ्यागत की स्थिति में डाले रहता है। क्षमाप्रार्थी बनाये रखता है अपने पूरे अस्तित्व के प्रति। नैहर से कोई आ गया तो क्षमाप्रार्थी। दोस्त /सहेली/ परिजन/ पुरजन किताबें—स्पेस ज्यादा ले गयीं तो क्षमाप्रार्थी। पूरा जीवन ही जैसे एक लम्बी क्षमायाचना हो!

इस 'अभ्यागत' वाले भाव से निकलने के रास्ते दो ही दिखायी देते हैं। एक तो यह कि माँ-बाप के घर बेटी का भी कम-से-कम एक कमरा उसके अपने नाम का हो, जहाँ संकट में तो वह शरण ले सके। बाकी समय भाई आदि उसका उपयोग कर सकते हैं। कौन बहन रोकेगी। दूसरा यह कि वर्किंग वीमेन्स के साथ नॉन-वर्किंग वीमेन्स हॉस्टल भी ज्यादा से ज्यादा खुलें, जहाँ काम का प्रशिक्षण देकर अपने पैरों पर खड़ा करने (एम्पलॉयमेण्ट जेनरेट करने) का प्रावधान हो और बच्चों को साथ रखने की छूट भी! ये विकल्प सामने होंगे तो बात-बात की गुर्राहट और घर से निकाल देने की धमकी आपही सटकसीताराम हो जाएगी! जो पुरुष अपने पौरुष का उत्कर्ष 'गेट आउट' चिल्लाने, गाली-गलौज करने या हाथ-पाँव चलाने में

प्रतिच्छायित समझता है, दरअसल चाहता वह भी नहीं कि अब तक सिर झुकाकर 'गेट आउट' सहती चली जाने वाली सचमुच ही पीठ दिखाती बाहर निकल जाए। उस दृश्य की कल्पना कीजिए कि सुना 'गेट आउट' और सचमुच ही गठरी उठाकर खुद को पुकारा—'चल खुसरो, घर आपने' है कोई घर जो प्रतीक्षा कर रहा है—यह एक बड़ा आश्वासन है। प्रतीक्षा खुद एक घर है। विकल्प खुद एक घर है। स्वर्ग की कल्पना इसीलिए सबके मन में जीती है कि 'स्वर्ग' भी एक घर है—जीवन दहाड़कर कहे 'गेट आउट' तो क्या है, है जाने को एक घर—यह सोच भी काफी है। अधर में लटकने की स्थिति सिर्फ फकीरों से 'सधती' है पर चाहते तो वे भी हैं कहीं पहुँचना।

परदेसी पिया का त्रास, साल में कभी एक बार घर लौटने वाले कमाऊ पिया का वियोग औरतों ने तो रो-बिसूर कर झेल भी लिया। अब जब औरतें अलग रहकर नौकरी कर रही हैं और दूर-दूर से ही सारे दायित्व निभा रही हैं (शायद और अधिक खूबसूरती से, तन-मन-धन से घर के पूरे विनियोग-सहित) ये हाय-हाय भला क्यों मची हैं! रिमोट कण्ट्रोल शादियाँ आधुनिक जीवन का एक बड़ा सच तो हैं ही! इन्हें स्वीकार करने का जिगर रखना तो चाहिए! विश्वास खुद एक घर है। एक नन्हीं-सी झोंपड़ी जंगल की! राह भूलने वाले जानते हैं—जंगल की इस झोंपड़ी में टिमकता एक चिराग जीवन की दिशा बदल सकता है।

'बलात्' का पशुबल और विश्वास का संकट

न्यायविद अरविन्द जैन की पुस्तक देखी। नाम था 'बचपन से बलात्कार!' 'बलात्कार' के पास 'बचपन' इस किताब की काली जिल्द पर बैठा है—वैसे ही जैसे घनघोर युद्ध के दौरान किसी टाइम-बम से सटकर बच्चों की फुटबॉल जा बैठे। इराक युद्ध के दौरान ऐसा हुआ भी था। सतीश जैकब की युद्ध डायरी 'सतीश जैकब फ्रॉम होटेल पैलेस्टीन, बगदाद में 20 मार्च, 2003 से लेकर 15 अप्रैल, 2003 तक के बगदाद के ध्वंस की जो आँखों-देखी दास्तान दर्ज है, उसके अनुसार युद्ध जब लम्बा खिंचा, दाल-भात-रोटी का कौर हो गया युद्ध का आतंक-बमबारी की तमाम आशंकाओं के बीच भी बच्चों की फुटबॉल मैच की तैयारी चलने लगी। यही होती है जिजीविषा, यही होता है गजघण्ट न्याय।

पुस्तक में 'बचपन' के बगल में 'बलात्कार' की अवस्थिति एक शॉक तकनीक के तहत हुई है। एक तरह की संजीदा शॉक तकनीक है यह। बचपन को स्मृतियों का बैंक-बैलेन्स कहते हैं। कागज की कश्ती से, बारिश के पानी से जोड़ते हैं हम इसे। ब्लेक-बड्र्सवर्थ से लेकर अब तक के कितने रूमानी आख्यान बुने गये हैं उसके इर्द-गिर्द। पर बचपन का एक पक्ष और भी है। डिकेन्स के 'ओलिवर ट्विस्ट',

'डेविड कॉपरफील्ड', 'डॉम्बी एण्ड सन', 'हार्ड टाइम्स' और गोल्डिग के 'लॉर्ड ऑफ द फ्लाइज' में विध्वंसित बचपन के आख्यान उसके समानान्तर चलते हैं। आश्चर्य की बात यह कि विध्वंसित बचपन के ये सारे आख्यान बेटों के आख्यान ही हैं, बेटियों के विध्वंस के आख्यान बेटियों ने ही लिखे हैं या शेक्सपियर, टॉल्स्टॉय आदि एकाध पुरुषों ने। 'रेप ऑफ ल्यूक्रीस' नाम की अपनी प्रसिद्ध कविता में बलात्कारी टारक्विन की कामना को 'ट्रस्टलेस विंग्स ऑफ फाल्स डिजायर' कहते हैं शेक्सपियर। झूठी आकांक्षा के अविश्वसनीय पंखों पर सवार टारक्विन ल्यूक्रीस के महल जाता है और लौटता है तो अपराध बोध से छलनी! 'फॉल ऑफ ट्रॉय' : ट्रॉय नगरी के विध्वंस का चित्र फटी-फटी आँखों से निहारती हुई ल्यूक्रीस बैठी हैं। उसका इस तरह बैठना एक हूक-सी पैदा करता है उसके भीतर।

अब के टाइक्विंसों को पछतावे की यह हूक भी तबाह नहीं करती। इसके तमाम प्रमाण इस किताब में दर्ज हैं। बलात्कार शब्द-विन्यास में ही एक चीत्कार छुपी है। शब्द है बलात्कार-पशुबल यानी पशुबल का ऐसा विस्तार जिसमें चीत्कार छुपी हो किसी की। सिसकी नहीं, चीत्कार। चीत्कार में प्रतिकार की भी एक अन्तर्ध्वनि है जो महत्त्वपूर्ण है। बलात्कार पुन्सत्व का चोर दरवाजा है। तीन-चार तरह के बलात्कार सम्भव हैं—एक तो जो मासफ्रेंजी का हिस्सा होते हैं—युद्ध और दंगों के दौरान दुश्मन की औरत को उसकी औकात बता देने का ज़रिया! यहाँ पुरुषत्व का दुरुपयोग एक कोड़े की तरह किया जाता है। दूसरा, बीमार मानसिकता के अजनबियों द्वारा पाशविक आवेग का रिलीज़-टुच्ची आखेटक दृष्टि से परिचालित—जैसा कि फिल्मोत्सव के दौरान ऑस्ट्रेलियाई महिला के साथ हुआ। तीसरी श्रेणी अन्य परिचितों द्वारा लम्बी-चौड़ी योजना के तहत किए गये बलात्कारों की है। अरविन्दजी ने ज्यादातर इसी तरह के केस उठाये हैं क्योंकि सबसे विडम्बनापूर्ण स्थिति यही होती है जब रक्षक भक्षक बन जाए। पहले दोनों कोटि के बलात्कार एक तरह की दुर्घटना है। पर बाद वाली कोटि में तो मानवता से विश्वास ही टूट जाता है—विश्वास जो दुनिया की सबसे कोमल और सबसे सुन्दर चीज है।

जहाँ प्रेम होता है, वहाँ समर्पण जैसे बड़े भाव के एक प्रतीक के रूप में दैहिक संस्पर्श जीवन की आह्लादकारी लय बन जाता है, वरना देह से देह लड़ जाने का क्या मतलब? लोकजीवन में अंगों के कुछेक अमानवीय झटकों को इज़्ज़त जाना या इज़्ज़त लुट जाना कहते हैं। लेकिन इस मुहावरे पर मुझको गहरी आपत्ति है। इज़्ज़त जैसी बड़ी चीज के साथ अंगों के अमानवीय घर्षण का हादसा क्यों जोड़ा जाए भला? देह पर कीचड़ पड़ जाने से उसकी इज़्ज़त नहीं जाती तो आखिर किस तर्क से एक ताकतवर पशु के आरोपित संसर्ग से उसकी इज़्ज़त चली जाएगी? यौन शोषण की शिकार लड़कियों के सामने सरस्वती बहुत बड़ा आदर्श है।

सरस्वती ब्रह्मा की पुत्री थीं, पर ब्रह्मा ने उनसे समागम किया। 'इंसेस्ट' का यह आदिकालिक उदाहरण है। देह-मन-सब टूटा होगा देवी सरस्वती का, फिर भी वे अपने रास्ते बढ़ती रहीं। एक वितृष्णाकारी हादसे से किसी की शुचिता भंग होती है या हो सकती है—यह बात ही दिमाग से निकाल देनी चाहिए—देवी सरस्वती का पूरा चरित्र इस बात का प्रमाण है। आँकड़ों से भी कविता बुनी जा सकती है। फैक्ट इस स्ट्रेंजर दैन फिक्शन-वास्तविक केस स्टडीज के माध्यम से यह बात शब्दशः प्रमाणित की है अरविन्दजी ने। जीवन का कच्चा चिट्ठा खोला है। हर घर में पहले एक देवदार की पेटी हुआ करती थी। उसमें उस घर के कच्चे चिट्ठे पड़े होते थे। एक तरफ और दूसरी ओर पुराने बरतन, कपड़े, टूटे या गिरवी पड़े गहने महीन हो-होकर फट जाते थे! कागज—एक से दूसरा चिपक जाता था—जैसे मुसीबत की मारी हुई औरतें-बच्चे एक झुण्ड में चिपके बैठे होते हैं जैसे हमारी अलग-अलग वर्गीय-धार्मिक-जातिगत-नस्लगत अस्मिताएँ एक-दूसरे से चिपकी पड़ी होती हैं। कच्चे चिट्ठों का अध्ययन-विश्लेषण इतना आसान भी नहीं होता। बलात्कार-विषयक फैसलों की भाषा और मन्तव्यों पर पितृसत्तात्मक पूर्वग्रह किस कदर हावी है—न्यायविद कहलाने वाले सफेदपोष पितृसत्तात्कों के मन में स्त्री-देह को लेकर कितने दुराग्रह पल रहे हैं, पितृसत्तात्मकता ऊँची हील वाले हण्टर बूट पहने औरतों का देह-मन-भविष्य कैसे निश्शंक भाव से रौंदे जाता है—बड़ी बेबाकी से ये तथ्य उजागर हुए हैं यहाँ। कुछ पुरुषों ने मर्दजाति का बड़ा भला किया है। और उससे भी ज्यादा भला किया है कानूनी बिरादरी का। कचहरी और अस्पताल—इन दोनों के बारे में आम धारणा इतनी विकट है कि सहज विश्वास नहीं होता कि इनमें कोई ऐसा भी हो सकता है। 'कचहरी' और 'अस्पताल'

कानूनदां और 'कानूनची' दोनों खतरनाक माने जाते हैं। कोई कानूनदां दोस्त भी हो सकता है, कानून के कुख्यात अंधेपन के ऊपर इसकी एक तीसरी आँख भी हो सकती है—वह तीसरी आँख हमपेशा न्यायविदों की मर्दवादी भाषा और तेवर पर अँगारे बरसा सकती है, परकायाप्रवेश की मिसाल कायम करती हुई परेशानहाल औरतों के लिए खून के आँसू रो सकती है—यह अन्तर्दृष्टि विकसित करने में अरविन्द जी की किताबों की बड़ी भूमिका रही है।

अन्त में एक बात मैं और कहना चाहूँगी—दबे जबान। दबे जबान इसलिए कि यह बात दोस्तों को निवेदित हैं—नयी स्त्री के गुइयाँ बन सकने लायक हमदर्द दोस्तों को। स्त्री की देह युग-युगान्तर से उसके शोषण की आधारभूमि रही है—मार-पीट, घसीटा-घसीटी, गाली-गलौज, नोच-खसोट, भावहीन, यान्त्रिक सम्भोग-विवाह के भीतर या उसके बाहर का सूक्षम या स्थूल यौन शोषण, कभी रिश्तेदार, कभी गॉडफादर के रूप में, कभी सहकर्मी या अन्य 'हितैषी' रूपों में भी। इसलिए देह के प्रश्न पर हर स्त्री सशंक रहती है।

ठीक से देखा जाए तो हर स्त्री शरीर एक हरा घाव है। इसे छूने के पहले हजार बार सोचिए कि यह स्पर्श का रिश्ता जो आप बनाना चाह रहे हैं, निभा भी पाएँगे क्या? यदि आप जाने-अनजाने, चाहे-अनचाहे कहीं पहले से प्रतिश्रुत हैं तो काँटों में मत घसीटिए उसे। उन्नयन के हजार रास्ते हैं। सब्लिमेशन उतना मुश्किल भी नहीं। हर स्पर्श जीवन-भर की प्रतिबद्धता माँगता है। बाजुए कातिल में इतना जोर हो भी अगर कि दो-चार को निभा ले, तो भी कातिलाना बाजू छाती पर बाँधकर ही रखिए—विवेकानन्द वगैरह की मुद्रा में।

स्लो प्वायजनिंग की तरह बलात्कार भी स्लो-पेस पर चल सकता है—जैसे कोई धारावाहिक नाटक चलता है—कई पढ़े-लिखे, सुविधासम्पन्न लोग इसे मुलाकात-दर-मुलाकात, आहिस्ता-आहिस्ता जारी रख सकते हैं : बड़े गोपन और सूक्ष्म भाव से उँगली पकड़कर पहुँचा पकड़ने की पूरी प्रक्रिया एक भयावह प्रक्रिया है, भयावह इसलिए कि अक्सर यह उसकी ओर से घटित होती है जो एक दोस्त के रूप में आपको अच्छा लगता है। देह जैसे बड़े यथार्थ के साथ आप उसके जीवन में शामिल नहीं होना चाहतीं पर यह भी नहीं चाहतीं कि उसकी एक बचकाना हरकत के कारण पूरी दोस्ती ही खटाई में पड़ जाए। 'सेंसेटाइज' करने की पूरी प्रक्रिया दुरूह होती है, फिर जगाया तो सोये हुए को जाता है, मोहान्ध को जगाना मुश्किल है, मोहान्ध व्यक्ति तन्द्रा में होता है : 'समझ रहा हूँ, मगर क्या समझ रहा हूँ मैं।'

किसी का धर्मसंकट समझना मानवता की पहली शर्त है। शारीरिक सम्पर्क के लिए असहमति प्रस्तावकर्ता का अपमान नहीं है। शारीरिक तादात्म्य का अभाव मानसिक तादात्म्य की बाधा बन ही जाए—कोई जरूरी नहीं है। 'लगाये न लगे' की अपनी मजबूरियाँ हैं—'बुझाए न बने' की अपनी। 'बुझाए न बने' का अर्थ यह भी नहीं कि जबर्दस्ती की लुत्ती लगाते चलिए, जिद पर तुल जाइए, मानसिक दबाव पैदा करिए, पीछे ही पड़ जाइए।

पीछे पड़ जाने वाले औरतों की 'ईगो' पर अच्छा मरहम होते हैं। पर दया या ऊब के वशीभूत उनको जो मिलता है—वह उनके स्वाभिमान को कैसे गवारा होता है भला—मेरी समझ में नहीं आता। गणित के शिक्षक तीन 'पीज' की मास्टरी करने को कहते थे—पेशन्स(धीरज) पर्सिवेरन्स(अध्यवसाय) और प्रैक्टिस (अभ्यास)। प्रेम के खिलाड़ी भी ये तीन 'पी' साधना चाहते हैं—'पर बिन माँगे मोती मिले, माँगे मिले न भीख' वाली कहावत स्त्री-देह के सन्दर्भ में जितनी सच है, शायद किसी सन्दर्भ में न हो! न भीख में, न लूट-मार में—यह मोती यूँ ही मिल जाता है—मिलना होता है तो। अपनी ओर से प्रस्तुत यह मानसिक तादात्म्य के बाद ही होता है और मानसिक तादात्म्य की सबसे बड़ी बाधा है जोर-जबर्दस्ती या प्रेशर तकनीक।

घरेलू हिंसा ऐक्ट एक-दो-तीन

ऐक्ट नाटकों के होते हैं और कानून के भी! ये मैं कैसे कहूँ कि कानून भी नाटक है—हाथी के दाँत खाने के और, दिखाने के और? बस इतना याद दिलाना पर्याप्त होगा कि हाथी से जुड़ी दो और मज़ेदार कहावतें जनमानस में रची-बसी हैं—'हाथी चले बाजार, कुत्ता भूँके हजार।' और ये तो खैर, है ही कि 'बाते हाथी पाइयाँ बाते हाथी पाँव! (राजा के आगे चिकनी-चुपड़ी हाँको और पुरस्कार में हाथी पाओ, ज्यादा हेकड़ी दिखाओगे तो हाथी के पाँव तले रौंदवा देगा वही राजा!)

देश के 'चोर-सिपाही राजा-मंत्री' हों सा घर-गृहस्थी के सैयां-'राजा'—खतरनाक होने नहीं चाहिये लेकिन होते हैं! हिंसा वह हिनहिनाती-सी घोड़ी है जिसके बिना राजकीय वैभव पूरा नहीं होता! राजा की सवारी है हिंसा। राजदण्ड कोड़े का सगा भाई है कि (चोर-चोर) मौसेरा भाई—यह अभी मैंने पता नहीं किया! बाइबिल तो सिर्फ बच्चों के लिए कहती है—'स्पेयर द राड, स्पाइए द चाइल्ड' पर पितृसत्ता कहती है : 'ढोल, गँवार, शूद्र, पशु, नारी' के पिटते रहने में ही उनका कल्याण है।

हिंसा भी तरह-तरह की, क़िस्म-क़िस्म की होती है। पति-पत्नी के जोड़ों के समानांतर और भी कई जोड़े घर में पलते हैं। नोवा ने अपने जहाज में दुनिया की सब प्रजातियों का एक-एक जोड़ा रख छोड़ा था न! तो हिंसा के कुछ पेटेंट प्रकार भी जोड़ों में ही हर घर के भीतर रहते हैं : डाँटना-दबारना, मार-पीट, गाली-गलौज, अंठियाना-कुहनियाना, लतियाना-जुतियाना, मटियाने-पटियाने आदि जोड़े हिंसा की एक प्रजाति हैं तो यौन हिंसा उसकी दूसरी प्रजाति। यौन हिंसा स्लोमोशन में, धारावाहिक रूप में भी चल सकती है और खट-खटाखट, पटक-झटक, धगद-धगद-धगज्ज्वला रूप में भी। दोनों तरह की हिंसाओं की खातिर एक सही तरह के फायर-ब्रिगेड की व्यवस्था सरकार ने की है। निश्चय ही काबिलेतारीफ है यह व्यवस्था। किसी भी तरह के अन्तरंग रिश्ते में जब तनातनी चलने लगती है—साम, दाम, दण्ड, भेद की चार अवस्थाएँ राम-लखन-भरत-शत्रुघ्न भाव से प्रकट होती हैं! समझाने रोने-बिसूरने-फरियाद करने के बाद धमकी, फिर प्रत्याक्रमण और अन्ततः 'टाटा-गुडबाई'—इसके सिवा कोई करे भी क्या! बैंक-बैलेन्स की तरह धीरज-सहिष्णुता का भी कोई अक्षय-कोष तो होता नहीं, पर विवाह-विच्छेद के बहुत सारे केसों के अध्ययन-मनन के पश्चात अक्सर आदमी इस निष्कर्ष पर तो पहुँचता ही है कि यदि बाल-बच्चे हो चुके हों तो तनातनी में घर भरसक नहीं छोड़ना चाहिये! यदि रणक्षेत्र भी हो घर-बार तो लड़ाई का मैदान छोड़कर क्या भागना? एक ही छत के नीचे अच्छे पड़ोसियों की तरह रहना कठिन है, असम्भव नहीं यदि सरकार सचमुच एक फोन काल पर अपने कारिन्दे भेजकर मरखण्ड, शराबी, व्यभिचारी पति को जेल की हवा खिला देती है और कुछ वर्षों की हवाखोरी उसमें पत्नी को भी

'ब्रीदिंग स्पेस' देने का शऊर विकसित कर देती है तो क्या कहने! उनको मालूम है जन्नत की हकीकत लेकिन—दिल को खुश रखने का गालिब ये खयाल अच्छा है कि (और भी) भूखा भेड़िया बनकर पति जेल से नहीं लौटेगा, हृदय परिवर्तन और पश्चात्ताप जैसी (लुप्त प्रजाति की) सोनचिरैया 'वीणा, मधुर-मधुर कुछ बोल'—शैली में मीठे गीत गायेगी और राजा-रानी हमेशा-हमेशा के लिए चैन की बंसी बजाते एक ही घर में रह लेंगे—घर जिसके बनाने-सँवारने में पत्नी का श्रम, उसकी कल्पना और (कभी-कभी) उसकी पीएफ और वेतन का तथा पितृ-गृह से हिस्से में मिली उसकी सम्पत्ति का हिस्सा भी शामिल होता है बावजूद इसके, 'शटअप', 'गेट-आउट' आदि औपनिवेशिक मटरमालाएँ उस पर वारते हुए बार-बार इस तर्क पर उससे धौल-धप्पा किया जाता रहा अब तक कि पीट दिया तो क्या हुआ, छोटी है मुझसे!

'बिनु भय होहिं न प्रीति' के तर्क से चलें तो वे दिन दूर नहीं कि अब जब होगा घर में प्रीति-कलह होगा—उससे अधिक कुछ नहीं! एक तरह से स्त्री की अस्मिता ही चुनौती की मुद्रा में कहती दिखाई देती है—मैं एक दरवाजा थी/ मुझे जितना पीटा गया/ मैं उतना खुलती गयी। और अब इस खुले हुए दरवाजे से पूरी कायनात बेदस्तक भीतर चली आयी है—खुला हुआ आकाश, नदियाँ और सागर, टूटे हुए तारे—दुनिया के सारे वंचित अनादृत-उपेक्षित जन जिनके ऊपर कई स्त्री ने अपना आँचल उढ़ा रखा है क्योंकि उसका घर साधारण घर नहीं, कोई भी थका-हारा, भूखा-प्यासा उसमें अपने ही घर की ममता-समता पर सकता है। अपना क्षितिज बढ़ाना ही समस्या का सही निराकरण है। और भी गम हैं जमाने में मुहब्बत के सिवा—घर सिर्फ रिश्तेदारों से नहीं बनता, सारे वंचित-अनदृत परिजन-पुरजन बिन दीवारों के जिस घर का हिस्सा हैं—नयी स्त्री उनके प्रति भी अपने दायित्व निभाना चाहती है—और इसमें बाधा बनना भी हिंसा ही है जिसका निराकरण कानून उतना ही कर सकता जितना आपसी समझदारी कर सकती है। कानून 'नून' ही है, दालभात नहीं। दाल-भात प्रेम और विश्वास ही माना जाये।

घरेलू हिंसा : बिल-बिल-बिल

बचपन में हम ऐसे बिल्लियाँ भगाया करते थे : 'बिल-बिल, बिल, बिल्ली, बिल...!' यह बिल 'बिलगाव' का 'बिल' है कि नहीं अब यह कहना मुश्किल है! एक चचेरी भाभी थीं जिनसे हमने यह महाशब्दांश सीखा था—'बिल-बिल' यानी भाग री, बिल्ली, चिबिल्ली, तू भाग ... तेरे भाग्य से कोई छीका नहीं टूटने वाला, सारी दूध-मलाई हमारे हिस्से छोड़ तू चलती बन!

इतने ज्यादा 'क्रीमी लेयर्स' की बात सुनकर बिल्लियाँ नये सिरे से याद

आती हैं : अस्सी चूहे खाकर हज़ पर जाने वाली बिल्ली, कैटवॉक पर निकली बिल्ली—बिल्लियों के भी उतने ही प्रकार हैं जितने बिलों के!

एक बिल अभी यह आया है : घरेलू हिंसा-बिल! यह माना जा रहा है कि घरेलू हिंसा इसके एक झपट्टे से चूहे के बिल में घुसती नजर आएगी! जी कर रहा है, पौराणिक कथाओं से शब्द उधार लेकर कहूँ : 'तथास्तु'!

पर आँख मूँदकर सोचने बैठती हूँ तो एक साथ कई दृश्य स्मृति में तैर जाते हैं कई विडम्बनाएँ आँख मलती हुई उठती हैं : पत्नी जो खुद काम-काज से परेशान-हैरान इधर से उधर करती रही—सब गालियाँ, धौल-धप्पे, लत्तम-जुत्तम इस भाव से खा लेती है जैसे मुँह फुलाकर इमली पानीवाले गोलगप्पे खाए जाते हैं तब तो ठीक...वरना मारते-मारते सर भी तोड़ दिया जाता था और उसके बाद सिसक्र-सिसककर उसकी मरहम-पट्टी भी की जाती थी कि चुप रहो, चुप रहो... बात कमरे के बाहर न जाए ... मुझे खुद ऑफिस के इतने तनाव रहते हैं मेरे भी माँ-बाप बीमार हैं, भाइयों के घर टूट रहे हैं, बहनों की शादी करनी है... ऐसे में पत्नी करे तो क्या करे? जाए तो कहाँ जाए? किस बिल में?

यौन-हिंसा की वारदातें तो, खैर, जाने ही दीजिए! अनगिनत होती हैं : बहन, बेटी, बेटी की दोस्त—किसी उम्र की हो—बस 'स्त्री' होनी चाहिए। एक झटके में बलात्कार नहीं भी होता तो 'स्लो-पेस' में चलता रहता है या कम-से-कम कोशिशें जरूर बरकरार रहती हैं। एक तरह से यह 'फी' ही है जो घर में रहने देने या किसी ओर व्यावहारिक मदद के एवज में लड़कियों या औरतों से वसूली जाती है और चूँकि परिचिता किसी-न-किसी प्रकट-परोक्ष, से जुड़ी रहती है, मारे लिहाज के कुछ नहीं कर पाती, शिकायत भी नहीं—सिर्फ इस चिन्ता में कि 'उन्हें' बदनाम करने से बृहतर परिवार का सुख-चैन जाता रहेगा, 'उनके' बीवी-बच्चों का क्या होगा! बीवी-बच्चों से भी किसी-न-किसी का सम्बन्ध रहता ही है, उनके प्रति उमड़ी ममता में भी लड़कियाँ चुपचाप सब झेल जाती हैं, वैयक्तिक सुधार आन्दोलन उन्हें कहीं नहीं ले जाते, क्योंकि कामदग्ध व्यक्ति कुछ भी नहीं सुनता! फिर भी प्रयास चलते रहते हैं, बर्बाद होती जाती है ऊर्जा, वक्त, आम्तदीप्ति!

कानून पारित करने के साथ लड़कियों में यह चेतना जगानी जरूरी है कि वैयक्तिक प्रयासों से सुधरने वाली चीज पाशविकता नहीं है, साम-दाम के बाद दण्ड-भेद आजमाना ही पड़ता है!

फूलों पर चाबुक जैसा

"बाग-बगीचों में बैठे हुए जोड़ों पर लाठीचार्ज ऐसा ही है जैसे फूलों पर पड़ी हुई सम्भावित धूल चाबुक में बँधी हुई झाड़न से झाड़ना। सटाक-सटाक। आतंक

का साम्राज्य इससे तो कायम होगा लेकिन सन्देश क्या जायेगा? यही कि हिंसा जायज है पर प्रेम नाजायज। प्रकृति की छांव प्रेम ही ढूँढता है और प्रेम पर डन्डे बरसाना एक तरह की डायरपन्थी है—एक नया जालियाँवाला बाग काण्ड"!

प्रेम न बाड़ी उपजै/प्रेम न हाट बिकाई। यह तो सच है। प्रेम किसी की तानाशाही नहीं मानता। किसी आदेश पर न प्रेम हुआ है, न मिटा है। बड़े फ्रेम में टँग जाते हैं ब्रह्मचर्य के कड़े नियम/उस फ्रेम के पीछे चिड़िया गर्भवती हो जाती है।

गरदनिया दे पुलिस, सूली तैयार कर दे कोई हाकिम मगर कहीं कोई प्रत्यभिज्ञा-सी अगर जगी है, दो जुड़वाँ-आत्माओं ने एक-दूसरे को पहचाना है तो यह पहचान मिटा पाना आसान नहीं—मछली अँगूठी जो निगल भी गयी तो कटेगी, दुर्वासा को गुस्सा आ भी गया तो वह पिघलेगा, अगर नहीं भी पिघला तो शाप अपने रस्ते, प्रियजन अपने रस्ते।

माँ-बाप, शिक्षक, पुलिस, पड़ोसी और नैतिकता के अन्य ठीकेदार लाठी लेकर जो किशोरों के पीछे पड़े रहते हैं तो इस डर से कि सीमाएँ टूट न जायें। यौन शुचिता एक बड़ी चीज है भी। दाल-भात का साधारण कौर रति क्रिया को बना दें तो प्रेम का रहस्य-रोमान्च बहुत हद तक विलुप्त हो जाये। प्रतिबद्ध प्रेम आनन्द का सागर है, कैजुअल सेक्स उस ठण्डे पेय की एक घूँट जिसे आमिर खान की शैली में सर उठाकर पिया तो जा सकता है, ताजातरीन भी महसूस किया जा सकता है जिसके दम से, लेकिन बस कुछ देर की खातिर। क्षणांश में रक्त का शर्करा-मात्रांक नीचे खिसकेगा और प्यास ज्यों की त्यों। 'दिल माँगे मोर' की चपेट में। जैसे ओस चाटने से प्यास नहीं बुझती, मुक्त यौन से भी नहीं क्योंकि मनुष्य का सेक्स होता है दिमाग में और दिमाग का रिश्ता दिल से होता है। जिसके लिए दिल में आदर और प्रेम हो—उससे ही देह का रिश्ता बने तो दिमाग की प्यास बुझती है। पशुवत आचरण या जहाँ-तहाँ मुँह मारते चलने की आदत किसी की शान्ति या शक्ति का उत्स नहीं बन पाती। यह बात तो ठीक है लेकिन अगर आप लड़के-लड़कियों को मिलने-जुलने या एक-दूसरे का अन्तर्जगत समझने का अवसर ही नहीं देंगे तो उनमें स्वस्थ प्रेम की आपसदारी पनपेगी कैसे?

विवाह के पहले तक विपरीत यौन के लोगों से अलग-अलग रहनेवालों का वैवाहिक जीवन भी अच्छा नहीं होता। वे अनन्त तक एक-दूसरे के लिए 'हउआ' ही बने रहते हैं। इसके विपरीत लड़कियों को करीब से जानने-समझने वाले लड़के और लड़कों को ठीक से जानने-समझने वाली लड़कियाँ समझदार और सम्वेदनशील जीवनसाथी बनते हैं। कक्षा, खेल का मैदान, पार्क-पिकनिक, नाट्य-मंडली, नृत्य-संगीत मंडली या दूसरे सांस्कृतिक केन्द्र लड़के-लड़कियों को पास आने का मौका देते हैं जिससे सम्बन्धों में सहजता आती है और इनमें 'भेड़-भेड़िया' या 'आग-तिनका' वाला रिश्ता कायम हो जाने के आसार काफी कम होते हैं।

विश्वास करने से ही विश्वास का मान रखने का शऊर किशोरों में विकसित हो सकता है। पुलिसिंग तो किसी तरह की अक्षम्य ही है—सम्वेदनशील मानवीय सम्बन्धों की पुलिसिंग क्या। आन्तरिक विवेक जागृत करना ज्यादा जरूरी है जो विश्वास में लेकर ही अभिभावक शक्तियाँ विकसित कर सकते हैं या दुनिया के क्लासिक बच्चों को पढ़वाकर, पढ़ते नहीं है तो क्लासिक फिल्में-दिखलाकर चरित्र-निर्माण का मनोसामाजिक अवलम्ब तैयार करना एक महीन काम है, उतना ही महीन और जरूरी काम जितना लतर के लिए बाँस की खपच्चियाँ काटकर जापानी शैली का सुन्दर चँदोवा तैयार करना। किसी के लिए मीठी बातों और हल्के स्पर्शों का घरौंदा बनाना बुरा है कि कुत्तों की तरह लोगों को दुत्कारना? एक तरह का क्रौंच-वध ही है पार्क में जोड़ों पर लाठी बरसाना जिस पर वाल्मीकि का यह देश-करुणा-विगलित होने के बदले मूँछों पर ताव देना और बूट फटफटाना सही मानता है। जुलिमिया-पुलिसिया का 'साफ्ट टार्गेट' ये नन्हें क्रौंच ही बनते हैं, क्योंकि सही अपराधी (स्मगलर, रिश्वतखोर, ड्रग और नन्हीं बच्चियाँ बेचने वाले, हत्यारे और आतंकवादी) पकड़ में नहीं आते खिसियानी बिल्ली खम्भा नोंचे। कहीं तो ताव दिखाना जरूरी है, भेड़िए को दिखा नहीं सकते तो क्रौंच को ही दिखा लो—बिना यह समझे कि अबोध मन पर कितनी बड़ी चोट है कि प्रिय के सामने ही प्रेम के लिए उसे जलील होना पड़े! इतनी-सी बात इस जुलुमिया-पुलिसिया को समझ में नहीं आती कि जिसे ऐय्याशी करनी होगी दिनदहाड़े बाग में नहीं आयेगा, कोई कमरा ढूँढ ही लेगा! प्रकृति की छाँव प्रेम ही ढूँढता है और प्रेम पर डण्डे बरसाना एक तरह की डायरपन्थी है—एक नया जलियाँवालाबाग काण्ड।

चौथा अध्याय

पूँजी की ललमुनिया

वैसे तो सत्तर के दशक में ही न सिर्फ 'श्रम' के अध्येताओं का बल्कि विश्व-बैंक आदि संस्थाओं का भी ध्यान श्रमिकों के तथाकथित सुविधाभोगी तबके के समान्तर पनपे 'अकुशल और असंगठित कामगारों के वृहदाकार अनौपचारिक क्षेत्र' की ओर जा चुका था, पर भूमण्डलीकरण के बाद 'हायर एण्ड फायर' की व्यवस्थात्मक नीतियों के महत्तम प्रसार के कारण शहरों में, खदानों-मिलों-कारखानों के हाशिये पर न सिर्फ उसका अमीबा-पिण्ड बढ़ा है, बल्कि उसकी समस्याएँ भी गहनतर हुईं, और जैसा कि हर नव-विस्थापित समूह के साथ होता है—यहाँ भी आर्थिक भावनात्मक असुरक्षाओं से उद्भूत बहुस्तरीय दोहन का सबसे स्पष्ट शिकार उसकी महिलाएँ हुईं। कम पगार और उपभोक्तावाद के आग्रह से क्षण-क्षण बढ़ती आर्थिक महत्वाकांक्षाओं का समाधान 'अनौपचारिक' सेक्टर के मजदूर दो-दो पालियों का काम ढूँढकर करते हैं। इसके कारण उनका मन-शरीर थककर ढूह हुआ रहता है, कहीं भी लुढ़क जाने को तत्पर-प्लेटफॉर्म, फुटपाथों पर, वेश्यालयों में, ठर्रे की दुकानों पर। समय की भी इतनी कमी रहती है कि 'थकान' उतारने के नाम पर ज्यादातर तो इतना ही हो पाता है कि प्याली की चाय तश्तरी में डालकर सुर्र-सुर्र पी गए या इसी लय में मिनट-दो-मिनट अपनी या पराई किसी औरत का शरीर सुड़का और अगले ही क्षण उसे परे धकेलकर, मार-पीटकर, 'पंचिन्ग बैग' के रूप में उस पर अपनी खुदरा खुन्दकें निकालकर भाग गए काम पर वापस। कमाई का दूसरा आसान स्रोत मोटे आसामियों के हाथ नन्हीं-नन्हीं बच्चियों का विक्रय भी है—नन्हीं बच्चियाँ इसलिए कि उनके साथ की गई मनमानी 'एड्स' के खतरों से उबारे रखती है।

भूमण्डलीकरण ने दूसरा बड़ा बखेड़ा उठाया है 'उत्पादन' को 'बाजार' से काटकर! पण्यों का उत्पादन कहीं और होता है और उपभोग कहीं और, जिसका नतीजा यह है कि 'उत्पादकों' और 'उपभोक्ताओं' में नाम का भी सम्बन्ध नहीं रहता—कई बार तो उपभोक्ताओं की कल्पना में भी नहीं समाता कि 'उत्पादक' उनके उपभोग की चीजें तैयार करते हुए कैसी मारक स्थितियों से गुजरे हैं। एक प्रसिद्ध विज्ञापन के अनुसार 'हीरा है सदा के लिए' किन्तु हीरा पॉलिश करनेवालियों का जीवन सूरत की तंग कोठरियों में तिल-तिलकर गलता हुआ उन मालिकों को भी नहीं दीखता जो वातानुकूलित कमरों में बैठे-बैठे वीडियो कैमरे की आँखें लगातार इन्हीं पर टिकाए रखते हैं कि काम करते हुए हीरे की एक कणिका भी मार तो नहीं ली गई।

वैसे तो 1860 के दशक से 'सोशल डार्विनिज़्म' का 'सर्वाइवल ऑफ द फिटेस्ट' वाला नारा अपने रंग दिखा रहा है, इस क्रूर स्थापना द्वारा कि जो हाशिए पर है किसी कारण जिनका आर्थिक-नैतिक-सांस्कृतिक-शैक्षिक विकास नहीं हो पाया—वे 'अनफिट' और फालतू हैं—पर भूमण्डलीकरण के बाद तो इसके विद्रूपीकरण का कोई हद-हिसाब ही नहीं रहा। एक विडम्बनापूर्ण बात इस सन्दर्भ में यह भी हुई कि भूमण्डलीकरण ने पूँजी के पाँव में पँख बाँध दिए, वह तो लोकगीत की 'ललमुनिया' की तरह विश्व-भर में फुदकने-चहकने को स्वतन्त्र हो गई 'उड़ि-उड़ि बैठी हलवैया दुकनिया' 'बर्फी' का सब रस ले लिया रे'—पर बर्फी तो दूर, सूखी रोटी के लिए भी तरस गए मजदूर। आर्थिक और भावनात्मक—दोनों संरक्षणों के लिए अधिक-से-अधिक 'स्थानीय' होते चले गए। उनकी और उनकी सहायक की स्थिति खूँटे में बँधी गाय-गोरु की ही हो गई—एक निश्चित वृत्त में घूम-टहलकर वे चर सकते थे। कोल्हू का बैल बन गए वे और 'मोबिलिटी' उनके लिए आँख का धोखा हो गई।

'पूँजी' की तरह 'मजदूरों' को तो अन्तरराष्ट्रीय क्षितिज का फ्री वीजा मिला नहीं ... पर हाँ, उनकी औरतें और लड़कियाँ अरब शेखों और दूसरे अन्तरराष्ट्रीय गिरोहों के हाथ बिकती चली जाने को स्वतन्त्र हो गईं! उपभोक्तावाद क्षणवाद को बढ़ावा देता गया—'टू मिनट्स प्लीज', 'फिल इट, शट इट, फॉर्गेट इट' आदि के कैप्शन अन्तरंग मानवीय सम्बन्धों पर भी घटित होते दीखने लगे। यह उस हृदयहीन उपयोगितावाद का ही नया रूप था जो औरत को 'पानी के एक गिलास' और लदे हुए एक गर्भ' के सिवा कुछ मानता नहीं था।

आज भी ईंट-पर-ईंट-पर-ईंट माथे पर और नौ महीने का बच्चा गर्भ में लादे बीच सड़क खड़ी मजदूर औरत का बिम्ब 'उत्पादन' और 'प्रजनन' का एक आदिम घाल-मेल हमारे सामने जगह-जगह खड़ा करता है—चूँकि पगार की दर प्रति ईंट के हिसाब से तय होती है, इसलिए मजदूर औरतों को जोर रहता है कि एक बार में ही अधिक से अधिक ईंटें उठा लें और कभी-कभी तो उनके सिर का बोझा 30

किलोग्राम हो जाता है। उनके लिए कौन-सी सदी बदली, कौन-सा नया विज्ञान आया—यह सोचने की बात है।

मध्यवर्गीय सन्दर्भ में 'भूमण्डलीकरण' कहते ही स्त्री के तीन रूप सामने उभरते हैं—

(क) तरह-तरह के मेकअप से दबी-ढँकी, बेहद दुबली, अक्षतयौवना बार्बी गुड़िया का;

(ख) हार्लिक्स, मैगी, सॉस, तरह-तरह के साबुनों और शैम्पू, खिलौने, बिस्किट, फैन्सी ड्रेस की टिकटें खरीदती सुपरबॉयर, सुपरममी का;

(ग) कम्प्यूटर ऑपरेटर, रिसेप्शनिस्ट, विमान परिचारिका, सेल्सगर्ल, मॉडेल, दूसरी हॉस्पिटैलिटी सर्विसेज में नियुक्त लड़कियों या लोअर डिविजनल क्लर्क, टाइपिस्ट, स्टेनो आदि का जिनके सिर ठुँकी पड़ी है बस की धक्का-मुक्की, सुबह से शाम, शाम से सुबह तक एक नए तरह की, पर उतनी ही नीरस, अरचनात्मक कार्यावलि; तरह-तरह की डॉट-फटकार या बॉस-गॉडफादर का यौन-दोहन, तज्जन्य अपराध-बोध, कुण्ठाएँ, अन्य विकृतियाँ, गृह-कलह, खण्डित मातृत्व आदि कलंक।

उत्तर-फोर्ड समाज के दोहरे श्रम बाजार का ही यह कमाल है कि एंड्रोजेनी की आदर्श स्थिति की अवहेलना करते हुए लड़के अति-मर्द होते जा रहे हैं, लड़कियाँ अति-नारी। लड़कों का आदर्श हिंसा के प्रति इम्युनिटी जगाते डब्ल्यू डब्ल्यू एफ. के मुस्टन्डे खिलाड़ी, क्रिकेट स्टार या लड़ाकू फिल्म स्टार, स्पाइडरमैन, मैचो मैन, सुपरमैन, ही-मैन और लड़कियों का आदर्श सिगरेट-सी टाँगें, मुट्ठी-भर कमर और मटकती आँखोंवाली बार्बी गुड़िया! वैविध्य का, अपनी खास वैयक्तिक आभा का तो कहीं कोई स्कोप ही नहीं दिखता। जैसे चॉक्लेट के किसी ब्राण्ड के पचास स्लैब्स एक रंग-ढंग, एक पैकिन्ग के—वैसे ही पचास आदमी भी एकदम एक-से—एक जैसी भाषा, एक जैसा हाव-भाव, एक-जैसी सोच-समझ, जैसे आदमी न हुए, टॉफियाँ हो गए—लेकिन याद रहे, आदमी की अस्मिता टॉफी-चॉकलेट में तब्दील हुई तो उसकी भी वही नियति होगी—या तो किसी दुकान के एयर-टाइट मर्तबानों में सज जाना या किसी धृष्ट, अधीर, लोलुप मुख में तिल-तिलकर घुलते चले जाना।

और घुल ही रही है लड़कियाँ : क्रैश डायटिंग और दूसरे स्लिमिंग कोर्सेज का बढ़ता बाजार डराता है कि अपनी लम्बाई-चौड़ाई घटाते-घटाते धरती की सतह से लुप्तोपमा की तरह गायब ही न हो जाएँ कहीं ये बेचारियाँ!

अमिनोसिन्थेसिस जाँचें इन्हें धरती पर आने से रोक ही रही हैं, अतिशय धन-लोलुपता की आँच कभी तन्दूर में, कभी चौके में इन्हें जिन्दा जलाकर मार ही डाल रही है, ऊपर से अक्षतयौवना दीखने के यत्न में ये खाना-पीना भी जो छोड़ें तो इनका तो सचमुच खुदा मालिक। रूप-यौवन और बाहरी चाकचिक्य पर जरूरत से ज्यादा बल एक तरह का पागलपन ही तो है।

माँ बनने के बाद भी एक विशेष प्रकार के 'साँचे' में फिट हो पाने की सुध अक्सर बनी रहती है। ऊपर से टेलीविजन के विज्ञापन बताते हैं कि सुपरमम्मियाँ तो वहीं हैं जो सुपरबायर्स हों—बच्चों को तरह-तरह के उपहार खरीदकर दे सकनेवाली, साफ-सुथरी, मुस्कुराती, सदाबहार। जो माँ इस कसौटी पर खरी नहीं उतरती, वह भी कोई माँ है! उसे तो कुछ भी कहा जा सकता है, कहीं भी लताड़ा जा सकता है, आँखें दिखाने पर बराबरी में आँखें भी नहीं निकालेगी वह, क्योंकि वह माँ है, पिता तो है नहीं, कमाती भी है तो पिता से कम, और जो कमाती है—उसे खर्च करने का अधिकार तो पिता को ही है ... पिता ही है सुप्रीमो ...।

तीसरी स्थिति ज्यादा विषम है—उत्तर-औद्योगिक भूमंडलीकृत समाज में लगातार निचले पायदानों पर औरतों को रोजगार सुलभ हो रहा है। अर्थशास्त्र जिसे 'फेमिनाइजेशन ऑफ सर्टेन जॉब सेग्मेन्ट्स' कहता है—उससे एक तरह के सारवाद के खतरे तो उभर ही रहे हैं, यह भी हो रहा है कि स्त्रियाँ पदानुक्रम में लगातार 'नीचे ही बैठी हुई' छवि के साथ रूढ़ हो रही हैं—वर्चुअली चरणों में बैठी हुई। सेकेन्डरी मार्केट में जहाँ पदोन्नति के स्कोप बेहद कम होते हैं, स्त्रियाँ हर जगह मौजूद हैं—'वह कौन-सी महफिल है जहाँ तू नहीं मौजूदवाली' स्थिति में, पर ऊपर के पदों पर वहीं ढाक के तीन पात, कुछ 'टोकेन वीमेन', बड़े व्यापारिक घरानों की साहबजादियाँ जिन्हें गाँव-देहात, कस्बे-शहर की साधारण स्त्रियों की तकलीफदेह जीवनचर्या की हल्की-भी समझ नहीं होती, फिर उनसे 'प्रतिनिधित्व' का सवाल सुलझेगा भी कैसे?

पर जैसे बाढ़ की विभीषिका के साथ कुछ उपजाऊ मिट्टी भी किनारे आ लगती है, भूमंडलीकरण के मूलतः विनाशकारी वशीकरण मन्त्र ने चाहते-न-चाहते स्त्रियों की अस्मिता का विकास भी थोड़ा कर डाला है। निचले पदों पर ही सही, स्त्रियाँ रोज़गार सँभाल तो रही हैं, तरह-तरह की दुर्घर्ष स्थितियों से जूझने का आत्मविश्वास भी आ ही गया है तरह-तरह के 'एक्सपोज़र' से।

यह ठीक है कि हम आज तक अतिरेकों में जी रहे हैं, लेकिन हमारा जो आनेवाला कल है, विशेषकर स्त्रियों के सन्दर्भ में, सारे प्रचलित मिथक ऐसे तोड़ेगा जैसे कभी निराला की नायिका ने पत्थर तोड़े थे। यह कम बड़ा परिवर्तन नहीं है कि पढ़ी-लिखी तेजस्वी स्त्रियाँ आज बहुधा अकेली रह जाती हैं और खासे ठस्से के साथ। गए वे दिन जब बड़ी उम्र की कुँवारियों, परित्यक्ताओं, विधवाओं और माँ न बन पा सकनेवालियों के साथ डायनपने और कटखनी कटुता का मिथ जोड़ दिया जाता था। आज तो घर के पड़ोस के अनादृत बूढ़े और बच्चे, बेसहारा स्त्रियाँ बतरस का सुख और थोड़ा चाय-पानी भी इन अकेली स्त्रियों की गृहस्थी में ही पाते हैं। खुद अपने पैरों पर ही ये खड़ी नहीं हुई, दूसरों के सिर साया करने की स्थिति में भी आ गई हैं। पक्के गृहस्थों के घर तो 'हम दो, हमारे दो' की संकीर्ण हृदय मतलबपरस्ती ही ज्यादा दीखती है क्योंकि 'काम-से-काम, बाकी सब

हरामवाला' दर्शन उनका हो गया है। दूधवाले, सब्जीवाले, पन्सारी, कबाड़ी, राह चलते परिजन-पुरजन तक जहाँ घर के सदस्य ही हों—यह अकेली स्त्रियों की गृहस्थी में आपको कहीं ज्यादा दीखेगा।

आधुनिकता के पहले दौर में संयुक्त परिवार टूटे; टूटने ही थे। आज आर्थिक कारणों से और विश्व-ग्राम की अधुनातन स्थितियों के कारण भी न्यूक्लियर परिवार के इलेक्ट्रॉन, प्रोटोन और न्यूट्रॉन (पति-पत्नी और बच्चे) अक्सर तीन दिशाओं में छिटक गए-से दीखते हैं जो अपने आप में बहुत बड़ा विस्फोट है—बच्चे छात्रावासों या डे-केयर सेन्टर्स में और अन्ततः सात समुन्दर पार, माँ-बाप अलग-अलग नौकरियों पर, बहुधा अलग-अलग शहरों में। इससे भी जीवन की जटिलताएँ बढ़ी हैं, मानसिक बीमारियाँ और स्वार्थपरता भी! हमने ऐशो-आराम के साधन बढ़ा लिए हैं, पर कुल मिलाकर देखा जाए तो यह तकलीफ़ की बात है कि हम ऐसे समाज में जीने को अभिशप्त हैं जहाँ दूसरों का हक छीनकर शान से रहने में हमें शर्म नहीं आती, कभी मिनट-दो-मिनट के लिए आती भी है तो रेडक्रॉस में चन्दा देकर, अनाथालयों, सुधारगृहों में आमदनी का थोड़ा हिस्सा डाइवर्ट कर या थोड़े-बहुत तात्कालिक पीसमील रिफॉर्म्स द्वारा परोपकारी पन्नालाल बनकर रहे-सहे अपराध-बोध से भी उबर लेते हैं हम! किसी का हक उसे 'कृपा-भाव' से दिलाना नवधनाढ्य वर्ग की वैनिटी को सन्तुष्ट रखनेवाला खतरनाक खेल है। हम किसी भी समुदाय-जाति-वर्ण-नस्ल- वर्ग की हों—हमारी समस्याओं के सूत्र कहीं तो जुड़ते हैं और हमें हर सामाजिक अन्याय के बिन्दु पर सम्मिलित प्रतिकार की शक्ति यहीं से मिलती है।

अपने 'रत्नाकर डाकुओं' से यह तो हम नहीं ही कह सकतीं कि हमारा पेट पालना तुम्हारा कर्तव्य है, तुम पैसे लूटकर लाओ या खसेटकर—इससे हमें कोई मतलब नहीं!! मतलब हमें भरपूर है, और क्यों नहीं होगा।

न हो किसी बड़ी क्रान्ति का स्कोप कहीं लेकिन अपने छोटे-छोटे जीवन-वृत्तों में ही जीवन उलझकर न रह जाए—इसका ध्यान रखना जरूरी है! मुक्ति और फँसाव के बीच का द्वैत (डायलेक्टिक्स) समझ लेना जरूरी है। 'बहुत कठिन है डगर पनघट की।' रस्सी पर चलने की ठानी है तो एक-एक कदम फूँककर रखना तो होगा! देह पूँजी जरूर है, मगर क्रूर पूँजीवादी तो नहीं बन जाना हमें इस पूँजी के खेल में, घर में या स्कूल में पुराने लोगों के मुँह से एक कहावत हम सबने सुनी होगी 'वेन वेल्थ इज लॉस्ट/नथिंग इज लॉस्ट/ वेन हेल्थ इज लॉस्ट/समथिंग' इज लॉस्ट, वेन कैरेक्टर इज लॉस्ट/ ऐवरिथिंग इज लॉस्ट।' देह विमर्श 'वेल्थ', 'हेल्थ' और 'कैरेक्टर'—तीनों की बहुमूल्य धारणाओं पर प्रश्नचिन्ह लगाता है! और तीनों की नई परिभाषाएँ गढ़ता है, यह उसकी उपलब्धि भी है!

सही समाधान वैश्वीकरण नहीं, सार्वभौमीकरण

औरत का बाजार या मण्डी से रिश्ता हमेशा ही पेचीदा रहा है। पहले औरतें दीखती कम थीं। विश्व बाजार में हर जगह नजर तो जरूर आ जाती हैं, मगर किस स्थिति में? जबरदस्ती हँसती रहने को मजबूर बार्बी गुड़िया के रूप में। रिसेप्शनिष्ट, कम्प्यूटर-परिचालक, अनस्किल्ड लेबर और अन्य छोटे-छोटे पदों पर, जहाँ बॉस/गॉड फादर हरदम ही देह या नौकरी और पूरी अस्मिता सुड़क जाने को तैयार हों।

आर्थिक सम्बन्धों का अन्तरराष्ट्रीय विस्तार आज की स्थिति में रोका नहीं जा सकता था, पर इसके साथ जुड़ी, पैसों को खुदा मान लेने की मनोवृत्ति स्त्री का ही नहीं, गरीब और साधनहीन पुरुषों का भी पण्यीकरण कर गयीं। एक जीता जागता व्यक्ति *यूज एण्ड थ्रो* की नियति झेलता सस्ता पण्य बन जाए—इससे बड़ी शर्मनाक बात क्या हो सकती है!

पैसों को खुदा मान लेने की यह मनोवृत्ति हिप-हॉप कल्चर की नींव डालती गई। यहाँ सेक्स एक न्यूज बुलेटिन हो गया, ब्यूटी क्वीन्स कहलाने लगीं सांस्कृतिक राजदूत, दुनिया हो गयी एकध्रुवीय। अमरीका की दादागीरी बढ़ती ही गई, बढ़ती ही गई दक्षिणपन्थी टुच्ची घेरेबन्दियाँ। यह एक ओर औरतों के लिए ड्रेस कोड रचती है, दूसरी तरफ वर्चुअल सेक्स का इरेटोइलेक्ट्रॉनिक्स जो औरतों को एक बिकाऊ उपादान भर मानता है।

इस नव उपनिवेशवाद द्वारा प्रायोजित ट्रैफिकिंग पिछडे देशों की नन्हीं, गरीब बच्चियों का माल असबाब की तरह एड्सभीत उन्नत देशों में निर्यात, ब्यूटी प्रेजेन्ट्री की अन्तरराष्ट्रीय स्पान्सरशिप, सौन्दर्यमिथ के अक्ष पर स्त्रीत्व का, बम (और बोल बम) के अक्ष पर पौरुष का ध्रुवीकरण विश्व बाजार से जुड़े कई प्रश्न हैं, जिनके बृहत्तर आयाम खोले जाने हैं। प्रभा खेतान ने इनमें से कुछ पर ध्यान दिया है। श्रम के स्त्रीकरण और यौनकर्म की कीमत पर विस्तार से चर्चा की है। सूचनाएँ और टिप्पणियाँ दिलचस्प हैं। 'भूमण्डलीकरण की प्रक्रिया ... ऐतिहासिक डिजनीलैंड ... का निर्माण करती है। ... एक ओर भिन्नताओं को समाविष्ट करती है तो दूसरी ओर पहचान के आग्रह में ये भिन्नताएँ और अधिक मुखर होती हैं।' आगे उन्होंने फिल्मों के वर्ल्ड प्रीमियर को भूमण्डलीय मेला कहा है। सोदाहरण बताया है कि कैसे हम स्थानीय से उठकर सीधे भूमण्डलीय स्तर नापने का दावा करते हैं।

यहीं मुझे यह सूचना भी मिली कि वेनेटल नामक बहुराष्ट्रीय कम्पनी कपड़ों के शेड कार्ड मुम्बई के सूर्यास्त और अफ्रीकी सूर्यास्त में फर्क करते हैं। औद्योगिक विकास एवं औपनिवेशीकरण द्वारा प्रायोजित लूट में मिले धन से (यानी नव धनाढ्य वर्ग द्वारा) निर्मित हुए सारे सार्वजनिक म्यूजियम, नाट्यशालाएँ, ओपेराघर, नाटक कम्पनियाँ .. सबके समानान्तर आज इक्कीसवीं सदी में एक उच्चस्तरीय भूमण्डलीय जनसंस्कृति

विकसित हुई है जहाँ कोई भी अभिव्यक्ति और घटना (जैसे वॉन गॉग की तस्वीर) आपके ड्राइंग रूम में हाजिर ... खरीदो-खरीदो की गुहार लगी है, खरीदो, कितना खरीदो!

स्वतन्त्र बाजार की आड़ में हर देश नुकसान में है—अमेरिका का व्यापार-घाटा 400 अरब डॉलर है और अकेले चीन को बकाया देना है लगभग 80 अरब डॉलर।

अन्त में जब वे आती हैं स्त्री-प्रश्न पर तो नवस्त्रीवाद की आलोचना करती हुई ब्राण्ड को स्त्री का चरण-भाट बताती हैं जायजा देती हैं उस पूरी प्रक्रिया का जिसमें उपभोक्ता को एक ऐसी पोटली पकड़ा दी जाती है जिसमें उसके सपने हैं, चाहत हैं, अपराधबोध और विवेकहीन कुण्ठाएँ ... मीडिया इन्टरनेट के वृहद स्तर पर उसे प्रेरित किया जाता है और अच्छा उपभोक्ता बनती जाने को।

यह एक तरह की चेतावनी है—'लुक बिफोर यू लीप' वाली। आगे एक बहुलतावादी रणनीति की उड़न-छू चर्चा भर है। पर क्या होंगे उस रणनीति के मुद्दे और वे कैसे कार्यान्वित होंगे? इस तरह की कोई फेमिनिस्ट ऑन्टोलॉजी उभर कर नहीं आती। स्त्रीवादी अर्थशास्त्र और संस्कृतिकर्म का मिला-जुला ब्लू प्रिन्ट बने—भूमण्डलीय स्तर पर—स्त्रीवादी यूएनओ गठित हो—तब हो यह सांस्कृतिक प्रतिकार पूरा, तब हो यह बड़ी लाल किताब पूरी *धरती सब कागद करौं, लेखनी सब बनराई* की तर्ज पर, ग्लोबल गवर्नेन्स के प्रस्तावों और वर्ल्ड सोशल फोरम के अन्य प्रस्तावों के तहत। इमोशनल इंटलिजेंस (ई क्यू) द्वार ऊर्जा सन्तुलन और शक्ति समन्वय का प्रस्ताव भी स्त्री-आन्दोलन का एक विचारणीय प्रस्ताव है।

महिला संगठनों के एक विशेष सेक्टर की भी बात चलायी जा सकती है। जाहिर है कि स्त्रियों के विकास के अन्तर्गत उनके आँचल के नीचे पलने वाले बच्चों और वृद्धों का विकास भी अन्तर्भुक्त होगा जो किसी भी देश की आबादी का एक बड़ा हिस्सा है।

आधुनिकता के दौर में प्रस्तावित 'मैन ऑफ रीजन' से उम्मीद की जाती थी उसके सर से कल्पना और अन्तःप्रज्ञा, फन्तासियाँ, स्वप्न और स्मृतियाँ इस तरह गायब होंगी जैसे गधे के सिर से सींग। इस यन्त्रीकरण की प्रक्रिया का सहज समाधान ग्लोबल स्तर के स्त्री-संगठनों द्वारा सम्भव है। सार्वभौमिकता, राष्ट्रवाद, नस्लवाद, लिंगवाद की प्रतिरोधी होती तो है पर इसके इस प्रतिरोध के अन्तर्गत मनुष्य की स्नेह—सुरक्षाधर्मी गैर-बौद्धिक जरूरतों का दमन हीनतर और विकृत घेरेबन्दियाँ (पैरोकियल लॉयल्टीज) भी पैदा कर सकता है।

आधुनिकता और प्रबोधन के प्रमुख उद्देश्य हैं स्वायत्त व्यक्ति! और तर्कशीलता के उत्थान पर भूमण्डलीकरण द्वारा परोक्ष तौर पर सुलगा दी गई ये विकृत घेरेबन्दियाँ स्वायत्तता और तर्कशीलता—दोनों का राम नाम सत्त कर डालती हैं। यहीं से शुरू होता है इसके अन्तर्विरोधों का सिलसिला, जो स्त्री-आन्दोलन द्वारा प्रायोजित ई-क्यू (भाव-बुद्धिकोष) सन्तुलन से ही सम्भव है।

एक स्त्री-आन्दोलन ही है जो ठीक से समझता है कि वैश्वीकरण का सही समाधान सार्वभौमीकरण है। वैश्वीकरण एकध्रुवीय विश्व का उत्पाद है। इसका दर्शन संक्षेप में यह है कि एक दर्शन, एक बिम्ब, एक विश्व दृष्टि दुनिया के विशिष्ट कोने से उठे और पूरी दुनिया पर छा जाए। जस का तस। अस्मिता आन्दोलन द्वारा प्रस्तावित सार्वभौमीकरण मानता है कि दुनिया के हर कोने से अपना विशिष्ट अनुभव खंड उठे और वह छन-छनाकर मानव मात्र का उभयनिष्ठ अनुभव बने। कोई किसी पर दादागीरी न छाँटे। जो हो, साझा हो। कोई पदानुक्रम न हो कायम और चीजें परिवर्तन को प्रस्तुत रहें। सम्वाद सबका सबसे हो। मुश्किल यहीं तो घिर आयी है कि अनुभव संचारित नहीं हो रहे, संचरण ही एकमात्र अनुभूति रह गयी है।

इसका खुशनुमा व्यक्तिक्रम स्त्री-आन्दोलन ही घटित कर रहा है। क्यूबा से अभी-अभी प्रकाशित विटरेल नामक स्त्रीवाद जनरल दक्षिणेशिया का वातिक आन्दोलन कैनोनियल और कोलोनियल—दोनों पर एक सुखद प्रतिघात कैसे घटित कर रहा है—कुछ ऐसी चर्चाएँ भी पुस्तक में अपेक्षित थीं।

कोलोनियल और कैनोनियल—दोनों पर पहला प्रतिघात स्त्री-आन्दोलन ने किया। पर यह प्रतिघात चाकू या डण्डे का प्रतिघात नहीं है। यह प्रतिघात है लकड़ी के उस लट्ठे का जिससे पीट-पीट कर औरतें रजाई के खोल, पुराने स्वेटर, चादरें पोंदे का कपड़े वगैरह का जिद्दी मैल आज भी निकालती हैं—देश के एक बड़े हिस्से में ग्लोरिलस आन्दोलन के बाद स्त्री-आन्दोलन ही एक ऐसा आन्दोलन है जिसमें एक बूँद भी रक्तपात नहीं हुआ। पटखनियाँ दी भी गई है तो जैसे कपड़ों को दी जाती है—चीकट पूर्वग्रह को धो डालने की खातिर।

स्वास्थ्य, शिक्षा और दुनिया के आर्थिक विकास में स्त्रियों की भागीदारी

यूनाइटेड नेशन्स पॉपुलेशन फण्ड (यूएनएफपीए) तथा वर्ल्ड एकोनॉमिक फोरम की सद्यः प्रकाशित दो रपटें इस बात का सजग साक्ष्य वहन करती हैं कि स्त्री छू दे तो मिट्टी भी सोना हो जाए! स्त्रियों की भागीदारी जहाँ पर भी रही है, उन संस्थानों का कुल उत्पाद पहले से कई गुणा बढ़ा है!

यू.एन.एफ.पी.ए. की रपट "रीचिंग कॉमन ग्राउण्ड : कल्चर, जेण्डर ऐण्ड ह्यूमन राइड्स" इसकी पुष्टि में कई आँकड़े देती हुई अन्तत : इस बात पर अफसोस जताती है कि दुनिया के एक बिलियन लोगों में 60% लोग स्त्रियाँ हैं और उनमें 66% हैं वयस्क निरक्षर! जिनका स्कूल असमय ही छुड़ा दिया गया, उन स्कूल ड्राप–आउट्स में भी 70% लड़कियाँ ही हैं।

डब्ल्यूई.एफ. का 'ग्लोबल जेण्डर गैप इन्डेक्स' 130 विकासशील देशों के बीच

113वें स्थान पर भारत को रखता है। तीन श्रेणियों (सबइण्डिसेज) में तो भारत का स्थान और भी नीचा है। ये श्रेणियाँ हैं : आर्थिक सहभागिता और अवसर (125), शैक्षिक उपलब्धि (116), स्वास्थ्य और बचाव (128)! किन्तु राजनीतिक सम्बलन की चौथी श्रेणी में भारतीय महिलाएँ ऊपर हैं। अन्य भूमण्डलीय चुनौतियों की तरह लिंग समदर्शिता (जेण्डर इक्वेलिंटी) भी एक बड़ा मुद्दा है जिस पर खर्च न के बराबर हो रहा है!

सबसे सोचनीय हालत तो जच्चा-घरों की है! दुनिया में 66% बच्चे प्रशिक्षित दाइयों या डॉक्टरों की निगरानी मैं पैदा होते हैं, भारत में सिर्फ 47%! राष्ट्रीय ग्रामीण स्वास्थ्य मिशन की एक रपट यह भी है कि बालिका भ्रूण हत्या की दर पढ़े-लिखे, समृद्ध नागर समाज और न्यून सेक्स अनुपात वाले राज्यों में ज्यादा है! गाँवों में तो सुरक्षित और साफ-सुथरे प्रसव की व्यवस्था और सामान्य पोषण का अभाव ही जच्चा-बच्चा—दोनों को असमय काल-कवलित कर लेता है।

बचपन में हम चुड़ैलों के किस्से सुना करते थे कि जजगी के दौरान मरने वाली स्त्रियाँ चुड़ैल बन जाती हैं! उनके पाँव के पंजे पीछे की ओर होते हैं! गर्मी की रातों में घर की छत पर या बरामदे पर फट्टों में मुसहरी लगाकर जो सोते हैं, उन्हें वे मुसहरी के पार से झाँक-झाँककर देखती हैं कि कहाँ गया उनका वह बच्चा, किस मुसहरी में सोया है, कोई उसे तंग तो नहीं कर रहा! चूँकि वे अपने बच्चे का भी चेहरा ठीक से नहीं जानतीं, कोई भी बच्चा कहीं तंग होता है तो वे तंग करने वाले को कच्चा ही चबा जाती हैं! ...स्कूल के मरखण्ड मास्साहबों और सख्त बापों से वे कुछ भी नहीं बोलतीं क्योंकि गाँव के रिश्ते से वे उनके 'जेठ' लगते हैं। यानी कि उतनी मारपीट से तो बेचारे बच्चों को न भगवान बचा सकते हैं, न चुड़ैलें।

लोकमनीषा, जहाँ ये किस्से मुकुलित होते हैं, बच्चों की कुछ मार-पीट तो जायज समझती है! इसी तरह चुड़ैलों को भी पोएटिक जस्टिस दिलाकर कम-से-कम न्याय की देवियाँ बताना वह जरूरी नहीं समझतीं! इसको कहते हैं आभ्यान्तीकरण! किसी को इतना मारो कि उसकी चमड़ी ही सख्त हो जाए, चोट लगनी ही बन्द हो जाए! थोड़ा मारा, रोए, बहुत मारा, सोये! इसी नींद से जगाता है यह स्त्री-आन्दोलन! यह चुड़ैल के उलटे पाँवों की सही व्याख्या करता है! उलटे पंजे वाला व्यक्ति पीछे की ओर ही चलेगा यानी कि अतीतजीवी होगा! अतीत में ही कहीं अटके होंगे उसके प्राण! अटकेंगे कैसे नहीं! इतना गहरा सदमा जो कीलित है उस काले अतीत में! कैसे समाज में वे जी रही थीं कि जिन्दगी का सबसे अधिक खूबसूरत जो दिन होता था, जिस दिन उनकी गोद हरी होनी थी, उसी दिन उन्हें शरीर छोड़ना पड़ा—सिर्फ इसलिए कि साफ-सुथरे, सुरक्षित प्रसव की व्यवस्था उनके लिए नहीं थी!

सिर्फ अपनी गोद हरी करने या अपना जीवन ही हरा-भरा करने की स्त्रियाँ नहीं सोचतीं, धरती की गोद भी हरी-भरी रखने की उनको हमेशा से चिन्ता रही है। स्त्री-विकास को निवेदित ज्यादातर संस्थान पर्यावरण-प्रबन्धन को मूल मुद्दा मानते हैं। भोपाल और चर्नोबिल विपत्तियाँ, मिट्टी, हवा और पानी पर बायोस्फेरिक दबाव, ग्रीनहाउस प्रभावों से मुरझाती फसलें, ग्लोबल वॉर्मिंग और अन्य सम्बद्ध विषय सन् 80 के बाद से स्त्रियों की सोच का मुख्य मुद्दा रहा है!

चारा, ईंधन और पानी की मूलभूत सुविधाओं से विरत ग्रामीण और पर्वतीय स्त्री-समुदाय सिर्फ इन्हीं की खातिर नहीं, शराब-बन्दी, शिक्षण-प्रशिक्षण, परिवार-नियोजन, संसाधनों पर स्त्रियों के प्रभुत्व की माँगें भी उठाने लगा है! स्त्री हो या धरती—उससे गैर-जिम्मेदार दुर्व्यवहार तुरत बन्द हो—यह जरूरी है! उड़ीसा के समुद्रतटीय गाँवों में धरती भी महीने के चार दिन रजस्वला घोषित करके आराम करने को छोड़ दी जाती है! धरती और स्त्री का धीरज, धरती का 'गर्भ' आदि सन्दर्भ भी धरती और स्त्री को एकात्म करके देखते हैं!

एक लोकगीत कहता है :

"स्त्री का बलात्कार धरती का बलात्कार है", बालिका का बलात्कार बह्माण्ड का।

पारम्परिक मार्क्सवाद से स्त्रियों को एक शिकवा यह भी है कि वह आधुनिकता को स्थानीय संस्कृतियों की छवि में नहीं ढालता! प्रकृति के अलग-अलग रंगों से उसका सम्वाद ही नहीं है! पश्चिमी सभ्यता के रंग की तरह आधुनिकता के भी कई रंग हैं—कम-से-कम स्त्री-दृष्टि यह पहचानती है, क्योंकि धरती के अलग-अलग रंगों से उसका साबका पड़ता है! और जेन पारपार्ट जिसे स्त्रियों की "powers of persuation, discussion and inclusion" कहती हैं, हठ करने, आश्वस्त करने, पीछे लगकर बतियाने, चर्चा करने और सबके दुःख-दुख समेट लेने की उनकी उद्धुर शक्ति ही आधुनिकता के उत्तर-विकासवादी चरण को वैकल्पिक जीवन पद्धतियों से समृद्ध करेगी—ऐसा लगता है।

कई ऐसे अलग-थलग पर्वतीय प्रदेश हैं जहाँ स्त्रियाँ आधुनिकता का एक नया धुर देसी-सा संस्करण मॉडेल के रूप में लिए खड़ी हैं! प्रसिद्ध स्त्रीवादी कार्यकर्त्ता नॉरवग हॉडगे ने विमेन्स अलायन्स ऑफ लद्दाख (डब्ल्यू.ए.ई.) के सौजन्य से कई ऐसे 'रिऐलिटी टुअर' (यथार्थन्वेषी दौरे) प्रायोजित किए जिससे आधुनिकता के चाकचिक्य का विभ्रम ढूँढा गया और धरती, परिवार तथा समुदाय की आदि अभिभावक-शक्ति के रूप में स्त्रियों की अनमोल भूमिका रेखांकित हुई।

औपचारिक, अनौपचारिक और गैर-वैधानिक श्रम-मण्डियों में स्त्रियों की डगमग स्थिति दुर्गति के दौर तक पहुँच गयी—भूमण्डीकरण के बाद जब राष्ट्रीय बाजारों से जुड़े छोटे और मध्यवित्तीय विनियोग अचानक मुँह के बल गिर पड़े!

देह का धन्धा और दूसरे घरों का चौका-बरतन, ब्यूटी पार्लरों और हेल्थ-पार्लरों में मालिशवालिश करके जीवन-यापन करती स्त्रियों को मुम्बई में शिवसेना के लोग फोड़ने लगे, दिल्ली में अन्यान्य पार्टियों के लोग ... पर किसी राजनीतिक पार्टी की सत्ता इनको सामान्य जीवन की वे मूलभूत सुविधाएँ जुटाने का विशेष उपक्रम करती नजर नहीं आयीं जिनकी अपेक्षा किसी भी प्रजातन्त्र का संविधान जगाता है!

जिस्मफरोशी का प्रतिशत निम्न मध्यवर्गीय लड़कियों में भूमण्डीकरण के बाद काफी बढ़ गया है। क्योंकि यौन-पर्यटकों की संख्या बढ़ी है और कालाधन भी—राजस्थान जैसे पर्यटन—बहुल स्थानों में दूर-दराज की जगहों और दिल्ली, मुम्बई जैसे महानगरों से भी इण्टर में पढ़ती या कई तरह के पत्राचार कोर्स करती/मामूली पढ़ी-लिखी, चुस्त-दुरुस्त लड़कियाँ महीने-दो-महीने की जिस्मफरोशी के लिए आती हैं! 'माइग्रेटरी बर्ड्स' की यह नई श्रेणी है! माता-पिता से ये कहकर निकली हैं कि उन्हें नौकरी मिल गई है और साल में कुछ महीने 'टुअर' में बिताकर सर्वेक्षण जुटाने हैं, उसी की उन्हें एक मोटी तनख्वाह मिलेगी!

मोटी तनख्वाह उन्हें मिलती भी है किन्तु उन पर्यटकों या धन्ना सेठों से जो अपनी बड़ी-बड़ी कम्पनियों/फर्मों से कुछ दिन की छुट्टी पर यहाँ आते हैं!

जयपुर पुलिस की एक रपट के अनुसार सम्भ्रान्त परिवारों के नवयुवक/युवतियाँ भी मात्र 'किक' के लिए इस 'कार्पोरेट सेक्स' का हिस्सा बन जाते हैं। व्यापारिक संस्थानों के समानान्तर चल रहे इन सेक्स-रैकेटों में कई ऐसी घरेलू महिलाएँ भी शामिल हैं जिनके मन में अपने हिंसक पतियों के प्रति किसी-न-किसी तरह का आक्रोश है! मार-पीट, गाली-गलौज झेलती जब वे थक जाती हैं, एक सूक्ष्म प्रतिशोध की मुद्रा में और स्वतन्त्र आर्थिक अन्तर्व्यवस्था खड़ी करने का सपना लिए वे दोपहर में उन दलालों के साथ 'शॉपिंग-वॉपिंग' के नाम पर निकल पड़ती हैं जिनके पास पहले से ही घर-गृहस्थी से असन्तुष्ट महिलाओं की (पूरी मेहनत से तैयार) सूची होती है। डांस पार्टियों के बहाने जिस्मों की नुमाइश होती है और युवती की देह-यष्टि और सेक्स-अपील के अनुसार उसकी दर या तनख्वाह तय होती है।

एक ऐसी युवती ने बातचीत के दौरान बताया कि उसका शरीर उसका अपना 'धन' है—वह उसका चाहे जो उपयोग करे! दान, भोग और नाश—धन की तो तीन ही गतियाँ होती हैं; वातावरण में तरह-तरह के स्नायविक तनाव जगाने वाले स्पन्दन बिखरे पड़े हैं। दवा की दुकानों पर कॉन्डोम मिलता है! सुरक्षित स्थान की व्यवस्था उन्हें खुद नहीं करनी पड़ती, उनका वह 'परदेशी प्रेमी' करता है जिसके लिए पैसा

---

1. *पारपार्ट जेन, लेसन्स फ्रॉम द फीलड, रीथिंकिंग एम्पावरमेण्ट, जेण्डर ऐण्ड डेवेलपमेण्ट फ्रॉम आ पोस्ट डेवेलपमेण्ट पर्सपेक्टिव, फेमिनिस्ट पोस्ट डेवेलपमेण्ट थॉट, क्रीमाइल्ड साउण्डर्स, ऐण्ड बुक्स, लण्डन ऐण्ड न्यूयार्क, 1888*

'हाथ का मैल' है! घर के लोगों को भी शिकवा क्योंकर होना चाहिए? उनकी तो आर्थिक मदद ही हो जाती है—'और दस कामों की तरह यह भी एक काम है।' रहा 'पॉजेसिव इंस्टिक्ट्स टैकल करने' का सवाल तो इसका हम ध्यान रखती हैं कि उन्हें पता न चले, हम कहाँ जाती हैं! 'फिर वो ही कौन रामजी का अवतार हैं कि हम सीता-सावित्री होने का ढोंग करती रहें! चार दिन की चाँदनी है जवानी! रोते-झींकते बिताने से अच्छा है, मौज़-मस्ती में बिताना—लेकिन सावधानी बरतते हुए ...क्योंकि समाज तो अभी तक पिछड़ा है, समय के साथ व्यक्ति की मानसिकता जितनी जल्दी बदलती है, समाज की नहीं बदल पाती! व्यक्ति समाज से हमेशा दस कदम आगे चलता है!'

तर्क का जो स्तर है, उससे कोई भी समझ लेगा कि लड़की मामूली पढ़ी-लिखी नहीं, अच्छी पढ़ी-लिखी है। 'कार्पोरेट सेक्स' में चुस्त-चुटीली बातें कर सकने वालियों की दर ज्यादा हैं! इनके गाहक गाहक नहीं कहलाते, 'क्लाएण्ट' कहलाते हैं और चूँकि वे भी पढ़े-लिखे तबके से आते हैं, कुछ घण्टों की 'डेटिंग' का मजा 'शिष्ट व्यवहार' से बरकरार रखने का गुर उनको आता है! कोमल व्यवहार की आकांक्षी स्त्रियों में वे भ्रम भी पैदा करते हैं कि अगर उनसे शादी हो पाती तो वे उन्हें 'बहुत अच्छी तरह' रखते ! ...इस तरह 'आह' और 'वाह' की कश्तियों पर सवार वे अपने 'बेशकीमती घण्टे' बिताते हैं और वो जो एक बहुत चालू-सा मुहावरा है 'पार्टिंग ऐज़ फ्रैण्ड्स'—बहुत अच्छी तरह अभिनीत होता है!

मैंने उत्सुकतावश यह पूछा कि दोस्ती तो बहुत बड़ा जज्बा होता है : सुख और दुख—दोनों में साथ खड़ा होने का जज्बा, तो वह बोली, "मैडम, मेरे पति जब अस्पताल में भरती थे, वह लगातार मेरे पीछे खड़ा रहा : हर तरह से उसने हमारी मदद की! ... मुझसे भी जो बन जाता है, मैं उसके लिए करती हूँ !" इस तरह के और कितने जटिल केसों से हम गाहे-बगाहे गुजरते हैं जो हमें यह सोचने पर विवश करें कि एकनिष्ठता एक बड़ा भाव तो है, एकनिष्ठ रिश्ते अधिक इंटेंस हो सकते हैं—यदि दोनों प्राणियों के मूल-तत्त्व एक हों, कम्पैटेबिल हों दोनों, अन्यथा 'जो भी प्यार से मिला, हम उसी के हो लिए' का दर्शन स्त्रियों में भी परवान चढ़ रहा है, पुरुषों में तो यह हरदम से था! बाजारवादी ताकतें इसी ढंग से हमें सम्बलित कर रही हैं : छोटे-बड़े कई रंगीन झूठ, क्रिस्टल के महँगे खिलौनों की तरह, हर ड्रॉइंग रूम में सजे हैं। पर प्रश्न यह उठता है कि क्या अपने बच्चों के लिए भी ऐसा जीवन चाहते हैं हम? सत्य की सबसे बड़ी ताकत ये है कि झूठा भी खुद को सच्चा ही प्रमाणित करना चाहता है।

इसी के समानान्तर एक वर्ग ऐसी लड़कियों का भी है जो सौन्दर्य के 'बाजारू' निकष पर खरी नहीं उतरतीं! दुनिया की सारी 'वाइटिनिंग क्रीमें' और 'रिवाइटलाइजिंग शैम्पू', कॉन्टैक्स लैंस और 'वेट लॉस केन्द्र', एज्युकेशन लोन, कैट

और मैट और सैट और जीमैट, पब्लिक सर्विस कमीशन के तामम कोचिंग सेण्टर जिन्हें मुक्ति की अलग-अलग राहें दिखाते रहते हैं! कई आवधिक पाठ्यक्रम योग, रेकी, विपासना, शोकागाकाई, 'आर्ट ऑफ लीविंग', तरह-तरह के ध्यान-केन्द्र, दुनिया की सारी निबन्ध प्रतियोगिताएँ और वाद-विवाद प्रतियोगिताएँ उनके लिए हैं! वे विवाह करना ही नहीं चाहतीं क्योंकि उन्हें ढोर-डंगरों की तरह दिखाया जाना, टो-टोकर, मोल-तोलकर छाँटा जाना बिल्कुल पसन्द नहीं। उनके स्वाभिमान को यह बात खटकती है कि उन्हें पिता और भ्राता सम्पत्ति में हिस्सा नहीं देकर 'दहेज' का हरजाना दें, जैसे कि वे लँगड़ा घोड़ा हों... और जब वे ससुराल जाएँ तो अलग लात खाएँ कि यह दिया, वह नहीं दिया... विवाह को गैर-रूमानी पचड़ा बनाने में 'लड़की दिखाई' और 'दहेज' —दोनों का इतना अवदान है कि गम्भीर, पढ़ी-लिखी लड़कियों का उससे जी ही उचट गया है! वे पढ़-लिखकर अपने पाँवों पर खड़ी भी हुईं तो विवाह नहीं करना चाहतीं : वहाँ उन्हें फरेब ही फरेब दीखता है, शारीरिक सौन्दर्य को जरूरत से ज्यादा तूल देनेवाला ढोंग और दिखावा! जहाँ ढोंग और दिखावा, दुराव-छिपाव नहीं, वहाँ जीवन को नर्क बनाने वाले दूसरे तत्त्व हैं : सम्बन्धों की टुच्ची राजनीतियाँ, कलह, क्रोध, हिंसा...! ...जीवन के किसी मोड़ पर कोई कहीं मिल गया तो कुछ दिनों का सुखद सहजीवन उनके स्वप्न का एक हिस्सा अभी भी है किन्तु गाजे-बाजे वाला विवाह नहीं। इसी तरह की कुछ लड़कियाँ समलैंगिक साहचर्य में विश्वास करती हैं, लेकिन ज्यादातर सामाजिक हित के बृहत्तर सरोकारों में अपना जीवन अकेले ही काट लेती हैं : वर्किंग विमेन्स हॉस्टल ऐसी साधु-सदृश लड़कियों से भरे पड़े हैं जहाँ छोटी-मोटी नौकरियाँ करती हुई लड़कियाँ शान से अकेली ही जीती हैं और जितना बन पड़ा—उतना लोगों के काम भी आती हैं! आर्थिक स्वावलम्बन का यह भी एक गौरतलब पक्ष है!

एक वैयक्तिक सर्वेक्षण के आधार पर मैंने यह भी पता किया कि चूँकि ये बाखबर लड़कियाँ होती हैं, रोज अखबार ठीक से पढ़ने वाली, आदर्श का तबोताब इनमें बहुत होता है और जल्दी ये कोई भी काम ऐसा नहीं करतीं जो इनके अपने मानदण्डों से इनको गिराए! इसका एक छोटा-सा उदाहरण यह कि हॉस्टल का एकरस खाना ये खा लेती हैं पर बगल के 'मैक्डोनल्ड' के 'हैम्बर्गरों' की तरफ आँख उठाकर नहीं देखतीं !

1994 में पेप्सी फूड लिमिटेड ने भारत में 60 रेस्तरां खोले : 30 किंचुकी फ्रायड चिकेन केन्द्र और 30 पीज़ा हट! प्रोसेस्ड मांस को बिट्रेन अमरीकी सीनेट कैंसर के उस प्रकार का मान्य स्रोत घोषित कर चुकी थी जिससे अमरीकी हर सात सेकेण्ड पर ग्रस्त होते हैं! 'वेन्कीज़' नाम की भारतीय फर्म से फ्रोजेन चिकेन मँगाए जाने लगे जिन्हें तरह-तरह की ऐण्टी-बॉयटिक्स, सल्फर ड्रग, हारमोन, डाई और नेट्रोफ्यूरन देकर पाला जाता था! कई मुर्गों को ल्यूकोसिस नामक कैंसर हो भी चुका

होता था और सेल्मॉलि नामक असाध्य रोग जिसके कीटाणु साधारण ढंग की उबाल से मरते नहीं! फिर भी वे काटे और कूटे जाते थे—डब्बा बन्द होने की खातिर! लाइसेंस पाने के पहले के.एफ.सी. और पीज़ा हटों ने रोजगार मुहैय्या करने का वादा किया था, किन्तु पर्यावरण मंत्रालय के एक सर्वेक्षण के अनुसार अल-कबीर ने 3,00,000 लोगों की छँटैया की, और सिर्फ 300 लोगों को 500 से 2000 रुपये तक की मासिक आय पर नौकरी दी। के.एफ.सी. और 'पीज़ा हट' से कॉन्ट्रैक्ट पाने के बाद वेंकी का मशीनीकरण इतना बढ़ा है कि हर केन्द्र सिर्फ एक व्यक्ति के आश्रय चल जाए!

मुर्गों की बेहिसाब बढ़ोत्तरी ज़मीन और जल की अशुद्धि में भी लगातार अपना योगदान दे ही रही है! लाल मांस, सफेद मांस, अण्डे आदि के प्रति पाउण्ड उत्पाद पर ज़मीन की पाँच पाउण्ड ऊपरी मिट्टी, अविस्थाप्य उर्वर मिट्टी नष्ट होती है और पानी प्रति पशु 130 गैलन जाता है जो किसी पूरे परिवार के प्रतिदिन के जल-अधिग्रहण से दसगुणा ज्यादा हैं!

स्त्रीवादी तेवर की लड़कियाँ ये सारे तथ्य जानती हैं और प्रकृति और दूसरी स्त्रियों के प्रति उनका रवैया इसलिए सहानुभूतिशील बहनापे वाला होता है क्योंकि उन्हें जन्नत की हकीकत पता है और आटे-दाल का भाव भी। ज्ञान संज्ञान देता है और संज्ञान ही अनुभूति-पुष्ट होकर उस बृहत्तर प्रज्ञा में विकीर्ण होता है जिसे विमर्श या दर्शन कहते हैं। स्त्री-प्रज्ञा लोकप्रज्ञा के रूप में लोकसाहित्य में सदा से टिमकती रही है, पर उसे विशेष मान और गौरव पिछली शताब्दी के उत्तरार्द्ध में ही मिल पाया है, कुल मिलाकर यह तो शुरुआत ही है!

उसकी साड़ी मेरी साड़ी से सफेद कैसे

विज्ञापन-विज्ञान ने कुछ शब्द नये गढ़े हैं—उनमें एक है 'चमकार'। एक प्रसिद्ध विज्ञापन साबुन-प्रदत्त चमकार की चमत्कारपूर्ण चर्चा के पहले एक स्त्री के मन में दूसरी स्त्री के लिए ईर्ष्या की हल्की-सी कौंध जगाता हुआ कहता है—'उसकी साड़ी मेरी साड़ी से सफेद कैसे?' साड़ी का साफ होना, किसी चीज का साफ-सुथरा होना तो मूल्य हो सकता है, पर उसे दूसरों की साड़ी या किसी 'पण्य' से अधिक या उसके बराबर 'सफेद' या 'जगमग' या 'सुन्दर' कर लेने की होड़ एक वाहियात बात है। सौन्दर्य किसी का मुखपेक्षी नहीं होता, ऊपरी कलेवर के किसी लटके-झटके का मुखापेक्षी तो और नहीं। हर व्यक्ति/हर स्त्री/ उसका छोटा-बड़ा संसार सजाने वाली हर वस्तु अपने ढंग से सुन्दर हो सकती है।

दूसरों का सौंदर्य सराहना भी एक मूल्य हो सकता है। यदि किसी ने बहुत मेहनत और मनोयोग से कोई काम किया हो तो उसके लिए प्रशंसा के दो शब्द

कह देना भी एक मूल्य हो सकता है, पर असंगत है उसकी तुलना अपने काम या अपनी 'चीज' से करते हुए मन में कोई ग्रन्थि पाल लेना या यह मान लेना कि उस अतिरिक्त 'चमकार' (चमत्कारपूर्ण चमक) के पीछे बाजार से खरीदी जा सकने वाली 'वस्तु' का पराक्रम मौजूद है। पहली बात तो यह कि बाहरी चाकचिक्य या लकदक बढ़ाने वाली किसी चीज (कपड़े-लत्ते, गाड़ी, बँगला, बैंक-बैलेन्स) की चर्चा एक अश्लील चर्चा है। होता तो ऐसा कई बार है कि आन्तरिक गुणों के कारण नहीं, बाहरी चमक-दमक बढ़ाने वाले इन अवान्तर कारणों से लोग अतिरिक्त चर्चा या 'चमकार' (चमत्कारपूर्ण सफलता) पा जाते हैं। चीजों की तो छोड़िए, यदि किसी शक्तिमन्त या साधनसम्पन्न व्यक्ति के साथ, 'चमकार' वाले व्यक्ति के साथ आपका उठना-बैठना भी होता है तो उसका लाभ आपको मिल जाता है जिसे अँग्रेजी की दुनिया एक अर्से से 'रिफ्लेक्टेड ग्लोरी' कहती आ रही है। 'परावर्तित प्रभामण्डल' इसका कामचलाऊ अनुवाद हो सकता है, पर हमारी भाषा की बनक ही ऐसी है कि ऐसी भारी-भरकम, आयातित अवधारणाएँ उसे हजम ही नहीं होतीं, गले में अटक गयी-सी जान पड़ती हैं। एक अच्छी-खासी सामासिक संस्कृति का आईना रही हमारी यह भाषा, एक अश्लील किस्म के व्यक्तिवादी रोने-गाने का प्रतिबिम्बन जो आज करती दिखायी देती है—उसके मूल कारणों पर विचार करना क्या जरूरी नहीं?

मेरे पिता मुझे रोज रात में कहानी सुनाकर सुलाते थे! 'रिन की चमकार' वाला विज्ञापन सुनकर मुझे अचानक याद आयी दो बहनों की कथा! लोककथाओं की अधिकांश बहनों की तरह एक दुखिया थी, एक सुखिया। एक का ब्याह गरीब किसान से हुआ था, दूसरी का धनी सामन्त से। एक बार धनी सामन्त के घर भोज हुआ! सारे गाँव के लोग जुटे, पर छोटी बहन को निमन्त्रण ही नहीं। सास-ननद ने ताना मारा तो बेचारी बिना बुलाये ही अपनी बहन के घर की ओर चली—मन को यह समझाती हुई कि अपनों को निमन्त्रण क्या, दीदी ने यही सोचा होगा कि यह अपनी है, चौके-चूल्हे में मदद के लिए खुद ही आ जाएगी—'अपनों' के सहयोग के बगैर कोई यज्ञ थोड़े ही होता है। ये ही सब सोचती-विचारती, मन में तरह-तरह के ख्वाब-खयाल सजाती बेचारी दीदी के दरवाजे पहुँची। कपड़े-लत्ते लकदक नहीं थे। चप्पलें टूटी थीं। देह पर गहने के नाम पर एक सूत नहीं था। देहरी पर ही दीदी से टकरायी तो दीदी ने हल्के से मुँह फेरा, सोचने लगी कि इस सम्भ्रान्त समाज में इस कंगली का परिचय दूँ भी तो क्या, बात टालने के लिहाज से कहा, 'जाओ, जाकर भण्डार सँभालो!' लोग समझे, काम-धाम करने वाली उट्ठा महरी होगी। किसी ने परिचय भी नहीं पूछा। छोटी बहन सारा समय नौकरों के बीच खटती रही। रात को जब भोज निबटा, किसी ने उसे खाने को भी नहीं पूछा और अँधेरे में रास्ता टटोलती वह रात में अपने गाँव लौट गयी।

पति चिन्तित भाव से बाहर ही टहल रहा था! उसे देखते ही उससे लिपटकर वह रो पड़ी। पति पति ही था—बिना बताए सब कुछ समझ गया। उसने उसके उलझे-पुलझे बाल सुलझाए, हाथ-पाँव धुलवाए, खुद पकाकर कुछ खिलाया और उसे गुदड़ी में ढँककर रात-भर सोचता रहा कि कैसे इस मुफलिसी से निबटे... ! संयोग की बात, अगले ही दिन अपना खेत तामते हुए उसे मिला बाप-दादों का गड़ा हुआ धन और रातों-रात वे अमीर हो गये।

रातों-रात बहन के अमीर होने के चर्चे बड़ी बहन के कान में पड़े तो उसने सोचा कि बिगड़ी बनाने का यह वक्त अच्छा है, बचपन की कुछ मीठी यादें भी तभी उसके मन में कौंधीं! कुछ लोगों का लेटेण्ट पीरियड हाई होता है! यादें भी उनके मन में तभी कौंधती हैं जब कौंधनी चाहिए, वैसे मुन्नी मारे पड़ी रहती हैं—गुम अँधेरों में। इस बार उसने छोटी बहन और बहनोई के सम्मान में एक अलग भोज किया। हरकारे भिजवाए! पालकी भिजवायी! और इस बार जो छोटी बहन आयी तो खूब सारे गहने और 'चमकार' वाले लक-दक कपड़े पहनकर! खूब आवभगत हुई। शहनाइयाँ गूँजी लेकिन जब खाना परोसा गया—एक अजब घटना घटी।

छोटी बहन ने लड्डू झुमके से सटाकर कहा—'ले, झुमके, यह जल्दी खा ले।' फिर कंगन से, बनारसी साड़ी के पल्लू और दूसरे उपादानों से सटा-सटाकर वह खाद्य पदार्थ वापस थाल में रखती गयी। बड़ी बहन ने समझा-धनागम की खुशी में बहनिया मेरी पगला गयी। छोटी बहन ने उसकी सोच भाँपी और हँसकर कहा—'यह सारा आयोजन, दीदी, है तो इन्हीं गहने-कपड़ों की खातिर : और मुझमें भला क्या बदला है! मैं तो वही हूँ जो थी।'

'निस्सार' को सार' समझने की भूल तो तथाकथित 'साधु-'महात्मा' भी करते हैं, तभी उनके आश्रमों में आधुनिक महलों का चाकचिक्य होता है, चन्दे की रसीदें लिये उनके चेले लोगों के पीछे भागा करते हैं, पर यह काफी हास्यास्पद-सी स्थिति है जिससे निबटने में स्त्रियाँ महत्त्वपूर्ण पहल कर सकती हैं। काला धन कमाने वाले पकड़े जाने पर अक्सर यह कहकर अपनी सफाई देते हैं—रिन की 'चमकार'—सी सफाई कि पत्नी की एषणाएँ ले डूबीं, वरना हम भी आदमी थे ढंग के—'इश्क ने हमको निकम्मा कर दिया।' इश्क के बारे में मेरी यह दृढ़ मान्यता है कि इश्क निकम्मा तो कर सकता है पर बेईमान नहीं बना सकता। अगर इश्क सच्चा है तो यह हमारे नैतिक और सामाजिक सरोकार और गहरे करता है! 'अपने प्रिय की आँखों से न गिर जाएँ'—यह चिन्ता एक वाजिब चिन्ता है जो हर वक्त आदमी को सतर्क रखती है कि भूले से भी हम कुछ ऐसा न कर बैठें जो 'चुनरी में दाग' लगा दे। इश्क में तो होता ऐसा है कि एक व्यक्ति के बहाने आप सारी दुनिया से प्यार कर बैठते हैं, सिर्फ एक व्यक्ति के दम से कितनी सुहावनी और प्यारी लगने लगती है दुनिया, उसे और प्यारा और बेहतर बनाने का मन भी होने लगता है।

झूठ है यह कि औरतें, जो खुद किसी पद पर कभी घूस-वूस लेती नहीं पायी जातीं—अपने पतियों/भाइयों/बेटों को बेईमानी का पैसा कमा लाने को उकसाती हैं।

'टूट टाट, घर टपकत, खटियो टूट' .... की स्थिति में भी ज्यादातर स्त्रियाँ अधीर नहीं होतीं!

स्कूल के कोर्स में भारतेन्दु का 'सत्य हरिश्चन्द्र नाटक' था। शैव्या के बहाने पूरी स्त्री-जाति का मन टटोलने वाली वे पंक्तियाँ बारह-तेरह की उम्र में पढ़ी होंगी पर अब तक याद है तो इसलिए कि ये पंक्तियाँ हमारे अन्तर्मन के एक बड़े सच का प्रतिनिधित्व करती हैं। औरतें बेचारी तो प्यार की ऐसी भूखी होती हैं कि दो बोल प्यार के बोलकर लोग उन्हें जिन्दगी भर नाच नचा देते हैं। गाड़ी मोटर, बँगला, साड़ी आदि खेल-खिलौनों पर ध्यान उसी का जाता है जिसने प्रेम का स्वाद ही नहीं चखा! एक अदम्य-सी अतृप्ति उसके चित्त को व्याप जाती है और वह इन खेल-खिलौनों में ही सुख ढूँढने का मूर्ख प्रयास करता रहता है। 'दिल को खुश रखने का गालिब यह ख्याल' बिलकुल अच्छा नहीं है कि प्रेम नहीं मिलता तो बेकार की चीजों की 'चमकार' की चिन्ता में आप दिन-रात घुला करें। 'और भी गम हैं जमाने में मुहब्बत के सिवा/ चाहतें और भी हैं वस्ल की राहत के सिवा', पर यह कोई राहत में राहत नहीं हुई कि रैट-रेस का चूहा हो जाएँ, मुसदौड़ में जीत कर भी आप रहेंगे तो मूसा ही ('कुरआन' वाले मूसा नहीं, पुनर्मूषिकी भव' वाले मूसा, मूषक यानी चूहा!)

मैं फिर एक बार कहूँगी कि हम स्त्रियों को रत्नाकर डाकू (वाल्मीकि) की पत्नी की मनःस्थिति से निकलना ही होगा! हमारे घर में धन किस स्रोत से आता है, जरूरत से ज्यादा पैसा आता ही क्यों है—इस बात पर सजग रहने का और पिता/पति/भाई/बेटे के काले धन का स्रोत पता लगते ही उस पर 'साम-दाम-दण्ड-भेद' वाले चतुर्मुखी औजार या कान्तासम्मत ढंग से अपना सफल प्रतिरोध आजमाना चाहिए। रत्नाकर डाकू की अनाम पत्नी की तटस्थता या उसका यह भोला विश्वास हमारे लिए अपराध है, 'तुम धन लूट-पाटकर लाओ या मार-पीटकर इससे हमें क्या?' स्त्रीवाद जिम्मेदारी लेता है, और चूँकि यह हर तरह से बेहतर समाज की जिम्मेदारी लेता है—बाजारवाद से पनपने वाले काले धन की 'चमकार' इसे लुभानी नहीं चाहिए।

पाँचवाँ अध्याय

स्त्री का भाषा-घर–I

आज से एक दशक पहले, भूमण्डलीकरण/कहिए भूमण्डलीकरण के तुरन्त बाद जब घरों की छत पर डिश-ऐण्टीना मुर्गे की रंगीन कलँगी-सा उग ही रहा था, कई विदेशी हास्य धारावाहिक एक साथ हमारे घर हमें 'हलो' कहने आये जिनमें एक का नाम था–'हू इज द बॉस'। यह इतालवी सीरियल था–पुरुष हाउसकीपर की जिन्दादिली ओर नेकनीयती पर कि कैसे वह सूझ-बूझ से घर के सब रूठे-बिखरे सदस्यों का मन एक-एककर जीतता है, उनकी आपसी गलतफहमियाँ दूर करता है और फिर 'बाहरवाला' नहीं रहकर 'घरवाला' हो जाता है! अपने बचपन में इस थीम से मिलती-जुलती एक फिल्म भी मैंने देखी थी–हृषीकेश मुखर्जी की 'बावर्ची'। दोनों में फर्क यह था कि 'बावर्ची' एक घर में टिककर नहीं रहता, किसी और टूटे-बिखरे घर की तलाश में निकल जाता है–रामनरेश वर्मा के सनातन 'पथिक' की तरह!' हू इज द बॉस' : कौन अपना है, कौन पराया, कौन बॉस है, कौन सेवक; यह पूरी स्थापना खूबसूरत ढंग से प्रश्नांकित होती है, और आज जब मैं स्त्री-भाषा पर बात करने चली हूँ, मन कर रहा है कि सबसे पहले यही कहूँ कि स्त्री-भाषा भी कमोबेश यही कर रही है–वह लगातार प्रश्नकीलित कर रही है "हू इज द बॉस" वाली बचकाना अवधारणा को!

यह बात अपनी जगह दुरुस्त है कि भाषा एक लीलाभूमि है तो एक युद्धभूमि भी! अस्मिता की लड़ाई हो या कोई अन्य मनोसामाजिक संघर्ष–उसकी सबसे महीन और सार्थक अनुगूँजें भाषा में ही दर्ज होती हैं! हिन्दी लोकवृत्त की कितनी जीवन्त बहसें भाषा-प्रश्न पर ही केन्द्रित रही हैं : अँग्रेज़ी भारतीय लेखन बनाम 'भारतीय भाषा लेखन', 'राष्ट्रीयभाषा बनाम बोलियाँ', हिन्दी-उर्दू-हिन्दुस्तानी और हिंग्लिश...एक

तरह से देखें तो हर जगह लड़ाई वर्चस्व की ही है : बचाव-वृत्ति (सर्वाइवल) का प्रश्न भी आड़े आता है, किन्तु प्रमुख द्वन्द्व 'हू इज द बॉस' वाला ही है।

स्त्री भाषा-साहित्य, खासकर भारत में, इस प्रश्न पर बहुत सजग है कि कोई किसी का बॉस न हो, बाबा! सब एक चटाई पर बैठे! पिढ़िया, मूढ़े, कुर्सियाँ और सिंहासन हों भी 'म्यूज़िकल चेयर' वाले खेल के लिए एक गोले में सजे हों—सबकी पारी आए और किसी का आसन छिन भी जाए तो बस खेल-खेल में—'खेलत में को काको गुसैयाँ!' कोई किसी का गुसाईं न हो! पदानुक्रम टूटें—सिर्फ 'पर्सनल-पॉलिटिकल', 'निजी-समवेत', 'आत्मनिष्ठ', 'वस्तुनिष्ठ' आदि ध्रुवान्तों का ही पदानुक्रम नहीं, गरीब-अमीर, अवर्ण-सवर्ण, काले-गोरे, प्रगत-विगत, परम्परा-प्रयोग के बीच का पदानुक्रम भी जो अपनी सब विचारधाराओं ने बहुत शान से लागू किए रखा ताकि सनद रहे—'हू इज द बॉस!'

'एक था राजा! एक थी रानी! दोनों मर गये, खतम कहानी!'

अरे नहीं, कहानी तो वहीं से शुरू होती है—कम-से-कम भारत में—स्त्री-चेतना की कहानी! स्त्री-चेतना के विकास की कहानी दरअसल प्रजातन्त्र के विकास की कहानी है! स्वतन्त्रता आन्दोलन स्त्री की उद्धुर शक्ति के आह्वान से शुरू हुआ, पर उसके पहले भी कम-से-कम लोकचेतना में हर प्रेमी की प्रेमिका उसकी 'रानी' थी और लोकगाथाओं में रानियाँ भी उपले पाथती थीं। यह एक अलग ढंग का यूटोपिया था, अलग ही तरह का प्रजातन्त्र।

हिन्दी समाज : निजता की पोस्टरिंग/ ब्लॉगिंग

हिन्दी समाज एक खुलता-खिलता समाज है—'खिलेगा तो देखेंगे' और 'नहीं भी खिला तो देख लेंगे' वाली मलंगता जहाँ फिजां में ही है 'आग लगी हमरी झोंपरिया में, हम गावैं मल्हार' वाली बेखुदी! यह एक ऐसा समाज है जहाँ सबको सबसे मतलब है, सब घर की खिड़कियाँ एक-दूसरे के आँगन में खुलती हैं, सबकी फटी में सब टाँग अड़ा देते हैं। दूल्हे-दुलहन की मिलन-यामिनी में कोहबर का ढूका अगरधत्त लोकजीवन का केन्द्रीय सत्य है वहाँ! कूप ही में जहाँ भंग पर्यो है! हर नुक्कड़ पर पान की दुकान में गजगजाता हुआ एक आदमकद शीशा! राम-झरोखे बैठकर जग का मुजरा लेने में तो फिर भी एक सांस्कृतिक प्रबन्धन है—यहाँ तो राम-रहीम सबके चबूतरे पर उचकते-चमकते, धक्का-मुक्की मचाते 'एक टिकट में दो खेल', 'बाई वन गेट वन फ्री' का भेड़िया-धसान मचलता है! चण्डूखाने की गप्प, नुक्कड़ की सीटियाँ और मध्यम दर्जे की लम्पटता-हिन्दी-समाज, खुलते-खिलते हिन्दी-समाज का यह केन्द्रीय चरित्र स्त्री-विमर्श में ऐसा उभरा है कि लगता है कोई पुरुष बचा ही नहीं यहाँ जिसे नयी औरत प्यार कर सके, गुइयाँ बना सके

जिसको, जिसका साथ उसे छाया और तृप्ति दे सके! मैत्रेयी जी के 'चाक' के मास्टरसाहब या कृष्णा सोबती की 'दिलो-दानिश' के खान साहब की आदर्शवादिता कुछ हद तक छूती है, पर उनमें भी वो तबोताब कहाँ! जो अच्छे हैं, वे मजबूत नहीं और जो मजबूत हैं—उनमें आधारभूत शालीनता ही गायब है! उनसे प्रेम कर पाना आसान नहीं। प्यार को केन्द्रीय बिन्दु बनाकर यदि एक वृत्त खींचें तो उसका तीन-चौथाई क्या होगा? पारस्परिक सम्मान ही तो! बाकी एक चौथाई में ही दैहिक आकर्षण, सुख-दुख-दायित्वादि बाँटने की वृत्ति आएगी। बात-बात में गाली-गलौज, हल्ला-गुल्ला और मारपीट करने पर उतारू हुलुकबन्दों में धीरोदात्त, धीरप्रशान्त कौन-सा नायक ढूँढ पाएँगी आप? उनकी मनोसामाजिक कुंठाओं, कमजोरियों, कापुरुष कालाबाजारियों का ध्यान धरते हुए उनसे स्नेह, सहानुभूति तो रखी जा सकती है, पर प्रेम? काश, उसका कोई स्विच होता जो अपात्र के लिए 'ऑन' हो पाता। पावन कर्त्तव्य-भाव से ऑन करके छुट्टी पा जाती नयी औरत। कोई तो होता लहना सिंह, नमक का दारोगा, अलगू चौधरी या जुम्मन मियाँ जिसकी कोई आत्मा होती, कोई शेखर, कोई दादा कॉमरेड कोई मारिश ही होता!

बहुत-सारी शिकायतें हैं हिन्दी-समाज को स्त्री-विमर्श से कि वह अलगाववादी, घरफोड़ू, मनचली और हल्की तबीयत की अर्द्धशिक्षित औरतों का कच्चा रोना-गाना है! पश्चिम के अधकचरे प्रभाव में बहक गयी हैं औरतें! अक्सर औरतों की देह उनकी पाठ पर चस्पां कर दी जाती हैं और उन्हें हर चण्डूखाने में ऐसे दत्तचित्त भाव से पुंश्चली सिद्ध किया जाता है जैसे नौंवी-दसवीं में हम हॉल ऐण्ड स्टीवेन्स के थेयरम-डिडक्शनादि सिद्ध किया करते थे। इस देश में पुरुषों का आधा समय तो इस यत्न में जा ही रहा है कि जो औरतें काबू में नहीं आतीं, उन्हें जलील करो! यह सब क्या हो रहा है? दिले नादां तुझे हुआ क्या है? यह प्रश्न है! उत्तर में दिल कुछ कहता है जो सुनाई नहीं देता और बात आगे बढ़ाता हुआ पूछने वाला एक प्रश्न और पूछ जाता है—"आखिर इस दर्द की दवा क्या है?" पूछने वाले के दिलों के बीच जो यह अभंग-सा सम्वाद चलता है और बीच में दिल की कही बात जो सुनाई नहीं देती—वहीं डूबी पड़ी थी औरतों की आवाज! वो खो-सी गई थी : नायिका के नथ के मोती की तरह—'एहिं ठैयां मुतिया हेराय गेले रामा!'

स्त्री आन्दोलन के पहले भी स्त्री-लेखन तो था ही—वह विमर्श या एजेण्डा लेखन नहीं था—पर उसकी अपनी आभा थी! भक्त कवयित्रियों, थेरियों और उन्नीसवीं सदी तक की दूसरी महिला रचनाकारों में वैयक्तिक मुक्ति की छटपटाहट तो थी पर नमक-तेल-रोटी-खेत-खलिहान और चकलाघरों में फँसी पड़ी साधारण स्त्रियों के प्रति स्त्री-भाव-विस्तार-वह भी वैश्विक स्तर का—वर्ग-वर्ण-धर्म-नस्लादि संकीर्ण घेरे लाँघता-फलाँगता सखी भाव-विस्तार ऐसा नहीं था कि दुनिया की हर संतप्त स्त्री, स्त्री ही क्यों—हर संतप्त पुरुष-साधनहीन, वृद्ध, विकलांग, दलित, अश्वेत, अशक्त

पुरुष तक की मुक्ति में सहायक बनने का संकल्प साधे, साम्प्रदायिकता, शिक्षा, पर्यावरण, वैश्वीकरण आदि वृहत्तर विषयों पर भी एक अलग विश्वदृष्टि/वैकल्पिक दृष्टि हो जिसकी! आज महिलाओं का एक बड़ा भाग विस्थापितों का है—'घर की न घाट की' स्थिति में ज्यादातर महिलाएँ हैं। पर घर की न घाट की होने की स्थिति अच्छी ही होती है। थोड़ा-थोड़ा जायजा—दोनों का मिलता रहता है और अतिरिक्त मोह भी छूटता जाता है दोनों से—अतिरिक्त मोह, जो पहले की औरतों की कमजोरी थी।

औरतों का जो हिस्सा 'लेखिकाएँ' कहलाता है—वह भी 'बीमारू' हिन्दी क्षेत्र में, उनके झमेलों का तो कोई ओर-छोर ही नहीं। वे बस तो गयी हैं शहरों में मगर ज्यादातर की जड़ें अभी गाँवों, पहाड़ों या कस्बों में हैं। इसलिए बाहरी और भीतरी, नैहर और ससुराल के द्वैत के अलावा उनके अन्तर्जगत् को 'शहरी' और 'ग्रामीण' जीवन मूल्यों का द्वैत भी परेशान रखता है! पर इसी द्वैत से उनके लेखन को वह नाभिकीय ऊर्जा मिलती है, परत-दर-परत खुलती-खिलती, जातीय स्मृति से महमह अनुगूँजे और एक आवेगमयी ठस्सेदार भाषा।

सेंसर की कैंची और मुँह सिलने की सुई-धागा हिन्दी प्रदेश की हर औरत के जीवन के 'ऑब्जक्टिब कोरिलेटिव' हैं—'दुख हो या सुख बेटी, मुँह सीकर रहना—दोनों कुलों की लाज निभाना, दूधो नहाना, पूतो फलना बाकी भगवान सब ठीक रखेगा!' संक्रमणशील हिन्दी-प्रदेश में यह एक आम मध्यवर्गीय परामर्श है जो कभी-न-कभी हर औरत आत्मसात् करती ही है! 'अच्छी लड़की' कहलाने का मर्ज किसको नहीं सताता! धैर्य और सहिष्णुता, मर्यादा और क्षमाशीलता हमारे नैतिक जीवन के ऐसे लड्डू हैं जो खाए वह भी पछताए; जो न खाए, वह भी पछताए!

एक खास तरह की आध्यात्मिक डायटिंग साधो तो ये लड्डू और त्रास देते हैं। जो खाए—वह लड्डूगोपाल बन जाए या गोबर गणेश, जो न खाए—भूख और लालच उस पर एक खास तरह की (कैशियसनुमा) 'लीन ऐण्ड हंग्री' चिड़चिड़ाहट बरपा कर दें जिससे एक पीढ़ी पहले की उग्र स्त्रीवादियों को एकाकार किया ज़ाता था!

यह द्वैत भी हिन्दी-जगत् के स्त्री-विमर्श का बड़ा द्वैत है कि प्रियजनों का दिल दुखाए बिना हम नयी राह कैसे कोड़ निकालें, कैसे बिठाएँ अपने पिता-भाई-पति-पुत्रादि के मन में किस स्त्री-विमर्श पुरुषों के ख़िलाफ़ नहीं, उस पितृसत्तात्मकता के ख़िलाफ़ है जो पुरुषों को भेड़िया और स्त्रियों को भेड़ की स्थिति में स्थापित करता हुआ मानवीय गरिमा से दोनों को ही गिराता है, इसलिए दुश्मन तो दोनों का ही है!

गाँधी के 'अहिंसक प्रतिरोध' का रास्ता जटिल, अन्तर्वैयक्तिक सम्बन्धों के पेंच कुछ हद सुलझते हैं, पर बृहत्तर प्रश्न उलझे ही रह जाते हैं। 'टोकेन विमेन' तो आत्मकथाएँ लिख भी सकीं, उन्होंने तो कुछ कर भी लिया, पर उन लाखों-करोड़ों,

अशिक्षित, अर्द्धशिक्षित असूर्यम्पश्याओं, वेश्याओं, मजदूनों, किसानिनों का इतिहास लिखा जाना शेष है जिनकी पीड़ा बस लोकगीतों में टिमटिमाकर रह गयी, सब्जियों की काट-कूट, बर्तनों की झनर-पटर, चीजों की झाड़-झूड़ पर जिनका गुस्सा उतरकर रह गया।

नव धनाढ्य वर्ग और सामन्ती परिवार की स्त्रियों के दुख अलग तरह के हैं। उन्हें अहर्निश मुस्कुराया करने वाली गुड़िया से ज्यादा कुछ समझा ही नहीं जाता! यथार्थ से आँखें मूँद लेना और मस्ती का नाटक करना एक ऐसी बड़ी बेईमानी है जिससे ये औरतें आने वाली कई पीढ़ियों को पंगु बना देती हैं। पीड़ा है तो कम-से-कम पीड़ा को पहचानिए। पीड़ा पक्षाघात है पर शक्ति का उत्स भी पीड़ा ही है! कैसेण्ड्रा में फ्लोरेंस नाइटेंगेल जो कहती हैं, विडम्बनाओं या प्रताड़नाओं से गुजरती हुई हर स्त्री उसे याद रखे तो अच्छा हो—"सफर वी मस्ट। आउट ऑफ नथिंग कम्स नथिंग बट आउट ऑफ सफरिंग मे कम द क्योर! बेटर हैव पेन दैन पैरेलिसिस!"

हमारा हिन्दी-समाज एक संक्रमणशील समाज है जहाँ कई स्थानिकताएँ और कई कालखण्ड हम एक साथ जीते हैं! इन सबके बीच एक सर्वसाधारण स्त्री अपने क्लिष्ट मनोसामाजिक यथार्थ से कैसे रू-ब-रू होती है—इसके कुछ अच्छे उदाहरण साहित्य में भरे-पड़े हैं, कुछ अच्छी फिल्मों में भी।

'कान्तासम्मित उपदेश से' रेडियो म्याऊँ तक की अन्तर्यात्रा

'हिन्दी नई चाल में ढली' और स्त्रियाँ भी! एक तरह से दोनों की विकास-यात्रा भगवती बाबू के 'दो बाँकों' की ऊबड़-खाबड़, पर उत्फुल्ल और सार्थक यात्रा है! इस यात्रा के बहुत-से पड़ाव हैं : सुविधा होगी यदि हम तीन बड़े जंक्शनों पर ही टिकें :

पहला जंक्शन पुनर्जागरण और स्वाधीनता-पूर्व की हिन्दी थी जिसमें विद्या विनोदिनी परीक्षाएँ दी जाती थीं, परदेसी बालम को, भगवानजी और प्यारे बाबुल को धारावाहिक चिट्ठियाँ लिखी जाती थीं ये डाक में डाली तो नहीं गयीं लेकिन नानी-दादी के आख्यानों और स्त्रियों के अद्‌भुत बतरस संसार का, कुछ लोकगीतों का भी अक्षय कोष बन गईं। 'स्त्री सुबोधिनी' पढ़कर सीखी हुई हिन्दी 'कान्तासम्मित उपदेश' से आगे बढ़कर राष्ट्र के उद्‌बोधन का काम भी जबसे करने लगी, उसमें 'सविनय अवज्ञा' के तेवर आ गये। 'चाँद' के स्त्री-विशेषांक की भाषा, 'शृंखला की कड़ियाँ' वाली भाषा सविनय अवज्ञा की ही भाषा थी।

दूसरा जंक्शन स्वाधीनता के आस-पास जन्मी ऐसी विदुषियों, लेखिकाओं, गायिकाओं, सिने-तारिकाओं, राजनेताओं, महिला-डॉक्टरों, समाजसेविकाओं, नृत्यांगनाओं

की हिन्दी थी जिनका जन्म सम्भ्रान्त परिवारों में हुआ था लेकिन जो महादेवी वर्मा, सुभद्राकुमारी चौहान आदि से लेकर कृष्णा सोबती, मन्नू भण्डारी, उषा प्रियम्वदा, कीर्ति चौधरी, राजी सेठ, मृदुला गर्ग, मंजुल भगत, नासिरा शर्मा आदि की तरह अपनी छोटी-सी दुनिया में बँधी हुई न रहकर बृहतर बन्धु-परिवार विकसित करना चाहती थीं, ऐसा बन्धु-परिवार जिसमें अनारो, लल्ली धोबिन, दलित-वंचित सखियाँ होलटाइमर्स बेराजगार युवक, ठकुरी बाबा आदि अनूठे वृद्ध भी शामिल थे! वर्ग-वर्ण-धर्मादि संकीर्णताओं के पार, यौन और रक्त सम्बन्धों के भी पार का एक हँसता-बतियाता, संघर्ष करता, गीतादि गाता, नाटक खेलता-सा बृहत्तर बन्धु परिवार स्त्री-भाषा में तभी से जड़ पकड़ने लगा था! इप्टा के गीत और नाटकों की हिन्दी, नूतन और मीना कुमारी या नरगिस की हिन्दी 'नीर-भरी दुख की बदली' वाला ट्रांसेण्डेंस बीच-बीच में ओढ़ती थी जरूर, किन्तु पब्लिक स्फियर में उनकी शिरकत को मान्यता दिलाने का उपक्रम कोठों, महंथ की रखैलों और गाँव-घर में सर्वथा अकेली छूटी बाल-विधवाओं और परदेसी बलम की उदास परित्यक्ताओं के बीच भी शुरू हो चुका था। फरियाद की लय अब इसरार की लय बनी जा रही थी—'मैला आँचल' में लछमिन की भाषा या प्रेमचन्द की 'घासवाली' की भाषा से उन स्त्री-पात्रों की भाषा खासी अलग है जो स्त्री-रचनाकारों ने गढ़े हैं : 'खग जाने खगही की भाषा' अपनी तरह का विराट सत्य है।

तीसरा बड़ा पटाक्षेप स्त्री-भाषा में हुआ दूसरी आजादी या सन् 77 के बाद और पिछली शताब्दी के नवें दशक में यानी भूमण्डलीकरण के बाद जब ज़मीन से उखड़कर बेहतर शिक्षा, बेहतर रोजगार की तलाश में लोग दिल्ली लगे आने—खासकर बिहार और पूर्वी उत्तर प्रदेश से! जयप्रकाश आन्दोलन के समय मीसा में नजरबन्द या भूमिगत यवुकों की टोली डिग्रियों से नाता तोड़कर गोर्की की लय में फुटपाथों को ही विश्वविद्यालय बना चुकी थी! कुछ लोग तो राजनीति में आ गये, कुछ पत्रकार हो गये, बाकी हिन्दी प्रकाशनों और अनुवादकों के सहायक बने आज तक इधर से उधर कर रहे हैं—जिन्दगी की चोटें इनमें इतनी सुध तो जगा गयी कि अपनी बहनों, भतीजियों, प्रेमिकाओं आदि का प्रवेश इन्होंने जेएनयू और डी.यू. नामक दो अभयारण्यों में दिला दिया। कुछ लड़कियाँ अपनी प्रेरणा से भी बाहर आयीं। और आया है स्त्री-भाषा बदलने का बेहद दिलकश मौसम जिसका उत्कट प्रतिमान गीतांजलि श्री, सारा राय, सविता सिंह सपना चामरिया, अनुराधा आदि की भाषा!

झाँसी, गोरखपुर, इलाहाबाद, पटना आदि अपेक्षाकृत छोटे किन्तु सजग विश्वविद्यालयों की स्त्री-भाषा भी बदली! चूँकि ये शहर महानगर नहीं थे, लोकसाहित्य, मिथक, निजी जीवन और स्थानीय इतिहास स्त्री-भाषा में एक आत्मीय गोला बनाकर, सिर जोड़कर कुछ-कुछ सोचने लगे! प्रेम-पत्रों की भाषा बदली, गीतों,

मुकरियों की भाषा में भी। हिन्दी में कव्वाली-मार्का कई गाने उभरे 'जो जेण्डर डिबेट को एक खिलण्दरा-सा प्लैटफॉर्म लगे देने! ध्यान से सुनिए तो ये विश्वविद्यालय की वाद-विवाद प्रतियोगिताओं का ही गरीब संस्करण लगते हैं : 'कैसे बेशर्म आशिक हैं ये आज के' से लेकर 'मेरा नाम है चमेली, मैं हूँ मालन अलबेली, चली आयी मैं अकेली बीकानेर से' तक की स्त्री-भाषा के कई सब-स्टेशन भूमण्डलीकरण के बाद उभरे।

77 के बाद तो इक्का-दुक्का मालिनें ही अपने-अपने बीकानेर छोड़ दिल्ली-कलकत्ता गयीं, पर भूमण्डलीकरण के बाद फूटलूज लेबर, पेटेण्ट बीजों के मारे किसान और साइबर कुली, मॉडेल, ऐंकर, टीवी ऐक्टर, लेखक-अनुवादक, कॉलेज-टीचर, पत्रकार आदि बनने को उत्सुक अर्द्धशिक्षित युवतियों-युवकों का एक पूरा हुजूम ही महानगर आया! हॉस्पिटैलिटी सेक्टर में काम करने वाली स्त्रियों की भाषा, ब्यूटी पार्लर-बुटीक आदि में काम करने वाली स्त्रियों की हिन्दी, रेडियो एफ.एम. और म्याऊँ की हिन्दी, 'चोखेरबाली' आदि स्त्रीवादी ब्लॉग लेखिकाओं की हिन्दी बेटे की नौकरी पर दिल्ली आई वृद्धाओं की हिन्दी और फिर लेखिकाओं, प्राध्यापिकाओं की अलग-अलग छब-ढब वाली हिन्दी—हिन्दी के कई रंग हैं अब फिजां में।

कविता-कहानी-विमर्श और आत्मकथा के कई नमूने मेरे सामने हैं जिनके आश्रय कुछ स्थापनाएँ तो मैं दे ही सकती हूँ : एक पंक्ति में कहूँ तो स्त्री भाषा और साहित्य में लगातार यह तकलीफ काफी हँसमुख ढंग से दर्ज करती रही है : 'पिया मोर बालक हम तरुनी' वाली। पुरुष-चौकड़ियों में आज तक स्त्री-लेखन की बारीकियाँ चर्चा में नहीं रहतीं, उनके निजी जीवन से जुड़ी नृशंस अटकलें, उनकी आवाज, उनकी काया, सम्पादक आदि से उनका सम्बन्ध ही चर्चा में रहा है। मानसिक विकलांगता और नैतिक अटकलें ही मोतियाबिन्द के नमूने। अकादमिक विमर्शों में भी कई दफा सामने आ जाते हैं जब पुस्तक पढ़े बिना ही समीक्षाएँ लिख दी जाती हैं और व्यक्ति से मिले बिना उस पर तरह-तरह के फतवे जारी कर दिए जाते हैं। यदि भूले-भटके किताब पढ़ भी ली गयी तो उसको समझने के औजार हिन्दी के पास नहीं : न मार्क्सवादी आलोचकों के पास, न तथाकथित लिबरल्स के पास ही! इसलिए जरूरत पड़ जाती है कि भाषा और साहित्य-दृष्टि की सही समझ स्त्री-आलोचना ही विकसित करे। एक पाठक ने बहुत भोलेपन से एक बार कहा था कि कोई स्त्री कुछ बोलने के लिए जब मंच पर खड़ी होती है, क्या बोलती है, सुनने का मन ही नहीं होता, प्यासे नैन देखते ही रह जाते हैं। एक छोटा-सा मॉड्यूल विकसित करने की कोशिश मैंने की है : इसे स्त्रीवादी पोएटिक्स कह सकते हैं—पोएटिक्स यानी ऐस्थेटिक्स और एथिक्स का संघनित समुच्चय जो स्त्री-भाषा में निश्चित ही नया रंग भर रहा है : साहित्य में और साहित्य के पार भी!

फिलहाल साहित्य पर ही टिकते हैं। सिर्फ एक छोटी प्रपत्ति भाषा के बारे में। आम मान्यता यह है कि पद्मिनी नायिकाएँ और उच्चाशय औरतें ज्यादा नहीं बोलतीं, बोलती सिर्फ दूसरे-तीसरे दर्जे की स्त्रियाँ हैं। बोलने की जरूरत ही उन्हें पड़ती है जिनकी रूमानियत-भरी रहस्यमय चुप्पी का घेरा लोगों का ध्यान खींचने कें समर्थ नहीं होता यानी एक खास तरह की कमी, एक खास तरह की अतृप्ति जो कैस्ट्रेशन कॉम्पलेक्स से भी नीचे की चीज है, उन्हें बोलने को विवश करती है यानी कि बोलती हैं निउनियाएँ, प्रौढाएँ, विषकन्याएँ रणचण्डियाँ, दासियाँ और परमचण्ट पत्नियाँ, चॉसर की वाइफ ऑफ बाथ, जेन ऑस्टेन की मिस बेट्स, मिसेज बेनेट, शेरिडॉन की मैडम मेलाप्रॉय से लेकर 'मित्रो मरजानी' की 'मित्रो' और 'शोले' की बसन्ती तक मूढ़मगज बेबी-विमेन के गढन्त हर तरफ बिखरे पड़े हैं। कुल मिलाकर माना यह जाता है कि आर्य नारी तो कम बोलेगी, धीरे बोलेगी, मिठबैनी, पिकबैनी होगी—'कान्तासम्मित उपदेश' कभी दे भी दे तो 'वीणा, मधुर-मधुर कुछ बोल' वाली शैली में जिसे आराम से अनठियाया भी जा सकता है और बाकी जो औरतें होंगी, उनके बारे में सेण्ट क्रिस्टीन पहले ही लिख चुके हैं—'एक झगड़ालू, चण्ट औरत की चाँय-चाँय गिरजाघर के घण्टे का विवाद भी ढँक सकती है, ये लोगो!' हमारे यहाँ भी माया महाठगिनी के गढ़न्त अनेक हैं!

कुल मिलाकर स्त्रियों के बारे में माना यह जाता है कि उन्हें बोलने या लिखने का तो शऊर ही नहीं होता! वे बात का कचूमर ही निकाल देती हैं—झूठ बोलने, बक-बक करने, गप्प हाँकने, झगड़े और फरियाद में ही उनकी ऊर्जा जाती है या फिर कच्ची भावुकता से लहालोट अनर्गल प्रलाप पसारने में! जहाँ तक झूठ का सवाल है—ज्यादातर स्त्रियों के जीवन में वह एक रूपक की तरह आता है। स्त्रियों के झूठ पर तो एक पूरी किताब लिखी जा सकती है : किन-किन दबावों में कितने सफेद और रंगीन झूठ उन सब दबी-कुचली अस्मिताओं को बोलने होते हैं, कभी धुआँधार गालियों से अपने भाई-बाप को बचाना होता है, कभी घर की कचरमकुट्ट से ऊबकर दस मिनट किसी हमदर्द से फोन पर बतिया लेना होता है या चाय पी लेनी होती है उसके साथ! ऐसे में झूठ इसलिए बोले जाते हैं कि सच सुनने की ताकत प्रश्नकर्ता में नहीं होती, और जवाबतलबी झेलने वाले के पास वैकल्पिक जीवन की कोई व्यवस्था नहीं। कोई बात सुनने को तैयार हो तो बात की जाए। 'गरजत-बरसत सावन आयो रे' भाव से ज्यादातर मर्द आज भी घरों में दाखिल होते हैं, सीधे मुँह बात करने को तैयार ही कौन होता है कि बात की जाए, कई बार ऐसे ही रस्मअदायगी में कुछ कह दिया जाता है—अँग्रेज़ी में जिसको कहते हैं—'टु कट इट शॉर्ट'!

सीधी-सी बात यह है कि सच का विस्तार तभी होगा जब सुनने का धीरज होगा और आत्मविश्लेषण का भी! ज्यादातर पुरुष आज तक क्रोध के सरप्लस से पीड़ित हैं या काम के सरप्लस से, ऐसे पुरुषों से हृदय की बात हो पाए, यह असम्भव है!

इसलिए होता यह है कि जो भी लिखना जानती है, वह औरत कुछ-न-कुछ लिखती जरूर है : ई.मेल., एस.एम.एस. और ब्लॉग की स्त्री-भाषा उतनी ही चटक, पुष्ट और बेबाक हो गई है जितनी कि लोकसाहित्य की भाषा थी! मेरी तो एक मान्यता यह है कि साइकिल, टेलिफोन, मोटरकार, मोबाइल और इण्टरनेट भी स्त्री-भाषा के विकास के पड़ाव हैं। पता नहीं कौन-सी एक फिल्म मैंने बचपन में देखी थी जिसका सिर्फ एक दृश्य याद है कि बहुत-सी लड़कियाँ एक साथ साइकिल चलाती हुई पिकनिक पर जा रही हैं, गायिका जो गा रही है—उसके बोल कुछ विचित्र-से हैं, फिर भी मैं समझा करती हूँ क्योंकि इससे मुझे बात स्थापित करने में मदद हो शायद! वह गाती है, सायरा बानो शायद, ‘‘मैं चली, मैं चली/देखो प्यार की गली/मुझे रोके न कोई/मैं चली मैं चली।’’ उसके जवाब में उसकी सखियों का कोरस है—‘‘ना-ना-ना मेरी जां/ देखो जाना ना वहाँ/ कोई प्यार का लुटेरा, लूटे न ओ मेरी जां!’ कहाँ प्यार, कहाँ लुटेरा! ‘प्यार’ से ‘लुटेरा’ का यह जक्सटांपोजिशन विचित्र किन्तु सत्य तो है! लुटेरों से ही प्रेम का नाटक सदियों से औरत को करना पड़ा है, और स्त्रियों का यह कोरस नयी स्त्री के मन में तरह-तरह के संशय बिठा रहा है तो यह स्वाभाविक है! जब तक स्त्री-पुरुष में भेड़ और भेड़िया का रिश्ता बना रहेगा, भाषा के ये संकट बने रहेंगे—यह बात समझती है स्त्री-भाषा, इसलिए कम-से-कम साहित्य में वह सम्वादोन्मुख है, कन्धे पर हाथ रख दुख-सुख बतियाने को प्रस्तुत भाषिक ऊर्जा का एक सम्पुष्ट और अक्षय स्रोत हिन्दी का अपना लोक साहित्य है और इसका समृद्ध मिथक-कोश, उसकी कहानी, कहावतें, मुहावरे, पहेलियाँ और घरेलू चुटकुले भी।

मेरी नानी गीतों-भरी एक कहानी सुनाती थीं कि राजा की बेटी उपले पाथने गयी। उपलों से भरी हुई टोकरी अकेली जब उससे उठी नहीं, उसने एक मेढ़क से अनुनय किया! मेढक चालाक था, मौके का फायदा उठाता हुआ बोला कि मुझसे शादी करोगी तो उपले उठवा दूँगा। शाम घनी हो रही थी! राजा की बेटी को घर लौटने की जल्दी थी, अनमने भाव से उसने हूँ-हाँ कर दी, मेढक ने टोकरी उठवा दी तो वह भागी। और उसके पीछे दौड़ता हुआ मेढक राजा तक पहुँच गया। उसने नालिश की कि तुम्हारी बेटी बदमाश है, उपले उठवा लिए और भाग ली! नाद-सौन्दर्य के पूरे वैभव के साथ नानी सुनाए जाती थीं—

‘राजा-राजा-राजा, ठक्-ठक्-ठक्
तोहर बेटी कहली, ठक्-ठक्-ठक्
गोइंठा अलागा द, टप-टप-टप
तोरा से बियाह करब-ठक्-ठक्-ठक्’

अब जब इस गीत की पूरी संरचना पर सोचने बैठती हूँ तो समझ में आती है भाषा-राजनीति, फिल्टर्ड नैरेशन का छद्म समझ में आता है। लड़की बेचारी ने थोड़े ही

कहा था कि वह उससे शादी करेगी। आपात्काल था, उसका प्रस्ताव एकदम से ठुकरा देती तो उपलों की टोकरी, जो समाज का संयुक्त दायित्व है, धरी-की-धरी रह जाती! फिर कैसे बनता खाना? खाली हाथ घर लौटने का मतलब पिटाई। जंगल में रुकने का मतलब और तरह के खतरे। मरती क्या न करती! उस समय मजबूरी में कुछ भी हूँ-हाँ कर दी होगी। आज भी लड़कियों पर यही तो दोषारोपण होता है कि प्रोफेसर/सम्पादक/वरीय कलाकार/अध्यक्ष/टीमलीडर/बॉस/सहकर्मी/निर्देशक आदि प्रभावी पुरुषों की भावनाओं के संग लड़कियाँ खिलवाड़ करती हैं और मतलब निकल गया हो तो पहचानती नहीं, यौन-उत्पीड़न का आधा दोष तो उनका अपना है, 'आ बैल मुझे मार' वाली स्थितियाँ हूँ-हों की टालमटोल ही पैदा करती हैं, पुरुष उसे 'नखरा' समझता है यानी कि मौन स्वीकार, उसे लगता है कि देह का सीढ़ी के रूप में सजग इस्तेमाल कर रही है यह लड़की तो वह क्यों पीछे हटे ... वगैरह-वगैरह-वगैरह। तर्कशीलता की सीमा यही है कि तर्क आप किसी पक्ष का गढ़ सकते हैं। और कामान्ध व्यक्ति का तर्क! उसका तो खुदामालिक! कठहुज्जती और किसको कहते हैं!

अरे भाई, एक सहज मानवीय कर्तव्य है उपले उठवा देना या राह चलते किसी की मदद कर देना, इसका जो दाम आप वसूलने चले हैं—ये क्या अच्छी बात है! मुसीबत में फँसी लड़की से राह चलते प्रणय निवेदन करते रहना, उसकी मजबूरी का फायदा उठाना, फिर फरियाद लेकर पितृसत्ता के दूसरे एजेण्ट-बाबूजी के पास ही पहुँच जाना—बाबूजी जो या तो ऑनर-किलिंग ही कर देंगे या मान जाएँगे शादी का प्रस्ताव और राजा की बेटी की शादी मेढक से हो जाएगी, इसलिए भी हो जाएगी कि राजा के सर से बला टले और कौन जाने, यह शायद मैट्रिमोनियल अलायंस का एक दूसरा पाठ हो।

दूसरे दृष्टिकोण से पढ़िए तो यह कथा मानवीय श्रम की गरिमा की कथा है और एक महाप्रजातन्त्र की कथा जहाँ राजा की बेटी भी उपले पाथने जाती है और किसी भी वर्ग, किसी भी संवर्ग के व्यक्ति की नहीं, जीव-जन्तु से भी उसकी शादी सम्भव है—देखने में यह बात रैडिकल तो लगती है पर स्त्री-दृष्टि से उतनी रैडिकल नहीं! आसान नहीं किसी भरी-पूरी स्त्री का पुरुष की मेढकीय वृत्ति से निर्वाह और उसकी निर्लज्ज, मौकापरस्त टर्र-टर्र से लड़की की मजबूर चुप्पी का निर्वाह!

अनन्त है भाषा की गुंजाइश! साहित्य भाषिक सम्भावनाएँ महीन अर्थ-छवियों, श्रुतियों, अनुगूँजों, प्रतिबिम्बों में पकड़ता है—इसलिए हर पाठ में उसका नया अर्थ खुल जाए, यह भी सम्भव है। पर प्राक्-भाषा और चुप्पी की सम्भावनाएँ और भी अधिक हैं। भारतीय परम्परा में परा, पश्यन्ती और मध्यमा—प्राक्-भाषा की तीन अवस्थाएँ मानी गयी हैं। माना गया है कि वाणी का तीन चौथाई अन्तर्भुक्त है यानी प्रकट नहीं होता। एक चौथाई जो प्रकट होता है, उसमें भी कई दफा पाँसा उलटा ही पड़ जाता है और अर्थ का अनर्थ होने की आशंका होती है! लोक साहित्य

ऐसे कई दुरूह पटल मुखरित करता है जिसे बाद की विसंरचनावादी तकनीकें 'अपोरिया' कहेंगी : अपोरिया यानी पाठ की वह गाँठ जो पकड़ में आते ही अर्थ-फर्र-फर्र खुलता जाता है।

कहीं वह गाँठ कोई बिम्ब होता है, कहीं कोई प्रतीक, कहीं कोई रूपक या अन्य अलंकार, कहीं कोई उक्ति-वैचित्र्य या वक्रोक्ति, कहीं कोई उलटबाँसी... कभी-कभी जीवन-जगत् का कोई गझिन राजनीतिक-सामाजिक-सांस्कृतिक-वैयक्तिक सन्दर्भ भी वह गाँठ बन सकता है! मिथकीय सन्दर्भ, लोकजीवन का कोई मोटिफ, कोई अन्य शास्त्रीय या अन्तरपाठीय सन्दर्भ भी कभी-कभी अपेरिया बन कर उभरता है! उस पर उँगली पड़ते ही सूत्र पकड़ में आ जाते हैं और बुनावट चाहे जितनी गझिन हो—अर्थ का एक पक्ष तो खुल ही जाता है : यदि सुनने वाला ध्यान से सुने या पढ़ने वाला ध्यान से पढ़े, अंठियाए या मटियाए नहीं!

'बहिरो सुनै मूक पुनि बोलै,
अँधरे को सब कुछ दरसाई'

सूरदास की यह महान पंक्ति पढ़ी तो थी स्कूल में ही पर उसका एक नया अर्थ फूटा जब अस्मिता-विमर्श की सैद्धान्तिकी गढ़ने की कोशिश कर रही थी।' बहिरौ सुनै मूक पुनि बोलै'...'रंक चलै सिर छत्र धराई'—ये ही तो मंशा है अस्मिता विमर्श की कि जो कभी नहीं बोले, वे बोलें, अपना दुख-दर्द कहें ताकि उन अन्धों की आँख खुले और उन बहरों के कान जिनके बारे में बाइबिल बहुत पहले ही लिख गया है—"Seeing they don't see, hearing they don't hear" देखकर अनदेखा कर देना, सुनकर भी अनसुना करना, अंठिया देना, मटिया देना, अर्थ का अनर्थ करना, बात को सन्दर्भ से काटकर उसका मर्म ही छिन्न-भिन्न कर देना—ये ही पितृसत्ता या फिर किसी सत्ता का गुर है जिसका सबदर्शन स्त्री-भाषा करती है या फिर अश्वेत-भाषा और दलित-भाषा!

ईसा मसीह तो यह कहकर सूली पर ही चढ़ गये कि हे ईश्वर, इन्हें माफ करना कि ये नहीं जानते कि ये क्या कर रहे हैं, तब उसे अस्मिता विमर्श और उन्होंने कहा—'इन्हें जानना चाहिए कि ये क्या कर रहे हैं' और तबसे भाषा नौकर का, नाई का, दाई का दरका हुआ आईना बनकर इनके आगे नमूदार हुई कि लो, अपनी सूरत देखो, समझो कि क्या कर रहे हो, आँखों पर पट्टी पड़ी है तो खोलो, कानों की ठेपी हटाओ!

हिन्दी के हिटलर : भाषिक बमबारियाँ

"डैडी आई हैव हैड टु किल यू!
यू डायड बिफोर आई हैड टाइम—

मार्बल-हेवी, अ बैग फुल ऑफ गॉड
गैस्टली स्टैचू विद वन ग्रे होल
बिग ऐज अ फिस्को सी''

(डैडी, हत्या तुम्हारी मुझे करनी थी लेकिन मुझको फुर्सत मिलती, इसके पहले ही तुम बोल गये टें/भारी-भरकम संगमरमर, एक झोला-भर भगवान, भीषण मूरत जिसकी/एक एड़ी काली थी—एक मुहर बेडौल।)

सिल्विया प्लाथ की यह कविता मनोचिकित्सक के परामर्श पर लिखी गयी थी : पिता और पिता—जैसे आप्लावनकारी पति की प्रीति घृणामूलक अपेक्षाओं से मुक्त होने की थेरेपी थी, यह कि कविता में ही उनका एक पुतला-सा बनाकर वह पुतला जला दिया जाए! सिल्विया प्लाथ ने कमाल यह किया कि अपने 'डैडी' में उन्होंने अनुस्यूत कर दीं ऐतिहासिक 'डैडी' हिटलर की मारक छवियाँ! इतिहास का ही वैयक्तीयन कर दिया उन्होंने और 'सब्जेक्टीफिकेशन ऑफ हिस्ट्री' की यह महान तकनीक अगले कई दशकों तक स्त्री-भाषा की एक प्रिय तकनीक बनकर प्रतिष्ठित रही : सिर्फ पश्चिम में नहीं, अपने यहाँ भी, किन्तु एक अलग किस्म के तेवर में; क्योंकि हमारे 'डैडी' एक अलग तरह के 'डैडी' थे : अधिक मानवीय और निःस्वार्थ, प्रायः अहिंसक : उनसे लड़ पाना टेढ़ी खीर था! हम उन्हें प्यार से बापू कहते थे और किंचित् असहमतियों के बावजूद हम उनका यह व्यापक अवदान भूल कैसे सकते थे कि उन्होंने उद्धुर स्त्री-शक्ति का आह्वान उस समय किया जिस समय वह आत्मसंशय की पराकाष्ठा पर थी : 'नीर-भरी दुख की बदली' : 'विस्तृत नभ का कोई कोना/ अपना न कभी अपना होना' वाली मारक मनःस्थिति से जूझ रही थी!

उस कठिन दौर में तो 'घरे बाहरे' के द्वैत में फँसी स्त्रियाँ भरमुँह साँस पा गयीं जो बापू जैसे किसी ने इतना तो कह दिया कि बल का अर्थ यदि पशुबल है तब तो स्त्रियाँ पुरुषों से बीस ही होंगी, उन्नीस नहीं। गाँधीजी के अलावा दयानन्द सरस्वती, रवीन्द्रनाथ और ज्योतिबा फुले आदि भी स्त्री-शिक्षा का स्फुलिंग लगातार सुलगाते रहे क्योंकि उन्हें लगता रहा कि पिताओं, पतियों, भाइयों और पुत्रों का तेज जागृत करने में पढ़ी-लिखी स्त्री अधिक सहायक हो सकती है, स्त्री का भाषिक तेज बढ़ेगा, उसकी उद्‌बोधन-क्षमता बढ़ेगी, कान्ता-सम्मित उपदेश की कान्ति बढ़ेगी यदि उसे कुछ जरूरी किताबें पढ़ा दी जाएँ—धर्मग्रंथों से उद्धरण दे सकें, हिसाब-किताब कर सकें, चिट्टी-पतरी लिख सकें, ड्राइंग-रूम में बैठकर टैगोर की विमला की तरह थोड़ा देश-प्रेम भी बतिया सकें। प्रेमचन्द-तक के मन में बहुत-अधिक पढ़ी-लिखी, आर्थिक रूप से स्वतन्त्र स्त्री की खातिर जो संशय है, मालती के रूप में व्यक्त हुआ है : प्रेमचन्द इस संशय से उबरने की पूरी कोशिश करते हैं लेकिन यह संशय चूँकि उनके समय का संशय है, चित्त का चितकबरापन अयां हो जाता है और उसके लिए हमें उन्हें माफ भी कर देना चाहिए जैसे अपने

पितृ-तर्पण के समय अपने अन्य पिताओं को करते हैं, यह सोचकर कि उन्होंने कुछ सदिच्छाएँ तो व्यक्त कीं, बाकी तो सबसे बड़ा पिता वक्त ही है!

प्रेमचन्द के बाद जैनेन्द्र जी ने स्त्री का मनोविज्ञान, उस पढ़ी-लिखी स्त्री का मनोविज्ञान समझने की कोशिश बखूबी की जिससे उसका परिवार सावित्री और पोर्शिया का मणिकांचन संयोग स्वयं घटित करने की उम्मीद करता है। इस पूर्वनियोजित धारणा में जरा कुछ इधर से उधर हुआ नहीं कि 'त्यागपत्र' की मृणाल वाली नियति तो बाट देख ही रही है! 'उत्पत्यस्ते कोऽपि ममतु समानधर्मा'! आगे की पीढ़ी में कोई समानधर्मा कभी पैदा हुआ और उसने आँख की लाज बचायी, अपनी आत्मा के आह्वान पर जजी से त्यागपत्र दिया, लेकिन उसके पहले स्त्री भाषा की अपनी सब पारम्परिक भूमिकाओं और रिश्तों से त्यागपत्र दे ही चुकी थी!

प्रगतिशील आन्दोलन जब परवान चढ़ा, 'जो घर जारे अपना चलै हमारे साथ' के घोर भौतिक अभियोजन घर-घर घटित लगे होने! उधर पण्डिताऊ किस्म के लोग स्त्री को बस घर गृहस्थी और लालन-पालन में नत्थी किए थे तो प्रगतिवादी गाँव-घर और कस्बों में पत्नी-बच्चों का पूरा कुनबा छोड़कर एक 'अन्या' की तलाश में, 'शुभागता' की तलाश में इधर-उधर भटक रहे थे! कइयों की बच्चियों ने उनको उद्‌बोधन पत्र लिखे—खासकर प्रगतिशील कवियों के सर 'गुलाबी चूड़ियों', 'चम्पाओं', 'मुनियों' आदि का ऋण बहुत बड़ा है कि उन्होंने उन्हें 'कसाई बाप' या 'कसाई दूल्हा' होने से बचाया! रवीन्द्रनाथ ठाकुर का 'काबुलीवाला', 'रोजी-रोटी की तलाश में दर-ब-दर हुए परदेशी पियाओं, फूटलूज आवारा-अनाड़ियों, अलग-अलग पार्टियों के होलटाइमरों, फुलटाइम लेखकों, नाट्यनिर्देशकों, अभिनताओं, बेराजगारों और छोटे व्यापारियों के मन में दूर छूटे घर की बची-खुची स्मृतियों के लहास की एक मार्मिक प्रतीक कथा है जिसका विस्तार नागार्जुन की 'गुलाबी चूड़ियाँ' और त्रिलोचन के 'चम्मा' तक मानें तो अतिशयोक्ति न होगी।

नयी कविता और प्रगतिशील काव्यान्दोलन के समानान्तर उभरती नयी कहानी और समान्तर कहानी से छोटी बच्चियाँ और बच्चे एक सिरे से गायब हैं, विश्वविद्यालय में पढ़े-लिखे शहराती युवकों की यौन-उत्कण्ठाओं और दुनिया बड़ी करने की उनकी सृजनशील आकांक्षाओं का यह एक समृद्ध और सरस संसार है जहाँ कभी-कभी मार्क्सवादी एलिएनेशन पर बहस होती है किन्तु ज्यादा चिन्ता नयी स्त्री और नये पुरुष के बीच के असमंजन और असमंजस के द्रावक चित्रण की है! टाइपिस्ट, पी.ए., सैलानी, कॉलेज-टीचर या फिर कलाकार लड़कियाँ या कंजर घरों में कैद 'लक्ष्मियाँ' नयी तरह की भाषा बोलती तो हैं—कभी 'मचाचा' टाइप, कभी 'सावित्री'—टाइप, किन्तु अधिकांशतः वे 'सारा आकाश', 'तीसरी कसम', 'वे दिन', 'पचपन खम्भे लाल दीवारें', 'आपका बन्टी' आदि की नायिकाओं की तरह अपनी सोचों में ही गुम हैं!

फिर दौर आता है स्त्री-लेखन का जहाँ स्त्रियाँ अलग-अलग ग्रामीण-शहराती-कस्बाई सन्दर्भों में खूब छककर हँसती-बोलती हैं और तब शुरू होती है भाषिक बमबारियाँ हिन्दी के हिटकरों की जिसके जवाब में भी इतना कुछ बोला और लिखा गया है कि एक पर्चे में वह क्या समाएगा! कविताएँ-कहानियाँ-आत्मकथाएँ-ललित निबन्ध-सार्थक लेखन का भी पुलिन्दा इतना बड़ा है कि एक-एककर सब उठाएँ तो शोध ग्रन्थ बन जाए! कुछ सैंपल ही उठाए जा सकते हैं—फिलहाल जो 'ब्लॉग-भाषा' से उठाते हैं।

तुमुल कोलाहल कलह में
(सन्दर्भ : स्त्री-ब्लॉग : चोखेरबाली)

'कोलाहल' तुमुल होता है और हृदय की बात' का महत्त्व भी उसी अनुपात में बढ़ता जाता है—अर्थशास्त्र के नियम से भी जो चीज जितनी विरल होगी, उतनी मूल्यवान भी!

स्त्रीवाद बिना दीवारों के जिस घर का सपना जागता है, भाषा उसकी छत और ब्लॉग उसके पिछवाड़े की वह बड़ी अँगनैया जहाँ स्त्रियाँ और नये पुरुष एक साझा चूल्हा सुलगा रहे हैं। सुलगाते-सुलगाते बहसें भी सुलग-सुलग जाती हैं और झूर-झूर सिंककर जो उपले बाहर आते हैं—वही है फूड फॉर थॉट!

ब्लॉग-भाषा का सबसे सबल पक्ष उसकी अन्तरंगता है, उसका बतरस! बात का चट से जवाब दे देना पितृसत्ता के दरबार में उतना बड़ा अपराध है जितना 'हम लड़कियाँ पतित होना चाहती हैं' का नटखट उद्‌घोष। जबान लड़ाना शायद नैन लड़ाने से भी ज्यादा बड़ा अपराध है मानकर चला जाता है कि जबान लड़ाने की जरूरत ही दोयम दर्जे की लड़कियों को पड़ती है जिसकी बहुत ही मारक सूची गौरव सोलंकी ने अपनी महत्त्वपूर्ण कविता में सामने रखी है।

चूँकि स्त्री-आन्दोलन मूलतः एक अहिंसक आन्दोलन है, भाषिक औजार ही इसके एकमात्र औजार हैं! 'ऊधव शतक' और 'भ्रमरगीत' में स्त्री-भाषा की उत्कट व्यंजना का एक उत्कट मॉडेल पुरुष कवियों ने दिया है क्योंकि विकास के जिस मुकाम पर वे थे, वहाँ भाषा ऐण्ड्रोजेनिक हो ही जाती है। ऐसी ही ऐण्ड्रोजेनिक भाषा की उम्मीद हमें नये पुरुषों से है। स्त्रियाँ क्यों गालियाँ देंगी, वे तो पुरुषों की गालियाँ छुड़ाएँगी। स्वतन्त्र समूहों को तो अतिनैतिक होना ही होगा, किन्तु बोरिन्ग हुए बिना! जो बोर करे यार को उस यार से तोबा! नौतिक व्यक्ति का दूसरा बड़ा हथियार है ह्यूमर! पुरमजाक व्यक्ति की नैतिकता सुपाच्य हो जाती है, जैसे अनुराधा की।

अपनी नानी-नाना वाली जो कहानी उसने 'भूरे चाँद' में प्रतिबिम्बित करके सुनायी है या माँ से जुड़ी 'डिग्निफाइउ सफरिंग' का स्टीरियोटाइप तोड़कर, उसे नटखट, दमदार बालिका-माँ बनाकर, वह उसी तरह के मज़ेदार फिलटर्ड नैरेशन का उदाहरण है जिसका एक मॉडेल हमें व्रतकथाओं में मिलता है, जहाँ पार्वती शिव से बन-बनकर पूछती हैं कि बताओ हे शिव, मैंने कौन-सा व्रत तुम्हें पाने की खातिर किया? अरे भाई, व्रत किया आपने, वह क्यों बताए? वह क्यों बताए? वह बताए इसलिए कि दुनिया जाने, उसने लोहा मनवा लिया है—इसके लिए उसे लोहे के चने ही क्यों न चबाने पड़े हों जैसे इन दिनों औरतों को चबाने पड़ते हैं—अपना सर्जनात्मक स्पेस निकालने की खातिर! उद्देश्य स्थान विधेय स्थान के साथ म्यूजिकल चेयर या 'घुमरी परैया' न खेले तो मजा ही क्या रहे।

अब दूसरे खेल की बात करें। आधुनिक दुनिया की एक बड़ी कठिनाई 'पासिंग द बक' भी है! कोई किसी गड़बड़ी में अपनी भूमिका स्वीकारने को तैयार नहीं! 'मैं क्या करूँ' सिण्ड्रोम से इस कदर पीड़ित है हमारा समाज, इस कदर 'नो फॉल्ट' जोन में उतर आया है कि सारे अपराध हो गये हैं एक 'मीडिया फ्रेण्डली स्पेक्टेकले—मीडियाधर्मी महानाट्य! मनुष्य क्या है? ऐसे अंगों का समुच्चय जो बेचे-खरीदे या बदले जा सकते हैं—ऐसी वफादारियों का समुच्चय जो बेची-खरीदी या बदली जा सकती है। ऐसे समुच्चय क्या खाकर विरोध करेंगे और किसका विरोध करेंगे!

साहित्य और भाषा ही इन दिनों सत्ता विपर्यय का एक मात्र साधन है! इसके बिना मनुष्य सांस्कृतिक परिदृश्य में कोई हल्का भी परिवर्तन घटित नहीं कर सकता, परिवर्तन जो आत्म-तोष और मुक्ति—दोनों की प्राथमिक शर्त है!

कोई भी जीनियस, खासकर भाषा-जीनियस असेंबली लाइन वाली दुनिया का एक सबल प्रतिपक्ष तो है ही लेकिन जो भाषा-जीनियस होता है, पूरा-का-पूरा उसको बनाता है उसका परिवेश! मूलतः वह एक अच्छा सोख्ता-कागज होता है, मुहावरे, कहावतें, साखियाँ, नीति शतक, शृंगार-शतक, मिथकों और रूपकों-खजाना है स्त्री-भाषा क्योंकि जीवन विवेक का प्रजातान्त्रिक विनियोग इनकी प्रिय तकनीक है! हमारा पूरा वजूद रिचार्ज्ड हो जाता है इसके आश्रय।

अपना अनुभव साझा करना स्त्री-स्वभाव में शामिल है। इसलिए बतियाती-बोलती हुई ये आगे बढ़ती हैं कि आगे आनेवालियाँ, अनगिनत चोखेरबालियाँ इसका फायदा उठा लें। काम-काज करती हुई, खिचड़ी-भाषा में ये आगे बढ़ती हैं कि खिचड़ी सुपाच्य और समरस भोजन है—एक बड़ा प्रजातान्त्रिक स्पेस जहाँ दाल और चावल—दोनों के वजूद स्वतन्त्र है और अस्तित्व शान्तिपूर्ण जैसे पुरुष-स्त्री का होना चाहिए।

रोजमर्रे का जीवन औरत के जीनियस के सहारे ही चलता है, खासकर माँ के भाषिक जीनियस के सहारे, लोरियों के सहारे, कान्ता-सम्मित उपदेशों के सहारे,

उन स्वीट-नथिंग्स के सहारे जिनसे पटी-पड़ी है स्त्री भाषा जिसे इरेगरी एक पर्फोर्मेटिव और ट्रांस्फॉर्मेटिक कैटेगरी के रूप में, एक और राजनीति सम्बलन के रूप में रेखांकित करती हैं। जहाँ पुनरावृत्ति भी सबवदर्शन है, पैरोडी और अन्तरपाठीय प्रयाण भी। दान चूँकि स्त्री की लिबिडिकल इकोनॉमी का केन्द्रीय गुण है, उच्छल प्रवाह से भरी हुई सिक्सू इसे मानती हैं और ठीक ही।

जो कभी नहीं बोले, बोले रहे हैं इन दिनों

सूरदास का सपना रंग ला रहा है : *रंक चलै सिर छत्र धराई* का जमाना भी आएगा कभी, फिलहाल *बहिरौ सुनै मूक पुनि बोलै* सिलसिला चल पड़ा है! जो कभी नहीं बोले, इन दिनों बोल रहे हैं! इसका प्रमाण हैं ये आत्मकथाएँ जो *मैं चुप रहूँगी* वाली मीना कुमारी के युग में पारम्परिक जकड़नों के बीच जन्मी-पली आर्य कन्या विद्यालयों/गुरुकलों/शिक्षानिकेतनों में पढ़ी-लिखी वे लेखिकाएँ अंततः लिख देने को विवश हो गयी हैं। उनमें से अधिकांश का जीवन किसी कारण लगातार प्रश्नविद्ध रहा, नृशंस दारू-पार्टियों में वे लगातार चर्चा का विषय रही : अरे वो तो थोक के भाव छप रही हैं क्योंकि फलां गॉडफादर हैं उनके...और जीवन... भी कैसा जिया है! जिस पर मर्यादाहीन होने का आरोप नहीं लगा, उस पर पाषाणहृदय और मतलबी होने का बट्टा लगा है।

कम-से-कम हिन्दी जनपदों की चाण्डाल-चौकड़ियों में बारहा ऐसा होता है कि स्त्री शरीर और उसके निजी जीवन के बारे में लगाई गयी अश्लील अटकलें स्त्री साहित्य का आधारपाठ बनकर उभरती हैं। किसी से भी अचानक पूछ बैठो कि जिसकी चर्चा कर रहे हैं, उसे पढ़ा भी हैं क्या! तो कन्धें उचकाकर इतना ही कह पाएँगे--अरे पढ़ा नहीं भी है तो क्या, पता है हमें—क्या लिखती हैं औरतें-या तो नीर भरी दुख की बदली बन कन्धे भिगोएँगी या अँगारे उगलेंगी हाथ उठा-उठाकर...वैसे हाथ उठाए हुए औरतें अच्छी तो लगती हैं लेकिन सिर्फ देखने में, सुनने-पढ़ने में नहीं!

हर बात घूमती-टहलती लेखिकाओं के भी कान में पहुँच ही जाती है... गहरी तकलीफ़ से उनका चेहरा उतर जाता है! इतनी अर्गलाओं के बीच तो कहीं कुछ लिखना हो पाता है! लिखती-पढ़ती, अपनी दुनिया बड़ी करती विवाहित स्त्री घर में भी शायद ही किसी को अच्छी लगती है! ज्यादातर औरतें छुपकर लिखती हैं—घर के सारे काम निबटाकर, अपने सब और लगातार साथ रहने वालों की सेवा में कई राउण्ड बिछ लेने के बाद। जब सब सो जाते हैं—चुपके से औरतें की कलम बच्चों के इंस्ट्रूमेन्ट बॉक्स से निकलती है और ऐसे आवेग में किसी सस्ते रजिस्टर के खुरदरे पन्नों पर चलती है कि सहज याद आ जाएँ वे सारी अभिसारिकाएँ जो

रात के अँधेरे में प्रेमियों से मिलने जाती थी। खैर मनाइए कि कलम के पैर में पायलें नहीं होतीं वरना गीत उनके भी ओठों से फूटता—*दैया रे दैया, लाज मोहे लागे। पायल मोरी बाजे, सास मोरी जागे!*

सास जाग जाए तो फिर भी गनीमत! जो पतिदेवता जगें तो अस्त-व्यस्त कपड़ों और इखरे-बिखरे बालों के साथ हउहत्ती की तरह शब्दों-विचारों से जूझ रही पत्नी उनमें वो ही वितृष्णा जगा जाए जो हेनरी जेम्स के मन में जार्ज सैंड को देखकर जग गयी थी। उन दिनों ये दोनों साथ रह रहे थे! रात को जार्ज सैंड के मन में कोई तूफान जगा और वे जेम्स को सेज पर अकेला ही ऊंघता हुआ छोड़ दूसरे कमरे में कुछ लिखने भाग गयीं, कुछ देर बाद वे भी पीछे-पीछे आए और प्रेयसी को लेखन के भूत से आविष्ट देखकर उनके सौन्दर्य बोध को कैसा धक्का लगा, इसका वर्णन उनके मित्र प्रॉस्पर मेर्मी ने मॉरिस शैपिरा हीनमैन द्वारा सम्पादित, नोट्स ऑन नॉवेलिस्टस इन लिटरी क्रिटिसिज्म में किया है :

"He once opened his eyes, in the raw winter dawn, to see his companion, in a dressing gown, on her knees before the domestic hearth, a candlestick behind her and a red madras round her head, making bravely wiht her own hands, the fire that was to enable her to sitdwon to urgent pen and paper.... the spectacle chilled his organ and tried his taste; her appearance was unfortunate, her occupation an inconsequene, and her industry a reproof-the result of which was lively irritation and early rupture."(1963)

(एक बार उसने अपनी आँख खोली! कड़कड़ाती ठण्ड थी। पौ फटी भी नहीं थी। कहाँ गयी? ढूँढते हुए अँगीठी के पास पहुँचे और जो दृश्य देखा...उससे उनकी प्रेमाग्नि बुझ गयी-झप से! सुरुचि का धक्का लगा! क्या कर रही है यह (धक्काड़, लिक्खाड़ बनती है!) एकदम से लिखने ही बैठ गयी! ऐसी भी क्या अकुलाहट, बाबा! (यह कैसी लिखास!) अँगीठी के सामने, घुटने के बल हवन्नक-सी बैठी, एक हाथ में मोमबत्ती, दूसरे में अंगीठी की लौ उचकने की अनवरत कोशिश, अस्त-व्यस्त गाउन, माथे पर लाल दुपट्टा... लगता है कि कलम से कागज इसी दम न लगा तो आग ही लग जाएगी...क्या ऐसा महान लिखा जाएगा—ये तो पता ही नहीं (झूठ-मूठ की शेखी!)...कैसी भद्दी लग रही हैं! बिना मतलब के शौक पाल रखे हैं! झुठ-मूठ की रगड़घस...! नतीजा...घनेरी चिढ़ और सम्बन्ध विच्छेद-जल्दी ही!)

देखिए मेरी भी हिमाकत! अनुवाद क्रम में मुझे *ज्यों की त्यों धर दीनी चदरिया* से सन्तोष करना चाहिए था! पर मैं अच्छी बच्ची बनकर *ज्यों की त्यों ये चदरिया* रख न सकी! कुछ बेल-बूटे अपनी तरफ से भी काढ़ दिये!

दुलहन वही जो पिया मन भाए! और लेखक-दूल्हे/पति को कैसी दुलहन/प्रिया मन भाती है? वही जो उसकी अच्छी पीये हो, अनुवाद, टंकक, सम्पादक, प्रेरणा पम्प किए रखने वाली पिकबैनी, मृगनैनी वगैरह-वगैरह! टी.एस. एलियट से लेकर सलमान रुश्दी और वी.एस. नॉयपॉल तक इसके गवाह हैं!

जब राजेन्द्र जी (राजेन्द्र यादव) के बारे में सुना कि अब उनमें मन्नूजी के लिए वे स्पन्दन जग ही नहीं पाते, एकदम से मुझे हेनरी-जार्ज सैंड वाला यह प्रसंग याद आ गया!... नीतिशास्त्र का सौन्दर्यशास्त्र से गहरा रिश्ता है! एथिकल मानदण्ड बदलेंगे तभी सौन्दय्रशास्त्री निकष बदल पाएँगे! ब्लैक ऐस्थिटिक्स का इतिहास इसका ज्वलन्त प्रमाण है!

बहुतेरे लेखकों के साथ यह हुआ कि उदीयमान लेखिकाओं से उन्होंने शादी की—उनके लेखन के प्रभाव में और दस कदम चलकर 'प्र' गया एक ओर, एक अधूरा उपसर्ग भर...और *भाव* उससे छिटककर (मिट्टी की गाड़ी के पहिए-सा) क्या जाने कहाँ गुड़क भागा! कहीं अहं का टकराव, कहीं किसी तीसरे की उपस्थिति से उपजा व्यर्थता बोध, कहीं आउटग्रो कर जाने का उदास एहसास, कहीं *मैं तो आगे बढ़ गयी/ पीछे जमाना रह गया* वाला अगरधत्त-असर्शन-कारण कुछ भी हो सकता है पर नतीजा वही एलिएनेशन जो एक अज्ञात सक्शन पम्प से सम्वेदनशील प्राणियों के घर की हवा खींच लेता है और इस कदर दमघोंटू हो जाती है एक-दूसरे की उपस्थिति कि *शट अप, गेट आउट* का दूर्वा-चन्दन बरस जाता है सर पर!

मैत्रेयी पुष्पा की *गुड़िया भीतर गुड़िया* इब्सन के 'डॉल्स हाउस' वाली नोरा से अलग किस्म की गुड़िया सिद्ध होती है। दर-दर भटकी, जिस-जिस के घर रहकर पली-बढ़ी पितृहीना बच्ची इतनी मुश्किल से घरौंदा बसाती है वह छोटी-बड़ी किसी चख-चुख पर घर छोड़कर जाने वाली नहीं। करते रहें जितना तंग करना है, उन पर साम-दाम-दण्ड-भेद, सब आजमाएगी और एक दिन मन माँज कर रहेगी, *तू डाल-डाल मैं पात-पात* वाली जिद! जब बड़े-बड़े सम्पादकों का काम-तत्व गोबर की तरह काछकर फेंका तो पति देवता की क्रोधाग्नि अनुकूलित कर लेना कौन बड़ी बात है। तीन बच्चे पाले, एक पति भी पाल लेंगे वाला विश्वास—विश्वास जो बड़ी मुश्किल से अर्जित किया है—लाख ठोकरें खाने के बाद, तिल-तिलकर मुक्त हुई हैं भय से...मुक्ति एक धीमी और क्रमिक प्रक्रिया तो है ही न!

विवाहित के तो गर्भ में ही एक महासुरक्षित शब्द पलता है—*हित! विवाहितों के तो फिर भी* अनेक *हितू* होते हैं पर उनका क्या जो सात फेरों के बिना रह गयी साथ। साथ भी क्या, आस-पास! पुराने जमाने की प्रोषितपतिका भी नहीं! खुद अपने पाँव पर खड़ी और कई दूसरों को भी एक पाँव खड़ा कर देने का रुआब रखने वाली प्रभा (प्रभा खेतान) का जीवन अपना कमाया-धमाया दूसरों में लगाते-खपाते ही बीता। डॉक्टर श्राफ से आर्थिक अवलम्बन का रिश्ता नहीं था

और शारीरिक अवलम्बन के रिश्ते की उम्र ही कितनी होती है! खासकर किसी पढ़ी-लिखी, संवेदनशील स्त्री के लिए कामेच्छा का उन्नयन इतना ही आसान है जितना सैन्डिल का स्ट्रैंप बाँध लेना! पर मानसिक अवलम्बन और लाड़ की इच्छा भी एक अजब फेविकॉल जोड़ है जो लाख तोड़ लो, टूटता ही नहीं—साथ घसीटे चलता है...यों ही!...एक नन्हीं सी कामना गौरैया-पंख उठाती है... थोड़े से क्षण थरथराते हैं, एक आवेग उमड़ता है...और अपने साथ-साथ क्या-क्या बहा ले जाता है! वैसे तो अपने मुँह से खुद को 'अनन्य' कहना कुछ अटपटा-सा लगता है, पर जीवन की धिक्कार झेलते-झेलते कभी-कभी इन्सान थक भी तो जाता है! कोई प्यार करने वाला नहीं, न सही-खुद को ही ले लें एक पप्पी-कह दें 'अनन्या'-कोई बुरा नहीं मानेगा! क्यों माने/मर्दों की दुनिया में व्यापार बढ़ाया, अपनी अलग पहचान बनायी, किताबों का साथ नहीं छोड़ा, घनघोर मेहनत की, भरसक किसी का बुरा न किया, न बदला लिया तो अनन्या हुई कि नहीं...वैसे, हम जानते हैं कि शायद हर महिला आत्मकथाकार चाहती यही है कि वह अनन्या न रहे, अन्य 'अन्यायें' भी अन्याय की पोल खोलती सामने आएँ और अनन्याओं का एक सिरसिला-सा चल पड़े—गुड़िया-भीतर-गुड़िया, अनन्या-दर-अनन्या-सशक्तीकरण एक सिलसिला न हुआ, मुक्ति एक आन्दोलन न हुई तो उसका अर्थ ही क्या!

जैसे बैसाख की सुबह दही का जामन एक घर से दूसरे घर होता हुआ सब घरों में करना-भर सुनहरा दही जमा देता है, मुक्ति भी यदि औरों में पूर्वग्रह-मुक्ति का स्पन्दन न भरे तो उसका मतलब क्या! जो मैं ऐसा जानती/प्रीत करे दुख होय/नगर ढिंढोरा पीटती/प्रीत न करियो कोई! मीरा के इस आप्त वाक्य की विडम्बना इन दिनों ये आत्मकथाएँ पढ़कर, वैसे, मेरे भी मन में मचल ही रही है! याद आ रहे हैं मिर्जा गालिब—

है कहाँ तमन्ना का दूसरा कदम यारब
हमने इब्नेइम्का को एक दश्तेपा पाया

सम्भावना और चुनौतियाँ

सम्भावना और चुनौतियाँ—दोनों सगी बहनें हैं। दोनों का एक-दूसरे के घर आना-जाना लगा रहता है! क्या चाहता है स्त्री-विमर्श? यही कि मनुष्यमात्र में स्त्री-दृष्टि विकसित करे, स्त्री-दृष्टि यानी करुणासम्बलित न्यायदृष्टि! करुणा और न्याय या क्षमा और न्याय सौतेले भाव नहीं हैं! न्याय की प्रस्तावना हिंसक तरीके से हो तो बात बन ही नहीं पाती! आक्रामक हुए बिना भी वजिद रहा जा सकता है, अपने पक्ष पर कायम! विद्रोह के प्रथम चरण में भी हम हिस्टेरिक तभी होते हैं जब संघशक्ति का आभास हमें नहीं होता और अपनी व भाषा की अपार

सम्भावनाओं में आस्था नहीं होती। आत्मविश्वास की कमी से जल्दी हम समझ नहीं पाते कि सार्थक मनोवैज्ञानिक युद्धों में भाषा ही आयुध है।

यह बात बिल्कुल स्पष्ट है कि बदली परिस्थितियों में सब मुहावरे स्त्री-भाषा का रूप बदलते हैं। नवस्वतन्त्र समूहों को अतिरिक्त नैतिक होना पड़ता है क्योंकि नैतिक ऊर्जा ही उनका एकमात्र आयुध होती है और इस नैतिक ऊर्जा का प्रक्षेपास्त्र और परमाणु-परीक्षण केन्द्र होती है भाषा। प्रायः सभी अस्मिता-आन्दोलन आतंक, हिंसा और अन्याय का मुकाबला शान्ति, सच्चाई और धीरज से किए जा रहे हैं! स्त्रियों का धैर्य-कोशेण्ट तो वैसे भी अक्षय ही रहा है, अब भी उन्होंने पुरुषों से उम्मीद तोड़ी नहीं और पारम्परिक भूमिकाओं के ऊपर से नयी भूमिकाएँ ओढ़ ली हैं, क्योंकि उन्हें पता है कि लगातार बीज छिड़कते चलो तो ही फिजां बदलने की उम्मीद कायम रहती है। फिजां अब नहीं बदली तो आखिर कब बदलेगी, इयान स्मट्स से शब्द उधारकर लेकर कहें तो–" Mankind is once more on the move. The very foundations have been shaken and loosened, and things are again fluid, The tents have been struck, and the great caravan of humanity is once more on the march." अकेला चना भाड़ नहीं फोड़ता, उड़कर भड़भूँजे की आँख जरूर फोड़ सकता है! लेकिन आँख फोड़ देना स्त्रीवाद का उद्देश्य नहीं है। भाड़ झोंकने वाले भाड़ फोड़ने का संकल्प लिए बैठे हैं तो सबसे पहले ये ही समझें कि यह भाड़ और यह संरचना है क्या जो तोड़ने की जरूरत पड़ी! पितृसत्ता भी नहीं, मैं तो इसे पितरसत्ता कहना चाहूँगी क्योंकि इसकी जड़ें बरगद की जड़ों की तरह हमारी अन्तश्चेतना पर संस्काररूप में बैठी हैं। बरगद उखाड़ना इतना आसान इसलिए भी नहीं होता कि उससे हमारा संस्कारगत जुड़ाव है, उससे हमें छाँह और ऑक्सीजन भी मिलता है। पूरब की शादियों में बरगद और पीपल और आम और महुआ आदि के पेड़ों का ब्याह भी रचाते हैं। एक फीमेल प्रिंसिपल, एक मेल प्रिंसिपल है, उखाड़ फेंकना हमारी प्रस्तावना में शामिल भी नहीं–लेकिन बरगद की बराबरी में पीपल बोने की परम्परा का स्त्रीवादी विश्लेषण तो हम कर ही सकते हैं। आम के बगल में महुआ, बरगद के पास पीपल परम्परा भी बोती है। एक ही ऊँचाई के हैं ये दोनों पेड़! वररुचि के पर्यावरण-विज्ञान से प्रेरणा लेकर पुरुष के समानान्तर स्त्री की ऊँचाई क्यों नहीं बर्दाश्त की जाती!

जीवन की हरियाली की, सेक्यूलर लोकतन्त्र की शान्ति-प्रस्तावना है स्त्री-विमर्श और सबसे बड़ी चुनौती तो इसके सामने यही है कि स्त्रियों की एक स्वतन्त्र राजनीतिक पार्टी और एक स्वतन्त्र मीडिया यह विकसित करे। अभी नहीं तो कब? अभी तो हमारे बहार के दिन हैं! ज़मीन पक रही है! आकाश की आँखें जरा-जरा-सी नम हैं। राज्य की ताकत कम हो गयी है। वृद्ध जटायु-भाव से वह एक ओर आहत-सा-बैठा है–'हा राम, हा सीता' कहता हुआ! राज्येत्तर-राष्ट्रेतर

संरचनाएँ अधिक प्रभावी हैं। इतने दिनों से सुनते आये हैं कि घूरे के भी दिन फिरते हैं। अभी भी घूरे खामोश रहे तब तो बदल चुके उनके दिन! अधिक से अधिक उन पर जमदियरी रख जाएगा कोई। कुछ कॉस्मेटिक बदलाव घटित हो लेंगे—उस तरह के कॉस्मेटिक बदलावों को दिन फिरना थोड़े ही कहते हैं। जब तक स्त्रियों की अपनी एक स्वतन्त्र पार्टी नहीं होगी; अपना पब्लिक स्फियर, अपना मीडिया नहीं होगा घूरे के दिन नहीं फिरेंगे! जिस तरह नागरिकता दोहरी होती है, पार्टी की सदस्यता भी दोहरी क्यों नहीं हो सकती! अच्छी-भली जनता-पार्टी दोहरी सदस्यता के मुद्दे पर चकनाचूर हो गई स्त्रियों को इतिहास की इन सब भूलों से जो भी दृष्टि मिली है—उनका नियोजन अपनी पार्टी, अपनी मीडिया, अपने पब्लिक स्फियर के निर्माण में हम कर सकती हैं और भाषा इसमें हमारी सबसे बड़ी सहायक होगी।

'दोहरा'—यह शब्द ही अपने-आप में बहुत व्यंजक है और स्त्री की मनोगतिकी का बड़ा रूपक! स्त्री-जीवन में तो सब-कुछ ही दोहरा है—उसकी वफादरी हरदम ही दोहरी होती है—एक पाँव मायके में, दूसरा ससुराल में, एक घर को निवेदित, एक चौखट को, एक छूटी हुई भाषा को, दूसरा नयी-नई सीखी हुई भाषा को जो पब्लिक स्फियर की भाषा है, करुणासम्बलित न्याय दृष्टि से रँग देने का संकल्प लिए यह लगातार बढ़ी जाती है।

दूसरी चुनौती पश्चिमी डेरेविटिव डिस्कोर्स के समानान्तर अपना डेरेविटिव डिस्कोर्स विकसित करने की है! सेक्सुअल प्रजातन्त्र को नया पॉलिटिकल आउटफिट देने के पहले यह समझ लेना जरूरी है कि पश्चिमी सामाजिक संरचनाओं से हमारी आधारगत संरचनाएँ भिन्न हैं और चूँकि इस एकध्रुवीय दुनिया को एक तरह का यूनिफॉर्म पहनाकर एक ही तरह का पेप्सी-पिजा खाते हुए एक की दिशा में मुँह उठाए चले जाने से बचाना है—किसी भी तरह की विविधता का स्वागत माओ की बहुलतावादी दृष्टि से ही करना है। जिस भाव से उन्होंने 'Let a million flowers bloom' की अवधारणा दी थी, उसके आलोक में यह तय करना है कि स्त्री-विमर्श का एशियाई मॉडेल क्या हो।

स्त्रीवाद के एशियाई मॉडेल की बात करने के पहले हमें यह भी समझ लेने की जरूरत होगी कि कुछ अवधारणाएँ जो पश्चिमी मॉडेल के लिए बासी हो गयी हैं, हमें उन्हें नयी अर्थवत्ता देनी है और उसमें अपने रंग भरने हैं। सिर्फ इसलिए कि कुछ पश्चिम का है या पूरब का—हमें इसके प्रति अपनी आस्था नहीं व्यक्त करनी—देखना हमें यह है कि हमारे काम का क्या है! अब जैसे सिस्टरहुड की धारणा है या 'कम्यून ऑफ फ्रेण्ड्स' की धारणा—फीमेल एल्टुइज्म की! बीसवीं शताब्दी के पश्चिम में यह जैसी उठान पर था, अब नहीं है। मगर हमारे अपने हित में है कि हम इसे अपनी मिट्‌टी पर हमेशा जिलाए रहें। हमारी मिट्टी कुछ

ऐसी है कि कोई अपनी मौत नहीं मरता, सब एक साथ त्रिए जाते हैं तो ये ही क्यों बेमौत मर जाए! सखीवाद के रूप में सिस्टरहुड, वंचितों के एक लॉजनुमा संयुक्त परिवार के रूप में कम्यून ऑफ फ्रैण्ड्स' ओर फीमेल ऐल्ट्रइज्म जी ही रहे हैं, आगे भी जीते रहेंगे। ब्यूटी पार्लर, बुटीक, स्लिमिंग सेन्टर, कन्या विद्यालय और महाविद्यालय के हॉस्टल, वर्किग विमेन्स हॉस्टल, विमेन्स प्रेस क्लब, 'जागोरी', 'सहेली' W.D.C. office जैसे सरकारी-गैरसरकारी काउन्सलिन्ग सेल, डिस्ट्रेस होम, मुहल्ले में स्त्रियों की प्रार्थना-सभाएँ या सहकारी सेवा केन्द्र, रेलवे के लेडीज कूपे, सिलाई-बुनाई-कताई केन्द्र-पब्लिक स्फियर में स्त्रियों के जो थोड़े-से-कोने-अँतरे हैं—कभी वहाँ एक दिन बिताकर देखिए कि कितना सुकून है वहाँ और कैसी आपसदारी। किसी वर्ग, किसी जात, किसी धर्म से पिट-नुचकर कोई आता है, बिना कुछ सवाल किए और कुछ चार्ज किए—उसकी मरहम-पट्टी होती है, चाट-पकौड़े खिलाए जाते हैं, किस्से-कहानियों, चुटकुलों, एफ.एम. के गीतों से उसको बहलाकर फिर बात की जाती है कि आगे करना क्या है! मनोवैज्ञानिक थेरेपी में स्त्री भाषा का जवाब नहीं।

वैसे जो लोग स्त्रीविमर्श पर पश्चिमी प्रभाव के अतिरेक का अभियोग लगाते हैं, उन्हें यह बात अच्छी तरह बिठा लेनी चाहिए कि 'कैनोनिकल' और 'कोलोनियल'—दोनों पर पहला प्रहार स्त्रीवाद ने ही किया था। ज्ञान-प्रत्याख्यान के वैकल्पिक स्रोतों की तलाश सबसे पहले स्त्रीवाद ने ही शुरू की। क्षेत्रीय साहित्य और देशी परम्पराओं का सन्धान, मौलिक इतिहास-लेखन, रीति-रिवाज-मिथक प्रत्याख्यान, तस्वीरें, घरेलू चिट्ठियाँ और अन्य अनादृत दस्तावेज-समेत अज्ञात पाण्डुलिपि-सन्धान, गलत तरजीह पा गये स्त्रीविरोधी पाठों पर लाल चिन्ह के निशान, विद्रूपण, विलोपन आदि दुरभिसन्धियों के ख़िलाफ़ प्रतिबद्ध संघर्ष स्त्री विशर्म ने ही सम्भव किये। परिवार, प्रेम, यौनिकता और नैतिकता की नयी परिभाषाएँ गढ़ीं! इस सन्दर्भ में कुछ सार्थक प्रश्न भी पूछे कि प्रेम और सद्भाव पति-बच्चों तक ही सीमित क्यों? क्योंकि वर्ग-व्यवस्था औरतों की बनाई हुई नहीं है, विश्व की मात्र 2.2% सम्पत्ति स्त्रियों के नाम हैं—फिर तथाकथित 'धनी' औरतें गरीबनों की सौतेली बहने कैसे हुईं!

स्रोत-विश्लेषण में उत्तर-औपनिवेशिक, साम्य दर्शन में समाजवादी, भाषिक विश्लेषण और अस्मिता-विषयक अवधारणाओं में उत्तर-संरचनावादी अपना यह स्त्री-विमर्श 'देह' को स्त्री के शोषण का आधार मानता हुआ—गरीबी के स्त्रीकरण के प्रश्न पर भी सजग है! मानवाधिकारों के प्रश्न कहीं-न-कहीं संसाधनों की अन्तर्व्यवस्था से आ ही जुड़ते हैं। आर्थिक स्वायत्तता ही है सारे प्रश्नों का जवाब! आज कहने को हर जगह स्त्रियाँ दीख रही हैं—टेलीविजन पर, पत्रिकाओं में, चौराहों पर, मीटिंगों में और हर जगह वे हँसती हुई ही दीख रही हैं, पर मुझे लगता है

कि यह हँसी नए जमाने का घूँघट है—उसका असली दर्द अभी चेहरा ढाँके ही पड़ा है! सार्वजनिक जीवन से जुड़े या उनकी अपनी देह-मन-बुद्धि से जुड़े जटिल क्षणों में स्वतन्त्र निर्णय का तेज खरामा-खरामा उनमें विकसित होगा, पर तभी जब पैतृक और विवाहोपरान्त अर्जित सम्पत्ति में बराबरी का दर्जा कागजों से उठाकर उनके जीवन में घटित हो! यह सर्वविदित तथ्य है कि (घरेलू बेगार समेत) दुनिया का दो तिहाई काम स्त्रियों के जिम्मे है पर उसके लिए उन्हें मिलता है दुनिया का एक बटा दसवां हिस्सा और उनके अपने नाम की सम्पत्ति है बस दो प्रतिशत।

होता यह है कि Y गुणसूत्रों की उपस्थिति से हो या मातृमना होने की विविशता से, बाप-भाई-दूल्हे और बेटे से स्त्रियों का भावनात्मक लगाव बहुत होता है! लड़कर अपना 'हक' माँगने में उन्हें सताता है उनका ' नेक लड़की सिण्ड्रोम' और भी। बहुत किसी 'अपने' का दिल वे दुखाना नहीं चाहतीं 'अपने' भी दिल से यही चाहते हैं कि यथास्थिति बनी रहे लड़की 'अपके घर' बसी रहे।

कुल मिलकार ऐसा ढोल हो जाती हैं लड़कियाँ जो दूर से बजती हुई ही 'सुहावन' लगती हैं और कभी पास आकर डंके की चोट पर अपना हक माँग लें तो 'ढोल, गँवार, शूद्र, पशु, नारी' वाली ताड़ना तो है ही उनके स्वागत को! सीधी मारपीट नहीं तो गाली-गलौज और बलात्कार ही सही—अपने शयनकक्ष में पति की, कार्यक्षेत्र में बॉस आदि ड्रैकुलाओं की, सड़कों पर साक्षात् गुण्डों की, मायके में भाई-भाभी के ताने-तराने अलग।...इस त्रास का मुकाबला आँसुओं से नहीं, एक प्रखर रणनीति अख्तियार करके ही हो सकता है।

सबसे बड़ी ताकत स्त्री-लेखन की यह है कि वह प्रतिशोधपीड़ित नहीं है, वह मानता है कि एक दमनचक्र का जवाब दूसरा दमन-चक्र हरगिज नहीं है। और इसी अवधारणा में उसकी यह महती सम्भावना निहित है कि शोषण-द्रोहन से मुक्त एक एगैलिटेरियन समाज की नींव स्त्रीवाद ही रखेगा! मनुष्य जैसे स्त्री-गर्भ में पलता है, धीरोदात्त नायक बन सकने वाले नये मनुष्य स्त्रीवाद के गर्भ में पल रहे हैं! कितने रूप गिनाए जाएँ! स्त्री-शक्ति से ही तो कितने सरकारी-गैरसरकारी संस्थान चल रहे हैं! एड्स से लड़ना हो तो स्त्री-शक्ति की गुहार, गिरा आत्मबल सम्बोधित करना हो तो 'कान्तासम्मित उपदेश' की दुहाई, मातृशक्ति की तो बात ही नहीं करूँगी! माँ-बाप, सास-ससुर बुढ़ापे में बच्चा तो ही जाते हैं, पति नाम का बच्चा स्त्री का सबसे छोटा, सबसे बिगड़ैल बच्चा होता ही है—बात-बात पर नाक धुनकर आसमान सर पर उठा लेने वाला लाइलाज बच्चा! 'पिया मोर बालक, हम तरुनी' वाली मारक स्थिति है। स्त्रियों का कद तो बढ़ा है पर उस हिसाब से पुरुषों ने अपनी नैतिक ऊँचाई बढ़ायी नहीं! नयी स्त्री का गुइयाँ बन सकने वाले पुरुष-धीरोदात्त पुरुष काफी कम हैं। इसलिए काफी बढ़ा है स्त्री का अकेलापन और बढ़ गया है इनका आपसी बहनापा।

गाँधीजी व्यावहारिक थे! उन्हें यह बात जल्दी समझ में आ गयी कि देश की स्त्रियों को स्वतन्त्रता संग्राम से जोड़े बिना बात नहीं बनने वाली। मातृभूमि और मातृभाषा मातृशक्ति के बचाए ही बच सकती है, क्योंकि माँ ही सुनाती है कहानियाँ, कविताएँ, अनूठे प्रसंग, माँ के हाथ ही होती है बच्चों की आत्मा की डोर। इतनी बुद्धिमानी उनमें थी कि समझ पाते-शक्ति का अर्थ यदि पशुबल नहीं, मनोबल है तो स्त्रियाँ पुरुषों से उन्नीस नहीं, बीस ही हैं। बाद के अनुसन्धानों से यह सिद्ध भी हो गया कि बुद्धि-कोश तो पुरुष से उन्नीस नहीं, बीस ही हैं। बाद के अनुसन्धानों से यह सिद्ध भी हो गया कि बुद्धि-कोश तो पुरुष का स्त्री के बराबर होता है, भाव कोशेण्ट स्त्रियों में ज्यादा होता है और इसके चलते-सम्बन्धों का निर्वाह भी स्त्रियाँ ज्यादा अच्छी तरह कर पाती हैं। पहले की स्त्रियाँ तन-मन से घर चलाती थीं, अब तो इसमें अपना कमाया हुआ 'धन' भी जुड़ गया है—'तन-मन-धन से चलाती हैं ये अपना घर' और घर की सरहद भी इन्होंने निश्चित बढ़ा दी है! दुनिया के सारे अनादृत-उपेक्षित, वृद्ध, अपंग और लाचार लोग, अनाथ, बच्चे, विस्थापित मजदूर इनके दालान पर प्रेम से भोजन करते हैं और उस अपने धु-परिवार का हिस्सा बनते हैं जिसका सपना कभी द्रष्टाओं ने देखा था। स्त्री के आँचल की छाँह में ही नयी दुनिया पनपेगी! अनादर, उपेक्षा, घनघोर अन्याय और विकट हिंसा के मारे हुए घायल समाज में कहीं जो थोड़ा सुकून, थोड़ी रोशनी, आपसदारी और बृहत्तर हितों की हल्की झलक भी तो स्त्री भाषा में जिसका मलंगपन बढ़ा है!

स्त्री-भाषा की परा-आधुनिकता

'जिन्दगी के कड़े कोस में घना साया' स्त्री भाषा के पास है क्योंकि उसमें ब्रीदिंग स्पेस ज्यादा है, ब्रीदिंग स्पेस जो कि प्रकारान्तर से प्रजातान्त्रिक स्पेस होता है। यह बोलने का उत्साह ही नहीं रखता, सुनने का धीरज भी रखता है, कन्धे पर हाथ-रखकर सुख-दुख बतिया सकता है, सही जगह प्रश्न उठा सकता है, विस्मय व्यक्त कर सकता है, कान्ता-सम्मित उपदेश दे सकता है, 'अतिप्रश्न मत कर, गार्गी' आदि हजार अनर्तल धमकियाँ सुनकर भी वो हँस देता है किन्तु बोलना नहीं छोड़ता, प्रत्यक्ष नहीं बोल पाता तो परोक्ष बोलता है, बिम्बों-प्रतीकों से गुँथी हुई कविता, पहेलियाँ, मुकरियों की महाकूट भाषा, चिड़ियों की भाषा, स्मृतियों की भाषा! एक पंक्ति में कहें तो सम्वादधर्मी होती है स्त्री भाषा, मुच्छड़ भाषणधर्मिता से अघायी हुई, एक हँसमुख दोस्त-भाषा।

अन्तरिक्ष से झाड़ू तक, युद्ध और दंगों की दहशत से बिस्तर की दहशत तक, पंचायत से यू.एन.ओ. और आई.टी.ओ. से डबल्यू.टी.ओ. तक की असंगतियों तक फैले इस द्वन्द्वविह्वल संसार में आज समस्त द्वैतों के बीच क्रोशिया की सुई वाली

फुर्तीली बेचैनी में औरत की कलम चल रही है तो इस वृहत्मना दृष्टि के एहसास के साथ कि उनका घर-परिवार रक्त और यौन सम्बन्धों के दायरे तक सीमित नहीं। परिजन-पुरजन, पंचायत, पहाड़-जंगल-पर्यावरण इहलोक-परलोक, पूरब-पश्चिम तक की रिश्तेदारियाँ ये निभा रही हैं। बिना दीवारों के इस घर में नये तरह का एक परिवार विकसित किया है लिखने-पढ़ने वाल कामकाजी स्त्रियों ने जहाँ कोई पदानुक्रम नहीं और जिसमें बृहत्तर समाज को कोई भी अनादृत-उपेक्षित उनकी ममता का भाजन हो सकता हैः दलित, अल्पसंख्यक, आदिवासी, अश्वेत, विकलांग, वृद्ध, कोई अनाथ बच्चा, साधनहीन किसान, विश्वायन का मारा फूटलूज लेबर, पिछड़े इलाकों से आया कोई रोजगार, विस्थापित या युद्ध और दंगों का मारा कोई कातर शरणार्थी।

आधुनिक स्त्री-लेखन आत्मविश्लेषात्मक है और इसके "मैं" का विस्तार इतना बढ़ गया है कि सारी दुनिया समा गयी है उसमें। अब जब भी स्त्रियाँ कलम उठाती हैं—खुद से अकेले में रू-ब-रू होकर।

स्त्री-दृष्टि एक मोनोलिथ नहीं है। उत्तर-स्त्रीवादी दौर में एक चौथी दुनिया भी उभरी है—ऑस्ट्रलिया की, न्यूजीलैण्ड की माओरी स्त्रियाँ, भारत की आदिवासी और दलित स्त्रियाँ इनमें हैं। और भी बहुत-से उपविभेद राजनीतिक विस्थापन और ट्रैफिकिन्ग की शिकार औरतों, युद्ध और दंगे की सताई हुई औरतों और वेश्यावृत्ति को मजबूर औरतों के बनते हैं। सबकी समस्याएँ विशिष्ट है—सबको एक लाठी से हाँका नहीं जा सकता, पर कुछ तो इनमें साझा है ही—जो इनकी आपसदारी मजबूत करता है। स्त्री-लेखन सुनने-पढ़ने के बाद पुरुषों में विकसित हुई-दृष्टि की एक नयी सुबह का आश्वासन है! इससे ही शायद कम हो पाएँ गाली-गलौज, मार-पीट, बलात्कार और भावहीन सम्भोग के अनन्त सिलसिले जो पुरुष और स्त्री के बीच ही नहीं, सम्पन्न और विपन्न, उच्चस्थ और साधनविरत, पश्चिम और पूरब के बीच भेड़िया और भेड़ का रिश्ता कायम करते हुए दोनों को मानवीय गरिमा से गिरा देते हैं।

स्त्री-दृष्टि की एक और बड़ी खासियत उसकी बचाव-वृत्ति है! उनकी जीव-वैज्ञानिक संरचना ऐसी होती है कि वे खतरे और बदमजगियाँ दूर से सूँघ लेती हैं। खरहों-जैसे रोएँ उनके होते हैं! थोड़ी भी असंगति भाँपकर राडार की तरह खड़े हो जाने वाले। साहित्य का भविष्य लेकर चिन्तित रहने वाले आश्वस्त रहें—साहित्य का कुछ नहीं बिगड़ने वाला। हजारों की तादाद में स्त्रियाँ यहाँ बसने आ गयी हैं। खिलखिला उठेगी यह बस्ती। बस जाएगा अब यह दयार। रहने लायक होगा यह स्पेस, तभी यहाँ स्त्रियाँ आयी हैं। स्त्रियाँ न रहने-लायक जगहों में कभी नहीं रहतीं या यों कहें कि न रहने-लायक जगहें भी उनके दम से रहने-लायक बन जाती हैं।

बचाव-वृत्ति का उदात्तीकरण ही उत्तरजीवी राजनीति (सर्वाइवल पॉलिटिक्स) में होता है। सुनामी के थपेड़ों के ख़िलाफ़ दरवाजे का एक फट्टा पकड़े-पकड़े ग्यारह बरस की एक लड़की ने अड़तालीस घण्टे काटे और तरह-तरह के साँप, बिच्छुओं

के बीच जिन्दा बची। जन्म से मृत्यु तक जिसका जीवन एक विकट बाधा-दौड़ हो, जिसके जन्म से ही सबके चेहरे लटक जाते हों, बल्कि जिसके जन्म पर भी पहरे हों भ्रूण-हत्या की शक्ल में जिसका यह पूरा वजूद तरह-तरह के शोषण का अभयारण्य हो—उसमें एक तरह की बचाव-वृत्ति, नमनीयता और (विकट से विकट आँधी झेल जाने वाली) घास की मजबूती तो होगी। विषम से विषम स्थिति में सपनाना नहीं छोड़ती वे, न छोड़ती हैं खुटर-पुटर, एक नया प्रति-जीवन गढ़ने की कोशिश, साहित्य से जिसका गहरा सरोकार है।

एक तरह से कहें तो साहित्य और अपनी बोली ही स्त्री का अपना एकमात्र घर है, सर के ऊपर की एकमात्र छत जहाँ से धक्के मारकर निकाल पाना अब किसी की खातिर सम्भव नहीं दिखता। आपबीती और जगबीती, आत्मकथा, इतिहास, और मिथक उसी तरह सिर जोड़े स्त्री साहित्य में बैठे हैं जैसे इमली के बीजों से चपाटा खेलती तीन सहेलियाँ सिर जोड़े बैठ जाती थीं : पूरी गम्भीरता, तन्मयता और अन्तरंगता के साथ।

ऊपरी तड़क-भड़क और पैसों को ही खुदा मानने वाली जिस उप—संस्कृति में आज हम जी रहे हैं, एक तरह से उसने गरीबी का ही स्त्रीकरण कर दिया है। स्त्री लगातार मुस्काए जाने को मजबूर अतिस्त्री हो गयी हैं! रिसेप्शनिस्ट, कम्प्यूटर परिचालक और अन्य छोटे पदों पर कार्यरत लड़कियाँ, बॉस/गॉडफादर आदि ड्रैकुला हरदम ही जिनकी देह सुड़क जाने को तैयार रहते हैं! बावजूद इसके, कुछ बदला है! थोड़ी फिजां तो बदली है और इसका प्रमाण है स्त्री-भाषा जिसका उत्फुल्ल मलंगपन बढ़ा है :

सन्तन ढिंग बैठि-बैठि लोकलाज खोई
अब तो बेल फैल गयी कहा करिए कोई।

विलोपन और विद्रूपण, नाकाबन्दी, यौनहिंसा, मारपीट और भ्रूण हत्या आदि दुरभिसन्धियों के बावजूद बेल तो फैल ही गयी है—स्त्री-दृष्टि की यह बेल-एंक अदृश्य जेल की कँटीली दीवारों पर—'कहा करिए कोई' और उसका सबसे शुभ संकेत यह है कि पुरुष स्त्रीवादियों की संख्या भी दिनोंदिन बढ़ रही है।

छठा अध्याय

स्त्री का भाषा-घर–II

आज आदिविस्थापित स्त्री का भाषा-घर उनकी उन सारी बेआसरा सिसकियों और फरियादों का घर है जिनके लिए इस आतंकविह्वल और युद्धकातर दुनिया में कोई दूसरी जगह बची ही नहीं! 'आजा-पाजा कान में समा जा'! लोककथा का राजकुमार उन सारे बेआसरा जीवों से कहता था जो उससे सर छुपाने की जगह माँगते! उसको तो राजा ने खुद ही देशनिकाला दे रखा था, बेचारा खुद दर-बदर था! शायद इसी खातिर वह सारे दर-बदर बेआसरा जन्तुओं का दर्द समझता था! और कोई जगह नहीं मिलती तो कान की गुफा में ही उन्हें समाए चलता। स्त्री-भाषा भी यही करती है।

किसी भी सजग रचनाकार की तरह औरतों के कान सदा सजग रहते हैं: खरहों के कान की तरह। दुनिया की सारी सिसकियाँ, प्रश्न, उत्तर, आदेश, अध्यादेश, सन्देश, उपदेश, झगड़े, फसाद, गीत, अगीत और फटकार उनके कानों में घर तानकर बस ही जाते हैं। आकाश वाले ब्लैक होल के पीछे कहते हैं कि दुनिया की सारी आवाजें गुड़ी-मुड़ी होकर छुपी हैं और वैज्ञानिक वे आवाजें डीकोड करने में लगे हुए हैं। इस तरह का एक दुर्भेद्य ब्लैक होल स्त्री भाषा में भी है। दुर्भेद्य है उसका आकर्षण जिससे सब बचकर निकलना चाहते हैं। एक अलग तरह की 'स्टोरी ऑफ ओ' है यह जिसकी ध्वनि स्त्री लेखन दर्ज करता है।

मेरी समझ में स्त्री-भाषा के दो प्रमुख अवदान हैं–

- जिस तरह अच्छी कविता इन्द्रियों का पदानुक्रम नहीं मानती–दिल-दिमाग और देह को एक ही धरातल पर अवस्थित करती हुई ध्रुवान्तों का एक-दूसरे के घर आना-जाना कायम रखती है, स्त्री-भाषा पर्सनल-

पोलिटिकल, कॉस्मिक-कॉमनप्लेस, सेक्रेड प्रोफेन, रैशनल-सुपरशनल के बीच का पदानुक्रम तोड़ती हुई उद्देश्य स्थान-विधेय स्थान के बीच म्यूजिकल-चेयर का सा खेल आयोजित करती है जिससे कि बहिरो सुनै भूक पुनि बोले/अन्धे को सब कुछ दरसाईं का सही प्रजातान्त्रिक महोत्सव घटित होता है।

- स्त्री-भाषा ने आधुनिकता का हल्लापन झाड़कर उसके तीनों प्रमेयों का दायरा बड़ा कर दिया है—शुष्क तार्किकता का स्थानापन्न वहाँ है सरस परा-तार्किकता, परा-तार्किकता जो बुद्धि को भाव से समृद्ध करती है।

प्रस्तरकीलित धर्मनिरपेक्षता का स्थानापन्न वहाँ है इगैलिटेरियन किस्म का अध्यात्म, अध्यात्म जो कि मानव-मूल्यों का स्पेक्ट्रम ही है, और क्या? आधुनिकता के तीसरे प्रमेय, सतर्क वैयक्तीयन का स्थानापन्न स्त्री-भाषा में है सर्वसमावेशी हँसमुख दोस्त दृष्टि जो यह अच्छी तरह समझती है कि मनुष्य की बनावट ही ऐसी है कि वह लगातार न सार्वजनीनता को समर्पित रह सकता है, न निरभ्र एकान्त को! उसे पढ़ने-लिखने, सोचने-सोने और प्यार का एकान्त चाहिए तो चिन्तन और प्रेम के सारे निष्कर्ष जारी करने का सार्वजनिक स्पेस भी! एक साँस भीतर गयी नहीं कि उल्टे पाँव वापस लौट आती है। लेकिन बाहर भी उससे बहुत देर ठहरा नहीं जाता, सारे अनुभव बिम्ब, अनुभूतियाँ और संवाद समेटकर फिर से चली जाती है भीतर, सुनने-समझने-मनन करने! स्त्री-भाषा यह समझती है, इसलिए इसके यहाँ कोई मनाही नहीं! सब तरह के उच्छल भावों की खातिर उसके दरवाजे खुले हुए हैं। वह किसी से कुछ भी बतिया सकती है—

नैंसी शोदरोव आदि मनोविदों के शोध भी यह प्रमाणित करते हैं कि स्त्री की लिबिडिनल एकोनोमी का मूल शब्द है अवदान, अवदान जिसका दाम वसूलने की कोशिश कभी की ही न जाए—इसलिए फैलोसोर्ट्रिक भाषा की उदग्र कसावट वहाँ नहीं होती। इरेगरी आदि की बात मानकर अस्मिता को भाषा का आईना मानें ती गौर करने की बात यह भी होगी कि स्त्री की यौन-तन्त्रियाँ जैसे उसके पूरे शरीर में फैली होती हैं, एक खास तरह की प्रसन्न हार्दिकता अैर उत्फुल्ल ऐन्द्रिकता के दर्शन स्त्री के भाषिक वितान में भी होते हैं यदि उसे बोलने-लिखने दिया जाए तो, यदि सांस्कृतिक सेन्सरशिप उसकी उत्फुल्ल अभिव्यक्ति पर ग्रहण न लगा दे।

हेबरमास जिसे 'इण्टरसब्जेक्टिव कम्यूनिकेशन' का 'डिसकोर्स सिएथिक्स' कहते हैं, फूको "प्लूरैलिटी ऑफ कौन्टिण्जेण्ट, हिस्टॉरिकली स्पेसिफिक, पावर लेडेन डिस्कर्सिव रीजीम" का परावर्तन, उसका सारांश मेरी समझ में तो यही आया कि हमारी सब कामनाएँ या तो भाषा में परावर्तित होती हैं या स्मृति में! किन्तु इसका अर्थ यह कदापि नहीं निकाला जाना चाहिए कि अवचेतन का पूर्ण भाषान्तरण सम्भव है। कामना भाषा में पूरी तरह परावर्तित होती है या उसमें घुल जाती है—तलछट

बिना छोड़े—ऐसा हरगिज नहीं। खासकर ऐसे जन-समूहों की भाषा जो कि सामाजिक विद्वेषण का शिकार रहे हैं, कई रंगीन तलछटों से उपटायी पड़ी है। कविता की भाषा में कहूँ तो यह तलछट कभी कमलदल के रूप में फूटता है, कभी काई के रूप में! दोनों ही रूपों में वह हमारे मतलब का होता है।

विटगेन्सटीन ने कितने दिन पहले कहा "Limits of language can be the limits of our world" उसके भी बहुत पहले, भारतीय सिद्धान्तकारों के पास तो शब्द-विचार के तीन निकाय सामने आते हैं : वैयाकरण संकेतग्रहों की बात कहते हुए कहते हैं कि अर्थ शब्द में नहीं—वह बाहर से गृहीत होता है, बाहरी संकेत भीतर अर्थ का स्फोट करते हैं—परा-पश्यन्ती-अन्वयों की बात करते हैं, बौद्ध दार्शनिक 'तदाभिन्नाभित्व' वाले अपोह की, वैचारिक प्रत्यक्ष, अनुमान, अपमान और शब्द आदि चार प्रमाण मानते हैं कि द्रव्य, गुण, कर्म, सामान्य, विशेष, समवाय और अभाव आदि सम्भावनाएँ लिए अर्थ प्रकट होता है : अभिधा में प्रकट हो या लक्षक्षा-व्यंजना में।

फ्रान्सीसी भाषाविदों और संस्कृत के विद्धानों के आश्रय जो कुछ भी थोड़ा बहुत मैं इस विषय में समझ पायी हूँ, जल्दी से उसका सारांश बताकर में वापस अपने अनुभव-लोक में लौटूँगी : उस गहन अनुभव लोक में जहाँ जीवन के सैंतालीस साल मैंने मुजफ्फरपुर से दिल्ली तक की कई तरह की औरतों से गपशप करके काटे हैं, काटे हैं लोकसाहित्य से विश्वसाहित्य तक अमराई का झूला झूलते।

भारतीय दर्शन के अनुसार सत्य गूँगे का गुड़ है। भीतर कहीं उसका स्फोट होता भी है तो सत्य का पूरा समाहार कर सकने वाली भाषा मनुष्य को नहीं मिलती-फिर वह अँधेरे में हाथ-पाँव मारता तरह-तरह के उपमानों/अनुमानों का/दृष्टान्तों का सहारा लेता है और इस तरह खुलती चली जाती है भाषा! पाश्चात्य शोध हमें यह बताते हैं कि स्त्रियों के यहाँ भाषा भारमुक्ति का आनन्द है, मातृ-बिम्ब से खुद को सायास अलगाने के चक्कर में लड़कों का अवचेतन अधिक कष्ट पाता है और इसलिए उनकी भाषा हो जाती है अधिक खड़ूस! लड़कियों को माँ से अलग दीखने में कोई अतिरिक्त उपक्रम साधना नहीं होता, इसलिए भीतर से वे अधिक उत्फुल्ल होती हैं और अधिक पुलकित रहती है उनकी भाषा।

लेकिन सांस्कृतिक अधीनीकरण के षड्यन्त्र वैसे चलते रहे हैं कि इस प्रसन्न स्त्री-भाषा पर वल्मीक-कवच पड़ गयी है, भाषायें जो परमॉरफ़ेन्स हो सकती थी, बिम्बों, प्रतीकों के भीतर अण्डर-ग्राउण्ड सी हो गयी है। इसके कई उदाहरण मैं गद्य-पद्य दोनों में चुराती रही हूँ, पर उस पर बाद में आते हैं, पहले कुछ सामान्य, छिटपुट बातें और उसके पहले एक उद्धरण कालिदास का, एक घनानन्द का, एक इरेगिरी का! इरेगिरी वाली बात सीधी है, समझानी नहीं पड़ेगी क्योंकि फ्रेंच से सीधी अंग्रेजी में टहल आयी है : "Democracy corresponds to the sovereignty of each citizen. It begins with a civil relationship between man and woman, every male citizen and every famale citizen guaranteed by rights" आगे बस इतना जोड़ूँगी–"guaranteed by rights to express and exploit one's potentials to the full."

घनानन्द का सवैया भी बहुत ज्यादा टेढ़ा नहीं है। जो राधा ने कृष्ण से कहा, स्त्री-भाषा पुरुष-भाषा से कहती हुई मान ली जाए :

'तुम कौन धों पाटी पढ़े हौ लला
मन लेहूँ पे देहु छटाँक नहीं'

इसी का और सघन काव्यमय विस्तार 'रघुवंश' में देखें जहाँ लंका से लौटते जुए राम सीता को जंगल-समुद्रादि दिखाते हैं कि वह देखो, वहाँ दण्डकारण्य में मुझे तुम्हारा नुपूर मिला था। उससे मैंने तुम्हारा पता कितनी बेचैनी से पूछा और देखो वह समुद्र-वहाँ प्रगल्भ नदियाँ सागर को स्वयं अपना मुख अर्पित करती हैं, लेकिन सागर भी यह एकांगी दान नहीं लेता, धीरोदात्त नायक की तरह अनन्त लहरों में यह अर्पण लौटाता है :

मुखार्षणेषु प्रकृति प्रगल्भाः स्वयं तराङ्गाधरदानदक्षः
अलोकसामान्यकलत्रवृत्तिः पिवत्यसौ पाययेते च सिन्धूः

रूपक की तरह पढ़ें तो स्त्री भाषा के सम्मुख लोकसामान्य कलत्रवृत्ति पुरुष-भाषा भी दिखाए तो अच्छा! थोड़ी-सी उमड़न और थोड़ा-सा सम्मान-अपमान-शृंखलाओं से थकी स्त्री को और चाहिए भी क्या! भाषणधर्मी पुरुषभाषा संवादधर्मी हो जाए, उसकी मैजिस्ट्रेसी जाती रहे, वह दोस्त भाषा हो जाए प्रजतान्त्रिक वैभव से लहालोट : इतनी-सी उम्मीद स्त्री करती है ताकि किसी फरमीदा रियाज को फिर से न कहना पड़े–

मैं सच कहूँगी और फिर भी हार जाऊँगी,
वो झूठ बोलेगा और लाजवाब कर देगा!

लाजवाब कर देगा भाषा के स्निग्ध पेचोखम से नहीं, बल्कि उस आदिकालिक करदण्ड न्याय से जिसका सम्बन्ध 'जिसकी लाठी उसकी भैंस' वाले जंगलराज से है "Zen doctor makes one correct cut and the whole falls apart" की चतुर बेधकता से!

भारतीय दर्शक की एक उच्चाशय अवधारणा यह भी है कि मौन भी भाषा है लेकिन ऐसा विदग्ध मौन शंकाओं और उद्वेलनों का निराकरण हो चुकने के बाद की अवस्था है। चौंकी या सहमी या ओढ़ी हुई चुप्पी मौन नहीं है। मौन सम्भाषण चित्त की उच्चतम अवस्था है–सब प्रश्नों के उत्तर मिल चुकने के बाद की अवस्था जो प्रेम की पराकाष्ठा पर घटित होती है या गहरी आपसदारी के बाद, जैसे कि गोर्की की आत्मकथा में उस क्षण जब थका हुआ कीमियागीर पड़ोस के छोटे बच्चे के साथ पाँव में पाँव डाल चुपचाप बैठा है! कबीर जैसे हठयोगी के यहाँ वह दूसरी तरह का मौन है–'मन मस्त हुआ तो क्या बोले!' निराला ने भी 'मौन मधु हो

जाए का सपना' देखा! अज्ञेय की कविता में भी मौन बहुत हैं लेकिन वह मौन 'अवाक्' वाला मौन है! सामान्यतः यह होता है कि जो बोल नहीं पाता, उसका किया-दिया दर्ज नहीं होता, उसके हित की किसी को भी कोई परवाह नहीं होती, भले ही उसके हित में औरों का भी हित शामिल हो! बच्चा भी रोता है तो ही माँ दस काम छोड़कर उसके पास भागी आती है। पेड़ अगर बोल पाते तो इतनी आसानी से कोई इन्हें काट नहीं पाता! लुप्त प्रजातियाँ लुप्त नहीं होती! 'पंचतन्त्र' 'एसब्ज फेबल' आदि में या अनेक लोककथाओं में पशु जगत्, पक्षी-जगत् को वाणी देकर उन्हें लोक-व्यवहार का नियामक सिद्ध किया गया है तो इसके पीछे एक प्यारी-सी सोच भी छुपी है! पर्यावरण-संकट के इस युग में हम तो प्रकृति से प्रतिमान उठाना जैसे भूल ही गये हैं वरना लघुपतनक कौआ, चित्रग्रीव, कपोतराज क्षुद्रबुद्धि सियार और दमनक बैल भला भूल जाने की चीज हैं!

यह तो स्त्री-भाषा ही है कि स्मृतियाँ बची हैं—लोरियों, मिथकों, लोकगीतों और परी-कथाओं में जीवन के कुछ महारूपक बने हैं, थोड़ा-सा पर्यावरण भी बचा है, फिलहाल पंजाबी कवि वनिता की कविता का एक उदाहरण देकर आगे बढ़ती हूँ :

'मातृभूमि की महक ने भाषा की तलब की पैदा/गुरुदेव पास आरजोई!

गुरुदेव बोले-शिष्या काफी नहीं मातृभाषा, जरूरी है जीने के लिए समझनी-सीखनी हरे जंगल की भाषा/परिन्दों की भाषा, कौए और चिड़िया की भाषा, यह भाषाई, समझ की ही थी कभी जो चिड़िया बेचारी की कौए से सांझ पाई चिड़िया कौए पर ऐतबार लाई और कौए ने ठाना-कौए का चिड़िया का सारा ही दाल-भात साफ कर जाना।'

कुछ दिन पहले वर्गगत विडम्बना गोरख पाण्डे की कविता में यों दृष्टिगत होती थी :

चिड़िया जाल में फँसी
क्योंकि वह भूखी थी!

अब विमर्शवाले या वालियाँ तस्वीर का दूसरा रुख सामने यों रख रहे हैं तो यह उस भाषा का ही कमाल है जिसे बाख्तिन खेल का वैसा मैदान कहते हैं यहाँ अलग- अलग वर्ग और संवर्ग प्रभुता की लड़ाई लड़ रहे हैं! इस तरह से भाषा युद्धभूमि भी है और लीलाभूमि भी : 'चिड़िया जाल में फँसी, क्योंकि वह चिड़िया थी' यह भी उतना ही बड़ा सच है, जिसे दर्ज करने की कोशिश है स्त्री-भाषा।

स्त्री-भाषा का ठण्डा उजास

हमारे दो होंठ हैं। दोनों मिलकर एक लय में गतिशील होते हैं तो भाषा बनती है। एक हिले, दूसरा स्पन्दित ही न हो तो भाषा का सृजन असम्भव होगा। भाषा

का सार है संवाद, भाषण नहीं। दोनों होंठों की अस्मिता बरकरार रखने का नाम है भाषा! भाषा अपनी पूर्णता में किसी तरह की एकांगिता बर्दाश्त नहीं करती, और इसलिए हर तरह की अन्यायपूर्ण एकांगिता के भास्वर विरोध का हथियार बनती है। भाषा को व्यक्ति के अधीनीकरण के सांस्कृतिक षड्यन्त्र का हथियार जब-जब बनाया गया, भाषा गवाह है कि उसके निरस्त करने के हथियार भी उसी से निकले।

आज स्त्री लेखन में भाषा के रचनात्मक अन्यथाकरण। (Creative distortion deterritorization) के अनेक सजग यत्न हो रहे हैं! शब्दों और वाक्यों के बीच की दरारों या स्खलनों, फाँकों-अनुगूँजों का यानी प्राक्भाषा सम्वेदनाओं का ऐसा संकेतात्मक, सतर्क विनियोग हो रहा है जो Subject Position पलट सके। वाक्य के जो दो खण्ड होते हैं : उद्देश्य और विधेय, उनमें पहले पर यानी Subject Position पर स्त्री की उपस्थिति पिछले कई सौ वर्षों से हमारी मनीषा में दर्ज है। सत्ता जिसके हाथ में होती है, जाहिर-सी बात है कि Subject Position पर वही होगा, कर्ता वही होगा, वक्ता वही होगा, बाकी होंगे श्रोता, और मूढ़ द्रष्टा। भारतीय सौन्दर्यशास्त्र स्त्री के धैर्य और सहिष्णुताधर्मी मौन का जो इतना माहात्म्य बखानता है, वह अकारण तो नहीं है। एक बड़ी चुपचाप-सी सहमति सबके मन में इस बात को लेकर बन गयी-सी दीखती है कि बोलती सिर्फ दूसरे-तीसरे दर्जे की स्त्रियाँ हैं, क्योंकि बोलने की जरूरत ही सिर्फ उन्हें पड़ती है जिनकी रूमानियत-भरी रहस्यमय चुप्पी का घेरा लोगों का ध्यान खींचने में समर्थ नहीं हो पाता और जो भाषा वे बोलती हैं—चटक, पुष्ट, जीवन्त और धारधार—उनमें लोकजीवन अपनी पूरी ऊर्जस्विता और बाँकपन के साथ, अपने सब रंगों में सहज उजगार होता है। गाँव-घर की भाभियाँ, चाचियाँ, बुआओं की गालियाँ, उलाहने, कहावतें, किस्से, गीत, पहेलियाँ और ताने भाषा से एक ऐसी जोरदार होली खेलते हैं कि 'धोबिनिय धोए आधी रात' वाला आलम हो जाता है। साहित्य के सिर इनकी इस रंग-रँगीली, दृष्टान्तबहुल, चित्रमयी, ठस्सेदार, ठेठ भाषा का ऋण बहुत बड़ा है।

इतिहास की तो जाने ही दें, हमारी पूरी मिथकीय परम्परा में बस एक आर्य-स्त्री है जो बोलती है। वह स्त्री है पार्वती। महादेव चूँकि महादेव हैं, उन्होंने अपनी स्त्री को तर्क की, विमर्श की, जिद की स्वतन्त्रता दे रखी है। ये बेचारे समझते हैं कि स्त्री में आग है, इसने अपने पिता हिमालय से भी स्पष्ट विद्रोह किया था, इसलिए इसे कम-से-कम बोलने की स्वतन्त्रता तो चाहिए ही। धरती का राउण्ड लेने जब दोनों पति-पत्नी निकलते हैं, पार्वती दीन-दलितों का भाग्य पलटने की पैरवी लगातार उनसे किए चलती है और पैरवी के इस डिस्कोर्स का विश्लेषण हम करने बैठें तो स्त्रीत्व की एक सरल लेकिन रोचक-सी छवि हमारे सामने उभरती है। यह जो स्त्री दूसरों का दुख-देख पिघलती है, उनके केस की पैरवी अपने पति से करती है और जिद से, इसरार से, तर्क से अपनी बात मनवा लेती है, वह अपने-आप में एक

पूरी संस्था है, एक समूचा प्रेशर ग्रुप। सत्ता चाहे जिसके हाथ में हो, करने वाला चाहे जो हो-पुरुष ही सही, काम करवाएगी स्त्री और करवा कर रहेगी। स्त्रीत्व का यह बिम्ब जो मौन स्वीकृति के ऊपर उसकी स्वतन्त्र समझ की कुशल ध्येयनिष्ठ अभिव्यक्ति में सफल होता है, मेरे विचार से किसी पितृसत्तात्मक समाज में स्त्री भाषा की एक महत्त्वपूर्ण उपलब्धि है। सत्ता हाथ में न हो तो भी भाषा के जोर से कायाकल्प कैसे घटित किए जा सकते हैं, इसका उदाहरण है पार्वती। नियति के चक्र भी सिर्फ भाषा के जोर से बेबदल डालती हैं।

भारतीय मनीषा में भाषा से स्त्री का जो अपेक्षित-सा रिश्ता है, अगर उसी का बुद्धिमत्ता से विनियोग किया जाए तो भाषिक क्रान्ति के कई सूत्र वहाँ हमें मिल जाएँगें। इसका दूसरा उदाहरण हड़तालिका व्रत-कथा के इस श्लोक में देखा जा सकता है!

सर्वेषां सर्वधर्माणामल्पायापं महत्फलम्
प्रसन्नोसिमयानाथ! तथ्य ब्रूहिमाग्रातः।
केन त्वं हि मया प्राप्तस्तपोदानव्रातिदना
अनादिमध्यचानिधनों भर्ता चैव जगत्प्रभुः

पार्वती कहती हैं—हे परमेश्वर, हमें कोई गुप्त व्रत या पूजन बताइए जो सब धर्मों में सरल हो, जिसमें परिश्रम भी कम करना हो, लेकिन फल अधिक मिले। यदि आप मुझ पर प्रसन्न हों यह विधान बताइए। हे प्रभो! किस तप, व्रत या दान से आदि, मध्य और अन्त रहित तो आप जैसे प्रभु हमें प्राप्त हुए हैं।

इस वाक्य का गठन विचारणीय है—व्रत करने वाली ने व्रत कर भी लिया, शिव को पा भी लिया और जब पलटकर उलटे शिव से ही पूछ रही है कि बताओ तो मैंने कौन-सा व्रत किया? इसकी दो व्याप्तियाँ हो सकती हैं—पहली यह कि मैंने तो तुम्हें पाने के लिए जाने कितने अनुष्ठान किए, उनमें कौन-सा लह गया, इस बारे में जरा कन्फ्यून्ड हूँ, तुम मेरा कन्फ्यूजन दूर करो; और दूसरी व्याप्ति यह हो सकती है कि पार्वती के प्रत्यक्ष सम्बोध्य तो शिव हैं, किन्तु परोक्ष सम्बोध्य अखिल ब्रह्माण्ड है जिससे वे अपनी स्मृतियाँ शिव के filtered indirect narration में बाँट देना चाहती हैं। पार्वती की भाषा की यह लोकाभिमुखता अपने आप में बहुत महत्त्वपूर्ण है जो उन्हें स्त्रीत्व की आधुनिकतम परिभाषाओं से जोड़ देती है लेकिन यह बात गौर करने की है कि एजेन्सी पार्वती के हाथ फिर भी नहीं। वे काम करवा सकती है, खुद किसी का भाग्य पलट नहीं सकती! मिथक अगर जातीय उपचेतन का आईना है तो यह बात गौरतलब है।

इस सदी की शुरुआत में जब शरतचन्द्र ने कहा कि सतीत्व बड़ी चीज है, पर उससे बड़ी चीज है स्त्रीत्व, तो लोग चौंके थे क्योंकि स्त्रीत्व को पत्नीत्व और मातृत्व से अलग करके देखने-पहचानने का शऊर तब सबको न था। पत्नीत्व बड़ी चीज है, मातृत्व भी है, पर स्त्रीत्व सिर्फ पत्नीत्व और मातृत्व का समुच्चय तो नहीं

है। इसके परे जो वह है, इसकी परिभाषा की सीमाओं के परे की चीज है, पर पार्वती की लोकाभिमुख, सतेज, सवाक द्रवणशीलता में उसकी एक झलक जरूर देखी जा सकती है।

मुझे लगता है, पार्वती बहुत ह्यूमरस हैं। स्त्रीवादी लेखन पर जो आरोप है कि यह अत्यधिक संकुचित, अत्यधिक गम्भीर, अत्यधिक अकादमिक, अत्यधिक झगड़ालू और किंचित् प्रगल्भ है—इसका निराकरण पार्वती की चुटीली भाषा के शिल्प से ही सहज हो जाता है। प्रथम चरण स्त्रीवादियों को जो तेज 'काली' के Semiotic nuances में मिला, समन्वित नारीवाद के पक्षधरों को पार्वती के सुचिन्तित विमर्शों में वही तेज मिलने की सम्भावना मुझे दीखती है। अच्छा योद्धा परिस्थितियों और प्रतिपक्षियों के अनुरूप अपनी रणनीतियाँ बदलता चलता है। जो मुद्दे सामने लाने थे, प्रथम चरण का स्त्रीवाद अपनी पूरी गरज-तरज के साथ आग की भाषा के सामने रख चुका है। लोग सहमत हों-न-हों, जानते जरूर हैं कि मुद्दे क्या हैं। अब समय है कि उन मुद्दों के बारे में लोगों को तर्क से, ह्यूमर से, आश्वस्त कर लिया जाए कि वे कितने सही हैं—खुद उनके ही हित में जो इन पर तंज करते हैं, सड़ी-सी पूर्वग्रह-जर्जर भाषा में हर जगह इनका विरोध करते हैं और नारों, विज्ञापनों, गालियों, किस्सों, कहावतों, संस्मरणों, जनसंचार माध्यमों, पंचायतों, दफ्तरों, यहाँ तक कि साहित्यिक विमर्शों में, स्त्री-विरोधी एक व्यापक सांस्कृतिक षड्यन्त्र में उनकी अपनी शिरकत से जरा भी नहीं चूकते। उनकी दृष्टि में पूरा स्त्री-समुदाय ही गर्हित है, अपवाद है सिर्फ माताएँ और कहीं-कहीं वे भी नहीं।

इस षड्यन्त्र के ख़िलाफ़ स्त्रियों की यह जो तिरछी-सी, महीन-सी, जरूरी-सी लड़ाई है—साम-दाम-दण्ड-भेद के अलग-अलग तरकशों से नहीं लड़ी जा सकती। हम एक ऐसे दो-मुँहे समाज में जी रहे हैं यहाँ साम-दाम-दण्ड-भेद अलग-अलग रणनीतियाँ रह ही नहीं गए। साम की दाम में, दाम की दण्ड में, दण्ड की भेद में घुसपैठें कुछ ऐसी बढ़ गयी हैं कि कहीं कुछ स्पष्ट दिखाई नहीं देता, और इस पेंच का सबसे गहरा असर, जाहिर है कि भाषा पर पड़ा है। साम-दाम-दण्ड तो भाषा के बगैर मुमकिन नहीं, भेद की भी एक खास भाषा तो होती है जिसकी स्पष्ट आहट थेरी गाथाओं की रचयिता बौद्ध भिक्षुणिओं और भक्त-कवयित्रियों से लेकर समकालीन साहित्य की भी हर महत्त्वपूर्ण रचनाकार में मीराँ के घुँघरुओं की तरह साफ ठनकती है। 'मैं' और 'मेरा' स्त्री-लेखन के बीजाक्षर हैं, पर स्त्री लेखन आत्मालाप नहीं है। यहाँ 'मैं' और 'मेरा' का जो परिविस्तार है, उसमें निरवधि निस्सीमता है जो सबसे जुड़कर भी सबसे अलग है, अकेली है... और अकेली रहना चाहती है : "पन्थ रहने दो अपरिचित, प्राण रहने दो अकेला, जान लो यह मिलन एकाकी विरह में है दुकेला।" स्त्री की क्या, यह तो मानव-मात्र की नियति है। फिर भी समायोजन के यत्न होते तो हैं और होने भी चाहिए! और भाषा ही वह पुल है

जो जोड़ता है या जोड़ सकता है। देह की, आँखों की, अच्छी-बुरी स्मृतियों की अलग-अलग भाषाएँ तो स्त्री-पुरुष नहीं बोलते, उनका निहितार्थ एक ही होता है, कहने का ढंग बेशक अलग-अलग हो! और कहने का यह जो स्त्रियों का अलग-सा ढंग है, भाषा उसे दोयम दर्जे की अभिव्यक्ति न कहकर, उसका सौष्ठव अलग से पहचाने, तभी तो 'मौन मधु हो जाए।' अलग अभिव्यक्ति की यह कशिश एक फ्रेंच फेमिनिस्ट कविता में साफ दिखेगी! कविता का शीर्षक है–

'Menstruation In May'!
I squeeze my breast
for the invisible ink of milk
I bear down hard–
No baby's head appears
The poems keep flowing monthly like my blood.
The word is flesh, I say.
The flesh is flesh.
The word is on its own.

यहाँ प्रसंगवश कम-से-कम स्त्री-रचनाकारों को लक्ष्य कर कही गई दरीदा की एक उक्ति उद्धृत करने का लोभ संवरण मैं नहीं कर पा रही–

"Give up specifically female subject in favour of indifferentiation...but don't imitate. You do not have to be a man in order to do it. Just as in the nineteenth century India you did not have to be English in order to be Angliscized."

निराला की वह स्त्री याद करें–''वह तोड़ती पत्थर, देखा मैंने उसे इलाहाबाद के पथ पर''। उसी स्त्री की तरह ''जो मार खा रोयी नहीं'', हमें भाषा के पत्थर तोड़ने हैं और नयी राह बनानी हैं। लकां कहते हैं कि पुरुषों की भाषा में फैलेसेंट्रिक कसावट सहज होती है, औरतों को यह गढ़नी पड़ती है। पर प्रश्न है कि क्या उदग्र कसावट की भाषा का एकमात्र गुण है! अपने तरंगायित फैलाव में भी आपकी भाषा अलग ढंग से मोहक हो सकती है और सहज महिला रचनाकारों की यह लगातार कोशिश रही है कि उनकी भाषा अलग ही दमके, उनमें उनके व्यक्तित्व की निजता झलके और किसी फैलोसंट्रिक ग्रन्थि की बास उससे न आए! गाँधी ने पिछली सदी के आरम्भ में कहा था : ''शक्ति का अर्थ यदि पशु-बल है, तब तो पुरुष अवश्य अधिक शक्तिमान है; लेकिन अगर इसका अभिप्राय मानसिक-नैतिक बल भी है तो स्त्रियाँ पुरुषों से उन्नीस नहीं।'' और इसका सबसे सम्पुष्ट प्रमाण है कि भाषा के सभी रंगों, सभी तेवरों की अलग-सी आँच इनके यहाँ दिखाई देती है–संवेग, प्रज्ञा, विवेक और बुद्धि की अलग-सी आभा, जो शतरूपा है जैसे अग्नि, और प्रवहमान है जैसे जल।

स्त्री-भाषा की आन्तरिक बुनावट

भाषा बनती कैसे? करीब-करीब वैसे ही जैसे अमावट बनता है। अगर आपने अमावट या आम-पापड़ बनने की लम्बी प्रक्रिया देखी है तो याद कीजिए। आँगन में सफेद धोती बिछी है। अमरस के बड़े-बड़े घड़े रखे हैं। बहुत सारे हाथ और करछुल समवेत ढंग से लगे हैं एक घड़े में! संचित रस की एक परत धूप-हवा ने सुखायी नहीं कि दूसरी नयी परत बिछ गयी....और इस तरह परत-दर-परत जातीय स्मृतियाँ, गम्भीर, सांस्कृतिक सन्दर्भ, हर युग, हर वैयक्तिक-सामाजिक अवगुण्ठन की एक ताजा परत-मीठी, किरकिरी, हल्की-सी खट्टी (चटपटी)—अशुद्ध भी-अर्थ के कई ऐसे लच्छों से भरी हुई जिसकी व्याख्या में "धरती सब कागद करौं, लेखनी सब बनराई" तो भी व्याख्या पूरी न हो।

भाषिक संरचना में अस्मिता प्रतिबिम्बित होती है और मजे की बात यह है कि हाशिए पर रहने वालों की भाषा हमेशा ही अधिक जीवन्त, रंग-रँगीली और ठस्सेदार होती है। जो भी वर्ग, वर्ण लिंग-एक श्रोता की स्थिति में विधेय स्थान पर अवरुद्ध और परितप्त हैं—पता नहीं किन स्रोतों से, क्षतिपूर्ति सिद्धान्त के अनुकूल उनकी भाषा में एक अलग तरह की रवानी, तेजस्विता और अनुगूँज खचाखच समा जाती है। इसका सबसे स्पष्ट प्रमाण स्त्रियों की भाषा है।

मर्दों की भाषा, अमूमन, व्यापार-वाणिज्य की सरल-सपाट भाषा होती है : वाणिज्य, वणिकवृत्ति और राजकाज की अधिकारप्रमत्त भाषा, शुष्क लेन-देन और ऊपरी सरोकारों की भाषा—"शुष्को वृक्षः तिष्ठति अग्रे", वाली कामचलाऊ चलन्त-फिरन्त भाषा, आपाधापी की भाषा, रेलवे प्लेटफॉर्म की भाषा है। गुप्तजी ने "आँचल में है दूध और आँखों में पानी" की बात कही थी, लेकिन बतरस के शहद की धारक भी स्त्रियाँ ही हैं। लोरियाँ, लोककथाएँ, संस्कार गीत, सब इसका साक्ष्य वहन करते हैं। और तो और, औरतों के रोने में भी संगीत है—बहुधा वे गाती हुई और बोलती हुई रोती हैं—रुदालियों का अपना इतिहास है। सामुदायिक रुदन के इस आत्यन्तिक संगीत में ज्वालामुखियों के फटने, समुद्र के हहाने, धरती के दरकने और बादलों की छाती फट जाने का आदि-नाद भी शामिल होता है।

गाँव-देहात की वृद्धाएँ बाल-बच्चों के महानगर में बस जाने के कारण बेबसी में महानगर आ तो जाती हैं। उसके बाद एक साथ उन पर जो दुखों के पहाड़ टूटते हैं, उनमें शायद सबसे बड़ा है अपनी भाषा छूट जाने का दुख। महानगर आते ही उनके मुख पर चाभी लग जाती है। सामुदायिक जीवन छूटने का दुख भाषा छूटने के दुख में प्रतीकित हो जाता है। अन्दर की सारी खद-बद जिसमें प्रतिध्वनित हो जाती थी, वह भाषिक अवलम्ब ही न रहे तो क्या हो आपसदारी का जो सताए हुओं के बीच का सबसे जांगर पुल बन खड़ी होती है?

वृद्धाएँ ही क्यों, रोजी-रोटी के चक्कर में कस्बे-देहात के दूसरे आदमी-औरत भी जब शहर में आते हैं-उनकी भाषा के खुले डैने धीरे-धीरे मुँदने लगते हैं—भय से, आतंक से और उससे भी ज्यादा इस चौकन्नेपन के दबाव में कि यहाँ की 'हाँ-हूँवाली' 'हाय-हलो', 'सॉरी-शिटवाली' एकरूप, और चालू-सी, चुस्त और फुर्तीली आवेदनात्मक भाषा के सामने अपनी भारी-भरकम, चटक, हठीली भाषा का सौन्दर्य स्थापित करें तो कैसे? और इसी क्रम में धीरे-धीरे वे महसूस करते हैं कि उनका निर्वाण उनकी मूल भाषा और मूल क्षेत्र से आवाजाही बनाए रखने में ही है। वह मूल भाषा ही उनकी गंगोत्री है। ऐन्द्रिक सम्वेदना के कपाट वहीं से खुलते हैं और उसको भूल जाना खुद को भूल जाना है। इस क्रम में स्त्रियों का दोहन क्योंकि दोहरा होता है (विस्थापन का दुख और यौन-शोषण के नए सिलसिले एक साथ झेलने पड़ते हैं उन्हें) अपनी मूल भाषा से उनका लगाव भी दोहरा हो जाता है। यही कारण है कि अपनी सन्तति को सुनाई गयी क्षेत्रीय लोक कथाओं, लोरियों, पहेलियों और चुटकुलों में अलग-अलग स्रोतों, अलग-अलग व्याप्तियों, रंगों, सुगन्धों के चिकने, खुरदरे, लाल-पीले और भूरे खतरनाक शब्द निर्द्वन्द्व खेलते हैं।

बीच में एक प्रवृत्ति चल पड़ी थी नॉस्टेल्जिया को रूमान का पर्याय मानकर साफ नकार देने की, पर इधर के मनो-सामाजिक शोधों से स्पष्ट है कि स्वप्न और स्मृतियाँ ही सुदृढ़ वर्तमान की नींव होती हैं। रोजगार से जुड़े विस्थापनों का, राजनीतिक निष्कासनों का सार्थक उपयोग अस्मिता के पुनर्निर्माण के लिए लिखित स्त्री साहित्य में भी इधर अक्सर हुआ है। चेनुआ अचेबे जिसे "re-education and regeneration" का दायित्व कहते हैं, उसके अन्तर्गत अपनी जड़ें पहचानने की कोशिश खासी जिम्मेदारी का काम हो जाता है; और भावुकताप्रवण रूमान इसे नहीं भी माना जा सकता।

बल्कि मुझे तो लगता है कि स्त्रियों के यहाँ कविता-कहानी में चित्रित हर लैण्डस्केप, उनमें प्रयुक्त हर लोकमोटिफ या लोकभाषा से नागमणि की तरह उठाया गया हर व्यंजक शब्द, कहावत, मुहावरा, बिम्ब, चरित्र, सम्वाद, प्रसंगादि अस्मिता की लड़ाई में एक छोटी-मोटी युद्धभूमि की भूमिका अख्तियार कर गया है।

भाषा के महीन लकरपेंच, टूटे-फूटे पुश्तैनी गहनों की तरह औरतों के कोष में सुरक्षित रहते हैं और वक्त पड़ने पर वे इन्हें अस्त्र भी बना लेती हैं। दरअसल यह तो स्थापित तथ्य है कि भाषिक औजारों से ही लड़ी जाती है अस्मिता की लड़ाई। हँसते-हँसते जान निकाल देने की कला ग्रामवधुओं से सीखे कोई, विशेषकर ग्वालिनों, रँगरेजिनों, मालिनों, नाइनों, कुंजरिनों और दाइयों से। शादी-ब्याह के अवसर पर मजाक-मजाक में गालियाँ वधू-पक्ष की ओर से वर-पक्ष के लिये 'गायी' जाती हैं—दो परिवारों के बीच सम्बन्ध-विस्तार में हुई गलतफहमियों और खुदारा खुन्दकों या भड़ास निकालने की खातिर। बोलकर बात

खत्म कर लेने के विवेक से परिचालित यह रेचन भाषाई दाँव-पेंच की दृष्टि से कई बार अनुपम होता है।

संरचनावादी और उत्तर-संरचनावादी—दोनों मानते हैं कि भाषा की शुरुआत एक खास तरह के दमनचक्र से होती है। शिश्न की कमी को फ्रॉयड औरतों के अधीनीकरण का उत्स बताते थे। इसका उत्स लकां बताते हैं प्रतीकात्मक व्यवस्था को—भाषा जिसे बड़े फलक पर उजागर करती है। इस खास तरह की कमी का शिकार पुरुष भी होते हैं। 'माँ' से उनकी एकात्मकता जल्दी ही भंग हो जाती है। मातृमूलक सम्वेदनाओं से नाभि-नाल का सम्बन्ध होता है मनुष्य का (स्त्री-पुरुष दोनों का) सामाजिक 'औचित्य' के नाम पर पुरुष नाभि-नाल का यह सम्बन्ध तोड़ तो लेते हैं पर इस प्रक्रिया में उन्हें संघर्ष करना पड़ता है। और यही संघर्ष उन्हें बनाता है खुरदरा और रुक्ष। यही पक्ष और रुक्षता उनकी भाषा में भी प्रतिबिम्बित हो जाता है।

किसी-न-किसी कमी का एहसास भाषा के उपयुक्त पल्लवन के लिए सचमुच जरूरी है। तृप्त मनुष्य को बोलने की क्या आवश्यकता? तृप्ति तो ईश्वरीय चुप्पी की और ले जाती है। प्रकृति से एकाकार कर हमें ईश्वर ही बना डालती है।

अतृप्त मनुष्य बोलना चाहता है पर संरचनागत दबाव कुछ ऐसे होते हैं कि जो कहना चाहता है, साफ कह नहीं पाता और कई दरारें उभर आती हैं शब्द और शब्द के अनन्त जिसमें कई अर्थ-छवियाँ भी फँसी पड़ी होती हैं। सैस्यूर तो कहते थे 'सिग्निफायर' और 'सिग्निफायड' की बात, लकां ने बात की 'चेन ऑफ सिग्निफाइड्स' की। उन्होंने कहा कि हर सूचक सूचकों की एक शृंखला पर से फिसलता हुआ आगे आता है और इस क्रम में कई विस्थापन और सन्घनन घटित हो जाते हैं, हर शब्द ही निशाने से छूटा हुआ तीर बन जाता है—सही लक्ष्य के संधान की मानसिक तृप्ति कभी मिल ही नहीं पाती।

स्त्रियाँ इस अतृप्ति का उपाय अधिक सर्जनात्मक और हँसमुख ढंग से कर लेती हैं। जिसे भी अधिक त्रास झेलने होते हैं, वह विपरीत-से-विपरीत परिस्थिति में भी मस्त रहना सीख जाता है। 'सिमिऑटिक' (आत्मनिष्ठ) और 'सिम्बालिक' (वस्तुनिष्ठ) के बीच का द्वन्द्वात्मक दोलन सारी सार्थक गतिविधियों का आधार माना गया है, और यह प्रक्रिया स्त्रियों के त्रास नहीं, आनन्द के अतिरेक के द्योतक भी बन जाती है। यह केवल अभाव और अलैंगिकता के त्रास (lack and castration) से पैदा नहीं होती, विपुलता-बोध और भरमुक्ति के आनन्द का भी उनका भाषिक अभिव्यक्ति में बहुत अवदान होता है।

एक बार और नये सिरे से याद दिलाना चाहूँगी कि स्त्री-भाषा की सबसे बड़ी ताकत है त्रास और मुक्ति के आनन्द का समायोजन, तर्क और अन्तःप्रज्ञामूलक उस अर्द्धविस्मृत भाषिक लय का समायोजन जो गर्भगृह में माँ की देह से छनकर

शिशु की देह में उतर आता है–प्रसवकालीन क्रमण और संकुचन, स्तन पकड़ाने-छुड़ाने की लय, बत्ती जलने-बुझने की लय, स्वीकार-निषेध की लय एक तरह से औरतों के जीवन की लय भी हो जाती है और इनकी भाषा भी।

इनकी भाषा मूलतः इन्हीं सम्वेदनाओं की संवादात्मक गतिविधि बन जाती है। प्रकट मन्तव्य की ऊपरी तहों में यह 'सिम्बॉलिक' होती है और उसके अन्तर्पाठीय दरारों, अधूरे वाक्य-खण्डों रचनात्मक अन्यथाकरणों और व्याकरण के नियम लाँघ जाने की सहजवृत्तियों में होती है 'सिमिऑटिक'।

यहीं से अभंग स्रोतस्विनी के रूप में अर्थ की पहचान शुरू होती है–meaning as continuum और यहीं से वह संरचनावादी अर्थ संजाल (grid of meaning) से अलग होती है क्योंकि उसका उद्देश्य होता है तादात्म्य, विभेद नहीं! इसी के दम से उनकी भाषा में नये-नये अर्थों की, अनुगूँज भी, विकास की, पल्लवन और प्रसारण की सम्भावनाएँ हमेशा जीवित रहती हैं।

हालांकि सामाजिक संवाद के लिए तर्कप्रधान (सिम्बालिक) भाषा भी कम जरूरी नहीं, पर भाषा का लालित्यप्रधान लीलाभाव, उसकी उमंग, पीड़ा, आत्मविश्वास और आवेग, उसका सर्वसमावेशी निर्द्वन्द्व और उच्छल अन्तरंग तो उसे सिमिऑटि (मातृसम्वेदनामूलक) ध्वनि-तरंगों में ही प्रकट होता है–तर्क और व्यवस्था में नहीं, हम स्त्रियों की दैहिक और मानसिक बनावट के धक्-धक् बजते हुए द्वन्द्व में। इसी से स्त्री-भाषा होती है बहुध्वन्यात्मक-गिरिजाघर के उस घण्टे की तरह अनुरणन होता है उसमें। लन्दन के फुटपाथों पर सोनेवाले डिक विलिंग्टन नामक अनाथ बच्चे को घण्टे का यह अनुणन ले जाता है जागरण की सरहद से पार जागरण तक। इसी घण्टे में उसे वह अस्फुट भविष्यवाणी सुनाई देती है–

"Dick Willngton, Poor Dick Willington
Thou shall be the Lord Mayor of London"

इस तरह से सच पूछा जाए तो भाषा अतीत की स्मृतियों और भविष्य की सम्भावनाओं के बीच झूलती हूई रोशनी की रस्सी है जिस पर स्त्रियाँ नंगे पाँवों का कठिन सफर नाचती हुई-सी पूरा करती है–कुशल नटनियों की तरह।

इस पूरी प्रक्रिया की आहट मैंने इस कविता में दर्ज करने की कोशिश की है :

चिट्ठी लिखती हुई औरत

औरतों के बारे में
माना जाता है
कि वे
चिट्ठियाँ लिखती हैं
धारावाहिक!

इतना उनके भीतर क्या है–
शताब्दियों का संचित–
कि टीक राकस की
पड़ जाती है।
उनकी बातों में,
द्रौपदी की साड़ी हो जाती है
बातें उनकी?
चिट्ठी लिखती हुई औरत
पी.सी. सरकार का जादू है।
औरत को मिला है ये वरदान–
किर वह कहीं भी बैठी-बैठी
हो सकी है अन्तर्धान।
बस में या प्लेटफॉर्म की उकड़ूँ बेन्च पर
उँघते-उचकते
अचानक सिहरकर
वह मार सकती है पालथी
और सर्कुतर/ ठोंगा/ पोस्टर पलटकर
लिख सकती है कुछ भी, मसलन
कि "बहुत याद आती है, आओ
पता कहीं कौन
एक छोटी-सी बच्ची है
जो आजकल मेरे दिन बेल देती है
इतने बड़े और बेडौल
कि वे अंटते ही नहीं तवे में
और किनारों के नीचे लपककर
झट चूम लेते हैं
ओठ आग के।
रात के कलेजे में
बजता है सन्नाटा
और एक थर्राहट बजती है–
गिरे हुए पत्ते और खुले हुए पन्नों की"
तेलिया मसान कहता है
'घूर ताक'–
तुमको सुनाई नहीं देता, पागल? देखो न–

घूमकर!"
औरतों को डर नहीं लगता
कुछ भी यह कह जाने में,
उनको नहीं होती शर्मिन्दगी
मानने में
कि उनमें पानी है, मिट्टी भी।
पानी और मिट्टी : इन दोनों में से
किसी का कोई ओर-छोर नहीं होता।
लिखती हैं औरतें इसी से धारावाहिक
चिट्ठियाँ!
पानी और मिट्टी
खुद एक धारावाहिक चिट्ठी ही तो हैं
ईश्वर की–
हम सबके नाम।

साहित्य : चुनौतियाँ और सम्भावनाएँ

सुन्न महल की रानी की तरह हम सब तिमहले भाषा-महल में एक अनन्त नाच-नाच रही हैं। कोई देखनहार या सुननहार हो-न-हो, एक बड़े वर्तुल के भीतर बने कई नन्हें वर्तुलों में लगातार नाचती हुई स्त्री-भाषा समवेत नर्तन के ताल-छन्द से भी अनुप्राणित हैं और एक निपट अकेले नर्तन की दीवानगी से स्पन्दित भी।

इस तिमहले-से भाषा-महल के ऊपरी तल्ले पर शास्त्रीय सन्दर्भ और मिथक रहते हैं। बीच के तल्ले पर निजी कामनाओं और अधूरे सपनों की गुमसुम गुटरगूँ रहती है और रहते हैं सहज ठट्ठे, रोजमर्रे के काम-काज की भाषा भी वहीं कहीं टहल्ले मारा करती हैं। भूमि-तल पर रहते हैं वे सारे लोक-सन्दर्भ, अखबार, टीवी और रेडियो रूपक जो एक तरह की लोककथा ही हैं और जिनसे दो-चार हुए बिना रहा भी नहीं जाता। बृहत्तर परिवर्तन की माइक्रोडायनेमिक्स इसी में गुँथी है।

'हिन्दी-चीनी भाई-भाई' के भावविह्वल उद्‌गारों के बावजूद अचानक जो मोर्चे पर युद्ध छिड़ा, एकदम से अकबका ही गया लोकजीवन! 62 के इस युद्ध के बाद या उसके आस-पास जन्मी ज्यादातर स्त्रियाँ जो लेखन और चिन्तन की दुनिया में आयीं-शिक्षित मध्यवर्ग के उस तबके की थीं जहाँ ईश्वर, गाँधी और मार्क्स—तीनों-के-तीनों आलमारियों से झाँकते दिखाई देते थे! बाबा-दादी और नाना गाँधी बाबा के मुरीद, बाप-भाई मार्क्स और रूसी साहित्य के अध्येता, चाचा-चाची, ताऊ-ताई, बुआ-फूफा, मामा-मामी, मौसा-मौसी में से कोई बड़ा प्रभाव आर्य समाजी या सनातनी! घर की

छोटी लड़कियाँ बैठक की बहसों में कुछ हद तक तो शामिल कर ही ली जाती थीं! घर की छोटी लड़कियाँ बैठक की बहसों में कुछ हद तक तो शामिल कर ही ली जाती थीं! हाई-स्कूल और कॉलेज तक जाते-जाते कोई-न-कोई रैडिकल प्रोफेसर, पड़ोसी या लेखक अपने धुआँधार भाषणों से इनको अपनी तरफ मोड़ लेता था। दमदम दमकते हुए लाल शब्दों से भाषा को अग्निगर्भ करने में इन प्रगतिशीलों का भी योगदान तो होता ही था, संस्कृत, अँग्रेज़ी और रूसी के बड़े क्लासिकों से छनकर आए शब्द-सन्दर्भों का भी कम बड़ा योगदान नहीं माना जा सकता।

मुझे लगता है कि इसके अलावा एक बड़ा दायरा था उस महासमृद्ध लोकसाहित्य, कथा-समयकों, मुहावरों, कहावतों और मिथकों का जो खाना खाते हुए या सुलाते हुए घर की बुजुर्ग औरतें सुनाती थीं-या वे चूड़ीवालियाँ, बड़ी, मुंगौरी-वालियाँ, मनिहारिनें, नाइनें और दूसरी दलित औरतें जिनको दाइयाँ कहा जाता था। रंग-रँगीली छवि थी इस भाषा की और चन्दामामा और अमर चित्रकथाओं से भी बिल्कुल अलग।

सबसे पहले तब की सुनी कुछ कहानियों-कविताओं के साक्ष्य से स्त्री-भाषा और पुरुष-भाषा के अन्तर पर बात करूँगी और मेरी मूल स्थापना ये होगी कि भाषा का सार है संवाद, इकतरफा भाषण नहीं! एक समरस और सार्थक संवाद घटित कर पाए-स्त्री-विमर्श का मूल अभिप्रेत यही है। ऐलेन सिक्सू, लूस एरिगरी, जूलिया क्रिस्तीवा और नैन्सी शोदरॉव आदि फ्रेंच भाषाविदों की स्त्री-भाषा सम्बन्धी स्थापनाएँ और स्त्रीवादी विश्व-साहित्य का कितना-कुछ कैसे हमारे विमर्श में समाया या भाषिक अवगुण्ठन खोलने में सहायक हुआ—इसकी भी हल्की-सी चर्चा जरूरी होगी। उसके बाद स्त्री-भाषा; पुरुष-भाषा का फर्क रेखांकित करके प्रवेश करूँगी भाषा-सम्बन्धी कुछ दार्शनिक स्थापनाओं, खासकर फ्रेंच फेमिनिस्टों की दार्शनिक समस्याओं पर और अन्त में फिर सोचेंगे कि भूमण्डलीकरण के बाद की बदली स्थितियों में किस हद तक सम्भव है भाषा-सम्बन्धी दार्शनिक स्थापनाएँ जीवन में लागू करके एक आदर्श भाषिक गणतन्त्र गठित कर पाना जहाँ 'बहिरौ सुनै मूक पुनि बोलै, रंक चलै सिर छत्र धराई।'

दुख ही जीवन की कथा रही/क्या कहूँ आज जो नहीं कही।

स्त्री-भाषा इस द्वन्द्व से जल्दी पार नहीं पाती। कहूँ तो कितना और कैसे! कहने से होगा भी क्या! घर की रहूँगी, न घाट की! घाट के दस कुत्तों से तो एक घरवाला भला! कौन विश्वास करेगा! उम्मीद छोड़नी नहीं चाहिए—क्या पता कब हृदय-परिवर्तन हो जाए! मार तो दिया मगर कितने उदास हो गये! बच्चों का क्या होगा! इतना धक्का बूढ़े माँ-बाप सह भी पाएँगे! थोड़ी बुराई किसमें नहीं होती। कुछ दोष परिस्थिति का था, कुछ पालन-पोषण का! आदमी परिस्थितियों के हाथ का खिलौना ही तो है।

स्त्री-भाषा की ये सहज कुण्डियाँ हैं जो शुरू-शुरू में किसी के सामने मन

पूरा खोलने नहीं देतीं। धड़ाधड़-धड़ाधड़ नहीं पड़ते स्त्री-भाषा के पाँव। सहम-सहमकर चलते हैं, बार-बार पीछे भी लौटते हैं और कभी गोल भी घूम जाते हैं। एकरेखीय प्रगति यहाँ प्रायः असम्भव है! इनका समय भी इसी खातिर सदा वर्तुलाकार ही घूमता है—वैयक्तिक स्मृतियाँ जातीय स्मृतियों के साथ और निजी अपने सार्वजनिक सपनों के साथ लगातार घुमरी-परैया खेला करती हैं। एक साथ सब-कुछ न दिखाई देता है, न सुनाई देता है! अर्थ—छवियों की झिलमिल और अनुगूँजों से घहर-महर रहती है भाषा कि जैसे गुफा के भीतर कोई झरना मचलता हो। क्या ये ही क्रिस्तेवावाली गर्भ-गुफा है यानी CORA जिससे छनकर बाहर आता है प्रसवकालीन क्रमण-संकुचन, स्तन पकड़ाने-छुड़ाने की या बत्ती जलने-बुझने की सिमिऑटिक लय जिससे झर-झर झरती है?

संकेत ही संकेत हैं वहाँ, प्रतीक ही प्रतीक, मुकरियाँ-पहेलियाँ जिसे कोई लाल बुझक्कड़ परदेसी या जादूगर ही बूझ सकता है जैसे उस लोककथा में जहाँ राजकुमार ने अपने बाएँ हाथ से ही शादी की थी। और किसी पर उसको भरोसा कहाँ था? बायाँ हाथ कुछ महीने फूलों के ढेर में दबा रहा, फिर बन गया एक सुन्दर-सी लड़की! उस लड़की पर भी जब उसको भरोसा न हुआ—नगरी के बाहर जंगल में उसने एक महल बनाया, उसमें उसे कैद कर दिया—कभी-कभी आकर मिल जाता, फिर वापस राजकाज में ही मगन! ऐसे में आया जादूगर जिसने फूलवाली बुढ़िया की मार्फत फूलों की कोड भाषा में बात की, कोड-भाषा में जवाब भी पाया-पहले अलक्तक में डूबे हाथ, फिर कालिख में डूबी तलहथी, अन्ततः चूने में डूबी...! खग जाने खगही की भाषा! चोंच से चोंच मिले और पिंजरा पीछे छूट गया! राजकुमारी उसी जादूगर के साथ चली गयी जिसने उसकी कूट-भाषा समझ ली, सारी पहलियाँ बूझ गया! यही उम्मीद नयी स्त्री को नये पुरुष से है कि वह थोड़ा तो महीन हो!

भारत की सारी लोकभाषाओं में बोलना या बात करना आज तक एक प्रतीक की तरह ही इस्तेमाल होता है! दोनों ने बातचीत कर ली का मतलब दोनों का सफल यौन-जीवन शुरू हो गया!

स्त्री की चुप्पी के सौन्दर्यशास्त्रीय महिमामण्डन के ख़िलाफ़ लोकस्मृति में जुड़ी एक और बड़ी व्यंजक कथा मुझे याद आती है उस बुढ़िया की जिसके दोनों बहू-बेटे उसको बेहद दुख देते थे और मारे शरम के किसी से वह अपना दुख कहती नहीं थी! व्यथा-कथा तो कहने की चीज होती है। कही न गई तो पेट लगा फूलने! हाथ-पाँव भी फूल गये। न कुछ खाने को मिलता था, न पीने को, फिर भी मुटाती ही जाती! बहुएँ ताना मारतीं और हँसतीं।

एक दिन टुघरती-टुघरती वह शहर की सीमा के बाहर चली गयी। वहाँ उसे एक खण्डहर मिला! अब उससे रहा न जाय! उसने सोचा, यहाँ इन्हीं खण्डहरों से अपना दुख कह लिया जाय। पहले बेटे की क्रूरताओं का किस्सा एक दीवार

से कहा तो वह दीवार उस दुख का भार सह नहीं पायी! भहराकर गिर पड़ी दुख भार से, लेकिन बुढ़िया का पेट कुछ हल्का हुआ। फिर वह घूमी, उसने दूसरी दीवारों से बहू की क्रूरताओं का किस्सा सुनाया...इसी तरह एक-एक कर सारी दीवारें ढहती गयीं। चारों तरफ ईंट-पत्थर से घिरी हुई माता फिर से छरहरी हो गयी।...तो इतनी जरूरी होती है अभिव्यक्ति। भाषा रेचन भी है। जब प्राणिजगत् बहरा हो जाता हे, स्थूलजगत् और प्रकृति व्यथा-कथा की अनुगुंजें दर्ज करते हैं और एक समानान्तर इतिहास रचते चलते हैं—कर्मों का लेखा-जोखा कहीं शून्य में दर्ज होता जाता है। फिर एक दिन शून्य ही योगनिन्द्रा से जगता है और प्रलय के रूप में फूट जाता है—पोएटिक जस्टिस की यह कथा दुनिया के सारे मिथकों का मूल अभिप्रेत है।

कोई जरूरी नहीं है कि रोते-कलपते ही व्यथा-कथा अभिव्यक्त की जाए। हँसते-हँसते भी विद्रूपता को आईना दिखाती रही है स्त्री-भाषा और आह्लाद का सजग मंचन भी सम्भव करती रहती रही है! मीरा का कॉस्मिक नाच, अपने गोविन्द के साथ मीरा-राधा और गोपियों का हास-परिहास क्या आपको इरिगरी के जोउसा की याद नहीं दिलाते? दर्द का हद से गुजरना है दवा हो जाना! शादी में गालियाँ गाई जाती है, डोमकच और स्वांग रचे जाते हैं! शाप भी यज्ञ बन जाता है भाई-दूज में। भ्रमरगीत की व्यंजना तो जगत्प्रसिद्ध है ही, मीरा ही जो हँसते-हँसते देवर की क़ारस्तानियों का कच्चा चिट्ठा हरिगुन सुना जाती हैं—यह क्या कम बड़ी छेड़छाड़ है—'रानाजी ने भेजा विष का प्याला/पी गई मीरा हाँसी रे'। सिक्सू का 'लाफ ऑफ द मेड्यूसा' क्या आपकी स्मृति में देवी के अट्टहास की अनुगूँजें नहीं भरता? आपस में खूब मजे भी करती हैं स्त्री-भाषा। मेलाघुमनियों का आपसी संवाद सुनकर तो देखिए! एक छोटी-सी घटना पीजी गर्ल्स हॉस्टल की सुनाती हूँ। किसी ने किसी को प्रेम-पत्र लिखा गलत-सलत हिन्दी-अँग्रेज़ी मिलाकर! लड़कियाँ गोल घेरा बनाकर बैठीं। लाल-कलम हाथ में ली और हर गलत भाषिक प्रयोग पर लाल गोल घेरा बनाकर बेरंग चिट्ठी वापस भेज दी, इस नोट के साथ कि पहले वर्तनी दुरुस्त करें, फिर प्रेम का आवेदन करें! नॉट क्वॉलिफाइड!

'वॉइ शुड ब्यॉज हैव ऑल द फन' वाले उद्घोष के बीस बरस पहले की घटना मैं बता रही हूँ! अन्दर-अन्दर तो यह हास्य-सरिता स्त्रियों में बही जा रही है! कहीं भी दो लड़कियों को साथ बैठे देखिए-हँसी के, ठहाकों के रेले खतम ही नहीं होते। मेरी पुरमजाक नानी तो अपने भाई को हरदम धारावाहिक चिट्ठियाँ लिखती थी जिनमें आसपास के चरित्रों के दिलचस्प कार्टून होते थे। यह बात अलग है कि डाक में ये कभी डाली ही नहीं गईं। ऐसी ज़िन्दादिल पुरधायनें हर गाँव में आज भी आसानी से मिल ही जाती हैं।

स्त्री-भाषा मर्द-भाषा पर यों लाल गोले लगाने जो बैठी हैं—आखिर क्यों? पहली आपत्ति तो उसको प्रणय-निवेदन जैसे शब्दों से ही है! 'काटे-चाटे श्वान के, दुहूँ

भाँति विपरीत।' अरे भाई, फर्स्ट डिजर्व-देन डिजानर! दीन-हीन होकर कदमों में बिछोगे, उँगली पकड़कर पहुँचा पकड़ोगे तो करुणा के पात्र बनोगे, प्रेम के नहीं। फिर-काठ की हँडिया बार-बार तो नहीं चढ़ती! हमको मालूम है जन्नत की हकीकत अब तो! हम तुम्हारे चक्करों में नहीं पड़ने वाली। और अगर कभी हमें तुम पर दया आ गयी तो भी क्या! निवेदन का जवाब दया-करुणा, स्नेह और ममता तो हो सकता है—प्रेम नहीं हो सकता! ज्यादातर विवाह प्रेम-विवाह कहलाते हैं भाषा-दोष से लेकिन उनमें प्रेम से ज्यादा खुशामद, अहंतोष, दया, उकताहट, कामेच्छा और सुविधापरस्ती होती हैं, 'जो मिल गया, उसी को मुकद्दर समझ लिया' वाला घनचक्कर भी। स्वाभाविक है कि फिर जल्दी ही यह कहा जाने लगता है कि शादी के लड्डू, जो खाएं वह भी पछताए, जो न खाए वह भी! और जहाँ चेतना पर पछताहट तारी होगी, वहाँ संवाद क्या होगा।

स्त्री-पुरुष संवाद का छन्द ठीक तो तभी बैठ सकता है जब आगाज स्त्री करे। मेरी यह दृढ़ मान्यता है कि बातचीत से लेकर प्रेम की पहल तक स्त्री को ही करनी चाहिए! पुरुषों को धीरज रखना चाहिए और याद रखना चाहिए इकबाल का वह परामर्श—'खुदी को कर बुलन्द इतना कि हर तदबीर से पहले/खुदा बन्दे से खुद पूछे, बता तेरी रजा क्या है।' स्त्रियाँ खुदा नहीं है, लेकिन 'खुदी' का मर्म वे समझने लगी हैं और खुदमुख्तारी का भी! इससे उनकी भाषा बदल गयी है। 'धीरोदात्त, धीरप्रशान्त, धीरललित बनकर दिखाइए—ध्रुवस्वामिनियाँ खुद बढ़कर हाथ पकड़ लेंगी! क्लीव रामगुप्त भला उसका मन कैसे हर सकता है, बहुत हुआ तो 'पिया मोर बालक, हम तरुनी' वाली ममता जगा सकता है! इसी ममता के तहत आज तक अधिकांश ब्याह और सम्बन्ध निभे चले जाते हैं!

निभें, भाई, निभते भी जाएँ—इसमें हरज कुछ नहीं है। घर अगर रणभूमि हैं भी तो रणभूमि से पीठ दिखाकर भागना क्या! डटे रहिए, कर्त्तव्य किए जाइए लेकिन कहानियाँ सुनना जरूरी है—बहनापे के हक में, विमर्श के हित में यह जरूरी है कि वैयक्तिक त्रासों का सामाजिक सन्दर्भन हो! सनद रहे! भाषा ही आईना हो जाए और एक पुलिया भी! भाषा ने तोड़ा था तो भाषा ही अब जोड़ेगी! जोड़ने के पहले थोड़ा-सा तोड़ेगी भी जैसे निराला की मजदूरनी ने पत्थर तोड़े थे! "Better have pain than paralysis. Out of nothing comes nothing, out of pain may emerge the cure." फ्लोरेंस नाइटेंगेल कितनी खूबसूरती से कह गयी हैं।'

सबका आशय केवल इतना कि 'कहना' जरूरी है! इसके समर्थन में एक तमिल कहावत यह कि न दीपक की लौ बुझनी चाहिए, न कथा की! अनकही कहानियाँ दीए बनकर घरों से निकल पड़ती हैं, रात-भर हनुमान-मन्दिर में जलती हैं और फिर उनके अलग-अलग नतीजे निकलते हैं—गाँव की खातिर जो अच्छे नहीं होते! बहुतेरी कहानियाँ हैं इसको लेकर! तो आपबीती जगबीती से जब तक गले-गले

मिलेगी नहीं, न यह भोगने वाले के लिए अच्छा होगा, न गाँव के लिए। अनुभव प्रसाद हैं, बँटना ही चाहिए। अहम-पुरम का पदानुक्रम हटना ही चाहिए।... कहाँ तक सुनाऊँ, बहुतेरी लोककथाएँ और लोकश्रुतियाँ हैं जो औरतें व्रतकथा, लोरी वगैरह में गूँथ देती हैं–यौन-शुचिता, मर्दानगी और एकांगिता की ऐसी ठिठोली उड़ाती हैं ये कि क्या कहूँ! सबवर्शन का इससे बेहतर उदाहरण क्या होगा।

अन्तर्पाठीयता की भी बड़ी मिसाल है स्त्री भाषा! मिलकर माला गूँथी जाती है। एक घटना तुमने सुनायी, एक उसने, एक इसने ... इस तरह का संगतिन लेखन आज तलक हो ही रहा है। बहनापा, वैसे भी, छुपने-छुपाने से परहेज करने लगा है। यही बात संवादधर्मी बनाती है स्त्री-भाषा को, यह संवादधर्मिता ही बड़े लेखन का गुण है–पुरुषों में भी यह जग सकता है यदि उनका वजूद दोस्तोएवस्की, तॉल्सतॉय, कालिदास जैसे ऐण्ड्रोजेनस हो पाए और कोई बाख्तिन कह पाए उसके बारे में–"Every thought senses itself to be from the very beginning a rejoinder in an unfinished dialogue. Such thought is not impelled towards a well rounded, finalized, systematic monologue. It lives a tense life, on the border of someone else's consciousness. (Clar and Holquist, 1984, 242)

गर्ल्स हॉस्टल, ब्यूटी पार्लर, विमेन्स जिम

मर्द-भाषा, स्त्री-भाषा के थोड़े-से नमूने आप ऐसे ही हाथ बढ़ाकर चुन लें जैसे चम्पा उपले चुनती थी, कानी गैया के बथान से! सोचिए, क्या बताते हैं ये दैनन्दिन जीवन में बिखरे नमूने? दो तरह के अभियोग लगते हैं स्त्री-समाज पर जिनमें एक का सम्बन्ध उनकी चारित्रिक कमजोरी से है। दूसरे-तीसरे का भाषिक अव्यवस्था से! पहले दो अभियोग ये कि स्त्रियाँ भौतिकतावादी, देहवादी और भोगप्रिय होती हैं, साज-सिंगार और दिखावे में ही उनकी रुचि होती है, ज्यादा समय इनका इसमें ही जाता है कि अपना बाहरी आकर्षण कैसे बनाए रखें, आन्तरिक गुणों के विकास पर इनका ध्यान ही नहीं जाता यानी कि ये नैसर्गिक रूप से ओछी और सतही होती हैं। तीसरा आरोप और भी गम्भीर है और आन्तरिक जीवन के तथाकथित विद्रूप से जुड़ा हुआ भी और वह यह स्त्रियों को बोलने या लिखने का तो कोई शऊर ही नहीं होता! ये बात का कचूमर ही निकाल देती हैं–झूठ बोलने, बक-बक करने, गप्प हाँकने, झगड़े और फरियाद में ही उनकी ऊर्जा जाती है, या फिर कच्ची भावुकता से लहालोट अनर्गल प्रलाप पसारने में।

वाक्य के दो खण्ड होते हैं–उद्देश्य और विधेय! सत्ता जिसके हाथ में होती है, जाहिर-सी बात है कि उद्देश्य-स्थान पर वही होता है। बाकी श्रोता होते हैं और

मूक द्रष्टा। विधेय-स्थान पर स्त्री को रखकर धैर्य और सहिष्णुताधर्मी मौन का इतना महत्त्व बखाना जाता है जो-वह अकारण तो नहीं! जिस तरह वक्ता का प्रमुख गुण भाषण है, श्रोता का प्रमुख गुण है मौन! इस कुटिल पूर्वग्रह के ख़िलाफ़ आज स्त्री-लेखन में भाषा के रचनात्मक अन्धाकरण के यत्न लगातार हो रहे हैं। शब्दों और वाक्यों के बीच के स्खलनों, फाँकों, अनुगूँजों का यानी प्राक्-भाषा सम्वेदनाओं का ऐसा संकेतात्मक और सतर्क विनियोग हो रहा है कि उद्देश्य स्थान पलट सके—वैसे ही पलटनिया खा सके भाषा जैसी तेल मालिश के समय माँ की जंघा पर बच्चे खाते हैं।

शॉ के 'माई फेयर लेडी' की एलिजा डूलिट्ल को याद कीजिए! हेनरी हिगिन्स इस तथाकथित सड़कछाप औरत की भाषा के अनुकूलन के यत्न कैसे करता है! लगातार ऐसे ही अनुकूलन की शिकार रही हैं स्त्रियाँ! उनके शब्दकोशों में महीनतर एहसासें दर्ज करने वाले कई ऐसे विस्मृत और अर्द्धविस्मृत शब्द होते हैं—पुरुषों की कामकाजी दुनिया जिसको कब का भुला चुकी है। जया जादवानी, मैत्रेयी पुष्पा—जैसी रचनाकर जब इसका प्रयोग कथासाहित्य में करती हैं तो या तो अमूर्तन कहकर इसको टाला जाता है या भदेस कहकर इसकी हँसी उड़ाई जाती है।

दो तरह के लोग लोकभाषाओं या आर्ष साहित्य और मिथकों से आए शब्दों-प्रतीकों या बिम्बों की भर्त्सना करते हैं—यह तो प्रस्तरकीलित किस्म के कट्टर प्रगतिवादी, दूसरे नागर इलीट! इनका मन रहता है कि भाषा या तो सैनिकों की वर्दी में मार्च-पास्ट करती रहे या फिर मॉडेल सुन्दरियों की तरह का कैट वॉक-नपे-तुले शब्दों में, कम-न-ज्यादा-जस्ट राइट्! पिकबैनी, मृगनैनी, गजगामिनी कामिनी बनकर कब तक रहे भाषा बेचारी? या किन्ग 'लियर' की कॉर्डेलिया की कुफ्त मितभाषिता से काम क्योंकर चलाए : 'आकॉर्डिंग टू माई बॉण्ड, नीदर मोर नॉर लेस!'

सबसे मजे की बात तो यह कि मार्च पास्ट की वकालत करने वालों की भाषा सैद्धान्तिकी में भले बोलें स्त्रियाँ, जब कविता की बारी आती है—उनके कदम-खुद-ब-खुद लोक, मिथक आदि के रास्ते मुड़ जाते हैं! कात्यायनी की दो प्रथम श्रेणी की कविताएँ लोककथा से संरचना उठाती है। पर जब वक्तव्य की बारी आती है, श्रेष्ठताग्रन्थि की बू इनके शब्द-शब्द से आती है : एक खास तरह का सरलीकरण अपनी ही लोकोन्मुख कविता की धज्जियाँ उड़ाता-सा सामने आ खड़ा होता है—"ट्रैक्टर हार्वेस्टर के बरक्स हल-कुदाल को खड़ा करना, शहर के सामने गाँव को खड़ा करना, वर्तमान के विरुद्ध अतीत को, स्मृतियों को रखना, बचपन में गाँव को खड़ा करना, बचपन में गाँव में बिताए गये दिनों को याद करना ... लोक का आग्रह.... एक पुरातनपन्थी दुराग्रह है... एक आर्त्त पुकार, एक अकर्मक कामना।"

कात्यायनी यहाँ एक खास तरह की रौ में बोलती हुई यह साफ भूल जाती हैं कि स्मृतियाँ और लोक किसी भी अच्छी कविता में ऊर्जस्वी उछाल (regererative force) के साथ ही आते हैं, ठस्स बैठ जाने की खातिर नहीं। उपर्युक्त तर्क पर तो अफ्रीकी साहित्य ही नहीं, दुनिया का सारा आदिवासी साहित्य एक सिरे से खारिज हो जाएगा जिसका बीज-शब्द है रीमेमरी, मेमरी नहीं, रीमेमरी! संघर्ष की ऊर्जा भी वहाँ से आती है जैसे कि खुद कात्यायनी की अपनी कविता 'सात भाई चम्पा में'। स्मृति-चाहे बह वैयक्तिक स्मृति हो या जातीय स्मृति—विस्थापितों के साहित्य में तो उसकी भूमिका चार्जर की होती है और स्त्री से बड़ा विस्थापित भला कौन है।

होलोकास्ट के बाद के डायस्पोरा और विस्थापनमूलक अफ्रीकी साहित्य की तरह स्त्री लेखन भी वैयक्तिक विरोधों से साहित्य को जोड़कर देखता है और इतिहास के नये मोड़ पर एक नया नैतिक भूगोल खड़ा करता है जहाँ स्थान-बोध काल-बोध से ऐसे चिमटा पड़ा होता है जैसे पुरानी पाण्डुलिपि के कागज आपस में चिपटे पड़े होते हैं। स्मृति की भूमिका यहाँ मुख्य नियोजक (प्राइम मूवर) की भूमिका होती है जो कॉस्मिक को कॉमनप्लेस से जोड़ती है। अति यथार्थ को यथार्थ से! एक तरह से देखा जाए स्मृतियाँ तो माँ हैं—सपनों को दूध पिलाने वाली माँ! इसके ही दम से स्त्रियों का काल सीधा नहीं चलता, तुरुप चाल चलता है या गोल मिथकीय/प्राकृतिक महाचक्र की चाल! कुल मिलाकर यह सब ऐसे होता है कि भाषा स्त्री का एकमात्र घर होती है—सर के ऊपर की एकमात्र छत जहाँ से धक्के मारकर निकालना किसी की भी खातिर सम्भव नहीं।

आपबीती और जगबीती, आत्मकथा, इतिहास और मिथक उसी तरह सिर जोड़े स्त्री साहित्य में बैठे दिखाई देते हैं। जैसा कि, पहले भी मैंने कहा, जैसे इमली के बीजों में चपाटा खेलती तीन सहेलियाँ सिर जोड़े बैठ जाती हैं : पूरी गम्भीरता, तन्मयता और अन्तरंगता के साथ। बीच-बीच में यहाँ हँसी के भभूके भी उठती हैं और स्मृतियाँ बन जाती हैं चौपड़ का पाँसा।

तकनीकी भाषा में इसके इण्टरपेलेशन कहते हैं और इसका मुख्य दर्शन है परोक्षीकरण द्वारा (डिफैमिलिएराइज) करके कड़वे यथार्थ और सत्य की आभासी परछाईं के बीच कहीं यूटोपिया-सा कायम करना जहाँ कुछ भी एकांगी न हो, एक अन्तर्पाठीय पैचवर्क की तरह की चीज सामने आए-बहुकेन्द्रीय और समग्र!

जैसा कि पहले भी कहा, क्रिस्तेवा ने मनोसामाजिक शोधों से स्थापित किया कि पितृसत्तात्मक सिम्बॉलिक और मातृसम्वेदनामूलक सिमिऑटिक के बीच यानी वस्तुनिष्ठा और आत्मनिष्ठा, तर्क और उस अर्द्धविस्मित भाषिक लय के बीच डोलती रहती है भाषा जो गर्भगृह में माँ की देह से छनकर शिशु-देह में उतरता है। आती-जाती साँस की लय, स्तन पकड़ाने-छुड़ाने की लय, प्रकाश जलने-बुझने की

लय-भाषा मूलतः इन्हीं सम्वेदनाओं की सम्वादात्मक गतिविधि है। इसलिए भाषा प्रक्रिया है अर्थ की ठस्स संरचना नहीं इसी के दम से भाषा में नये-नये अर्थों की अनुगूँज, विकास, पल्लवन और प्रसार की सम्भावनाएँ हरदम जीवित रहती हैं।

क्रिस्तेवा का बहुत बड़ा अवदान है कि उन्होंने अस्मिता को एक प्रक्रिया के रूप में देखा! अस्मिता के जिन बहुतेरे टुकड़ों की बात लकां ने की थी, उनके एक-दूसरे से सतत प्रवहमान होने की बात उन्होंने की और यह भी प्रमाणित किया कि न पुरुषों के लिए स्त्री अस्मिता में ढलना असम्भव है, न स्त्रियों के लिए पुरुष-अस्मिता में ढलना।

मेरे विचार से भाषा-विमर्श में सबसे पते की बात ये ही है—सिम्बॉलिक और सिमिऑटिक के बीच का शाश्वत डायलॉजिक, अन्तर्पाठीय संवाद! तर्क और अन्तःप्रज्ञाः सम्यक् भाषा के लिए दोनों जरूरी हैं। सन्तुलित हृदय-बुद्धि साहचर्य ही स्त्री की भाषिक यूटोपिया का सच है। यह सच है कि वर्ण-वर्ण-नस्ली शोषणमुक्त एक पारासेक्शुअल समाज का जहाँ हर व्यक्ति अपने ढंग से विशिष्ट माना जाए और किसी की किसी से कुछ कहने में ज़बान लड़खड़ाए नहीं—'बात करनी मुझे मुश्किल कभी ऐसी तो न थी'—वाली स्थितियाँ रूमानी सन्दर्भों में तो जवान रहें लेकिन रोज़ाना की बातचीत में किसी को ऐसा गलबकोर न लगे जो फिलहाल लग जाता है—चाहते-न-चाहते!

दूसरी महत्त्वपूर्ण बात यह है कि भाषा संवाद के उत्कर्ष पर सारी तू-तू-मैं-मैं भूल जाती है! अपने सहज प्रसन्न रूप में यह न मेरी है, न आपकी-सबकी है! काल-नद से एकाकार है भाषा-नद—तीन कोस पर पानी बदले, चार कोस पर बानी-स्थानिकता से भी इसका चोली-दामन का साथ है, जरूर है, फिर भी कुछ तो है जो मूल-रूप से जस-का-तस बनता ही जाता है! रमता जोगी, बहता पानी! और कम-से-कम भाषिक विन्यास की दृष्टि से घाट-घाट का पानी पीना बुरा भी नहीं : 'Men may come and men may go/but I go on for ever.' भाषा-नद कहता है और 'मेन' में यहाँ विमेन शामिल है। पूँजीवादी विनियोगों के उत्कर्ष पर समाजवादी आग्रह के साथ धारा के विपरीत अगर कोई चीज बह रही हो तो, भाषा! भाषा की भी रणनीतियाँ हैं। अँग्रेज़ी बम की तरह गिर रही है, गिरने दें! भाषा-नद में यह बम भी भस्स बोलकर रहेगा, diffuse होकर रहेगा।

अन्ततः होगा यह कि 'मर्द-भाषा, स्त्री-भाषा, सफेद भाषा, काली और भूरी भाषाएँ, दलित भाषा, अल्पसंख्यक और सारी आदिवासी भाषाएँ एक-दूसरे से होली खेलती नजर आएँगी—कुछ ऐसे चटक रंगों से कि 'धोबिनिया धोए आधी रात', फिर भी प्रेम रसमाती इस भाषा की चूनर का रंग नहीं जाएगा!' वॉशिंग द डर्टी लिनने इन पब्लिक' आज भी मर्यादा-सम्मत नहीं समझा जाता, पर भाषा के इस धोबी-घाट पर स्त्री-भाषा की धोबिनिया हर धुलाई सम्भव करती हैं।

भाषा की टोकरी

जैसे कि नवजात शिशु बहाया जाए
हरे-हरे पत्तों से आच्छादित-आरक्षित
नन्हीं-सी डलिया में—
मैं अपनी उम्मीद रखती हूँ पानी पर
टोकरी में भाषा की।
लहरों पर डोलती
पहुँचेगी आखिर कहीं तो—
कभी तो किनारे लगेगी—
ले जाएगा इसको गोदी उठाके
राजा का सारथी!
धीरे-धीरे बड़ी होगी फिर उम्मीद—
कर्ण की बहन दानवीर!
मोर्चे पर औरों के फिर से
युद्ध लड़ेगी यह भी।
नहीं फँसेगा कीच में इसका पहिया
क्योंकि किसी शापवण परशु और भले से नहीं
सिर्फ भाषा से
इसने लिया है
अपना
ब्रह्मास्त्र!

कलम का स्त्रीवादी प्रतिरोध

देश और दुनिया के अलग-अलग कोनों में चौका-दालान के पिछवाड़े थोड़ी-सी जगह और थोड़ा-सा वक्त चुराकर चलती हुइ सुइयाँ-सलाइयाँ, कलमें और कूँचियाँ, मीरा के घुँघुरुओं की ठंकार से ठनकते हुए घुँघरू, तानपूरे और अन्य वाद्ययन्त्र, सहकारी समितियों के सुन्दर उत्पाद-फुलकारियाँ, मिट्टी के बरतन, हैण्डलूम की साड़ियाँ, काँसे की मूर्तियाँ, हस्त-करघा उद्योग की सब सुन्दर और उपयोगी चीजें—स्त्री के कलाजगत की धरोहरें अनेक हैं! 'कला' और 'क्राफ्ट' का पदानुक्रम स्त्रियों ने तोड़ा है—सबसे बड़ी क्रान्तिकारी चुनौती यही है। कलावादी पुरुषों के यहाँ ललित कलाएँ बस पाँच ही हैं—ढाक के वही तीन पात-काव्यकला, चित्रकला, संगीत और नृत्यकला, भवननिर्माण और वास्तुकला। बाकी पाककला आदि कुछ व्यावहारिक

कलाएँ निचले पायदानों पर बैठी कला-दासियों की तरह बरती गयीं और स्त्री-जगत् से ही रूढ़ कर दी गयी।

सभी कला-माध्यमों में प्रयोग हुए हैं—स्त्रीवादी प्रतिरोध भी प्रायः हर जगह दर्ज है, पर मेरी पात्रता नहीं है सब कलाओं के स्त्रीवादी प्रतिरोध पर टिप्पणी करने की। कविता की मजदूरनी हूँ। थोड़ी-सी बात कविता की करूँगी, थोड़ी-सी उसकी भगिनी कला कथा-लेखन की, कि उसके यहाँ भाषा, कथ्य और शिल्प के स्तर पर क्या-क्या प्रमयाण घटित हुए हैं।

तकनीक और स्थापनाएँ

कथ्य और शैली जुड़वाँ भाई-बहन हैं। भाई-बहन इसलिए कह रही हूँ कि साथ जनमते हैं पर जन्म के पहले ही दोनों में भेद-भाव शुरू हो जाता है। कथ्य पुल्लिंग है! उसका दर्जा शैली से ऊँचा माना जाता है! ज्यादा चर्चा कथ्य की होती है! क्या कहा गया—यह हमेशा दिमाग में रहता है, कैसे कहा गया—अक्सर इस पर ध्यान नहीं जाता, हालाँकि नयी हमेशा शैली ही होती है! दार्शनिक स्थापनाएँ तो अक्सर किसी और शास्त्र या तथ्यगत अनुसन्धान से घूमती-टहलती हुई आती हैं : कोई अनुसन्धान हुआ, किसी मनोसामाजिक रहस्य से पर्दा उठा तो उसके आलोक में आप समतावादी इगैलिटेरियन समाज या कल्याणकारी राज्य, शान्ति और सद्भाव, (नॉन-सेक्टेरियन) राष्ट्रवाद, प्रतिरोधवादी (काउण्टर-हेजेमॉनिक) राजनीति या करुणासम्बलित न्याय दृष्टि के और किसी प्रारूप की बात करेंगे पर बात तो वह होगी न—न्याय, समता, स्वाधीनता, भ्रातृत्व/बहनापा...कोई-न-कोई मानवाधिकार नये बलाघात के साथ रेखांकित होगा उस यूटोपिया में जिसका सपना जगाने चले हैं।

कम-से-कम साहित्य में 'क्या' से ज्यादा 'कैसे' महत्त्वपूर्ण होता है। सत्यम्-शिवम् जब तक सुन्दरम् नहीं बनता—साहित्य उन्हें दूर से चुमकार देता है लेकिन गोदी नहीं उठाता! साहित्य के आँगन में शिल्प और कथ्य एस्थेटिक्स और एथिक्स कहलाते हैं! कम-से-कम वह दोनों में भेद-भाव नहीं करता। साहित्य में 'टोन', 'टेक्सचर' और 'टिम्बर' की टनकार हमेशा बुलन्द रहती है और शायद इसीलिए स्त्री साहित्य विश्व-भर में अपनी महीन और तिरछी लड़ाई भाषिक औजारों और स्थापनाओं से ही लड़ रहा है : 'उद्धवशतक' या 'भ्रमरगीत' के गोपियों का व्यंग्य-विनोद हो या शादी में गालियाँ गाती हुई औरतों का लौंगिया चरपरापन—कई बार तो क्या कहा गया—इससे ज्यादा महत्त्वपूर्ण और बेधक हो जाता है 'कैसे कहा गया' का शिल्प। कई बार 'क्या' का अर्थ भी 'कैसे' से खुलता है।

बँगला उपन्यासों की त्यागमयी बड़ी दीदी या मँझली दीदी हो या हिन्दी उपन्यासों और फिल्मों की भोली-भाली, अल्हड़ छुटकी बहन-भाइयों को जैसे वे अपना

आँचल उढ़ाए रखती हैं—स्त्री साहित्य में एक झीना-सा दूकूल कथ्य को स्त्रियों की भाषा-शैली उढ़ाए रखती है। विषय तो वहीं आठ-दस हैं : मातृत्व, बहनापा, विस्थापन, घर, बच्चे, प्रेम और मृत्यु, ब्रीदिंग स्पेस और पर्यावरणगत तादात्म्य, वर्ण, वर्ग, लिंग-नस्लगत शोषण से मुक्त एक उन्मुक्त समाज वगैरह पर बात कहने की शैली निराली है! वह पदानुक्रममुक्त करती है! उस भाषा में फटकार नहीं है, संवाद की प्यास है-संवाद अपने से, अपनों से-ई. क्यू.—सम्बलित उच्छल भाषा में। इसी से परिवार, प्रेम यौनिकता और नैतिकता की नयी परिभाषाएँ सम्भव हुई हैं।

कथ्य—इतना तो हम समझते हैं कि स्त्रीवाद एक बड़ा अनुष्ठान है—स्त्री-देह और स्त्री-मन की विविध परतें जो भोजपत्रों की तरह एक-दूसरे से चिपकी पड़ी हैं—धीरे-धीरे पढ़-गुनकर स्त्री-लेंस से संस्कृति, इतिहास और परिवार, फासीवादी युद्ध और दंगे, पर्यावरण, भूमण्डलीकरण आदि चक्कर विश्लेषित होते हैं, जाहिर होती है परिजन-पुरजन-पंचायत-जंगल तक से स्त्री की रिश्तेदारी, जेण्डर-स्टीरियोटाइप पर प्रहार सम्भव होता है। स्रोत-विश्लेषण अवधारणाओं में उत्तर-संरचनावादी स्त्री साहित्य देह को स्त्री दोहन का मुख्य अभियोजक मानता हुआ गरीबी के स्त्रीकरण के प्रश्न पर सजग है, आर्थिक स्वायत्तता और वजूद के प्रश्न पर भी।

शिल्प—स्त्री भाषा और दृष्टि का सम्बन्ध नाभि-नाल वाला है! बिम्ब और शब्द-चयन, प्रवाह, टोन और वाक्य-गठन—सब की अलग ही ठमक और ठाठ! कहाँ-कहाँ से शब्द और सन्दर्भ ले आती हैं निकालकर : देवदार की पेटी से जैसे कि पुराने बरतन, पुराने मुकदमे के कागज, अजब-ग़जब लोकोक्तियाँ, लोरियाँ और लोकगीत! भाषा की दीवार पर हाथों की मटियाली थपकन से सपनों और जातीय स्मृतियों का अहिवात लिखती है स्त्रियों की भाषा! स्त्रियाँ न हों तो भाषा की जातीय अनुगूँजें ही गायब हो जाएँ! ''गेट आउट'', 'शट-अप' आदि की पितृसत्तात्मक भाषा जिसका दूर्वाचन्दन हैं। अकारण नहीं है कि नानी-दादी, घर या मुहल्ले की वृद्धाओं की संगति में पलने वाले बच्चों की भाषा में एक अलग ही तरह की कौंध होती है! अकारण नहीं है कि भाषा के साथ 'मातृ' का प्रयोग उसे एक अलग तरह की ताकत देता है—माँ के दूध की ताकत, उसके बतरस की लहक! आँचल का दूध, आँखों का पानी और बरतस-तीनों मिल-जुलकर भाषा को नयी तरह का दशमूलारष्टि और ग्राइपवाटर पिला देते हैं। शिशु की तरह अपनी जंघा पर अलट-पलट कर भाषा की तेल-मालिश स्त्रियाँ करती हैं! अनौपचारिक-सी उभंग संवादधर्मिता की दृष्टि है, और आज के आतंकविह्वल समाज में प्रजातान्त्रिक दृष्टि और प्रजातन्त्र की जरूरत स्वयंसिद्ध है।

वर्ग, वर्ण और नस्ल भी पितृसत्तात्मक निर्मितयाँ ही हैं। औरतों के बनाए गढ़न्त नहीं हैं। शिक्षा-दीक्षा से विरत कुछ स्त्रियाँ विशेष परिस्थितियों में पितृसत्तात्मक की एजेण्ट जरूर बन जाती हैं—जैसे कि गुजरात के दंगों में बनी,

पर मूलतः स्त्री-दृष्टि अहिंसक दृष्टि है और ग्लोरियस क्रान्ति के बाद का एक मात्र अहिंसक आन्दोलन स्त्री-आन्दोलन ही है। अपवादों को जाने दीजिए पर धनी-गरीब, ऊँच-नीच, काले-गोरे का फर्क मिटाकर ही स्त्रियाँ सहज-भाव से एक-दूसरे से गले मिलती हैं। यही है सावभौम भगिनीवाद। दुनिया के सारे अनादृत समूहों, गरीबों, दलितों, विकलांगों-बूढ़ों को सहज भाव से स्त्रीवाद अपने आँचल में समेट भी रहा है। इस दृष्टि से विचार किया जाए तो स्त्री-मुक्ति में सबकी मुक्ति है। जैसे एक स्त्री को शिक्षित करना पूरे परिवार को शिक्षित करना है—स्त्री की मुक्ति भी एक साझा चूल्हा है—ऐसा जानिए। जिसको कि आधुनिक विज्ञान e.q. कहता है—उससे सम्बलित स्त्री-दृष्टि परदुखकातर और महीन जो होती है तो सिर्फ इसलिए नहीं कि व्यक्तित्व में उग्रता लाने वाला Y गुणसूत्र उसकी जीन में नहीं होता, बल्कि इसलिए भी कि दुनिया के सारे महीन काम उसको शुरू से ही करने पड़े हैं : बाहर की दुनिया पर पुरुषों का आतंकावादी प्रशासन भले ही काबिज हो, कम-से-कम बच्चों के दिल और आत्मा पर एक-छत्र राज माँ का ही होता है। माँ, प्रेमिका, पत्नी, शिक्षिका-किसी-न-किसी रूप में हर परिष्कृत पुरुष का सौन्दर्य-बोध या नैतिक चेतना एक औरत ही गढ़ती है। देह के अलावा मन भी एक खास तरह की नैतिकता के गर्भ में औरत ही पालकर बड़ा सकती है। औरत से नेह का नाता टूटा नहीं कि पुरुष गया रसातल में।

स्त्री-भाषा साहित्य की चुनौतियाँ को हम दो तरह से पढ़ सकते हैं : एक तो उन चुनौतियों के सन्दर्भ में जो स्त्री-लेखन को मिली है और दूसरी उन चुनौतियों के परिप्रेक्ष्य में जो स्त्री-लेखन ने दी हैं—बृहत्तर भाषा-साहित्य जगत् को!

दोनों तरह की चुनौतियों की चर्चा करती हूँ। पहले वे चुनौतियाँ जो स्त्री-साहित्य ने दीं यानी कि उसकी उपलब्धियाँ—

- स्त्री को अन्य तथा अपंग घोषित करने की सामाजिक/राजनीतिक/ऐतिहासिक/भाषिक दुरभिसन्धियों ने इस पर स्पष्ट उँगली रखी।
- चरित्र और कथनभंगिमाओं में पुराने स्टीरियो टाइप तोड़े। नयी तरह के चरित्र और कथन-भंगिमाएँ प्रस्तावित की।
- स्त्री केन्द्रित अनुभूतियाँ साहित्य में स्थान पर गयीं—एक नयी तरह की भाषा में जो आँचल के दूध और आँखों को पानी में बतरस का शहद घोलने से बनी थी, जिसमें एक खास तरह की क्रीड़ाधर्मिता थी और बहुकेन्द्रिकता भी।
- बहुकेन्द्रीयता और पदानुक्रम-भंग की इसकी प्रिय तकनीकें तीन स्तरों पर घटित हुईं—

  (क) कथाभंग—फिक्शन-नॉन-फिक्शन के बीच की विषमआवाजाही के साथ पैराफ्रेज, कैटलौगिंग, पास्तीज और अन्तर्पाठीय उड़ानें।

(ख) लयभंग—आत्म परावर्तन, पैरोडी, पॉट्मेण्डयू, पुनरावृत्ति, सेमिऑटिक तरंगों की लहरिल उछाल।

(ग) फोकलशिफ्ट—टेलिस्कोपन, बायोमाइथोग्राफी, विस्मयादिबोधक अनुगूँजें, सिनेस्थीसिया तकनीक डिएकॉर्डिया कॉनकॉर्स।

पुरुष भाषा और साहित्य में फैलोसेण्ट्रिक कसावट, एकाग्रता, मुट्ठी और होंठ भींच कर थोड़ा-सा कुछ कह देने का तनाव और था। नैन्सी शोदरॉव ने इसकी मनोवैज्ञानिक व्याख्या भी की है। उच्छल संवादधर्मिता और क्रीड़ाभाव स्त्री साहित्य की देन है। भाषा साहित्य के पदानुक्रम और एकाग्रता, एकपक्षीयता और पूर्वग्रहों को सीधी चुनौती देने के बाद पाँचवीं जो बड़ी चुनौती स्त्री साहित्य ने दी है, वह है प्रायोजित ढंग से सरकारी इतिहास लेखन को—चिट्ठी पतरी, डायरी आदि घरेलू विधियों को सत्य-साधन के मान्य स्रोतों के रूप में मान्यता देकर।

छठी चुनौती स्त्री साहित्य ने पूरे बुद्धिवाद को दी है—छूछे e.q. के बर-अक्स e.q. और s.q. साधकर और भ्रातृत्व के बर-अक्स बहनापा।

अब संक्षेप में मैं वे चुनौतियाँ सामने रखूँगी जो अभी इसे साधनी हैं। स्त्रीवादी लेखन की एक बड़ी समस्या है उसका मध्यवर्गीय चरित्र! मीरा के प्रेम बेल की तरह इसे अभी और फैलना है।

दूसरी चुनौती है देह-केन्द्रीयता को सारवाद के खतरों से बचाना 'good girl syrdrome' और 'bad girl's buffoonery' की अतियों से बचना, बेचारी दुख की मारी वाले 'Poor Lisa complex' और 'एक-एक को देख लूँगी' वाली प्रतिशोधप्रियता से भी! एक क्षण को भी हमें यह नहीं भूलना है कि स्त्री-दृष्टि न्याय सम्बलित अहिंसक दृष्टि है जो मान कर चलती है कि एक दमन-चक्र का जवाब दूसरा दमनचक्र नहीं होना चाहिए।

तीसरी चुनौती प्रायोजित चरित्रों की भीड़ से बचना और चौथी चुनौती नारेबाजियों से और सर्वोच्छेदवाद से।

पाँचवीं चुनौती है empowerment का emancipation के रूप में विकास और इस एहसास का विकास भी कि स्त्री-मुक्ति साझा चूल्हा है। समाज के सभी पिछड़े तबकों/वंचितों का विकास क्षैतिज होना है और आदर्शों के साथ और समाज का विकास बंधु-परिवार के रूप में।

चूँकि स्त्री-लेखन का जोर आत्म-सधाव और आत्म-विश्लेषण पर ज्यादा है, चूँकि यह स्रोत-विश्लेषण में उत्तर-औपनिवेशिक, साम्य-दर्शन में मार्क्सवादी और अस्मिता-विमर्श में उत्तरसंरचनावादी है—'multiple-I और identities in progress' की अवधारणा में इसका विश्वास है 'मंजिल पे पहुँचे तो मंजिल बढ़ा दी' में भी है और जिसकी भी इसमें आस्था होती है—वह अपनी उपलब्धियों से ज्यादा अपनी सीमाओं पर ध्यान देता है।

कुल मिलाकर कहें तो इतना तो हम सब समझ ही चुके हैं कि स्त्री-विमर्श एक अनुष्ठान है—एक परफॉरमेटिव कैटेगरी जो सिर्फ विमर्शों में ध्यानस्थ नहीं बैठी, दो स्तरों पर स्पष्ट काम किए जा रही है—एक तो भाषा-साहित्य पर दूसरा सामाजिक मनोगतिकी के भाषा-साहित्य के स्तर पर उसकी मुख्य तकनीकें हैं—(1) बायोमाइथोग्राफी; और (2) टेलीस्कोपन; (3) कैनोनिकल और कॉलोनियल के बर-अक्स ज्ञान-प्रत्याख्यान के वैकल्पिक स्रोतों की तलाश, क्षेत्रीय साहित्य और देशी परम्पराओं का संधान, रीति-रिवाज-मिथक प्रत्याख्यान, तस्वीरें, घरेलू चिट्ठियाँ और अन्य अनादृत दस्तावेज-समेत अज्ञात पाण्डुलिपि और स्वरलिपि-सन्धान; (4) गलत तरजीह पा गये स्त्री-विरोधी पाठों पर लाल चिह्न के निशान, विद्रूपण, विलोपन और धूमिलीकरणादि दुरभिसन्धियों के ख़िलाफ़ प्रतिबद्ध संघर्ष और (5) भाषिक संरचना में अस्मिता के दुरूह रहस्यों की तलाश, प्राक्एडिपीय सिमिऑटिक संकेतों की अभंग स्रोतस्विनी के रूप में स्त्री भाषा की पहचान, इस तथ्य की सजग पहचान कि भाषा सिर्फ 'अभाव' और अलैंगिकता (Lackand Castration) से पैदा नहीं होती, विपुलता-बोध और भार-मुक्ति के आनन्द का भी भाषिक अभिव्यक्ति में उतना ही बड़ा अवदान है। इन सबके अलावा इस स्तर पर स्त्री-विमर्श का एक प्रकट योगदान है कविता में कॉस्मिक और कॉमनप्लेस, पर्सनल और पॉलिटिकल के बीच का पदानुक्रम तोड़कर दोनों के बीच रोशनी का पुल कायम कर देना। कथा-साहित्य में इस स्तर का योगदान है समृद्ध इमोशनल कोशेण्ट वाले नये स्त्री-चरित्रों का विकास जिनमें बेचारगी वाला भाव कम-से-कम है और जो अपने आँचल की छाँह में दुनिया समा लेने का जज्बा रखती है, ठीक उसी तरह जैसे दर्शनवाक् के कतिपय मन्त्रों में ऋषिकाएँ! शक्ति हमारी स्त्री-ब्रह्मवेत्ताओं से शब्द उधार वे कहती हैं, बोल-चाल की भाषा में प्रायः हर स्त्री अपने भीतर ऐसे ही संकल्प दोहराए चलती है, पर कोई इसका मर्म समझता कहाँ है, अगर जरा-सा भी समझ पाए तो छल-छद्म, हिंसा, अनादर से लहालोट यह दुनिया सचमुच ही रहने की जगह बने! जो ऋग्वेद की यह ऋषिका कहती है, स्त्री-विमर्श का मर्म उससे मिलता-जुलता है—रैडिकल, लिबरल, मार्क्सवादी, उत्तर-औपनिवेशिक, श्वेत-श्याम, लेस्बियन और संग्रथित स्त्री विमर्श अलग-अलग तेवरों में बात करते हुए ही दुनिया से यह कह रहा है! ध्यान से सुनिए तो इस ऋषिका की भाषा पर्यावरणविदों की भाषा से कितनी मिलती-जुलती है :

'जन्म-मृत्यु के घात-प्रतिघात से
रोग-शोक की मर्मभेदी पीड़ा से
चंचलता के घोर आवर्तन से
छिन्न-मर्म तुम—
तुम्हारे लिए मैंने अपना विशाल वक्षस्थल
अनावृत्त किया है, हजार बाँहें फैलाए

तुम्हारे लिए ही खड़ी हूँ—
तुम मेरी सन्तान हो!
आओ, मेरे पास आओ!...
मातृगोद की अमृतमयी संजीवनी धारा का
अवगाहन करो...
सत्य ही मेरा स्तन्य है—
कैसी भीति? कैसी आशंका?
मधुमय यह व्योम
मातृमुख से मुखरित—
देखो तो इस ओर।'

लेकिन इसे और कोई उस तरह देखने को अब तक तैयार नहीं! दीदावरों के दीदे सारे फूटे हुए हैं तो कोई करे क्या! स्त्रीविमर्श ने इतना परिवर्तन जरूर घटित कर दिया है कि चमन में दीदावरों का नहीं होना नरगिसों को अब व्यथित नहीं करता! भला हो सार्वभौम सखीवाद का, नरगिसें आरोपित 'बेनूरी' पर अब रोती नहीं बैठतीं।

'ऐक्शन बेस्ड रिसर्च' चूँकि स्त्रीविमर्श की मूल प्रपत्तियों में एक है, मनोगतिकी के स्तर पर भी इसने कई परिवर्तन घटित किए हैं और कई अभी घटित करने हैं। इस क्षेत्र में इसके काम दो श्रेणियों में बाँटकर देखना उचित होगा—एक तो वह श्रेणी जिसे कायापलट श्रेणी या ट्रांस्फोरमेटिव कैटेगरी कहेंगे! इस कायापलट में स्त्री की काया से जुड़े हुए पेंच भी शामिल हैं, काया जो उसके शोषण का प्राइम साइट है तो मुक्ति का मार्ग भी है ही, पर कैसे इसे सारवाद के खतरों से बचाया जाए, इस पर कई तरह के विमर्श जारी हैं! दूसरी श्रेणी है आत्मोद्दीपन या इनर रिसोर्सेज का प्रश्न जो पारिवारिक विघटन पर आकर ठहर जाता है! कृष्णा सोबती का 'जिन्दगीनामा' , मन्नू भण्डारी का 'महाभोज' मृदुला गर्ग का 'अनित्य', मैत्रेयी पुष्पा का 'इदन्नमम' और 'अल्मा कबूतरी', गीतांजलिश्री का 'हमारा शहर उस बरस', नासिरा शर्मा का 'सात नदियाँ एक समुन्दर', चित्रा मुद्गल का 'आवाँ', अलका सरावगी का 'कलिकथा वाया बाईपास' पढ़ते हुए कम-से-कम मुझे इसे टेलिस्कोपन-तकनीक का ध्यान आया जिसके तहत इतिहास, मिथक और आत्मकथा का एक खूबसूरत विलयन घटित होता है जिसे बायोमाइथोग्राफी या इतिहास या मिथक का आत्मसाक्ष्य कह सकते हैं!

स्त्रीवादी लेखन मानता है कि संस्कृति, इतिहास, परिवार और निजी अस्मिताएँ प्राचीन पाण्डुलिपि के जर्जर पन्नों या जायदाद की पुरानी पतरियों की तरह एक-दूसरे से इस तरह चिपकी पड़ी हैं या ऐसे गुँथ-सी गयी हैं एक-दूसरे में कि एक को दूसरी से अलगाकर देखना कई बार सम्भव नहीं होता! कभी किसी कोण से, कभी से-सत्य ऐसे ही समझ में आ सकता है!

दूर की कौड़ी लाने के फिराक में आसन्न कैसे अनादृत हो? क्योंकर अनादृत हो? माइक्रोकॉज्म में मौक्रोकॉज्म परावर्तित होने की बात नये सिरे से स्थापित की है स्त्री-भाषा ने क्षिप्र फोकल-शिफ्ट की तकनीक से जिसके तहत दैनिक उपयोग की साधारण चीजें (जुएँ, सेफ्टी पिन, चुटपुटिया बटन बगैरह) देखते-देखते एक कॉस्मिक द्युति पा जाती है और कॉस्मिक महत्त्व की चीजें बादल, बिजली, खुद ईश्वर भी, पिछवाड़े का लड़का या लिफ्टमैन जैसा कुछ मामूली होकर रह जाती है। मामूली और दैनंदिन से गैर-मामूली और कॉस्मिक तक की यह आवाजाही, मेरी समझ में, एक महत्त्वपूर्ण आवाजाही है। एक अनन्त से दूसरे अनन्त तक गोल-गोल नाचते ही जाते हैं आदि-बिम्ब, लोकछंद, विगत और आगत!

इस क्रम में, जाहिर है कि भाषा भी बहुतेरी पलटनियाँ खाती हैं। अपने बच्चों को जैसे जाँघ पर अलट-पटल कर औरतें तेल-मालिश और घुघुआमन्ना करती हैं—भाषा भी अलट-पलट कर नये अर्थों का सृजन कर रही हैं। मृणाल पाण्डे और अर्चना वर्मा की भाषा में पहले एकदम नये तरह की व्यंग्यनिष्ठ चमकार थी, पर 'उबीकू' और 'जोकर' तक आते-आते उनकी भाषा-लय कुछ अलग तरह की हो गयी है। जया जादवानी की 'अन्दर के पानियों में एक सपना काँपता है' की भाषा, अलका सरावगी की 'दूसरी कहानी' की भाषा, नीलेश रघुबंशी के अद्यतन काव्य-संग्रह 'पानी की आवाज' की भाषा, कौशल्या वैसंत्री, कुसुम आदि दलित और निर्मला पुतुल आदि आदिवासी स्त्रियों की भाषा भी नये निर्णयों, नयी स्थापनाओं और नये स्वाद के सुख-दुख का ऐसा ताना-बाना रच रही हैं जिसमें प्रसवकालीन क्रमण-संकुचन की लय, लगातार गोल-गोल घूमते आवर्तनों की ऐसी लय है। इसे व्यंजित करने वाला रूपक मुझे श्यामनन्दन किशोर की इन पंक्तियों में तैरता दिखाता है :

'आग-भरा पानी का मन है—
कौन करे सहसा विश्वास,
कैसे समझाऊँ इस दुनिया में
कितना महँगा है उल्लास'

महँगा सही, पर स्त्रियों ने यह उल्लास हासिल तो किया है : हासिल किया है अपना वृत्त बड़ा करके। अब उनमें वह पहलेवाली आत्मदया है, क्योंकि उनका घर और परिवार रक्त और यौन-सम्बन्धों के दायरे तक सीमित नहीं।

रेडियो-टीवी, सिनेमा वगैरह की ध्यानस्थ श्रोता होने के कारण सिनेमेटोग्राफिक तकनीकों—मून्ताज, जक्सटापोजिशन का सर्जनात्मक उपयोग स्त्रियाँ अपनी रचना में करती हैं। ऐड फिल्मों से मिलता-जुलता फोकत शिफ्ट उन्हें बूँद-भर प्रकाश की कणिका बना देती है—गागर में सागर, लघु उद्योग जिसमें नफासत बहुत चाहिए। चावल पकाने के पहले जैसे कंकड़ चुनने होते हैं, कविता पकाने के पहले भी! आपबीती में जगबीती उतनी तो मिलाई जाती है जितनी सोने पे सुहागा, पर ज्यादा

मिलावट के कारण झुमके से कान में इन्फेक्शन हो जाता है : इसका भी उन्हें ध्यान रहता है।

आपस की गपशप से लेकर रेलवे-स्टेशन, बस, पंयाचत, बाजार, चौका, से लेकर मिथकीय संसार तक फैले शब्द और सन्दर्भ उनकी रचनाओं और उनके वक्तव्यों में एक-दूसरे के पास चुम्बकीय आकर्षण से बढ़े आते हैं! प्रवाह उच्छल होता है-उन्नत e.q. और s.q. के चलते और कुल मिलाकर 'relief of the body and reconruction of the mind.' का दर्शन सुकरात के तर्ज के प्रश्नकीलन की तकनीक या फिर टेलिस्कोपन तकनीक से स्त्री-भाषा मंचित करती है—अपने यहाँ या वहाँ भी-सात समुन्दर पार!

संरचना का उत्तर पक्ष

पहला सवाल यहाँ उठता है कि संरचना का पूर्व पक्ष क्या था? वही जो आधुनिकता का था और उस जमाने में संरचनावादियों का! सैस्यूर, लेवी स्ट्रॉस और लकां द्विपद विलोमों के साक्ष्य से बात करते थे और कहते थे कि इनमें एक स्वाभाविक पदानुक्रम होता है और एक को दूसरे से निरपेक्ष रहकर समझा ही नहीं जा सकता!

संरचनावादियों का एक बड़ा योगदान यह तो जरूर है कि इन्होंने अपने प्रयोगों से सिद्ध किया कि भाषिक संरचना का सीधा सम्बन्ध मनुष्य की यौन-अस्मिता है, पर लगातार वे यही सिद्ध करने में लगे रहे कि पुरुष-भाषा का विकास प्राक्-एडिपीय अवस्था से बाहर आने पर ही होता है यानी तब जब वह महसूस करने लगे कि वह जिस माँ को अपना अनन्य मानता था, वह तो किसी और तरह की जीव है, उसकी तरह दीखना या बोलना उसे हास्यास्पद बना देगा, देखने में और बोलने में भी उसका बाप जैसा होना चाहिए! बाप के जैसा होने में, उसकी भाषा अपना लेने में फायदा ही फायदा है क्योंकि ज्यादा ताकतवर भी तो वो ही है।

उत्तर-संरचनावादियों ने इसको सीधी चुनौती दी! इस प्रसंग में देरीदा, इरिगेरी, सिक्सू और जूलिया क्रिस्तेवा से भी बड़ा योगदान मुझे नैन्सी शोदरॉव का लगता है जिन्होंने अपने प्रयोगों से साफ सिद्ध किया कि प्राक्-एडिपीय अवस्था के बाद मातृछवि से खुद को अलग करने में से तनाव लड़कों को झेलना पड़ता है, उसी से अब उनकी भाषा इतनी सख्त, खुरदुरी और सपाट हो जाती है! विकास के उषाकाल में लगे आन्तरिक झटके से लड़कियाँ साफ बच जाती हैं क्योंकि उन्हें अपनी अनन्य से यानी माँ से अलग दीखने या अलग होने का कोई तनाव नहीं होता! इसलिए उनकी भाषा अधिक सहज, अन्तरंग और प्रवाहपूर्ण होती है! उनकी भाषा किसी आन्तरिक झटके, वियोग या कमी से प्रस्फुटित नहीं होती, इसलिए उच्छल भी ज्यादा होती है!

देरीदा का भी एक ऋण स्त्रीवादी भाषा स्वीकार करती है! उन्होंने यह सिद्ध किया कि द्विपद के बर-अक्स किसी पद का विश्लेषण एक सीमित दृष्टिकोण है! शब्दार्थ अस्मिताओं की तरह ही अनन्त और तरणशील होते हैं—इस संरचनाओं की यह मान्यता जरा ज्यादा ही पगलेट है! कोई अर्थ अन्तिम नहीं होता और अकसर तो ऐसा होता है कि मनुष्य कहता चलता है कुछ और कह जाता है कुछ और 'पहुँचे जो उनके सामने बात बदल-बदल गयी' वाला हाल! और कई बार तो खुद अपने अन्तःकरण से सटीक संवाद नहीं होता! बात की तह तक पहुँचने का एक ही सूत्र है—उसकी विनिर्मिति या डिकन्सट्रक्शन, बात की केन्द्रीय गुत्थी-अपोरिया-पकड़कर उसे रौ के ख़िलाफ़ खोलना!

देरिदा की इतनी-भर बात तो स्त्री भाषाविदों को मान्य है किन्तु यह बात नहीं कि स्त्री-भाषा भाषिक असमंजस से ऊपर नहीं उठती। स्त्री-भाषा सम्बन्धी ऐसे मर्दवादी पूर्वग्रहों का जवाब स्त्रीभाषाविद अलग-अलग ढंग से देती हैं। कुल मिलाकर इनकी रणनीति यह बनती दिखाई देती है कि एक भाषिक भूकम्प घटित किया जाए ताकि चट्टाने टूटें और भीतर के पानियों में जो सपना काँपता है, अतिग्नगर्भ पृथ्वी के बाहर बह निकलें! ज्वालामुखियाँ फूटें, लावा बहे... तब जाकर उद्देश्य और विधेय हाथ पकड़कर घुमरीपरैया खेलेंगे!

मर्दवादी प्रतीकात्मक व्यवस्था का प्रतिकार कम-से-कम भाषिक स्तर पर सम्भव है और स्वतन्त्र अस्मिता के विकास की खातिर जरूरी भी-स्त्रीभाषावादियों का यह स्पष्ट कहना है! अपने ढंग से इस प्रतिकार का यत्न सभी महत्त्वपूर्ण महिला रचनाकार करती हैं!

इस क्रम में इरिगेरी की मुख्य स्थापना यह है कि स्त्री भाषा भी यौन-तन्त्रियों की तरह बहुकेन्द्रीय होती है और सिक्सू की यह कि फैलोसेण्ट्रिक भाषा सम्पत्ति और अधिकार स्थापन की भाषा है! पुरुष की लिबिडिकल इकॉनॉमी का बीज शब्द है सम्पत्ति और स्त्री की लिबिडिकल इकॉनॉमी का बीज शब्द उपहार, एक ऐसा अवदान जिसका दाम वसूलने की कोशिश कभी की ही न जाए, इसीलिए उसमें ऐसा बहुत-कुछ संचित रह जाता है जिसे उच्छल अभिव्यक्ति की जरूरत होती है एक ऐसी भाषा में जहाँ उमंग, पीड़ा आत्मविश्वास, आवेग और वैसा ही क्रमण-संकुचन हो जो प्रसव का साक्ष्य वहन करें। एक नटखट बच्ची के लीला भाव से सिक्सू भाषा की नदी में मलंग जलक्रीड़ा का दर्शन प्रतिपादित करता है।

दोनों में फर्क मूलतः यह है कि सिक्सू मानती है प्राक्एडिपीय उभयलिंगी सम्वेदनाओं के कारण पुरुष भी स्त्रियों की तरह आवेगमयी भाषा लिख सकते हैं। ज्वाएस और लॉरेन्स इसका प्रमाण हैं। इरेत्रिरी को ऐसा नहीं लगता क्योंकि उनका जोर औरत की दैहिक अनुसंवदेनाओं पर है।

सातवाँ अध्याय

मध्यवय और धर्मसंकट

'हारे का हरि नाम'। और जीत की खुशी में मताए हुए को? उसको तो नाम से आगे कुछ और नहीं सूझता! या तो अपना नाम या फिर अपने पथ-प्रदर्शक का! तैंतीस करोड़ देवताओं के इस देश में देवताओं की भी आबादी लगातार बढ़ रही है। मार्क्स, गाँधी, सार्त्र, अम्बेदकर का, भक्त कवियों, बौद्धों और जैनियों के तन्त्र-पक्ष और जनतन्त्र-पक्ष-दोनों जिस गहमा-गहमी में एक-दूसरे से उलझते नजर आते हैं, प्रायः वैसी गहमा-गहमा हमें आज भी फिजां में हर ओर घुली दीखती है। क्या है इस गहमा-गहमी के मूल में श्रेष्ठता-ग्रन्थि! पथ अगर श्रेष्ठ है तो मेरा! व्यक्ति यदि श्रेष्ठ हूँ तो मैं! जीने के लिए 'हम किसी से कम नहीं' वाली अलमस्ती जरूरी भी है लेकिन 'जो है, केवल हम है'—यह शुद्ध प्रमाद 'हारे की हरि नाम' से ज्यादा गया-बीता है।

मर्दानगी से मताए हुए लोग इसी प्रमाद का शिकार हैं, और स्त्रियाँ हैं 'हारे को हरि नाम' की सजल व्याख्या, मगर दुनिया जिस तेज, जिस ऊर्जा, जिस शक्ति से अनुप्राणित-स्पन्दित-उत्प्रेरित है-वह शक्ति-पुंज भी उनके ही भीतर हैं, उनके बिना दुनिया के सब चर-अचर (और शिव भी) शव है-परम्परा कहीं-न-कहीं इस तथ्य पर भी उँगली रखती तो है।

आत्मदया की शिकार स्त्रियों के सामने भारतीय देवियों की निर्मिति पर विचार कर लेना एकदम जरूरी हो जाता है! पर इस सन्दर्भ में यह भी समझ लेना जरूरी है कि धर्म कोई निष्पाप, भोला-भाला संवर्ग नहीं। संस्थायन हमेशा दिक्कततलब होता है—वह चाहे प्रेम का संस्थायन हो विवाह के रूप में या अध्यात्म का धर्म के रूप में! और जो धर्म जितना पुराना हो—उसके साथ पाठ-कुपाठ की, व्याख्या-कुव्याख्या की उतनी ही लम्बी और आत्म-विरोधी परम्पराएँ (हर्मेन्यूटिक्स)

कतरब्योंतनिपुण चूहों की तरह पीछे लग लेती है। धर्म कुछ हद तक तो एक अफीम, एक सम्मोहन, एक बाँसुरीवाला है ही! कई बार उसकी बाँसुरी कृष्ण की बाँसुरी होती है–कंस के त्रास से उकताए ग्वालों को कला-संगीत, प्रेम-लालित्य की स्वयंसमर्थ यूटोपिया, एक वैकल्पिक स्पेस में लिए जाने वाली। कई बार वह ऑरफियस का लायर होती है–मृत्यु आदि प्राकृतिक आपदाओं के पार का एक दृश्य-वितान रचकर शोकसंतप्त आत्मा को कुछ तोस-भरोस थमाने वाली, एक अलग तरह के काल्पनिक सन्धान में उसे व्यस्त कर देने वाली। पर कभी-कभी वह लोककथा के बाँसुरीवाला की बाँसुरी बनकर उन चूहों को भी गण-मुनि की तरह साथ समेटे चलती है जो अन्ततः उसकी ही जान खा जाते हैं–स्त्री-विरोधी, दलित-विरोधी व्याख्याएँ और निर्मितियाँ सामने उकेरकर, दूसरे धर्म/मत/लिंग/वर्ण/नस्ल आदि के ख़िलाफ़ वैमनस्य का प्रचार करके, गरीब और दुखी आदमी में एक खास तरह की कुण्ठा रचके कि उसने कभी कुछ कर्म ही ऐसे किए होंगे जो उसको इस जन्म में ऐसा जीवन मिला! धर्म का सबसे बड़ा कुपाठ तो उसके कर्म-सिद्धान्त की व्याख्या है। मार्क्स ने हीगेल से जो मुख्य असहमति व्यक्त की थी, वह इस पर ही कि दैववाद (प्री-डेस्टिनेशन का सिद्धान्त) एक खास तरह की अकर्मण्यता पैदा करता है, इसलिए यथास्थितिवादी और मानवताविरोधी है!

'The rich man in his castle
the poor man at his gate,
all creatures great and small
good god made them all'

हमारे स्कूल की एक प्रार्थना यह भी थी। इसमें जो पूरा चित्र खड़ा होता है–उसमें चुनौती कहीं भी नहीं है! यह पदानुक्रम भगवान का बनाया हुआ है और भगवान इसी में खुश हैं कि धनी आदमी किले में रहे, गरीब आदमी फाटक पर, कभी अच्छे घर की सोचे भी नहीं, उसी तरह सर झुकाकर फाटक पर खड़ा रहे! स्कूल की सामूहिक प्रार्थना में इस तरह का यथास्थितिवाद पिरोया था जो अब तो हमें खटकता है, मगर तब इस पर ध्यान भी नहीं जाता था कि हमें घुट्टी में क्या पिलाया जा रहा है!

थोड़े बड़े हुए तो–

'विधि के बनाए जीव जेते हैं जहाँ कि तहाँ, खेलत-फिरत, उन्हें खेलन-फिरन दम्व' का दर्शन सामने आया कि भाई, चुप बैठे कुदरत का करिश्मा सराहो! प्रश्न न पूछो! कोई चुनौती न दो किसी को छेड़ो मत-जो जहाँ है, कायम रहने दो! संरचना बदलने की जरूरत नहीं है! जगत तपोवन हो–'अहि-मयूर, मृग-बाघ' मिल-जुलकर रहें–आदर्श स्थिति तो यही है, पर आदर्श निभता है क्या? 'दीरघ दाघ निदाघ' का आपातकाल इन्हें स्तब्ध करके एक पेड़ की छाया में सुस्ताने को विवश कर भी दे, मगर सहज होते ही मयूर साँप को, बाघ हिरण को खा जाएगा।

'छोटी मछली को बड़ी खा जाती है', 'जिसकी लाठी, उसकी भैंस', माइट इज़ राइट' आदि कहावतें सामाजिक निर्मितियों का जीता-जागता लौकिक भाष्य हैं! डार्विन ने 'सर्वाइवल ऑफ द फिटेस्ट' द्वारा धर्म को पहली बड़ी चुनौती दी थी, यह कहके कि मनुष्य ईश्वर की नहीं, बन्दर की सन्तान है, पर खुद उनको यह नहीं सूझा कि दुनिया जब स्वाभाविक जैविक विकास का प्रतिफल है और कोई ईश्वर उसके आपसी उलझाव की समस्या सुलझाने नहीं आएगा, समाज में ही मिल-जुलकर कुछ ऐसे विधान रच लिए जाएँ जो खरगोशों, हिरणों और उन भोले वंचितों के पक्ष में खड़े हों, उन्हें एकता का पाठ पढ़ाएँ और सुरक्षित जीवन के कुछ सार्थक क्षण जुटाने की अन्तरव्यवस्था भी उन्हें दें।

यह सबसे पहले सूझा मार्क्स को! मानवाधिकारों के समर्थन में, कमजोर के समर्थन में एक प्रेशर-ग्रुप कायम करने का सुन्दर सपना उन्होंने देखा! वंचितों को एकजुट रखने का मूलमन्त्र भी उनका ही दिया हुआ है—पढ़ी-लिखी सब स्त्रियाँ इसलिए मार्क्स की कृतज्ञ हैं हालाँकि धार्मिकपरम्परा भी इसके समर्थन में कुछ संकेत सामने रखती है—जैसे कि चित्रग्रीव नामक कपोतराज का जाल में फँसे कबूतरों को यह सन्देश कि एकजुट होकर जाल-समेत ही उड़ जाओ और मेरे मित्र, मूषकराज के पास चलो। लघुपतनक नाम का यह मूषकराज 'पंचतन्त्र' में जाल काट भी देता है जो अपनी परम्परा का जाल है। 'पंचतन्त्र' अपनी परम्परा का पहला सबल और सार्थक सेक्यूलर पाठ है—बिना एक जगह भी भगवान का नाम लिए बिना जो आध्यात्मिक मूल्यों की ऐसी सुन्दर व्याख्या सामने रखता है कि नैतिकता की आधारभूत संरचना झक से उजागर हो जाती है।

बहुत दिनों से मेरे मन में यह बात लहर ले रही है कि सब धर्मग्रन्थों, व्रतकथाओं, त्योहारों और संस्कारों की एक धर्मनिरपेक्ष व्याख्या कोई स्त्री अध्ययन-मण्डल करे और 'एसेप्स फेबेल', 'पंचतन्त्र', 'हितोपदेश' आदि सेक्यूलर पाठों का भी! ईश्वरनिरपेक्ष नैतिकता का ग्राफ क्या बनता है—इसका सन्धान यह सहज ही सिद्ध करेगा कि ईश्वर कम-से-कम स्त्रियों के लिए एक बहुत ही प्यारी निर्मिति है! मनुष्य जिस ऊँचाई तक उठ सकता है—इसका उत्कर्ष है ईश्वर! आस-पास की दुनिया में तो वैसे धीरोदात्त-धीरप्रशान्त, धीरललित पुरुष दिखाई देते नहीं जो स्त्री-मन की सूक्ष्म सम्वेदनाएँ समझ सकें-इसलिए हर स्त्री भैंस के आगे बजती हुई बीन बनकर रह जाती है।

कुछ दिन वह उपक्रम करती है आस-पास के लोगों में महीनी भरने की...लेकिन लम्बा खिंचता जाता है यह इंतजार और आदर्श प्रेमी/पिता/सखा/ बालगोपाल की कल्पना से ही काम चलाना पड़ता है!

लेकिन यह कल्पना जरूरी है, ईश्वर नाम का यह वर्किंग हाइपोथेसिस जरूरी है—यह इसके जीवन में थोड़ा तो रंग भरता है और भविष्य के 'नये आदमी' की गढ़न का

एक ब्लू प्रिन्ट भी सामने रखता है! कभी-कभी यह सड़े-गले आसन्न के विरोध का तेज भी भरता है—जैसे मीरा आदि भक्त कवयित्रियों के यहाँ एक के स्वीकार में बाकी सबका, पितृसत्ता का, राज्यसत्ता का भास्वर नकार—

'मेरे तो गिरधर गोपाल/ दूसरो न कोय'।

या महाराष्ट्र की भक्तकवि जनाबाई के यहाँ इस आदर्श पुरुष का ब्लू प्रिंट हम कुछ ऐसे पढ़ सकते हैं—

'हे माधव, देखो न—
कितने तो काम धरे हैं सिर पर,
इतना आटा गूँधना है अभी,
इतने कपड़े कूटने हैं—
आओ भी, हाथ ही बँटा दो थोड़ा
या फिर तुम हेर तो जुएँ ही जरा—
कुछ तो करो, कुछ करो।'

(मराठी कविता की एक पंक्ति के आधार पर पल्लवित, जो मैंने औरंगाबाद की एक बस में मजदूर औरत के मुँह से सुनी थी! मस्ती में आँख मूँदे गाए जाती थी वह! उसकी मस्ती से आकर्षित मैं उसकी सखा बनी। बहनापे का एक अजब सूत्र हमारे बीच आज भी कायम है!)

क्या कमाल कर सकती है एक पंक्ति भी-इसका एहसास जब से हुआ, तबसे इस फेर में हूँ भक्तकवियों, बौद्ध थेरियों में से किसी-न-किसी पर एक बड़ा उपन्यास भी जरूर लिखूँ।

पर उसके पहले छोटी-सी कोशिश यह कि स्त्रियों के सामने भारतीय देवियों और भक्त कवियों में अनन्य, मीरा के जीवन दर्शन की एक व्याख्या सामने रखूँ जो उन्हें बेहतर जीवन जीने में थोड़ी मदद करे। कितना विशृंखल और अस्त-व्यस्त जीवन स्त्री जीती है—भक्ति उनके जीवन में सब समस्याओं की खूँटी कैसे बन जाती है और एब बड़ा कवच भी—उसे एक कविता में ढालने की कोशिश की थी कभी।

खण्डिता

समय : सुबह साढ़े सात, एफ.एम.टाइम
स्थान : सीढ़ी के नीचे आलने घेरकर बनाया गया पूजा-घर
दृश्य : कुर्सी पर दफ्तर की साड़ी। देह पर एक भीगा कुरता, हाथ में दुर्गासप्तशती।
'या देवी सर्वभूतेषु'... सविता, देखी बेटी, जल तो नहीं रही सब्जी?
निद्रारूपेण संस्थित ... जागा पिन्टू, उसे जगाओ, स्कूल-बस छूटेगी।
'नमस्तस्ये नमस्तस्यै... फोन बज रहा है उठाओ तो।'
मेरा होगा तो कह देना-सी.एल. पर हूँ आज!

सिर दुख रहा है!
'ॐ जयन्ती काली-महाकाली'—अखबार वाले भैया, रुक लो!
आती हूँ, कर लूँ हिसाब, कल मिल गयी मुझे तनख्वाह।
(देवी की मूर्ति से मुखातिब)
अच्छा, सुनो देवि,
अब तुम ही मेरी प्रतीक्षा करो।
सदियों से बन्द पड़ी हो मूर्तियों में
अकड़ गयी होगी ये पीठ तुम्हारी
एक मुद्रा धारे-धारे।
कहो जो जरा मूव मल दूँ!
किसने कहा था कि खेलो तुम
इतनी मगन होकर स्टैचू-स्टैचू?
लेटो-लेटो, उधर करवट करो,
यह नस दबेगी तो होगा आराम!
बैठी-बैठी देखती रहना-
दूध उफनकर नहीं गिर जाए!
नमस्तस्यै नमस्तस्यै नमस्तस्यै नमो नमः!

किसी भी तथाकथित देवी या देवता के आगे सिर नवाना दरअसल एक सात्विक भाव के आगे सिर नवाना है! मन के भावों के अनुरूप देवता भी अनन्त है—'मानिए जो भावै' तैंतीस करोड़ देवताओं में किसी एक का वरण दरअसल अपने व्यक्तित्व के मूलभाव के रेखांकन की कोशिश है! इस तरह वह अपने सही 'मैं' को पहचानने की कोशिश या, पुरातन संकेत में कहूँ तो, आत्म साक्षात्कार है!.... आस-पास की दुनिया इतनी विद्रूप, विश्रृंखला, छल-छद्म से भरी दिखती है कि कोई भी सम्वदेनशील मन एक स्वर्गनुमा यूटोपिया और देवनया आदर्श की कल्पना में थोड़ा सुख पा लेता है! यह एक तरह की थेरेपी भी है :

ऐसा कोई न मिला जिन सौं रहिए लागी
सब जग जलता देख्या अपनी अपनी आगी।

चूँकि आस-पास ऐसा कोई मिला ही नहीं विश्वसनीय सुकून से भरी जिसकी उपस्थित हो—हम कल्पना में एक अलख जगा लेते हैं और भला हो मिथकीय परम्पराओं का जो इसमें हमारी मदद करती हैं—यह समझती हुई कि 'human kind cannot bear very much reality...'

यह खासा रोचक है कि यूनानी देव-देवियाँ और भारतीय देवता भी ईर्ष्या, प्रतिशोध-भावना, कामुकता आदि दोषों को शिकार दिखाये गये हैं, पर देवत्व जब मनुष्य और खासकर स्त्री पर घटित दिखाया जाता है तो उससे उम्मीद की जाती

है कि उन सब दोषों से परे वह करुणा, क्षमा, औदार्य और परदुखकातरता की विनम्र प्रतिमूर्ति हो। ये भाव तो, खैर, वरेण्य हैं भी, पर नख-दन्तगलित जिस कातर सहिष्णुता का आदर्श स्त्रियों को घुट्टी में पिलाया जाता है, वह उन्हें ऐसी मरियल देवियाँ बना छोड़ता है, मिथकीय देवियों का तेज जिन्हें छू तक न गया हो।

इससे बड़ा सांस्कृतिक षड्यन्त्र कोई हो नहीं सकता कि सीता-सवित्री जैसी बागी स्त्रियों को मूक आज्ञाकारिता से एकाकार करके देखा जाए। न सीता कठपुतली थीं, न सावित्री—दोनों के स्वतन्त्र व्यक्तित्व थे और समय आने पर दोनों ने निर्भीक निर्णय का तेज दिखाया। यह विडम्बना ही है कि अन्यायी-असंस्कृत और भ्रष्ट पति की भी मूक प्रतिच्छाया बनकर रहने वाली दीन-हीन स्त्रियों को सीता-सावित्री कहा जाता है।

सीता और सावित्री-दोनों सुलझे हुए चरित्र हैं पर वे घरपोसू या पालतू कहीं से भी नहीं। सीता के बारे में सबसे बड़ा मिथ निःशब्द समर्पण का है। सीता अपने समय की पहली महिला थीं, जिसने पति के साथ ही सही, घर की चौखट लाँघकर अपनी आँखों से दुनिया देखी। (वैसे, कैकेयी भी रणभूमि तक दशरथ के साथ हो आयी थीं, पर यह सिर्फ कुछ दिनों का साथ था।) सीता के सामाजिक सरोकार इतने अच्छे थे कि वन-प्रदेश का एक-एक व्यक्ति-ग्राम-बन्धुओं से लेकर केवट तक—उनसे पूरा ममत्व पाता रहा। रावण की वाटिका-जैसी विकट जगह में भी उन्होंने त्रिजटा जैसी सखी पा ली। उनका व्यक्ति-नियोजन कितना अच्छा था, इसका सबसे बड़ा प्रमाण है कि रावण जैसे जटिल व्यक्ति को भी एक दूरी से वे लगाकर साधे रहीं। ठीक है कि रावण के भी अपने सिद्धान्त थे, पर बिना व्यावहारिक खपच्चियों के छूछे सिद्धान्त किस तरह भहरा गिरते हैं, यह कौन नहीं जानता।

फिर सीता को मूक आज्ञाकारिता के कठघरे में जड़ने वाले यह क्यों भूलते हैं कि सीता का सबसे बड़ा है सच लक्ष्मण-रेखा लाँघ जाना यानी आपातस्थिति में अपने विवेक के हिसाब से नियमावलियों में परिवर्तन का साहस। निर्णय गलत भी हो जाएँ तो क्या, निर्णय लिये गये, यही बड़ी बात हैं। दस में से एक निर्णय किसका गलत नहीं होता! अपने हिसाब से उन्होंने ठीक ही निर्णय लिया—किसी को भिक्षा दी, भूखे को भोजन दिया...और यह इस तथाकथित गलत निर्णय का तेज ही था जो बाद में रावण का वध का निमित्त बना! न होता इस निर्णय का तेज तो रावण का वध कैसे होता! सीता कठपुतली होतीं तो रावण कैसे मारा जाता! जीवन में दो-चार निर्णय गलत भी लेने चाहिए। वे अक्सर किसी बड़े प्रयोजन का द्वार सिद्ध होते हैं।

इस सन्दर्भ में शूर्पणखा की चर्चा भी आवश्यक है। वह बेचारी सोलह साल की लड़की थी। आज का जमाना होता तो मैट्रिक का इम्तिहान दे रही होती! इतनी बड़ी लड़की को होश ही कितना होता है! इस उमर में मोहान्धता (इन्फैचुएशन) कोई बड़ी घटना भी नहीं। जंगल-जैसी रहस्यमय जगह में एक सुन्दर पुरुष इधर

से उधर टहलता हुआ दीखे और एक सोलह साल की लड़की उससे मोहाविष्ट हो जाए तो समझा-बुझाकर उसे घर भेजने के स्थान पर सीधे उसके नाक-कान काट लेना कहाँ का न्याय है! लक्ष्मण दरअसल पुरुष-प्रधान समाज के उस बेबुनियाद तर्क का सम्वहन करते दीखते हैं कि स्त्री की अपनी यौन-सम्वेदनाएँ तो होती ही नहीं, और वह निर्लज्ज (?) बनकर अपनी ओर से प्रणय-निवेदन करती है तो दाल में जरूर कुछ काला होता है—विषकन्या आदि का कोई राजनीतिक षड्यन्त्र, जिसका निराकरण होना ही चाहिए! (विषकन्याएँ अलग यौन-शोषण की एक करुण कहानी कहती हैं, पर फिलहाल हम सीता पर ही आयें।)

वर्जिन मेरी और शकुन्तला की तरह सीता ने भी एकल अभिभावक का दायित्व निभाया और इतने होनहार बच्चे राम के इस धोबी-संसार के सामने एक चुनौती के रूप में खड़े किये कि लोग देखते रह गये (और यह भी अजब संयोग है कि क्राइस्ट, शकुन्तला-पुत्र भरत, जाबाल और शिवाजी से लेकर अब तक जितने महापुरुष हुए हैं, उनमें से अधिकांश अकेली माँओं के ही बेटे थे)! किसी जो प्रायश्चित का मौका दिये बिना सीता जो धरती में समा गयीं, वह भी एक मुखर प्रतिरोध ही था।

सावित्री का तेज भी कम विलक्षण नहीं है। यम अपने ठेठ अर्थ में एक परपुरुष ही तो था, कायदे से जिसकी छाया भी जीते-जी उन पर नहीं पड़नी थी, पर उन्होंने हिम्मत की, नियमावलियाँ ताख पर रखीं, उसके पीछे गयीं, उसे बहस में हराया और अभीप्सित प्राप्त करके लौटीं। यदि वे अन्तर्मुखी बन घुटती रहती—जैसे आम स्त्रियाँ घुटती हैं—अपने दुख के दुर्ग से बाहर नहीं निकलतीं, दुख के निराकरण के लिए कुछ करती-धरती नहीं, सिर्फ आँसू बहातीं, तो उनकी नियति बदलती?

एक अन्य रोचक चरित्र पार्वती का है। उन्होंने सबसे पहली बगावत तो पिता से ही की फिर उस पूरी सम्भ्रान्तवादी (इलीटिस्ट) व्यवस्था से, जो अविकसित जातियों-जनजातियों को भूत-पिशाचादि से एकाकार करके देखती है और किसी सामाजिक समारोह (यज्ञादि) में उसे बराबरी का दर्जा नहीं देती। पिता के जिस असंगत व्यवहार के प्रतिकार में वे आग में कूदीं, उसमें पति ही नहीं, उनके सब गण-दूतों की अवज्ञा शामिल थी। सीता के धरती में समा जाने-जैसा ही प्रतिरोध यह भी है : 'अब पछताओ हाथ मलके और आगे सावधान रहो'—कुछ ऐसी ही ध्वनि इससे आती है! विरोधी पक्ष की आत्मा पर चाबुक चलाता-सा यह सत्याग्रह इतना तो जरूर मानकर चलता है कि प्रतिपक्षी की भी आत्मा हैं, वह जड़ नहीं हुआ और उसमें अभी विकास की सम्भावनाएँ शेष हैं।

शिव बेचारे तो खुद ही औढरदानी हैं—आशुतोष, पर उन्हें और सदय होने के पाठ पढ़ाती पार्वती हमें लोककथाओं में लगातार दीख जाती है—"और दो... और दो, और दो.... इसका भाग्य पलटो, उसका पलटो...!" कहीं वे चुप्पा बाबा बनी नहीं नजर आतीं, फिर किस तर्क से परम्परा स्त्रियों को चुप्पा बाबा बनी रहने का

परामर्श देती हैं? पारम्परिक आदर्श (रोल-मॉडेल) भी तो वैसे नहीं हैं, तो फिर क्या चुप सहने के आदर्श का यह चक्कर मेकॉले की शिक्षा-नीति के उस षड्यन्त्र की बू नहीं देता कि कुछ ऐसा किया जाए जिससे तेज पनपे ही नहीं, औसत बैलों की जमात खड़ी हो रहे बस जो चुपचाप सिर झुकाये आपका जुआ ढोए? आज किसी भी जगह यदि चार सीताएँ, चार सावित्रियाँ, चार पार्वतियाँ अपनी पूरी प्रतिरोध-शक्ति के साथ उठ खड़ी हों तो समाज का नक्शा ही बदल जायेगा; पर मूल की तो यहाँ बात की ही नहीं जाती, सीता-सावित्री और पार्वती के निष्प्रभ, सिनेमाई संस्करण सामने खड़े कर दिये जाते हैं, जिनसे कोई तेज ही नहीं फूटता।

"बन्दगी में भी वो आजादोवोखुदबी हैं" कि हम उल्टे फिर आयें दरे-काबा अगर वहाँ न हुआ"—गालिब की इस 'खुबी' की खनक पार्वती में तो इतनी थी कि जिस शिव को उन्होंने इतनी तपस्या से पाया, नाराज होकर एक दिन उन्हें भी छोड़ चलीं—प्रायः दौड़ती हुई, पीछे मुड़कर भी नहीं देखा। पर शिव तो शिव थे, नंगे पाँव उनके पीछे दौड़े और उन्हें मना ही लिया। इसी पुनर्मिलन के स्मृतिचिन्ह के रूप में झेलम नदी की सृष्टि हुई। 'पेरिस रिव्यू' के ताजा अंक में आगाशही अली की एक कविता आयी है जो झेलम नदी की इस पृष्ठभूमि के इर्द-गिर्द बुनी गयी है : "बट आल्रेडी, ऐज शी रैन अवे-रिफ्यूजी फ्रॉम हर लॉर्ड-द रूइन्स ऑफ द सी फ्रोज, इन ग्लेशियर्स...ऐण्ड देयर इन द वैली बिलो द रिवर बिगाइल्ड इट्स बैंक इन्टू पेट्रिफाइड लांगिग!"

जड़ीभूत कामना ('पेट्रिफाइड लांगिग') के मिथ से सर्वथा अलग, सचेतन शक्ति के दो बिम्ब दुर्गा-काली के भी हैं, पर 'चण्डी' एक तरह की गाली ही है जो थोड़ा क्रोध दिखने पर स्त्रियों को दी जाती है। एक खास बात यह है कि शक्ति का साक्षात् रूप दुर्गा एक समवेत शक्ति हैं। इनके जन्म की कथा सर्वविदित है कि समस्त देवतागण अपना तेज संचित कर इनकी मूर्ति गढ़ते हैं, फिर निर्देश देते हैं कि ये क्या करें, क्या न करें! एक खास तरह के अभियोजित चरित्र के रूप में ये सामने आती हैं और ठीक वही करती हैं जो करने के लिए इन्हें भेजा गया है— दुष्टदलन, अपने लक्ष्य से टस से मस न होने वाली स्त्री-रोबो के रूप में इनकी छवि उभरती है! लोक-तत्त्व दशहरे पर इनके नैहर-ससुराल आने-जाने की कल्पना जोड़कर यथेष्ट मानवीय गरिमा इन्हें देता है, पर वैसे, अपने उग्र प्रतिक्रियावाद के कारण समा रूप प्रथम चरण के फमिनिस्टों से मिलता-जुलता है, जबकि पार्वती और सीता-सावित्री का तीसरे चरण की समन्वयवादी, सुस्थिर (इंटिग्रेटेड) फेमिनिस्टों से!

सरस्वती ब्रह्मा की पुत्री थी, पर ब्रह्मा ने उनसे समागम किया! 'इनसेस्ट' का यह आदिकालिक उदाहरण है—अपने-आप में बड़ा सांकेतिक। जो विद्या का वरण करती हैं, उनके पथ का सबसे बड़ा कंटक उनका अपना परिवार सिद्ध होता है। यहाँ आकर हम बलात्कार के बड़े प्रश्न से भी आ जुड़ते हैं—बलात् किसी की

देह पर काबू पाने की कोशिश शरीर पर उतने घाव नहीं छोड़ती जितने मन पर। यह एहसास कि मुझे व्यक्ति नहीं, वस्तु समझा गया और एक ऐसे कार्य में भी मेरी सहमति जरूरी नहीं समझी गयी जिसमें मुझे देह जैसे बड़े यथार्थ के साथ घसीटा जाना था, अपने-आप में बहुत मारक हैं; दैहिक हिंसा से कहीं अधिक यह मानसिक हिंसा है, खासकर वहाँ जहाँ पुरुष ने यह भी सावधानी न बरती हो कि जिस स्त्री के साथ वह मनमानी कर रहा है, उसके गर्भ न ठहरे। अमरीका में इन सावधानियों के साथ रेप करने वालों की सजा उनकी तुलना में कम है जो पशुता के चरमोत्कर्ष पर ठहरे हुए ये सावधानियाँ भी नहीं बरतते।

देह के स्तर पर यह वैसी ही दुर्घटना है जैसी किसी के लंगी लगाने पर औधे मुँह गिर पड़ना। अब औधे मुँह गिर भी गये तो वैसे ही पड़े तो नहीं रहेंगे! आखिर देह-हाथ झाड़कर उठना ही होता है। देवी सरस्वती ने भी यही किया होगा, और इसलिए वे सम्पूज्य हुईं और ब्रह्मा की आज तक कहीं पूजा नहीं होती। एक वितृष्णाकारी हादसे से किसी की शुचिता बाधित होने का प्रश्न ही नहीं उठता।

गौतम ऋषि ने जिस पर इतना बड़ा बवण्डर उठा दिया और आज तक जीवन में जिस हादसे के कारण औरतें इतनी लांछित-प्रताड़ित होती हैं—कुछ मिनटों का वह तन-घर्षण क्या उतना ही बेमानी और महत्त्वहीन नहीं जितना बस या ट्राम में कन्धे से किसी का कन्धा टकरा जाना? जहाँ प्रेम होता है, वहाँ समर्पण-जैसे बड़े भाव के एक प्रतीक के रूप में दैहिक संस्पर्श जीवन की आह्लादकारी लय बन जाता है, वरना देह से देह लड़ जाने का क्या मतलब? लोकजीवन में अंगों के कुछेक अमानवीय झटकों को इज़्ज़त लुट जाना कहते हैं। इज़्ज़त जैसी बड़ी चीज के साथ अंगों के अमानवीय घर्षण का हादसा क्यों जोड़ा जाता है? देह पर कीचड़-बिष्टा पड़ जाने से उसकी इज़्ज़त नहीं जाती तो आखिर किस तर्क से एक ताकतवर पशु के अंगविशेष के बीमार स्राव की कुछ बूँदें गिर जाने से इसकी इज़्ज़त चली जायेगी? यौन-शोषण की शिकार लड़कियों के सामने सरस्वती बहुत बड़ा आदर्श हैं।

और लक्ष्मी तो शुरू की आधुनिक हैं क्योंकि वे कभी कैद नहीं रहतीं और उल्लू की सवारी करती हैं जो बहुत सांकेतिक हैं। सांकेतिक तो दरअसल अपने यहाँ का सारा मामला है। देवी-देवता, शास्त्र-पुराण के सारे मिथक, कर्मकाण्ड और त्योहार आदि भी गौर से देखने पर एक बड़े कवि की नटखट लिमरिक के बिम्ब-प्रतीक दिखते हैं। इस सन्दर्भ में बिहार और पूर्वी उत्तरप्रदेश में प्रचलित गोधन-पूजा की चर्चा हो सकती है।

भैयादूज के दिन मुहल्ले की सब औरतें गोल घेरा बनाकर बैठ जाती हैं और रेंगनी के काँटे उँगलियों-नाखूनों से खूँटकर, दबी-जुबान घर के सभी पुरुषों का नाम ले-लेकर उनके मरने की दुआ करती हैं कि ये मरे, वो मरे, भाई मरे, पिता मरे,

पति मरे, ससुर मरे, नन्दोई, देवर और जेठ मरें... धीरे-धीरे काका-ताऊ-फूफा-मौसा. ..सबको मार गिराया जाता है—दूर-दराज के भी मर्द-रिश्तेदार इस बहाने याद कर लिये जाते हैं, किसी को भी बख्शा नहीं जाता और इस 'सराप' का अन्त होता है इससे कि 'इसरे-बिसरे' सब लोग मर जायें यानी भूले से भी 'अत्याचारियों' की फेहरिस्त से कोई छूट गया हो तो वह भी मर जायें! अवचेतन के स्तर पर यह एक तरह का मानसिक प्रतिशोध है यह, एक तरह की मानसिक शुद्धि कि साल-भर में संचित जितनी भड़ास है, सब एक बार में निकल आये : बचपन में मैं अक्सर यही सोचने लगती थी; पर अब इसी शाप—यज्ञ के आगे की प्रक्रिया पर ध्यान ज्यादा जाता है, जो इंटिग्रेटेड फेमिनिज्म के निकट है।

आगे की प्रक्रिया यह है कि एक-एक कर सबको जिलाया जाता है कि ये जिये, वो जिये...इसरे-बिसरे सब लोग जी जायें और जिस जीभ से हमने आत्मीय जनों की मृत्यु-कामना की, उस नीच जीभ में काँटे गड़ें और सचमुच ही रेंगनी का काँटा उठाकर जीभ में चुभा लिया जाता है। फिर बालों की एक लट उँगलियों से सामने खींची जाती है, उस पार सामने बैठी कोई औरत लुटिया से जल ढालती है और पूछती है कि क्या पी रही हो तो आर्त्त कण्ठ से औरतें कहती हैं—"बाप-भाई-दूल्हे की रोग-बलाएँ और यमराज का खून।" (इस बाप-भाई दूल्हे में अन्य रिश्तेदार भी आ गये।) जाहिर है कि इसके पीछे भावना यह है कि जीवन देने वाली जीवन ले कैसे सकती है। समय आने पर वह आत्मीयजनों पर असमय झपटने वाले यमराज का ही खून पी लेगी और उन्हें सब रोग-बलाओं से बचाये रखेगी! जॉन डन के 'डेथ, दाउ शैलट डाई' से भी बड़ी यह परिकल्पना है। यमराज का खून पीनेवाली, मृत्यु पर विजय की ऊर्ध्वबाहु घोषणा करने वाली इन देहाती स्त्रियों का तेज देखते ही बनता है।

मिथकों की एक बड़ी भूमिका यह है कि वे लोकजीवन में गूढ स्थितियों का आदर्श निराकरण करने वाले पेटेन्ट चरित्र (रोल मॉडेल्स) देते हैं। कोई भी काल हो, कोई भी भूखण्ड—कुछ दुरूहताएँ होती हैं जिनसे समाज बार-बार टकराता है। इनमें कुछ प्रेम की पेचीदगियों से सम्बद्ध होती हैं, कुछ प्रशासन की पेचीदगियों से (दुष्टदलन, दलितोद्धार, भिन्न सामाजिक—आर्थिक-राजनीतिक, धार्मिक और सांस्कृतिक संगठनों के बीच सामंजस्य की स्थापना आदि)! प्रशासन की पेचीदगियों से सम्बद्ध बातों में तो नहीं, पर प्रेम की पेचीदगियाँ निबटाने में मिथकीय स्त्री-चरित्र अक्सर आगे कर दिये गये हैं। क्यों?—यह समझने की कोशिश भी जरूर करनी चाहिए।

सिर्फ भारत के ही नहीं, रोम और यूनान के मिथकीय चरित्रों के अध्ययन से भी यह मजेदार तथ्य सामने आता है कि जो प्रमुख नायक हैं—एकिलस, एनीज, अपोलो, प्रोमिथियस, हेक्टर, थीयस और पिलोसेट्स—वे विश्व-हित की बात सोचते हैं, एक बड़ा मिशन उनके सामने है और उनके एकल संघर्ष और अन्तर्दाह मुख्यतः

उसी के सम्बद्ध हैं। यदि वे प्रेमी भी हैं तो प्रेम उनके जीवन का सिर्फ एक पक्ष है (बकौल बायरन : ऐन एपिसोड)! दूसरी ओर मिथकीय महिला-चरित्रों (हेरा, इको आदि) का आदि-अन्त बस प्रेम ही है। संस्कृति यहाँ कठघरे में खड़ी किसी धर्मग्रन्थ की शपथ लेती-सी दिखती है कि स्त्रयाँ जब करेंगी तो प्रेम ही करेंगी, प्रेम के सिवा कुछ नहीं करेंगी! और जो किया तो वह बस विनाश हो सकता है—विनाश, जैसा 'नेमेसिस' (प्रतिशोध-भावना) मचाती है या कुछ और क्रूर भावनाएँ जिनका प्रतिनिधित्व मिथकीय महिला-चरित्रों के सिर डाल दिया गया है! गनीमत यह है कि कम-से-कम कला-विभाग सात म्यूजेज़ के हाथ में हैं, जो स्त्रियाँ हैं, पर इन कलाओं का अन्तिम ध्येय भी आखिर क्या है—प्रिय को प्रसन्न रखना ही तो!

माधवी-शकुन्तला-दमयन्ती-वासवदत्ता हों या राधा-रुक्मिणी-द्रौपदी-जीवन के प्रति इनका रुख खुला हुआ है, और ये नायिकाएँ हैं तो इसलिए कि इनमें पिटी-पिटायी लकीर लाँघने के तेज है, अपने सिद्धान्त पर अटल रहने की दृढ़ता है, पर यह दृढ़ता कभी उनके व्यक्तित्व को अनावश्यक कठोरता या कटुता नहीं देती (अपवाद एकाध हैं—जैसे द्रौपदी का दुर्योधन के गिर पड़ने पर किया गया यह हृदयहीन कटाक्ष का अन्धे का बेटा अन्धा ही तो होगा)। सबका आत्मसम्मान प्रखर है, पर मन उदार! इस दृष्टि से भी वे फेमिनिज्म के तीसरे चरण, समेकित स्त्रीवाद के निकट दिखती हैं। मथुरा और वृन्दावन के बीच की दूरी ही कितनी है, पर वे गोपिकाएँ आत्मसम्मान धो-पोंछकर कृष्ण से मिलने नहीं चल पड़तीं। वे रो लेती हैं, पर काम-काज छोड़कर पस्त नहीं पड़ जातीं, इसलिए त्रिकोण की आधुनिक स्थितियों में भी उनसे तादात्म्य सम्भव है।

अभंग साहचर्य और एकनिष्ठ समर्पण ही प्रेम का एकमात्र सच नहीं है। व्यक्तित्व की अनेक अन्तर्धाराएँ हो सकती हैं और उन अलग-अलग धाराओं का जुड़ाव अलग-अलग बिन्दुओं से हो सकता है—मिथकों की सारी परकीया नायिकाएँ इस बड़े सत्य का संवहन करती दिखती हैं। उनका द्वन्द्व आधुनिक जीवन का बड़ा द्वन्द्व है और राधा के साथ कृष्ण की पूजा भारतीय समाज की बड़ी स्थापना। राधा, ऐना केरिनिना और चेखव की 'डार्लिंग' आदि को किस छल-छद्म और 'फ्रेल्टी' के घेरे में बाँधा जा सकता है भला? प्रेम की उन 'एमोरल' (नैतिक-अनैतिक से परे) स्थितियों का ये प्रतिनिधित्व करती हैं, जिनमें उत्तरशती की स्त्री को बार-बार जूझना पड़ता है।

भारतीय मिथकों का एक अन्य रोचक वर्ग अप्सराओं का है। कल्पना है कि यौवन उनसे रूठता नहीं और वे किसी से बँधकर नहीं रहतीं, ललित कलाओं में दक्ष होती हैं और पत्नी-माँ आदि के दायित्वों से सर्वथा मुक्त! मॉडेलिंग आदि सौन्दर्यधर्मी व्यवसायों से सम्बद्ध स्त्रियों के चाकचिक्यपूर्ण (ग्लैमरस) जीवन की तस्वीर पेश करने वाली मीडिया के बराबर की मक्कारी यहाँ मिथक करते दिखते हैं!

यूनान में विश्वास है कि केऑल (शोरोगुल) नामक भीमाकार दैत्य के पहाड़ से लुढ़क पड़ने पर उसका सिर फट गया और उससे एक धुएँ का बादल उठा, जिसमें से उसकी पत्नी इरिकस (कालिमा) और बच्चे ईथर और हैमरा (रोशनी और दिन) उभरे। हैमरा की बैटी जिया (धरती) थी जिसने अपनी कल्पना एकाग्र कर यूरेनस (स्वर्ग) की सृष्टि की और फिर उसके समागम से बारह टाइटनों की माता बनी जो मनुष्य की पहली जाति थी और मिथकीय चरित्रों का अण्डकोष! केऑस से मनुष्य गढ़ने का बड़ा दायित्व जो महत् स्त्री-तत्त्व निभाता है, मिथक भी उसका सम्मान करते हैं, पर यह सम्मान क्या मिथकीय परिकल्पना का घेरा कभी नहीं लाँघेगा?

डायनों का मिथ और प्रताड़नापूर्ण है। सभी जानते हैं कि जो भी औरत चोरी-छुपे कुछ पढ़ जाती थी और ज्ञान का प्रभुत्व गाहे-बगाहे लोगों पर जमा देती थी, उसे लोग डायन कहकर जाति-बहिष्कृत कर देते थे, तरह-तरह की अफवाहें उसके चारों ओर बुन दी जाती थीं, उसकी विद्या काली विद्या घोषित हो जाती थी, उसे पुत्रहन्ता, पतिद्रोहिणी और भयावह बताते हुए कई बार सार्वजनिक रूप से जिन्दा जला भी दिया जाता था।

आज भी स्थिति बहुत बदली नहीं है। पढ़ी-लिखी तेजस्वी स्त्रियाँ बहुधा आजीवन अकेली रह जाती हैं। लोग उनसे खार खाते हैं और उनके साथ कटखनी कटुता का जो मिथ जोड़ दिया जाता है, वह डायनपने के आरोप से बहुत भिन्न तो नहीं! आज यह बात चर्चा में है कि बहुत जल्द विज्ञान पुरुषों को उस प्रविधि से भूषित कर देगा जिससे वे अपना एक्स-फैक्टर जज्ब कर सिर्फ वाई-फैक्टर स्त्रियों के गर्भ में भेज सकें! न आएगा एक्स-फैक्टर, न पैदा होंगी बेटियाँ! न रहेगा बाँस, न बजेगी बाँसुरी! मगर सोचिए-बाँसुरी का बजना क्या इतना बुरा है? जरूरी है कि हर बाँस का फट्टा ही बन जाये?

पतिव्रता

जैसे कि अँग्रेज़ी राज में सूरज नहीं डूबता था,
इनके घर में भी लगातार
दकदक करती थी
एक चिलचिलाहट।
स्वामी जहाँ नहीं भी होते थे—
होते थे उनके वहाँ पंजे,
मुहर, तौलिए, डण्डे
स्टैम्प-पेपर, चप्पल-जूते,
हिचकियाँ-डकारें-खर्राटे

और त्योरियाँ-धमकियाँ-गालियाँ खचाखच।
घर में घुसते ही
जोर से दहाड़ते थे मालिक और एक डाँट पर
एकदम पट्ट
लेट जाती थीं वे
दम साधकर,
जैसे कि भालू के आते ही
लेट गया था
रूसी लोककथा का आदमी
सोचता हुआ कि मर लेते हैं, कुछ देर,
मरे हुए को भालू और नहीं मारेगा।
एक दिन किसी ने कहा—
'कह गए हैं जूलियस सीजर
कि बहादुर मरता है केवल एक बार,
कायर ही करते हैं,
बार-बार मरने का कारोबार।
फिर तुम यों मरी हुई बनकर क्यों लेटी?'
तबसे उन्हें आने लगी शरम-सी
रोज-रोज मरने में....
एक बार शरमातीं, लेकिन फिर कुछ सोचकर
मर ही जातीं,
मरती हुई सोचती—
'चिड़िया ही होना था तो शुतुर्मुर्ग क्यों हुई मैं,
सूँघनी ही थी तो कोई लाडली नाक मुझे सूँघती—
यह क्या कि सूँघा तो साँप।'
और कुछ दिन बीते तो किसी ने उनको पढ़ाई
....गाँधीजी की जीवनी, सत्याग्रह का कुछ ऐसा प्रभाव हुआ,
बेवजह पिटने के प्रतिकार में वे
लम्बे-लम्बे अनशन रखने लगीं।
चार-पाँच-सात शाम खटतीं वे निराहार
कि कोई आकर मना ले,
फिर एक रात
गिन्न-गिन्न नाचता माथ
पकड़े-पकड़े जा पहुँचती वे चौके तक

और धीरे-धीरे खुद काढ़कर
खातीं बासी रोटियाँ–
थोड़ा-सा लेकर उधार नमक आँखों का।
तो, सखियो, ऐसा था कलयुग में जीवन
पतिव्रता का...
आगे की कथा
सती के ही मुख से
सती की व्यथा–
'नहीं जानती कि ये क्या हो गया है,
मन मुलायम रहता है
जैसे कि बरसात के बाद
मिट्टी मुलायम हो जाती है कच्चे-रस्ते की!
काम बहुत रहता है इनको।
ठीक नहीं रहती तबीयत भी।
अब छाती में इतना जोर कहाँ–
चिल्लाएँ, झिड़कें या पीटें ही बेचारे!
धीरे-धीरे मैं भी हो ही गई पालतू।
बीमार से रगड़ा क्या, झगड़ा क्या,
मैंने साध ली क्षमा।
मीठे लगते हैं खर्राटे भी इनके।
धीमे-धीमे ही कुछ गाते हैं
अपने खर्राटों में ये।
कान लगाकर सुनती रहती हूँ–
शायद मुझे दी हो सपनों में आवाज़।
कोई गुपचुप बात मेरे लिए दबा रखी हो
इतने बरसों से अपने मन में–
कोई ऐसी बात
जो रोज इतने दिन
ये कान सुनने को तरसे...
कोई ऐसी बात जिससे बदल जाए
जीवन का नक्शा,
रेती पर झम-झम-झमक-झम कुछ बरसे...!'

आठवाँ अध्याय

हम पुरबिया औरतें और हमारा स्त्री-विमर्श

वैयक्तिक यातनाओं का सामाजिक सन्दर्भन उनके प्रतिकार का एक आजमाया हुआ अस्त्र है। तकलीफ़ खतरनाक चीज होती है। उससे यह उम्मीद नहीं करनी चाहिए कि वह अनन्त काल तक अँधेरे कोनों में मुँह लपेटे पड़ी रहेगी! न्यूटन ने गति का जो तीसरा नियम दिया, वह प्रगति पर भी उतना ही लागू है, जितना सामान्य गति पर! आदमी का स्प्रिंग-तत्त्व उसे एक सीमा के बाद दबने नहीं देता; और जितनी जोर से सिप्रंग दबता है, उतनी जोर से उछलता भी है। पर स्त्रीवाद को उछल-कूद के निरे प्रतिक्रियावाद से जोड़कर देखना भी एक गहन राजनीतिक षड्यन्त्र है, जिससे हम आज तक उबर नहीं पाए! जिन मुद्दों पर बहुत बहस हो चुकी हो और जिनके बारे में हर व्यक्ति एक अलग राय रखता हो, उनके बारे में नये से बात करना आसान नहीं होता। ऋग्वेद के आचार्य यह समझते होंगे, तभी उन्होंने 'मूल क्या है' बताने से पहले 'मूल क्या नहीं है' बताने की खूबसूरत परम्परा शुरू की! 'क्या नहीं था' ही 'क्या था' तक पहुँचने की राह बना : ''नादासीन्नो सदासीत्तदानी नासीद्रजो नो व्योमा परोयत्। किमावरीयः कुह कस्य शर्मन्नम्भः किमासीदहनंगम्भीरम्' आदि (असत् नहीं था, सत् भी नहीं था; रज नहीं था, न ही उसके पार का आकाश था। क्या ऊँचा और क्या नीचा था? गहन गम्भीर पानी कहाँ था? और ब्रह्माण्ड कहाँ था? मृत्यु नहीं थी; अमरत्व भी नहीं था; न तो रात का कोई चिन्ह था, न दिन का। अपनी आन्तरिक शक्ति से परमेश्वर ने वायुहीन निःश्वास लिया, उससे परे और कुछ भी नहीं था, आदि) इसी सृष्टि सूक्त से प्रेरणा लेकर 'स्त्री-आन्दोलन की मूल मान्यताएँ और आदर्श क्या हैं पर आने के पहले मैं, इसके बारे में जो बद्धमूल भ्रान्तियाँ फैली हैं या फैलायी गयी हैं, उनकी चर्चा

करना चाहूँगी। 'यह क्या है' के पहले 'यह क्या नहीं है!'—'चुनने' के पहले 'फटकना'—यही हमें सिखाया भी तो गया है! इस क्रम में सबसे पहले यह कि :

- स्त्री-आन्दोलन प्रतिशोध-पीड़ित नहीं है। ड्रैकुला जिन स्त्रियों का खून पीता था, वे स्त्रियाँ जब ड्रैकुला बनती थीं तो वे मूल ड्रैकुला से ज्यादा खूँखार हो जाती थीं। स्त्री की अगाध शक्ति के प्रति पुरुषों का यह प्रच्छन्न भय ही 'माया महाठगिनी' आदि सारे गढ़न्त रचता रहा है, पर अब समय आ गया है कि अच्छी तरह समझ लिया जाए—स्त्री-आन्दोलन की समर्थक मानवियाँ हैं, मादा ड्रैकुलाएँ नहीं! इन्हें न्याय चाहिए पर ये जानती हैं कि अन्याय का प्रतिकार अन्याय नहीं है, एक दमन-चक्र का जवाब दूसरा दमन-चक्र नहीं।
- स्त्री-आन्दोलन की समर्थक स्त्रियाँ पुरुष नहीं बनना चाहतीं। ब्रा-बर्निंग आदि एकाध आवेशमूलक घटनाओं के साक्ष्य से यह नहीं समझना चाहिए कि ये स्त्रियाँ अपनी विशिष्ट दैहिक, मानसिक और भाषिक संरचना पर गर्व नहीं करतीं। जो प्राकृतिक विशिष्टताएँ हैं, शर्मनाक वे नहीं, शर्मनाक आरोपित सामाजिक मानदण्ड हैं जो दोहरे हैं और जिन पर पुनर्विचार होना ही चाहिए ताकि विकास के अवसर सबको समान मिल सकें।
- स्त्री और पुरुष की लड़ाई का व्याकरण सामन्तों और असामियों, पूँजीपतियों और मजदूरों, औपनिवेशिक ताकतों और शोषितों के बीच की लड़ाई के व्याकरण से अलग है। स्त्री और पुरुष के बीच की यह लड़ाई दो वर्गों, दो नस्लों, दो जातियों, दो दलों, दो राष्ट्रों के बीच की लड़ाइयों से तुलनीय नहीं। सम्पन्न और विपन्न, ऊँच और नीच, शासक और शासित, गोरे और काले के बीच जो जंग छिड़ी है, उनमें प्रतिपक्षियों के हित-निकाय (इण्टरेस्ट ग्रुप) अलग-अलग हैं, इसलिए हार और जीत वहाँ एक अलग ही मायने रखती है। लेकिन स्त्री और पुरुष के बीच की लड़ाई में दो पीढ़ियों के बीच की लड़ाई की तरह हित-निकाय अलग-अलग नहीं होते। दोनों का प्राथमिक हित-निकाय प्रायः एक ही होता है—परिवार। यह अच्छा है कि बुरा-मैं नहीं जानती, पर मानवता की इतनी लम्बी यात्रा के बावजूद, कम-से-कम तीसरी दुनिया के देशों में, सामाजिक व्यवस्था की मूल इकाई अभी तक स्त्री और पुरुष—दोनों के लिए, उनका परिवार ही है जिसमें कम-से-कम उनके बच्चे तो शामिल हैं ही। उनके हित-निकाय से बहुत अलग उनका कोई स्वतन्त्र हित-निकाय हो, ऐसा प्रायः नहीं देखा जाता। इसलिये हार क्या? और जीत किसकी? एक के मान में दूसरे का मान समझना दोनों के हित में है, क्योंकि इससे जिस सौहार्दपूर्ण

वातावरण की सृष्टि होती है, उसका सबसे बड़ा लाभ उनके बच्चों को होता है, जो दोनों की अमूल्य निधि हैं। कुल मिलाकर यह एक ऐसी लड़ाई है जिसमें सत्ता का हस्तान्तरण उतना महत्त्वपूर्ण मुद्दा नहीं जितना शक्ति-सन्तुलन दृष्टियों और व्यक्तियों का शान्तिपूर्ण सह-अस्तित्व और सामंजस्य। एक तरह का प्रीति-कलह ही है यह, बाप-बेटे की लड़ाई की तरह का।

❒ स्त्री-आन्दोन पितृसत्तात्मक समाज में पल रहे स्त्री-सम्बन्धी पूर्वग्रहों से पुरुषों की क्रमिक मुक्ति को असम्भव नहीं मानता। दोषी पुरुष नहीं, वह पितृसत्तात्मक व्यवस्था है जो जन्म से लेकर मृत्यु तक पुरुषों को लगातार एक ही पाठ पढ़ाती है कि स्त्रियाँ उनसे हीनतर हैं, उनके भोग का साधन-मात्र। आन्दोलन की सार्थकता इसमें है कि वह वहाँ-वहाँ उँगली रखे जहाँ-जहाँ मानदण्ड दोहरे हैं; विरूपण, प्रक्षेपण, विलोपन (डिस्टॉर्शन, प्रोजेक्शन, एबोलिशन) के तिहरे षड्यन्त्र स्त्री के ख़िलाफ़ लगातार कारगर हैं जिनसे निस्तार मिलना ही चाहिए और सारा संघर्ष इसी बात का है।

❒ स्त्री-आन्दोलन धनी महिलाओं का कोरा वाग्विलास और 'न्यूज में बने रहने' की उनकी साजिश नहीं है। ग्रासरूट स्तर तक इसका विस्तार है और हर वर्ग, हर नस्ल तक सार्वभौम भगिनीवाद (यूनिवर्सल सिस्टरहुड) का मूलमन्त्र पहुँचाने में यह सफल भी हुआ है क्योंकि वर्ग, नस्ल या देश कोई भी हो, स्त्रियों की भावनात्मक, मनोवैज्ञानिक, नैतिक, भाषिक और अस्मिता-सम्बन्धी समस्याएँ प्रायः एक-सी हैं जिन्हें फ्रेंच मनोवैज्ञानिकों ने बखूबी समझा है। स्त्रियों का यह आपसी सखी-भाव ही सामान्य संकटों की उस उदात्त साझेदारी का नाम है जिसे स्त्री-आन्दोलन कहते हैं और जिसकी मूल प्रपत्तियाँ यें हैं :

1. व्यक्ति-सत्य ही समष्टि-सत्य है, इसलिए 'पर्सनल इज पॉलिटिकल'।
2. 'समता, स्वतन्त्रता और भाईचारा'—ये सारे प्रजातान्त्रिक मूल्य स्त्रियों की दृष्टि से नये मूल्यांकन की अपेक्षा रखते हैं।
3. सारे आर्ष-ग्रन्थ, क्लैसिक्स, रीति-रिवाज, शास्त्रीय और लोक-कला के स्तम्भ, साहित्य, दर्शन, इतिहास, मिथक, अर्थशास्त्र, यहाँ तक कि भूगोल आदि की वे मान्यताएँ भी—जो स्त्री के शोषण को प्रकृति/पर्यावरण-दोहन के समकक्ष देखती हैं और बहुत कारगर ढंग से—नये मूल्यांकन की अपेक्षा रखती हैं।
4. विज्ञान, नृशास्त्र और मनोविज्ञान-सम्बन्धी नये अन्वेषण जो तथ्य सामने रखते हैं, उनसे स्त्री-आन्दोलन को बहुत बल

मिलता है। इनमें कुछ महत्त्वपूर्ण तथ्यों की चर्चा यहाँ समीचीन होगी—

- स्त्रियों की अपनी स्वतन्त्र यौन-इयत्ता है जो किसी 'कैस्ट्रेशन कॉम्प्लेक्स' से पीड़ित नहीं और यौन-सुख के लिए पुरुषों की मुखापेक्षी भी नहीं। क्लाइटोरिस नामक इनका अंग-विशेष बहुत-सारे ऐसे स्नायुतन्त्रों की सिद्ध-पीठिका है जो इसे शिश्न से भी अधिक संवेदनशील और तृप्तिमुखी बनाता है। इसलिए यह मानना कि स्त्री सिर्फ 'पैसिव पार्टनर' और 'लदा हुआ गर्भ' है—सिरे से गलत है। यौन-सुख हो, सत्ता-सुख हो, किसी नैतिक-आध्यात्मिक तृप्ति का बिन्दु हो—स्त्रियों का पुरुषों पर अवलम्बन बस उतना ही है, जितना पुरुषों का स्त्रियों पर। पर दोनों अलग-अलग भी अपने-आपमें पूर्ण और आत्मनिर्भर रहें—यह असम्भव नहीं। पूरा 'लेस्बियन कल्ट' इसका ज्वलन्त उदाहरण है। यहाँ यह स्पष्ट कर देना भी बहुत जरूरी होगा कि 'लेस्बियन्ज्मि' अपने मूल अर्थ में दैहिक तादात्म्य से कहीं ऊपर की चीज है। एण्ड्रीन रिच इसे 'लेस्बियन कॉन्टिन्यूअम' (सखी-भाव परिविस्तार) के रूप में देखी हुई, इसका सम्बन्ध विश्वभर की महिलाओं के अन्तश्चेतनागत साहचर्य से जोड़ती हैं और मानती हैं कि विश्व-भर में उनकी समस्याएँ प्रायः एक-सी हैं—बलात्कार और अन्य तरह के यौन-शोषण, गृहकार्यादि में पुरुषों की साझेदारी का अभाव, कामकाजी महिलाओं के सन्दर्भ में उत्कृष्ट क्रेश और डे-केयर सेण्टर आदि का अभाव, पैतृक सम्पत्ति, मैट्रिमोनियल सम्पत्ति, एलिमनी आदि के सन्दर्भ में व्यावहारिक अड़चनें, विवाह-विच्छेद के बाद चाहकर भी गोदी के बाहर के बच्चों को साथ न रख पाने की कानूनी विवशता आदि।
- पुरुषों का 'वाई फैक्टर' उन्हें स्वभाव से उग्र, दुर्दम्य और विध्वंसक बनाता है। स्त्रियों में यह होता ही नहीं, इसलिये वे स्वभावतः शान्तिप्रिय, स्नेही, कोमल और उच्च मानवीय गुणसम्पन्न होती हैं। ये उच्च मानवीय गुण पुरुषों में ज्यादातर सतत प्रशिक्षण से जगते हैं, और नारी-आन्दोलन इस प्रशिक्षण की बड़ी भूमिका अदा कर सकता है, क्योंकि उत्तरसंरचनावादी आलोचकों की तरह यह भी मानता है कि चेतना कोई ठोस या ठस्स वस्तु नहीं, एक सतत प्रवहमान इकाई है, जहाँ अस्मिताएँ लगातार बदलती रह सकती हैं, इसलिये परकायाप्रवेश या दूसरे की दृष्टि से स्वयं को देखना और अपना दृष्टिकोण मार्जित करना असम्भव नहीं।

स्त्री-आन्दोलन है तो एक पश्चिमी अवधारणा, पर तीसरी दुनिया के देश अपनी परम्पराओं और परिस्थितियों के आलोक में उसे वैसे ही अनुकूलित या एडैप्ट कर सकते हैं जैसे माओ ने मार्क्स को किया था। मोटे तौर पर देखा जाए तो इसके मुख्य स्कूल हैं—

चूँकि स्त्रीवादी आलोचना एक अन्तर्विद्याशास्त्री विमर्श है—इतिहास, दर्शन और साहित्य की दरारें और षड्यन्त्रपूर्ण चुप्पियाँ (गैप्स और साइलेन्सेज) स्त्री-दोहन की कथा कहती हैं, इसलिए उनकी भी आंशिक विवरणिका प्रस्तुत कर देना आवश्यक है। अर्थशास्त्र, कानून, शिक्षाशास्त्र, नृशास्त्र, भूगोल और पर्यावरण-सम्बन्धी स्त्रीवादी विमर्श इतने अगाध हैं कि एक पुस्तिका की सीमा में इनकी ओर संकेत-मात्र ही किया जा सकता है।

स्त्री-अध्ययन मण्डल : शोध की दिशाएँ

स्त्रीवादी समीक्षा पर यह आरोप बार-बार लगाया जाता है कि यह अनुभवमूलक (इम्पेरियलिस्ट) है, प्रपत्तिमूलक (पैरेडाइमबेस्ड) नहीं, इसलिए न इसकी प्रविधि तय है, न शोध की दिशाएँ। इसका उत्तर स्पष्ट है : प्रपत्तियाँ आकाश से नहीं टपकतीं; अनुभूतियाँ ही बीन-फटककर प्रपत्तियों के रूप में सजा ली जाती हैं। स्त्रीवादी समीक्षा का एक बड़ा अवदान यह है कि वैयक्तिक अनुभूतियों का सामाजिक सन्दर्भन इसने सम्भव बनाया और बताया कि जिसे स्त्रियाँ वैयक्तिक विफलता मानकर घुटती रहती थीं, उस 'असमंजन' और 'असमंजस' का मूल उस पूर्वग्रहग्रस्त पितृसत्तात्मक समाज में है जिसके शिकार पुरुष भी हैं, क्योंकि दरअसल यह स्त्री और पुरुष—दोनों का सम्यक् विकास अवरुद्ध करता है, दोनों का जीवन विषाक्त करता है; एक को भेड़ और दूसरे को भेड़िया बना डालता है तो दोनों ही मानवीय गरिमा से नीचे गिरते हैं। इसलिए 'ऐक्शनबेस्ड रिसर्च' का नारा दिया गया और 'जेण्डर-सेन्सिटाइजेशन' की जरूरत दोनों के लिए उतनी ही जरूरी समझी गयी। इस सन्दर्भ में और भी जो बीज-मान्यताएँ उभरीं, उनकी सूची प्रस्तुत कर देना आवश्यक है :

- पहली बात की गयी 'फेमिनिस्ट ऑन्टोलॉजी' की, जिसका अर्थ है स्त्री के अनुभूतिमण्डल के आलोक में घटनाओं का विश्लेषण; पुरुषों में स्त्री का नजरिया विकसित कर उसे अर्द्धनारीश्वर की गरिमा देना।
- ग्लैमरस और स्ट्रॉस (1967) ने इस प्रसंग में 'गुणमूलक' (क्वालिटीबेस्ड) के स्थान पर 'परिमाणमूलक' (क्वान्टिटीबेस्ड) डाटा-बेस का सहारा लेते हुए यह आधारभूत प्रपत्ति सामने रखने की बात की कि एक सार्थक जीवन के लिए किसी भी व्यक्ति में वे सारे गुणसमूह—जिनका प्रतिनिधित्व स्त्रियों के सिर आता है (ममता, प्रमा, सहिष्णुता, उदारता,

क्षमा)—उतने ही जरूरी हैं जितने वे गुणसमूह जिनका प्रतिनिधित्व करते हुए पुरुष दिखाए जाते हैं (वीरता, शौर्य, नियन्त्रण, न्याय, दमन, तटस्थता)। व्यक्तित्व के सम्यक् विकास के लिए किसी को किसी पर तरजीह नहीं दी जा सकती।

- बीज-रूप में ये सारे गुण स्त्री-पुरुष—दोनों में विद्यमान होते हैं। सामाजिक, सांस्कृतिक और साहित्यिक गढ़न्त कुछ ऐसे हैं कि पुरुषों में खास तरह के गुण, और स्त्रियों में किसी और तरह के गुण आदर्श बताए जाते हैं। 'मर्दाना स्त्री' और 'स्त्रैण पुरुष' गालियों के रूप में विकसित कर ली गयी अवधारणाएँ हैं। किसी को भी यह सुनकर हँसी इसलिये आ जाती है क्योंकि अक्सर उग्र प्रतिक्रियावाद के दबाव में स्त्रियाँ 'पुरुषसम्मत' गुण विकसित करती-करती 'स्त्रीसम्मत' गुणों को ताक पर रख देती हैं, और पुरुष 'स्त्रीसम्मत' गुण विकसित करते-करते पुरुषसम्मत गुणों को पिटारे में बन्द कर देते हैं। जरूरत तो दोनों की है, यह नहीं कि एक को अंगीकार करते हुए है कि दूसरे को धता ही बता दिया जाए। आदर्श 'ऐण्ड्रजेनेस' व्यक्तित्व दोनों तरह के गुणों का सार ग्रहण करते हैं। अर्द्धनारीश्वर की भारतीय अवधारणा के पीछे भी यही मान्यता होगी।
- 1970 के बाद 'सेक्स' और 'जेण्डर' के बीच का यह विवाद एक नयी दिशा पर गया है। 'सेक्स' जीवविज्ञानपेषित होता है, 'जेण्डर' सामाजिक कन्सट्रक्ट—जब तक यह माना जाता रहा, सेक्स ध्रुवीकरण दूर करने के एक उपाय के रूप में 'एण्ड्रोजेनी' का यह सिद्धान्त पल्लवित-पुष्पित होता रहा, पर बाद में इसको चुनौती देनेवाले कुछ वैज्ञानिक/जीववैज्ञानिक तथ्य भी सामने आए जिन्होंने स्त्रियों की नैतिक विलक्षणता स्थापित की और इनके आलोक में एक नये लेस्बियन कल्ट की बात चलायी।
- जिसे फ्रायड Conscientizacao कहते हैं, वह स्त्रीवाद की एक खास रणनीति हैं! 'ऐक्शनबेस्ड रिसर्ड' का मूलमन्त्र इसी से निकला है जिसके तहत यथास्थितिवाद से निबटने की खातिर अकादमिक विमर्शकर्त्ताओं (सिद्धान्तकारों) और आन्दोलनकर्त्ताओं (ऐक्टिविस्ट्स) के बीच की दूरी पाटनी होगी। विमर्शकर्त्ताओं को ऐक्टिविस्ट भी होना होगा, ऐक्टिविस्ट विमर्शकर्त्ता हों न हों। जब तक 'इनसाइडर' के रूप में चीजें देखी-सुनी-परखी न जाएँ, तब तक न आन्दोलन प्रामाणिक होता है और न विमर्श।
- जिसे हिसेनबर्ग सिद्धान्त, हॉथॉर्न प्रभाव, आर्टिफैक्ट प्रभाव, रेस्पॉन्स

प्रभाव, रिऐक्टिविटी या आर्टिफिशिएलिटी के दोष कहते हैं, उनसे पूर्ण विमुक्ति सम्भव नहीं, पर समाजशास्त्रीय मेथेडोलॉजी में 'बहुलतावाद' नाम का जो विकट अन्तर (कोपरनिकल शिफ्ट) आया है, वह स्त्रीवादी विमर्शों (प्रेक्सिस) के लिए भी बहुत उपयोगी सिद्ध हुआ है। फिनॉमिनॉलॉजिकल/एथनोग्रैफिक अन्तर्क्रियात्मक संघात अपने पूर्ण वैभव में तभी सम्भव हैं जब सभी शास्त्रों के पूर्वापर अनुभवों का लाभ उठाकर ये आगे बढ़ें।

- गिने-चुने प्रतिनिधि महिला-चरित्रों (टोकेन विमेन) के विकास का हवाला देकर यह जताने की कोशिश नहीं की जानी चाहिए कि स्त्रियाँ अब तो हाशिए पर नहीं रहीं। अगर गायत्री स्पिवैक कहती हैं कि जब सबऑल्टर्न अपनी स्वतन्त्र वाणी विकसित कर लेते हैं, तब वे सबऑल्टर्न रहते ही नहीं, तो उनके कहने का अभिप्राय यह कदापि नहीं लगाना चाहिए कि सबऑल्टर्न का तो मुँह खोलना ही पर्याप्त होता है—उसने मुँह खोला नहीं कि किसी दैवी शक्ति से उसकी सारी समस्याएँ धड़ाधड़ सुलझते जाने की प्रक्रिया प्रारम्भ हुई। 'मुँह खोलने' और 'समस्याएँ सुलझने की प्रक्रिया प्रारम्भ होने' के बीच कितनी खाइयाँ होती हैं—यह समझना कोई बहुत कठिन नहीं। फिर समस्याओं के निराकरण का कोई 'अन्तिम बिन्दु' होता हो—ऐसा भी नहीं है। समस्याएँ रक्तबीज की तरह नये-नये वेश में लगातार उठती-निरस्त होती रहती हैं। उठने-निरस्त होने की प्रक्रिया चूँकि अनन्त है, यह एक ऐसी लड़ाई है जो शुरू तो होती है, कभी खत्म नहीं होती।
- स्त्री-समाज एक ऐसा समाज है जो वर्ग, नस्ल, राष्ट्र आदि संकुचित सीमाओं के पार जाता है, और जहाँ कहीं दमन है—चाहे जिस वर्ग, जिस नस्ल की स्त्री त्रस्त है—वह उसे अपने परचम के नीचे लेता है। तकलीफें मिल-बाँटने का घरेलू तरीका अन्तराष्ट्रीय क्षितिज पर ऐसा सफल होगा, किसने सोचा था! एक-दूसरी की जुएँ चुनती हुई, साथ कपड़े पछीटती हुई, धूप में झुण्ड बनाकर सिलाई-बुनाई करती हुई औरतें एक-दूसरे को जो दुख-सुख सहज-अकुण्ठ भाव से सुना लेती थीं, वही औरतें अपनी तकलीफों का एल.सी.एम. निकालकर अन्तर्राष्ट्रीय स्तर पर उनके निराकरण की माँग रख रही हैं—यह निश्चय ही एक बड़ी उपलब्धि है।
- कम-से-कम तीसरी दुनिया के देशों में मुख्य ध्येय वे निम्नवर्गीय, निम्नमध्यवर्गीय स्त्रियाँ हैं जिनकी वोट आदि के सन्दर्भ में भी अपनी निजी राय नहीं होती और जिनके पातिव्रत्य की हजार मिसालों में एक

मिसाल है कि वोट तक वे पति के निर्देशों के अनुसार ही डालती हैं और आरक्षण आदि के प्रताप से यदि कहीं की मुखिया या सरपंच चुनी भी गयीं तो उनके सारे निर्णय उनके पति-परमेश्वर ही लेते हैं। इस तरह की और बहुत-सारी विडम्बनाओं पर पुस्तक में आगे विमर्श होगा, जो शोध की नयी दिशाएँ सुझाने में शायद सहायक हों।

नौवाँ अध्याय

पश्चिमी दार्शनिक निकाय : चुप्पियाँ और दरारें

प्लेटो से लेकर जॉन स्टुअर्ट मिल तक स्त्री-सम्बन्धी जो पूर्वग्रह दर्शन में पलते रहे, उन पर कम-से-कम विहंगम दृष्टि दौड़ायी जाए—यह जरूरी है इस बात की यथेष्ट समझ के लिये कि नारीमुक्ति आन्दोलन ने कितना लम्बा और दुरूह रास्ता तय किया दरारे और चुप्पियाँ पाटने का। स्त्री-पुरुष, देह-दिमाग, प्रकृति-संस्कृति के बीच का द्वित्व पुष्ट करने में इतिहास और दर्शन-दोनों ही किस तरह सम्भागी रहे हैं, इसका भी आभास इससे होता है। दार्शनिक स्त्री-विषयक अन्याय (gender injustice) पैदा नहीं करते, पर जेण्डर-स्टीरियोफिकेशन को वैधता देनेवाले बौद्धिक संसाधन जुटा जरूर देते है : स्त्री को 'मोह', 'भाव', 'अभाव', 'अबौद्धिकता' और 'अशक्तता' से एकाकार करके।

प्लेटो

जिसे great chain of being[1] कहा जाता है, उसके पदानुक्रम (हाइरार्की) को स्वाभाविक और वैध मानते हुए प्लेटो कहते हैं कि दार्शनिक विमर्श और बौद्धिक चिन्तन मानवसुलभ कार्यों में सर्वोत्तम हैं, किन्तु गुलामों, वहशियों (barbarians/non-Greeks) और स्त्रियों को इनसे दूर ही रखा जाना चाहिए : गुलामों और वहशियों को उनकी कमजोर सामाजिक स्थिति के कारण और स्त्रियों को उनकी स्वभावगत कमजोरियों के चलते।

प्लेटो के सम्वाद पुरुषों के बीच ही घटित होते हैं, स्त्रियाँ वहाँ भूले से भी नहीं आतीं और उनकी चर्चा भी होती है तो अपमान के स्वर में। उदाहरणार्थ, सुकरात

कहते हैं कि सच्चे दार्शनिक को तो मृत्यु से बिल्कुल डर नहीं लगता, और स्त्रियाँ मृत्यु का नाम सुनते ही रोने-कलपने लगती हैं।[2] सामान्य स्त्रियाँ सुकरात की पत्नी जॉनथिप जैसी बतायी गयी हैं जो जेल के दरवाज़े पर गोद में बच्चा लिए चीखती है कि "अरे, यह तो अन्तिम अवसर है कि तुम्हारे दोस्त तुमसे बातचीत कर पा रहे हैं, अब कहाँ तुम, और कहाँ वे!" उनका यह भावोन्माद सुकरात को बर्दाशत नहीं होता तो वे अपने मित्र क्रीटो से उन्हें घर पहुँचा आने को कहते हैं और वे रोती-पीटती घर चली भी जाती हैं। संकेत यह कि भावुकता की परकाला औरत दार्शनिक विमर्श—जैसे विशिष्ट गौरवमय कृत्य शालीनता से निभा ही नहीं पाएगी।

एक अन्य स्थान पर प्लेटो कहते हैं कि स्त्री की काया के साथ तो कोई स्त्री दर्शनादि गम्भीर कार्यों में शिरकत करने के योग्य नहीं समझी जा सकती, पर इसकी उम्मीद जरूर है कि मृत्यु के बाद कायान्तरण हो, वह पुरुष का चोला पहने और तब सँभाले राज-काज। विकास का एक अजब-सा मिथ यहाँ प्लेटो ने सामने रखा है। वे यह भी कहते हैं कि जो पुरुष ढंग से अपना कर्त्तव्य-पालन नहीं करते, उन्हें अगले जन्म में स्त्री का शरीर (दण्डस्वरूप) मिलता है।[3]

पर 388/7 ईसा पूर्व में प्लेटो ने जब अपनी 'अकादमिया' की स्थापना की, तो उसमें एक्जिथिया (फिलेसियाकी) और लास्थीनिया (मानिटियाकी) आदि इक्का-दुक्का स्त्रियों को स्थान दिया! पाइथगोरियनों[4] में भी कुछ महिला-दार्शनिक हुई थीं। अपने जीवन के मध्य तक पहुँचते-पहुँचते प्लेटो ने अपवादस्वरूप कुछ महिलाएँ छाँट ली थीं जिन्हें शिक्षित किया जा सकता था, पर सामान्य महिलाओं के बारे में उनकी राय कमोबेश यही बनी रही कि वे छोटे-मोटे घरेलू कामों और बच्चा पैदा करने के लिए ही ठीक हैं।

पुरातात्विक गवेषणाएँ बताती हैं कि पितृसत्तात्मक समाज की स्थापना 3,100 से लेकर 600 ईसा पूर्व तक की[5] क्लिष्ट प्रक्रिया थी जिसमें शक्तिमन्त देवियाँ पुरुषप्रधान साम्राज्यवादी ताकतों द्वारा मन्दिर से धीरे-धीरे अपदस्थ होती गयीं और 'पुजारिन', 'दार्शनिक' एवं 'विश्रान्तिदायक चिकित्सक' (priestesses, seers and healers) की उनकी भूमिकाएँ भी क्रमशः छीजती ही गयीं। अन्त तक आते-आते तो प्रजनन की 'देवी' भी एक 'देवता' द्वारा ही अपदस्थ कर दी गयी।[6]

संक्षेप में कहें तो प्लेटो की मान्यता थी कि जो ज्ञाता है—दुनिया की, घर की छोटी-मोटी चख-दुख से उसे दूर ही रहना चाहिए और वह रहता भी है, पर उसे यह भी चाहिए कि छोटे-मोटे दुनियावी कार्यव्यापार में संलग्न गुलाम, स्त्री आदि तत्वों पर अपना शासन जरूर कायम रखे। फेडों में सुकरात बौद्धिक जीवन को बुद्धिवादियों का "शरीर की बेवकूफियों से उबर जाना" (purging of the rational soul from the follies of the body) बताते हैं और प्रकारान्तर से स्त्रियों के संस्पर्श से उबर जाना भी।

विपरीतों के पाइथागोरियन टेबुल में पौरुष का तादात्म्य बैठाया गया था "active determinate, orderly from" से और स्त्रीत्व का "passive, indeterminate, disordely matter" से। और जीवन-जगत् के क्षुद्र घरेलू व्यापारों से उन्हें इस हिकारत के साथ जोड़ा गया है खुद प्लोटो द्वारा! एक संवाद में सुकरात पूछते है : "Can you mention any pursuit of mankind in which the male sex has not all these gifts and qualities in a higher degree than the female?"

और खासा ऊबते हुए प्लेटो फरमाते हैं : "Need I waste time in speaking of the art of weaving, and the management of pancakes and preserves in which womankind does really appear to be great, and in which for her to be beaten by a man is of all things the most absurd?"[7]

इस तरह philosopherking तक उठ पानेवाली एकाध टोकेन विमेन को छोड़कर सबको प्लेटो उसी एक लाठी से हाँकते हैं जिससे भेड़-बकरियाँ हाँकी जाती हैं।

अरस्तू

अरस्तू का दृष्किोण सोद्देश्यवादी (ideological) था यानी वे संस्थाओं और मनुष्यों के ध्येय का वस्तुनिष्ठ अध्ययन करते हुए अपनी polis के लिए शिक्षा, शासन आदि से सम्बद्ध कानून बनाते थे। उनका कहना था कि polis राजनीतिक गठबन्धन का प्राकृतिक और इसलिये सर्वोत्कृष्ट स्वरूप है—ग्रीक परिवारों में पत्नी और बच्चों पर शासन की प्रथा जिसका प्रत्यक्ष उदाहरण माना जा सकता है : "...The polis is the natural, and therefore the best, form of subordination of wife, children and slaves ... is the natural, and therefore the best, form of household and family structure."[8]

स्त्रियों को घर के कामकाज और बच्चे जनने और उन्हें बड़े करने में इतना लिप्त रहना पड़ता है कि चिन्तन-मनन आदि उच्चतर वृत्तियों के लिए उन्हें फुर्सत नहीं मिलती और इस तरह वे पार्थिव और नीच बनी रहती हैं। उनके अस्तित्व की सार्थकता इसी में है कि वे slaves, artisans and traders की तरह 'highest happiness of the few'[9] के लिए प्रस्तुत रहें—राहों में बिछी हुई-सी।

आत्मा के बौद्धिक और अबौद्धिक तत्वों के आपसी सम्बन्ध से उन्होंने पति-पत्नी के आपसी सम्बन्धों की तुलना की और कहा कि : " It would be just as ridiculous for her to expect either her services or her affection to be returned in a similar way, as it would be for a man to expect the same of God."[10]

ऐसा नहीं कि स्त्रियाँ अच्छी नहीं होतीं—उन्होंने आगे जोड़ा—पर उनकी अच्छाई का मापदण्ड उनकी नमनीयता, आज्ञाकारिता, सहिष्णुता और सेवा-भावना है यानी कि अच्छी प्रजा के वे सारे लक्षण उनमें विद्यमान होने चाहिए जो राजा का राज-काज आसान बनाते हैं। ज्ञान ही शक्ति का मूल स्रोत है और ज्ञान का एकाधिपत्य पुरुषों के पास है, इसलिए शक्ति का भी अन्तिम स्रोत पुरुष ही हैं—कुछ यही अरस्तू कहते थे।

डेकार्टस

अरस्तू और डेकार्टस के बीच के वर्षों में ऑगस्टाइन फिलो अक्तिकस का जो चिन्तन उभरा, उसे भी मूलतः स्त्री-विरोधी ही माना जाएगा : "derivative in relation to a male paradigm of rational excellence as an addition and, despite her helpmate role, often as an encumberance to an essentially male humanity,"[12]

डेकार्टस ने बुद्धि को "derivative in relation to a male paradigm of rational excellence as an addition and, despite her helpmate role, often as an encumberance to an essentially male humanity,"[12]

डेकार्टस ने बुद्धि को "methodological thought" के रूप में परिभाषित करके, "transcendence of the sensuous" से इसे एकाकार करके स्त्रियों के ख़िलाफ़ चिन्तकों की घेराबन्दी और मजबूत कर दी। "न नौ मन तेल होगा, न राधा नाचेगी" की स्थिति घिर आयी! स्त्रियों के लिए तो घर-बार, बच्चा-जच्चा आदि भौतिक/दैहिक बन्धनों से मुक्त होना असम्भव ही था, इस तरह स्वयमेव वे mind and matter के द्वित्व में निम्नतर matter से एकीकृत हो चलीं और उनका काम उच्चतर सन्धानों और बौद्धिक श्रम से थके 'Cartesian Man of Reason' के भोग का सामान बनना-मात्र रह गया—"masters and manipulators of nature" की अनुचरी मात्र।

कान्ट

कान्ट मनुष्य की प्राकृतिक अपरिपक्वता के परिष्कार के लिए जिस enlightenment की बात करते हैं, उसकी प्रमुख शर्त है—"access to a public space wherein men of learning address a reading public, utilising an umlimited freedom to use their own reason, speak in their own person,"[13] बिना इस रियाज, अभ्यास और मार्जन के, "a large proportion of humanity, including the entire female race, falls so readily under the influence of guides and supervisors" [14]

कूपमण्डूकता तभी तो जायेगी तब कुएँ के बाहर का आकश भी देखा जायेगा! स्त्रियों को यह आकाश देखने ही नहीं दिया जाता। सार्वभौम नैतिक सिद्धान्त का कान्टीय रूपक उभयनिष्ठ बौद्धिक स्पेस की अवधारणा पर अवलम्बित है, और इसके केन्द्र में है पुरुष (सन्दर्भ : Metaphysic of Morals), जिसे दूसरों का न सहारा चाहिए, न संरक्षण। अट्ठारहवीं शती की जर्मनी में जो भी प्रथाएँ/उपस्थापनाएँ प्रचलित थीं, काण्ट उनको आदर्श मानते हुए अपने सिद्धान्त रखते थे, इसलिए Anthropology From a Pragmatic Point of View नामक अपनी पुस्तक में स्त्रियों की स्वतन्त्रता की अन्तिम परणिति वे " capturing of seduction of men" मानते हैं : "She uses her books in the same way as her watch, which she carries so that people will see she has one." [15]

स्त्रियों को "Querrulous, jealous and demanding" बताते हुए वे आगे कहते हैं कि उनकी उपस्थिति द्रावक होती है और उनके शौक-शृंगार भी उत्तम होते हैं। पति-पत्नी को एक "single moral person" माना जाए तो "it would be called animated and governed by the understanding of the man and the taste of the wife"[16] कुल मिलाकर स्त्री का पुरुष से वही रिश्ता बना जो 'सुरुचि' का 'समझदारी' ये यानी वह उसका अंश-मात्र रही!

हीगेल

हीगेल के द्वन्द्ववाद की प्रमुख मान्यता है कि " Nature unfolds through Reason into spirit, in successive stages of human consciousness and their embodiment in social structures."[17] मनुष्य के विकास की क्रमिक अवस्थाएँ होती हैं : आत्मिक और सामाजिक संरचनाएँ जो 'बुद्धि' के रास्ते 'प्रज्ञा' में उदात्तीकरण नामक विकास-क्रम का आईना मानी जा सकती हैं। विकास की आरम्भिक/अपरिपक्व अवस्था का प्रतिबिम्बन स्त्री के चित्त में होता है—घर-गृहस्थी, भावनात्मक सुरक्षा आदि छोटी चिन्ताओं से ये इस कदर भरी होती हैं कि नाक के आगे इन्हें कुछ सूझता ही नहीं; 'प्राइवेट स्फियर' लाँघकर 'पब्लिक स्फियर' के बृहत्तर उद्देश्यों के बारे में सोचना इनसे सधता नहीं; इसलिए इन्हें 'नागरिक' तो माना ही नहीं जा सकता; अधिक-से-अधिक वे इतना कर सकती हैं कि पुरुषों को बृहत्तर सामाजिक उद्देश्य साधने की प्रेरणा और सुविधा दें, उनके पाँव की जंजीर (internal enemy) न बन जाएँ।[18]

यही सब-कुछ कहते हुए इतनी कृपा हीगेल महोदय ने अवश्य की कि उन्होंने

स्त्रियों को 'legal, judicial subjects' घोषित किया और फ्रान्सीसी क्रान्ति के प्रभाव में ही सही, पति के चुनाव में स्त्रियों की भागीदारी का समर्थन किया। विवाह-विच्छेद और सम्पत्ति के अधिकार भी स्त्रियों को मिलने चाहिए—इस बात पर भी उनकी सहमति थी।[19] अपनी महिला समकालीनों में विशिष्ट मैडेम डी स्टील, मेरी समखील, जेन ऑस्टने आदि के बारे में इनकी राय बहुत ऊँची तो न थी, पर स्त्री-शिक्षा का इन्होंने समर्थन किया, और लिखा : "Women are capable of education but they are not made for the activites which demand a universal faculty, such more advanced science, philosophy and certain forms of artistioc production. Women may have happy ideas, taste and elegance, but they cannot attain to the ideal."[20]

पुरुषों के विकास की तुलना पशुओं से और स्त्रियों के विकास की तुलना वनस्पतियों से भी हीगेल ने की है, तभी जोना हॉज जैसी विद्वान् मानती हैं कि मानव-सभ्यता के इतिहास में बुद्धि-तत्त्व के हनन का प्रतिनिधित्व स्त्रियाँ तो नहीं करतीं, पर हीगेल-जैसे चिन्तक जरूर करते हैं।[21]

मार्क्स

हीगेल की तरह मार्क्स भी सभ्यता के विकास को मनुष्य के बौद्धिक विकास से जोड़कर देखते हैं—"concretised as advances in modes of production." वर्ग-संघर्ष इस विकास का केन्द्रीय सत्य है। औरतों की इस संघर्ष में भागीदारी स्वागत-योग्य मानी गयी है, किन्तु शोषित जेण्डर के रूप में नहीं, शोषित वर्ग-प्रतिनिधि के रूप में। पुराने दार्शनिकों की तरह बृहत्तर सामाजिक उद्देश्यों की पूर्ति के लिए स्त्रियों को अक्षम तो मार्क्स नहीं मानते और परिवार भी उनकी दृष्टि में "fixed, immutable or natural" नहीं है, किन्तु पितृसत्तात्मकता के प्रश्न पर अलग से वे सोच नहीं पाते। जिसे हॉज "mutually reinforcing relationship between capitalist class structure and hierarchical sexual strcturing[22] कहती हैं, उस पर सर्वप्रथम एंजेल्स का ध्यान गया था, जब उन्होंने कहा कि सम्पत्ति की धारणा के विकास के साथ ही स्त्रियाँ 'प्रॉलितारिअत' और पुरुष 'बूर्जआजी' की स्थिति में आ गये। वैयक्तिक सम्पत्ति की धारणा के विकास का सीधा सम्बन्ध सम्पत्ति के उचित उत्तराधिकारी यानी 'अपनी' सन्तान के सन्धान से था और 'सन्तान' अपनी हो—इसकी गारण्टी तभी हो सकती थी जब सन्तानधारिणी गिरफ्त में रहे यानी उसकी स्वतन्त्रता पर अंकुश लगाए जाएँ।[23]

परिवार में और परिवार के बाहर भी स्त्रियों का जो अतिरिक्त श्रम (surplus labour) भावनात्मक (unpaid) श्रम बनाया जाता है, उसकी चर्चा, और प्रजनन को

भी उत्पादन से जोड़कर देखने की पहल न मार्क्स ने की, न एन्जेल्स ने—यह उनकी एक बड़ी सीमा थी। प्रजनन को brute, physiological and non-historical realm of human existence में डालनेवाली मार्क्सवादी व्यवस्था प्रकृति पर मनुष्य की विजय को ही जब उसके विकास की कसौटी मानती है तो प्रजनन आदि सारी प्राकृतिक क्षमताएँ अपने-आप आदिम और आध्यात्मिक महत्त्व की हो जाती हैं। इस तरह तर्क एवं संघर्ष की दुर्धर्ष भाषा में लिखी गयी मार्क्स की गझिन कृति भी कुल मिलाकर "masculinist frame of meaning" से ही संचालित दीखती है।

जॉन स्टुअर्ट मिल

मिल के 'उदारतावाद' के स्त्रीवादी विमर्श पर क्रान्तिकारी प्रभाव 'लिबरल फेमिनिज्म' के रूप में घटित हुआ। संक्षेप में कहा जाए तो मिल ही वे पहले दार्शनिक थे जिन्होंने मताधिकार, शिक्षा और रोजगार के प्रश्न पर स्त्रियों को पुरुष के बराबर के अधिकार दिलाने की बात की। उन पर उनकी महिला-मित्र हैरियट टेलर के विचारों का भी गहरा असर था, पर कुल मिलाकर वे रोमैण्टिक थे और 'विवाह' और 'करियर' में से किसी एक को चुनकर बृहत्तर जीवन को स्त्री-सुलभ शालीनता से महमह कर देने की बात उन्होंने की। ऐसे घरों में जहाँ नौकर नहीं होते, "it is good that the mistress of a family will herself do the work of servants ... the great occupaiton of women should be to beautify life .... and to diffuse beauty, elegance and grace everywhere."[24] ऐसे विषमयादिबोधक वाक्य उन्होंने खूब लिखे हैं जिनसे मध्यम कोटि की रूमानी कविता की गन्ध आती है।

बुद्धिवादी पश्चिमी दर्शन प्रकृति पर पुरुष की विजय को मानव-सभ्यता के विकास का मानक बताता हुआ, स्त्री की 'प्राकृतिक' शक्तियों को लगातार दमित रखने में ही अपनार सारा पौरुष लगाता रहा है—कमोबेश यह सच तो है!

उद्धरण एवं सन्दर्भ

1. page du Bois, Centaurs and Amazons : Women and the Pre & History of the Great Chain of Beings, Univ/ of Mishigan Press, An Arbor, 1982, pp 139-46.
2. Plato, Apology, in Plato : Five Great Dialogues, Classical Club, Toranto, 1942; trans. Jowett; ed. I.R. Looms, P. 87.
3. Plato, Phaedo in Plato, Ibide,.
4. du Bois, Asia RW-31 Citing Plato, Timouns, trans R. G. Berry, London, 1929.

5. Mary, Waileve, *A Histroiy of Women Philosophers,* Boston, 1987.
6. Yera Larner, *The Creation of Partriacrchy,* OUP, New York, 1956, pp 8-10.
7. Phaedo, No 3, pp. 113-23.
8. Plato, Republic, in *Plato : Five Great Dialogues,* no. 2, pp 334-68.
9. Ibid.
10. Aristotle, *Nechomascean Ethics,* VII, 1 2 3 8 b, cited in Akin, no. 11.
11. Genevieve, Lyod, n. 9, p. 39.
12. Aristotle, *The Politiks,* trans T,A Sinclair, Penguin, Hammondswarth, 1962, BD/1, pp. 7-17.
13. Lloyed, Citing Kant, 1, (1984), pp, 55-60.
14. Ibid, p 67.
15. Menans, Citing Kant, trans, M. Gregor, Martinuss Reighoff, the Hague, 1974, p. 167.
16. Ibid.
17. G.W. Hegel, *The Phenomenology of Spirit, 1807*, Trans, A.V, Miller, OUP 1977.
18. Seyla Benhabib, Ibid,p. 138 Citing Mary Hargrave, *Some German women and their Salons, Brentano Arentaina* B.Y NOrdated, N VIII.
19. Hegel, The philosophy of Right, no. 3 4, p. 263, Cited in Loanna Hodge, *Women and the hegelian State in Remedy and Mending,* eds, n-19, 127-50.

20-21-22. Hodge,*Women and the Hegelian state,* in dennedy and mendus (eds), pp 1557-56.

23. *The Origins of othe Family, Private Property and the state,* in K. Marx and F. Engels, Selected woks, Vol, III, progress Publishers, Moscow, 1906, pp 191-134.
24. Mill, *The Subjection of Women,* O.U.P. p. 75, 79, 32.

दसवाँ अध्याय

भारतीय आर्ष-ग्रन्थ और 'स्त्री'

इसके पहले कि अपनी ओर से कोई टिप्पणी करूँ, भारत के विभिन्न आर्ष-ग्रन्थों से कुछ श्लोक उद्धृत करना चाहूँगी जो देवीपूजक इस प्राचीन संस्कृति में स्त्री-विषयक मान्यताओं पर खुद एक सप्राण टिप्पणी हैं :

युवां ह घोषा पर्यश्विना यतो राज्ञ ऊचे दुहिता पुच्छे वा नरा।
भूतं में अहन् भूतमक्तवे श्वायेते रथिने शक्तिमर्वते।[1]

मैं, राजकन्या घोषा, सर्वत्र वेद की घोषणा करनेवाली, वेद का सन्देश सर्वत्र पहुँचानेवाली स्तुति-पाठिका हूँ। हे देव, मैं सर्वत्र आपका ही यशोगान करती हूँ और विद्वानों से आपकी चर्चा करती हूँ। आप सदा मेरे पास रहकर मेरे इन इन्द्रियरूपी अश्वों से युक्त शरीर-रूपी रथ के साथ मेरे रमनरूपी अश्व का दमन करें।

यहाँ शरीर, मन और इन्द्रियों के जैसे 'दमन' की बात की गयी है, उसे फ्रॉयडियन दमन की भाषा में अनूदित करें तो 'रिप्रेशन' न कहलाकर वह 'सब्लिमेशन' (उदात्तीकरण) कहलाएगा, जो सिर्फ उस कोटि के प्राणियों में सम्भव होता है जो आध्यात्मिक दृष्टि से विशिष्ट या 'सर्जनशील' हों। जिस आत्मानुशासन की अपेक्षा यहाँ स्त्री को स्वयं से है, वह परिष्कृत मनीषावाली समधीत स्त्रियों की एक पूरी परम्परा की ओर हमारा ध्यान खींचती है जो ब्रह्मवादिनी कहलाती थीं और इस निश्चिन्तता से शास्त्रार्थ करती हुई दिग्भ्रमण करती थीं जैसे आज की विदुषियाँ।

युवां मृगेव वारणा मृगण्यंवो दोषावस्तोर्हविषा निह्वायामहे।
युवम् होत्रान्थ जुह्वते नरेशं जनाय बहवः शुभस्यती।[2]

हे नायक अश्विनीकुमारो! जिस प्रकार शिकारी बड़े-बड़े सिंहों का मृगया में पता लगाते हैं, वैसे ही हम ब्रह्माचारिणी कन्याएँ भी रात-दिन प्रेम-पूरित हविष्य द्वारा आपका आह्वान करती हैं।

किन्तु ये ब्रह्माचारिणी कन्याएँ जीवन के भौतिक सुखों के सन्धान से एकदम विरत रखी गयी हों—ऐसा भी नहीं है। अश्विनीकुमारों से प्रार्थना करती हुई घोषा कहती हैं :

जीवं रूदन्तिवि मन्यन्ते अध्वरे दीर्घामनुप्रसीति दीधियुनरः
वामं पितृभ्यो य इदं समेरिमेमयः पतिभ्योः जनयः परिष्वजे।[3]

जब भी कोई ब्रह्मवादिनी ब्रह्मचारिणी नारीलक्षणों से सम्पन्न होकर कमनीय वर की इच्छा करे, उसे उसकी मनोदशा के अनुकूल वर मिले। पति के घर वधू को जीवन के सभी साधन सुलभ रहें और सदा उस गृह में दया, परोपकार, उदारता और शालीनता आदि गुण नदी के प्रवाह की तरह गतिशील बने रहें।

यहाँ रोचक बात यह है कि अनुकूल माहौल जुटाने की अपेक्षा सिर्फ वर से नहीं, पूरे घर से की गयी है। घर के एक-एक व्यक्ति, एक-एक जीव से यह उम्मीद की गयी है कि वह स्त्री को विकास का अनुकूल परिवेश दे।

यही घर विकसित होकर समाज बनता है जिसके बारे में स्त्री आश्वस्त है कि वह भी उसका हित-सम्वर्द्धन ही करेगा। इस बात के प्रमाण के रूप में ऋक्संहिता के दशम् मण्डल के 109वें सूत्र में आयी जुहू की कथा उद्धृत की जा सकती है। वृहस्पति ने जब प्रमादपूर्वक अपनी प्रमदा जुहू का परित्याग कर दिया, तो वह ज़रा भी विचलित हुए बिना निर्णायक मण्डल के पास गयी। निर्णायकों के आदेश से पत्नी-त्याग का प्रायश्चित कर वृहस्पति फिर से गृहस्थाश्रम में दाखिल हुए :

पुनर्वे देवा अददुः पुनर्मनुष्या उत।
राजानः सत्यं कृण्वाना ब्रह्मजायां पुनर्द्दुः।।
पुनर्दाय ब्रह्मजायां कृत्वो देवैर्निकिल्विषम्।
ऊर्जं पृथिव्या भक्तत्वायोरुगायमुपासते।।[4]

पर्दा-प्रथा अस्तित्व में ही नहीं थी, इसका संकेत सूर्या सूक्त की तैंतीसवीं ॠचा में हैं, जहाँ वर स्वयं अपनी पत्नी को देखने का आग्रह और लोगों से करता है :

सुमङ्लीरियं वधूरिमां समेत पश्यत।

सास-ससुर के साथ (एक थाली में भी) बहुएँ खाती-पीती थीं, इसका प्रमाण अट्ठाइसवें सूक्त में है—

विश्व ह्यन्योअरिराजगाम ममेदह श्वसुरो नाजगाम।[5]

सब देवता मेरे यज्ञ में आ गये हैं, किन्तु अभी तक मेरे ससुर इन्द्र नहीं आये, यदि आ जाते तो भुने जौ के साथ वे भी सोम-पान करते।

ऐसे अनुकूल परिवेश का ही प्रभाव था कि वागाम्भृणी आदि तेजस्वी स्त्रियों का आत्मविश्वास इतना प्रखर हुआ और वे कह पायीं :

अहमेव वातइव प्रवाम्यरभमाणा भवनानि विश्वापरो
परो दिवापर एना पृथिव्यैतावनी महिना सं बभूवप।[6]

हे विज्ञ! मैं जो कहती हूँ, वह पूर्ण यथार्थ है; मुझे न माननेवाले क्षीणता को प्राप्त होते हैं, मैं देवताओं और मनुष्यों के परम पुरुषार्थ की उपदेशिका हूँ, मेरी कृपा से ही लोग बलवान्, मेधावी, स्तोता और कवि बनते हैं।

अहमेव स्वयमिदं वदामि जुष्टं देविभिरूत मानुषेभि
यं कामये तं तमुग्रं कृणोमि तं ब्रह्माणं तमृषिं तं सुमेधाम।।[7]

इसके बाद वे कहती हैं—"मैं जब सृजन कार्य करती हूँ तो मेरी गति वायु के समान होती हैं। मैं अपने महत्त्वपूर्ण कार्यों से महिमामयी होकर आकाश और पृथ्वी की सीमाओं को भी लाँघ चुकी हूँ।"

इस प्रकार की सर्वशक्तिमान, सर्वव्यापी इयत्ता स्थापित करने के लिए स्त्रियाँ कभी-कभी राजनीति भी करती थीं, जहाँ बृहत्तर उद्देश्य की पूर्त्ति के लिए उन्हें मोह-माया-ममता आदि स्त्रीसम्मत भावनाओं का परिलंघन भी साधक-भाव से करना पड़ता था। इसका भास्वर उदाहरण है—सरमा, जो ऋग्वेद के दशम् मण्डल के एक सौ आठवें सूक्त की ऋषिका मानी गयी है। पणियों ने आर्यों का गोधन चुराकर किसी अज्ञात स्थान पर रख दिया है। इन्द्र की सन्देशवाहिका होकर सरमा पणियों के पास पहुँचती है तो वे उसे अनेक प्रकार के प्रलोभन देते हैं, गोधन का हिस्सा देने का लालच भी, पर वह अपने व्रत पर दृढ़ रहती है। अन्त में नवम् मन्त्र में वे उसे अपनी बहन बनाने का प्रस्ताव भी रखते हैं जिसे वह दशम् मन्त्र में साफ ठुकरा देती है—

नाहं वेद भ्रातृत्वं नो स्वसृत्वमिन्द्रो विदुरङ्गिरसश्च घोराः।[8]
(मैं किसी भाईचारे को नहीं जानती!)

इसी प्रकार की हृदय विदीर्ण करनेवाली बात उर्वशी पुरुरवा से कहती है (वह कहती है कि स्त्री का हृदय भेड़िए के समान होता है, वह कोई सम्बन्ध नहीं जानती)[9]*, पर इस कटूक्ति का भी मन्तव्य ऊँचा है—विरह-विदग्ध पुरुरवा के मन में वैराग्य उत्पन्न करना, जिससे उसका जीवन जीने लायक हो जाए।*

इस प्रकार वैयक्तिक सम्बन्धों के ऊपर सामाजिक उद्देश्यों को प्रतिष्ठित करनेवाली स्त्रियों की भी एक पूरी परम्परा है। बहुत-सी मन्त्रद्रष्टा स्त्रियाँ रही हैं, जिनके कुछ मन्त्र तो ऐसी सम्यक् सामाजिक दृष्टि से महमह है कि उन्हें पूरा उद्धृत करना समीचीन होगा :

"आ ब्रह्मनूब्राह्मणो ब्रह्मवर्चसी जायतामारराष्ट्रे राजन्यः शूर इषण्योतिव्याधी महारथी जायताम् दोगध्री धेनुर्वोढानड्वानाशुः सप्तिः पुरन्धिर्योषा जिष्णुरथेष्टाः सभेयो युवास्य यजमानास्य वीरो जायताम, निकामे निकामे नः पर्जन्यो वर्षतु फलवत्यो ने ओषधयः पच्यन्ताम्, योगक्षेमोः न कल्पताम्।"[10]

हे भगवान्, हमारे ब्राह्मण ब्रह्मतेज से युक्त हों, क्षत्रिय शास्त्रास्त्र में निपुण हों, वैश्य का व्यापार सुचारु रूप से चले, गौएँ दूध देनेवाली, अश्व द्रुतगामी, योद्धा जयशील, युवक-युवतियाँ निर्भीक हों, मेघ समय पर बरसे, औषधियाँ स्वास्थ्यवर्द्धक हों और सम्पूर्ण देशवासियों का योगक्षेम चलता रहे।

'संस्कारों' के विश्लेषण से यह भी स्पष्ट है कि सती-प्रथा तो अस्तित्व में नहीं ही थी, विधवा-विवाह का भी प्रावधान था। अथर्ववेद संहिता में तो एक पूरा काण्ड ही इस विषय पर प्रकाश डालता है।

मृत व्यक्ति की पत्नी शोकाभिभूत-सी चिता पर जा लेटती भी थी तो बाद में अन्य सम्बन्धियों द्वारा उसे वहाँ से हटा दिया जाता था। इतना ही नहीं, इसके बाद उसका पुनर्विवाह भी हो जाता था, जैसा कि अर्थववेद संहिता (18/3/1-2) से स्पष्ट है। इसी की पुष्टि सूक्त के तृतीय मन्त्र में है–

अपश्यं युवतिं नीयमानां जीवां मृतेभ्यः परिणीयमानम्
अन्धेन यत्तमसा प्रवृतासीत्प्रोक्तो अपाचीवमवयं तदेनाम्।।

मृतक पति के साथ चिता में लेटी स्त्री को देखने के बाद मैंने उसे वहाँ से हटाया जो शोक-रूपी घनान्धकार से आवृत्त थी।

पूर्व-पति की चिता से उठाकर जो भी पुरुष स्त्री को ले जाता था और तोष-भरोस देने में सक्षम होता था, उससे उसका विवाह वैध माने जाने के भी संकेत हैं।

ऋग्वेद संहिता (10/93/14) में राजा वेन का उल्लेख है, जिसे पृथी य पृतु भी कहा गया है (11/2/15)। यह वह वेन राजा है जिसके बारे में मनु ने स्पष्ट लिखा है कि उसने विधवा स्त्रियों को सम्बोधित करते हुए कहा है कि तुम मृत पति को छोड़कर भावी पति को प्राप्त करो :

उदीष्वं नार्यभि जीवलोकं गतासुमेतमुपशेष एहि
हस्तग्रामस्य दधिपोस्तवेदं पत्युजमित्यभमि संबभूव।[11]

महर्षि लास्क ने निरुक्त (1/3/15) में देवर शब्द का अर्थ 'द्वितीय वर' किया है, जिससे स्पष्ट है कि प्रथम पति के कालग्रस्त हो जाने पर द्वितीय विवाह की प्रथा थी :

विधवेव देवरं देवरः तस्माद्वृद्वितीयो वर उच्यते।

पर वैधव्य की कठिनाइयों और असुविधाओं की ओर से संकेत आर्ष-ग्रन्थों

में मिलते हैं, उनके प्रति भी सजग रहना आवश्क है। ऋ.1/87/3 में बहुत ही काव्यात्मक ढंग से विधवाओं का साम्य काँपती हुई पृथ्वी के साथ स्थापित किया गया है :

प्रैषामज्मेषु विधुरेव रेजते भूमिर्मिमेषु युद्ध युञ्जे शुभे।
ते क्रीलयो धुनयो भ्राजदृश्ट्यः स्वयं महित्वं पनयन्त धूतयः।।

बाल-विवाह का प्रचलन तो नहीं था, पर जिन आठ तरह के विवाहों का उल्लेख मनुस्मृति में मिलता है,[12] उनमें अन्तिम तीन विवाह स्त्रियों की दुर्दशा के ही द्योतक हैं :

1. ब्रह्मविवाह में वस्त्रालंकारादि से विभूषित कन्या का विवाह वैदिक रीति से सुयोग्य वर के साथ रचाया जाता था।
2. दैव-विवाह में कन्या ऋत्विक को उपहारस्वरूप दी जाती थी।
3. आर्ष-विवाह में वर-पक्ष से दो गायें लेकर कन्या का पिता कन्यादान करता था।
4. "तुम दोनों मिलकर गृहस्थाश्रम का पालन करो"—बस, इस सम्बोधन के साथ वर-वधू गृहस्थाश्रम में प्रवेश करें तो यह 'प्रजापत्य विवाह' कहलाता था।
5. गान्धर्व-विवाह में स्त्री-पुरुष की आपसी सम्मति ही विवाह की इकलौती शर्त मानी गयी थी। वैयक्तिक निर्णय को सामाजिक गरिमा देती यह व्यवस्था शकुन्तला-दुष्यन्त, नल-दमयन्ती आदि कई बड़ी प्रेम-कहानियों का आश्रय तो बनी ही, स्वयंवर की परवर्ती परम्परा का आधार-स्तम्भ भी बनी।
6. असुर-विवाह में वरपक्ष से धन लेकर कन्या उसे दे दी जाती थी। यह विक्रय-जैसी व्यवस्था सचमुच आसुरी रही होगी, पर आर्ष-विवाह कहलानेवाली व्यवस्था ही कौन बहुत अच्छी थी जहाँ दो गायें मिलकर एक कन्या के मान की बराबरी कर लेती थीं।
7. राक्षस-विवाह में कन्याग्रहण के लिए युद्ध, हत्या, घात-प्रतिघात सब होता था, जिससे बेचारी कन्या की मानसिक शान्ति तो जाती ही होगी, जो बेचारा उसे पाने के उपक्रम में मर जाता होगा, उसके लिए उसका मन भारी भी रहता होगा।
8. पैशाच-विवाह में नशे, निद्रा या रोग की स्थिति में कन्या का बलात्कार कर लेने के बाद विवाह का प्रस्ताव दिया जाता था। जिसने विवाह के पहले से ही त्रास देना शुरू कर दिया हो, वृत्तियों पर जिसे नियन्त्रण ही न हो, उस पुरुष के साथ विवाह कैसा होता होगा, यह भी सोचने की बात है।

अन्तिम तीनों प्रकार के विवाह तो स्त्री के लिए त्रासद ही होते होंगे, फिर भी स्त्रियाँ उसके लिए प्रस्तुत हो जाती थीं, तभी तो ये परम्परा में आए। कैसी वे विवशताएँ होती होंगी जिनमें स्त्रियों को ये विवाह मान्य होते होंगे—यह भी विचारणीय है। वर-चयन के सन्दर्भ में स्त्रियों की स्वतन्त्रता सीमित क्यों थी—यह एक बड़ा प्रश्न है।

विवाह के साथ इतने भौतिक-आधिभौतिक प्रयोजन जुड़े हुए माने गये हैं, पति-पत्नी के सम्मिलित दायित्व इस लोक और परलोक—दोनों में इतने संघनित कहे गये हैं—फिर भी वर-वधू का मानसिक-नैतिक स्तर एक रहे, इस पर अधिक जोर नहीं दिया गया; राक्षस और पैशाच विवाह घटित होते रहे और आज तक किसी-न-कसी रूप में घटित हो ही रहे हैं, और इन विवाहों से मुक्ति भी आसान नहीं—यह भारतीय जनजीवन की बड़ी विडम्बना रही है।

मनुस्मृति (8/371) में तो विवाह-विच्छेद करनेवाली स्त्री को जनसमूह के सामने कुत्तों से कटवाने का विधान है। स्मृतियों, सूत्रग्रन्थों एवं नाटकों तथा काव्यों में भी विवाह-विच्छेद की चर्चा नहीं है। क्योंकि अपत्नीक को यज्ञ करने के अधिकार से वंचित रखा जाता था, धर्मभीरू लोक के लिए अपत्नीक होने की सम्भावना ही नहीं रखी।

कौटिल्य का 'अर्थशास्त्र' विवाह-विच्छेद के प्रावधान की चर्चा करनेवाला एक मात्र ग्रन्थ है। 3/2/17-19 में कौटिल्य कहते हैं कि जब स्त्री-पुरुष दोनों एक-दूसरे से द्वेष करते हों तो उन्हें अलग किया जा सकता है।

'कन्यादान' को 'गोदान' से तुलनीय माननेवाला वैदिक समाज घर में गाय आने पर जितना खुश होता होगा, उससे कुछ कम ही कन्या के जन्म पर होता था, तो शायद इसलिए कि (अ) कन्या का पालन-पोषण, उसकी सुरक्षा की जिम्मेदारियाँ पुत्र के पालन-पोषण से दुरूहतर होती थीं; (ब) पढ़ी-लिखी कन्या भी आखिर दूसरे घर को ही सौंप देनी पड़ती थी तो उसका विद्या-वैभव और उसके नाम काढ़ा गया धन (दहेज) भी दूसरे घर चला जाता था; और सबसे महत्त्वपूर्ण यह कि (स) मृत्यु के बाद की आत्मिक शान्ति पुत्र द्वारा दिए गए पिण्डदान से ही सम्भव मानी गयी थी।

विवाह-सूक्त में दस पुत्रों की उत्पत्ति की कामना अवश्य की गयी है, पर कन्याओं के विषय में कुछ भी नहीं कहा गया है। अथर्वसंहिता में कहा गया है कि हमारे यहाँ

पुत्र का जन्म हो और कन्या का जन्म किसी और के घर हो :

प्रजापतिरनुमतिः सिनीवाल्यचीक्लृपत्।
स्त्रैषूयमन्यत्र दद्यत्पुमान्समुदधादह।।[13]

अथर्वसंहिता के एक और सूक्त में यहाँ तक कहा गया है कि हमारे यहाँ पुत्र के बाद पुत्र का ही जन्म हो, न कि कन्या का—

पूमांस पुत्रं जनयतं पुमाननु जायताम्।
भवासि पुत्राणां माता जातानां जयनाश्च यान्।।[14]

तैत्तिरीयसंहिता में कहा गया है कि पुत्र का जन्म होने पर पिता आनन्दपूर्वक माता के पास लेटे हुए नवजात शिशु को हाथों में उठा लेता था, किन्तु यदि कन्या होती थी तो उसे वह वहीं लेटे रहने देता था।

ऐतरेय-ब्राह्मण में तो कन्या की उत्पत्ति को स्पष्ट शोक का कारण माना गया है (कृपणं हि दुहिता, ज्यातिर्हि पुत्रः)। आगे चलकर बृहदारण्यक-उपनिषद् में पुत्र-कामना के साथ कन्या-जन्म को भी आदर दिया गया है : "दुहिता मे पण्डिता जायेत"। वराहगृह्य-सूत्र में बताया गया है कि अच्छी सन्तान, विशेषकर सुन्दर कन्याओं की उत्पत्ति को समय वधुएँ दुन्दुभी, गोमुख आदि वाद्यों का वादन कर अपनी प्रसन्नता व्यक्त करती थीं।

इस सन्दर्भ में एक बात अवश्य कहूँगी कि जन्म के समय लड़कियों का विशेष स्वागत भले ही न तब होता था और न अब होता है, पर विकास के क्रम में लडकियाँ हमेशा से पिता-माता, भाई, पितामह, चाचा, मामा सबकी चहेती हो जाती रही हैं। पूरी परम्परा जिनके ख़िलाफ़ खड़ी हो, उन्हें किसी का चहेता बनने के लिए पूरा आत्मिक तेज लगाना पड़ता है और विशिष्ट रूप से अच्छा भी होना पड़ता है—यह तो स्पष्ट है!

हविष्यमान वायु अपनी ग्रहण-शक्ति से जिस प्रकार रसवान 'जलों' को अपने में सम्पृक्त कर लेती है, उसी प्रकार प्रत्येक गृहपति अपनी पत्नी को अपने में मिला ले—इस प्रकार के महामिलन की परम्परा जहाँ रही हो, वहाँ भी स्त्री के प्रति वैमनस्य पल्लवित हुआ और बखूबी। अब शायद बात तब बने जब सब्जेक्ट पोजिशन पलटे, हविष्यमान वायु की तरह स्त्रियाँ उठें और रसवान 'जलों' की तरह पुरुष को अपने में मिला लें। सप्तपदी की अन्तिम प्रतिज्ञा का मर्म बड़ा है जिसमें पति, पत्नी को सखा कहकर सम्बोधित करता है। सखा के इसी भाव का स्फुरण वाल्मीकि रामायण (4/1/52) में उस समय राम के मुख से होता है जब सीता के अपरहण के बाद वे कहते हैं—"सीता के सभी भाव सचमुच मुझमें समाहित थे और मेरे भाव सीता में।" इसी तरह के कुछ भाव महाराज अज अपनी पत्नी इन्दुमती के लिए विलाप में व्यक्त करते हैं : "इन्दुमती मेरे घर की शोभा, मन्त्रणा के समय मन्त्री, भोजनादि के समय सखी, ललित कलाओं के ग्रहण के समय शिष्या थी।" (रघुवंश 8/67)

मुश्किल यही है कि विलाप में—वियोग या मृत्यु के समय तो खुले मन से प्रशस्तिपत्र बाँट दिए जाते हैं, पर जीते-जी इन्दुमतियों को मान-भरे भावनात्मक उद्गार नसीब नहीं होते—इस कटु यथार्थ के प्रतिकार के लिए ही आन्दोलन की आवश्यकता पड़ी। भीतरी आन्दोलन झेलकर ही कोई बाहरी आन्दोलन तक पहुँचता है—'साम' (शान्तिपूर्ण प्रस्ताव) के बाद ही दाम-दण्ड-भेद की स्थिति आती है,

विशेषकर स्त्रियों के लिए, स्वभाव से ही जो शान्तिप्रिय और मातृमना होती हैं।

आदर्श पत्नी का 'गढ़न्त' व्यक्त करनेवाले दो श्लोक यजुर्वेद में हैं :

समख्ये देव्या धिया सं दक्षिणपोरूचक्षसा।
मा म आयुः प्रमोशीर्भोऽहं तव वीरं विदेय तब देवि संदृषि।।[15]

धारण पोषण में समर्थ, कार्यकुशल, दूरदर्शिनी पत्नी के माध्यम से मैं सम्पूर्ण कार्यों का सम्पादन करूँ। मैं उसके तथा वह मेरे जीवन को कभी भी हानि न पहुँचाए और मैं उसके सम्यक् दर्शन से वीर पुत्र को प्राप्त करूँ।

इडे रन्ते हव्ये काम्ये चन्दे ज्योतेऽदिते सरस्वति महि विश्रुति।
इता ते अध्न्ये नामानि देवेभ्यो मा सृकृतं ब्रूयात।।[16]

हे भार्ये! तुम गृहस्थ-सम्बन्धी समस्त कार्यों की संचालिका हो, मैं तुम्हारा पति हूँ और राजा में सेनापति। मेरा कर्त्तव्य है कि मैं अपने शत्रु की सेनारूपी 'स्त्री' पर अधिकार करते हुए आक्रामक का वध करूँ।

'धारण' करना और 'घर चलाना'—स्त्री के मुख्य कर्त्तव्य तो यहाँ दिखायी देते हैं, पर पुरुष के कर्त्तव्य? बाहर के आक्रमकों से बचाना, पर खुद आक्रमण और अधिकार-स्थापन के लिए हरदम प्रस्तुत रहना। दूसरे श्लोक में स्त्री की तुलना एक पूरी सेना से की गयी है, और पुरुष के लिए आदर्श यह माना गया है कि पहले तो वह उसी स्त्री-रूपी सेना प्रभुत्व स्थापित करे (कुशल सेनापति की भाँति) और फिर उसके सहयोग से बाहरी शक्तियों पर। इस प्रकार नायकत्व हमेशा पुरुषों को सौंपा गया है और इसमें बुरा मानने की भी कोई बात नहीं, क्योंकि चौकीदारी के लिए जिस तरह का बलिष्ठ शरीर चाहिए, वैसा स्त्रियों के पास नहीं होता। उनके पास सिर्फ एक मजबूत मन और आत्मा होती है, जिससे पहरा पड़ सकता है तो सूक्ष्मतर अवयवों पर, संस्कृति पर, मूल्यों पर। भौतिक द्रव्यों की सुरक्षा भले ही स्त्रियों के वश की नहीं हो, पर संस्कृति के सारे महीन उपादान वे सुरक्षित रखती हैं। आध्यात्मिक, नैतिक और बौद्धिक तेज उनका इतना होता है कि शारीरिक बल की क्षति-पूर्ति कर सके। फिर जिस 'धारण-पोषण' के आधार पर सृष्टि चलती है, वह इसी कोमलप्राण शरीर के अलग तरह की धारिणी शक्ति का प्रतिफल है, जिसका संकेत गुरुनानक देव ने भी वार आसा (सबद 3-6) में किया है : "पण्डो ही पण्ड ऊपजै, पण्डै बाज न कोय!"

ऋक्संहिता में स्त्रियों के दम से चलनेवाली गृहस्थी की शोभा का बहुत ही रोचक वर्णन है :

यत्र ग्रावा पृथुवुघ्न ऊर्ध्वो भवित सोतेव।
उलूखलसुतानामवेद्विन्द्र जल्लुलः।।

यत्र द्वाविव वधवाधिवण्या कृता।
उलूखलसुतानामवेद्विन्द्र जग्गुलः।।
यत्र नार्यपच्यवभुपच्यवं च शिक्ष्नते।
उलूखलसुतावेद्विन्द्र जग्गुलः।।
यत्र मन्थां विबध्नते रश्मीन्यमितवा इव।
उलूखलसुतानामवेद्विन्द्र जग्गुलः।
थच्चिद्धि त्वं गृहेगृह उलूखलक युज्यसे।
इह द्युमत्तमं वद जयतामिव दुन्दुभिः।।[17]

जहाँ स्थूल पत्थर खाद्य पदार्थ-निर्माण हेतु चलता है, जहाँ सिल-बट्टा की गति अबाध रूप में विद्यमान है, जहाँ गृह-नारियाँ अतिथि-सत्कार हेतु मथानी को रस्सी में बाँधकर दही-मन्थन करती हैं, जहाँ निरन्तर ओखली में बजता हुआ मूसल अपनी विजय-दुन्दुभी बजाता है, वहाँ देवराज इन्द्र का आगमन होता है।

यहाँ ओखली में बजते हुए मूसल की विजय-दुन्दुभी से संकेतित है गृहस्थी का वह साम्राज्य जिस पर स्त्रियों का एकाधिकार माना गया है। इस गृहस्थी के संचालन में पहले तो स्त्रियाँ सिर्फ तन-मन से लगती थीं, अब तन-मन-धन से लगती हैं (आर्थिक स्वालम्बन के दम से) और फिर भी उन्हें यथेष्ट मान नहीं मिलता; दाल में नमक कम-बेशी होने के दोष पर आज तक थालियाँ पटक दी जाती हैं, और इस प्रकार जीवन का वास्तविक नमक छीन लिया जाता है—कुछ इतना कि उसमें कोई स्वाद ही न बचे। स्त्री-आन्दोलन की सार्थकता यह है कि 'गृहस्थी' को स्त्री के जीवन का केन्द्रीय सत्य यह नहीं मानता, उसकी ज्ञान-दीप्ति एवं विश्व के उद्‌बोधन की भूमिका पर उसक ज़ोर है जिसके दर्शन वाक (ऋ 10/125) के कतिपय मन्त्रों में होते हैं, जिनका भावार्थ उद्धृत कर मैं अपनी बात खत्म करती हूँ। भावार्थ हैं—

"जीव पुनः पुनः जन्म-मृत्यु के घात-प्रतिघात से, रोग-शोक के अनुपात की मर्मभेदी पीड़ा से, चंचलता के घोर आवर्तन से मथित-दलित छिन्न-मर्म होकर, हताशा के साथ उष्ण, दीर्घ निःश्वास का परित्याग कर रहे हैं, परन्तु मैंने तुम्हारे लिए अपना विशाल वक्षस्थल अनावृत्त कर दिया है और अनन्त भुजाओं का प्रसारण कर तुम्हारे पीछे दौड़ रही हूँ। तुम मेरी सन्तति हो, मैंने तुम्हें कभी भी अपनी गोद से दूर नहीं किया। यहाँ दुःख और सन्ताप कहाँ? जिसे देखकर तुम्हें भीति और आशंका है, वह मेरा ही स्तन्य है; सत्य उद्‌भासित है, ज्योति से दिङ्मण्डल उद्‌भासित है, मधुमय व्योम मातृमुख से मुखरित है और अन्तरिक्ष प्रणव-नाद से परिपूरित है, मातृगोद की अमृतमयी संजीवनी-धारा में अवगाहन करो और अभेद की अनुभूति के साथ जीवन के आनन्द की उपलब्धि करो।"

यहाँ दूध प्रतीक है milk of human kindness का और हमें हमेशा ध्यान रखना चाहिए कि यह उन स्त्रियों के पास भी होता है जो किसी कारणवश माँ नहीं बन सकतीं, और उन पुरुषों के पास भी जो जीवन का मर्म समझते हैं। केवल आत्मज्ञान और बुद्धितत्व से यदि काम चल जाता तो भाव और माया की सृष्टि की आवश्यकता ही नहीं होती : "नैष स्थाणोरपराधो यदेवमन्धो न पश्यति;" शिव अर्द्धनारीश्वर की स्थिति में प्रतिष्ठित ही नहीं होते।

सन्दर्भ

1. ऋग्वेद, 10/40/4
2. ऋग्वेद, 10/40/5
3. ऋग्वेद, 10/40/10
4. ऋग्वेद, 10/40/10
5. ऋग्वेद, 10/28/9
6. ऋग्वेद, 10/125/18
7. ऋग्वेद, 10/125/5
8. ऋग्वेद, 10/108/10
9. युजर्वेद, 22/22
10. ऋग्वेद, 10/85/33
11. ऋग्वेद, 10/18/8
12. मनुस्मृति, 3/23
13. अथर्ववेद, 6/2/97
14. अथर्ववेद 3/23/3
15. यजुर्वेद, 4/23
16. वही, 8/23
17. ऋग्वेद, 1/2810/1-5

ग्यारहवाँ अध्याय

लोकसाहित्य का वातायन और स्त्री का मन

"माई री, मैं कासे कहूँ पीर अपने जिया की!"

स्त्री-सम्बन्धी विमर्श के शास्त्रीय आधार जितने सम्पुष्ट हैं, उससे कम सम्पुष्ट उसके लोकतात्त्विक आधार नहीं।

लोक-मनीषा में स्त्री-सम्बन्धी दो द्वित्व विलोम आपस में टहराते हुए दीखते हैं। 'सुखिया' और 'दुखिया'—दो तरह की स्त्रियाँ मानी गयी हैं जो लोककथाओं में दो बहनें, दो पत्नियाँ, ननद-भाभी, सास-बहू, दो सहेलियाँ बनकर अक्सर प्रकट होती हैं। एक पति उसे टूटकर प्यार करता है तो दूसरी को बिल्कुल ही प्यार नहीं करता; एक के पास भरपूर सुख-सुविधाएँ हैं तो दूसरी के पास बिल्कुल नहीं। दो मनः स्थितियों/परिस्थितियों में पलती हुई भी वे किसी प्रकार आपसी सम्वाद कायम रखती हैं। अक्सर ऐसा दिखाया जाता है कि जिसके पास सुख-सुविधाएँ हैं, उसके पास नैतिक तेज उतना नहीं, शायद इस तर्क के आधार पर कि प्रकृति क्षति-पूर्ति के सिद्धान्त पर कार्य करती है और यह सम्भव ही नहीं कि इस धरती पर कोई एक कोना हर तरह से भरा-पूरा हो।

स्त्रियों के बीच सिर्फ एक रिश्ता ऐसा माना जाता है जहाँ 'सुखिया-दुखिया' का द्वित्व विलोम काम नहीं करता और वह रिश्ता है माँ-बेटी का! वह एक रिश्ता ऐसा है जहाँ एक सुखी हो, दूसरा दुखी—यह सम्भव ही नहीं। एक के सुख में ही दूसरे का सुख है, और उसके दुख में दूसरे का दुख। इस रिश्ते में तादात्म्य कुछ इतना घनीभूत रहता है कि कम-से-कम माँ के लिए बेटी के दुख से निरपेक्ष रहकर किसी अपने सुख (जैसे दाम्पत्य सुख) से जुड़ जाना बिल्कुल सम्भव नहीं होता। इसका विलोम सम्भव होता है यानी सन्तान के सुख से अपने वैयक्तिक

दुख का तन्वीकरण सम्भव हो जाता है, पर उसके दुख के साथ अपने किसी नितान्त निजी सुख की प्रायः कल्पना भी नहीं सधती। प्रेम और सहानुभूति की यह चरम घनीभूत स्थिति पति-पत्नी और प्रेमी-प्रेमिका में भी सम्भव हो सकती है—शिव-पार्वती, नल-दमयन्ती आदि कुछ मिथकीय चरित्रों में सम्भव दिखायी भी गयी है और इसका सहज साक्ष्य लोकसाहित्य देता है।

बेटी की विदाई के बहुत-से गीत ऐसे हैं जिनमें स्त्री-जीवन की पीड़ाएँ अपने ढंग से व्यक्त हुई हैं। सबका सार-संक्षेप प्रस्तुत करता पार्वती की माँ का यह कथन है :

केहि विधि सृजी नारि जग माहीं
पराधीन सपनेहुँ सुख नाहीं

बचपन में पिता की, किशोरावस्था में भाइयों की, युवावस्था में पति की और बुढ़ापे में बेटों की अधीनता—लम्बे समय तक भौतिक/आर्थिक/भावनात्मक परावलम्बन स्त्री-जीवन को केन्द्रीय सत्य रहा है, किन्हीं अर्थों में अभी भी है। स्त्रियाँ साधनों का विनियोग करती हैं, उनका उत्पादन और साज-सँभाल भी उनके हिस्से होता है, पर उन साधनों के सम्वितरण (dispersal) पर उनका कोई नियन्त्रण नहीं रहता। मायके से आया स्त्री-धन और स्वयं-उपार्जित वेतन भी खर्च होता है पिता-भाई, पति-पुत्रों की आज्ञा से ही। अपने हाथ से उठाकर वह किसी को एक अद्धी भी दे दे तो बहुधा इस पर हंगामे होते हैं। इसी का प्रतिशोध लोकगीतों के हास-परिहास, व्यंग्य-कटाक्ष आदि कई प्रसंगों में हो जाता है जहाँ जोगी भीख माँगने आता है तो बहू ससुर को दे आती है, कूड़ा फेंकने जाती है तो देवर को फेंक आती है।

शादी-ब्याह के अवसर पर मजाक-मजाक में जो गालियाँ वधू-पक्ष की ओर से वर-पक्ष के लिए गायी जाती हैं, वह भी शायद दो परिवारों के बीच सम्बन्ध-विस्तार में हुई गलतफहमियों/मनमुटावों से निजात पाने का, भड़ाँस निकालने का एक उपाय ही है—बोलकर बात खत्म कर लेने के विवेक से परिचालित एक तरह का रेचन।

दो सौतिनों (सपत्नियों) के बीच पलनेवाले खट्टे-मीठे रिश्तों का भी खासा मार्मिक साक्ष्य कुछ लोकगीत प्रस्तुत करते हैं। उनमें से दो-तीन उदाहरण पर्याप्त होंगे। मैंने वही उदाहरण चुने हैं जिनमें उपेक्षिता पत्नी/प्रेमिका की व्यथा मूर्त्त होती है और उसका मान भी, जो एक तरह से उसकी अस्मिता का जयघोष भी है :

झरोखे से झाँक रही,
मेरो जिया जाने।
राजाजी लाए, लाए सौतिनिया—
मैं दुलहन-सी लाग रही, मेरो जिया जाने!

यहाँ गानेवाली का 'जिया' तो जो जानता है सो जानता ही है कि उसे कैसा

लग रहा है, सुननेवालियों का 'जिया' भी यह जानकर कम विचलित नहीं होता कि उसे उसके 'राजाजी' ने छोड़ा भी है तो इसलिए कि वह माँ नहीं बन सकती :

सौतन ने जायो, जायो एक ललना—
मैं जच्चा-सी लाग रही, मेरा जिया जाने!

बच्चा सौतन के घर हो रहा है, जच्चा-सी लग रही है उपेक्षिता। क्या यह तादात्म्य है? अथवा इच्छा-पूर्ति? शायद दोनों। वह खुश है, वह सन्तप्त है। वह इतनी खुश और इतनी सन्तप्त है कि दोनों के बीच का फर्क ही मिट गया है। और उसकी स्थिति वह हो गयी है जो सिर्फ 'द्रष्टा' की हो जाती है—तभी तो झरोखे का प्रसंग आता है। यह एक तरह का रामझरोखा है जहाँ बैठकर 'जग का मुजरा' ही लिया जा सकता है, और कुछ नहीं किया जा सकता।

दूसरे लोकगीत में उपेक्षिता अपने पति को जो चिट्ठी लिखती है, वह पूरी-की-पूरी सामने रख देने लायक है :

पिरिए पराननाथ,
सादर परनाम!
इहाँ त सब-कुछ कुसले-कुसल छई।
अहें के हाल ला अत्मा बिकल छई।
यादो न हेत पिया हमरी सूरतिया।
बिसरल न हेत मुदा ससुरक नाम!

यानी मेरी सूरत तो आपको अब तक भूल गयी होगी, पर ससुर का यानी मेरे पिता का नाम शायद नहीं भूला हो, क्योंकि वे तो आपकी ही तरह एक पुरुष हैं; उनकी अपनी एक सामाजिक हैसियत है, जिसे किसी स्त्री की सूरत की तरह आसानी से भुलाया नहीं जा सकता। कहने का अर्थ शायद यह कि मेरी सूरत में इतनी कान्ति कहाँ जो आपको खींच लाए, पर पिता के नाम में शायद इतनी ताकत बची है अभी।

आगे वह कहती है कि मायके में दिन-भर खाली बैठी रहती हूँ तो मेरी भाभी ने तरस खाकर मुझे पीस (ताश) का खेल सिखा दिया। कम-से-कम वही खेल खेलने आ जाइए! फिर ताश के खेल से ही रूपक लेकर वह कहती है :

अहाँ छी बादशाह, हम छी गुलाम

तीसरे छन्द में छोटी बहन के पति के घर आने का वर्णन है। तन्ज यह कि छोटी बहन का पति आकर उसे ले गया, मुझे लेने आप अब तक नहीं आए। पति के मधुर भाव जगाने का एक छोटा यत्न उस कथन में भी द्रष्टव्य है जहाँ वह कहती है कि छोटी बहन के पति से मिलने जैसे ही मैं देहरी में गयी, उन्होंने अपने साढू (यानी आपका) नाम मुझसे पूछ लिया और मैं बैठ भी नहीं पायी थी कि पलटकर भागी। किस मुँह से लेती मैं आपका नाम! आपका-मेरा सम्बन्ध ही कुछ ऐसा है...आदि।

तीसरा जो लोकगीत मैं उद्धृत कर रही हूँ, औरत की अस्मिता के साथ-साथ उसकी यौन-इयत्ता का भी जयघोष है :

मैं चन्दा-जैसी नार, राजा, क्यों लाए सौतिनिया,
जो मैं होती काली-कलूटी तो लाते सौतिनिया—
मेरे गोरे-गोरे गाल, राजा...

आगे इसी क्रम में वह कहती है कि मैं लँगड़ी-लूली होती और तुम सौतन लाते तो फिर भी एक बात थी, मेरी चाल तो हिरणी जैसी है; मैं 'गंजिन-गुंजिन' भी नहीं, मेरे बाल लम्बे-लम्बे हैं...आगे वह कहती है कि मैं 'बाँझिन-बूझिन' भी नहीं, मेरे 'लाल' तो इस गाँव के हर घर में खेलते हैं—इतनी मैं उर्वर हूँ, इतनी सक्षम कि घर-घर मेरे चाहनेवाले हैं, तुम क्या खाकर मुझसे टक्कर लोगे—यौन-इयत्ता भी मेरी तुमसे सघनतर ही है।

हँसते-हँसते जान निकाल लेने की ग्राम-वधुओं की यह कला सूरदास के भ्रमरगीत में लहककर सामने आयी है। लड़ाई का घरेलू अस्त्र ही है ग्राम्य परिहास की यह परम्परा, जिसका साक्ष्य लोक-साहित्य देता है। कोमलता, धैर्य और सहिष्णुता कभी-कभी स्त्री के ऐसे अस्त्र बन जाते हैं जिनसे बड़े-से-बड़े परास्त हो जाएँ! कैसे?—इसकी आहट महादेवी वर्मा में सुनाई पड़ती है :

"पुरुष चाहे उसे युद्ध में जीतकर लाया, चाहे अपहरण करके; चाहे उसकी इच्छा से उसे प्राप्त कर सका, चाहे अनिच्छा से; परन्तु उसने प्रत्येक दशा में नारी को अपनी भावुकता का अर्घ्य देकर पूजा। नारी भी नारियल के कड़े छिल्के के भीतर छिपे जल के समान पुरुष की बाह्य कठोरता के भीतर छिपी स्निग्ध प्रवृत्ति का पता पा गयी थी। अतः उसने सारी शक्ति केवल उसकी कोमल भावना जगाने में लगा दी। उसने न अपनी भुजाओं में शक्ति भरने और उस शक्ति के प्रदर्शन से पुरुष को चमत्कृत करने का प्रयत्न किया और न अपनी विद्याबृद्धि से पुरुष को पराजित करने का विचार किया। वह जानती थी कि इन गुणों के प्रदर्शन से पुरुष में प्रतिद्वन्द्विता की भावना जागेगी, परन्तु वह पराजित होकर भी वशीभूत न हो सकेगा, क्योंकि प्रतिद्वन्द्वियों की हार-जीत में किसी प्रकार का आत्म-समर्पण सम्भव नहीं।"[1]

यही नैसर्गिक प्रज्ञा भारत की ग्राम-वधुओं में लोकगीतों/लोककथाओं के आश्रय से लगातार व्यक्त हुई है जहाँ कोमल हास-परिहास का भी वे एक रणनीति के तहत उपयोग करती रही हैं, आज से नहीं बल्कि आदिकाल से। यह बात अलग है कि उनकी वाचिक परम्परा को कोई अपना संकलनकर्त्ता, कोई अपना व्यास नहीं मिला। जो कुछ सुरक्षित रह सका, वह केवल धर्म के आश्रय से; धर्मनिरपेक्ष सारी चीजें सन्तरणशील रहीं।

लगभग भक्ति-आन्दोलन के ही काल में लौकिक संस्कृत में अनेक कवयित्रियों की स्फुट रचनाएँ उपलब्ध होती हैं, जिनमें प्रमुख हैं विकटनितम्बा, शीलाभट्टारिका,

सुभद्रा, प्रभुदेवी, बिज्जा, मरुला, पद्मावती, गौरी, अवन्ति सुन्दरी, फाल्गुहस्तिनी, मोरिका आदि। बारहवीं शताब्दी से ही लोकजिह्वा पर चढ़ा यह गीत भी एक लोककवयित्री की ही रचना है जिसमें बेटी अपने 'लखिया बाबुल' से शिकायत करती है कि भाई को तो महले-दुमहले मिले और उसके हिस्से में आया परदेश :

काहे को ब्याही बिदेस रे लखिया बाबुल मेरे,
भैया को दीन्हें बाबुल महला-दुमहला
हमका दिए परदेस
रे लखिया बाबुल मेरे।

लोकगीतों के आदिशोधकर्त्ता श्री रामनरेश त्रिपाठी ने गहरा अध्ययन करके यह निष्कर्ष निकाला है कि स्त्रियों के गीतों में पुरुषों का मिलाया हुआ एक शब्द भी नहीं है। स्त्री-गीतों की सारी कीर्ति स्त्रियों के ही हिस्से की है। यह सम्भव हो सकता है कि एक-एक गीत की रचना में बीसों वर्ष और सैकड़ों मस्तिष्क लगे हों, पर मस्तिष्क थे स्त्रियों के ही, यह निर्विवाद है।

'धिन उमादे साँखली' नाम से राजस्थान में गाया जानेवाला एक गीत तो और पहले का है—चारणकाल का। महत्त्वपूर्ण बात यह है कि चारणियों ने वीर-काव्य प्रायः नहीं लिखे, पर हास-परिहास और व्यंग्य उनके स्फुट दोहों में अवश्य मिलते हैं। चारण अचल दास की सातवीं पत्नी थीं झीमा चारणी। अचल दास को अपनी दूसरी पत्नी लीला प्रिय थी। उनकी तीसरी पत्नी उमादे को सम्बोधित कर झीमा इस गीत में कहती हैं :

धिन उमादे साँखली ते पिय लियो भुलाय,
सात बरसरो बाँछड्यो, तो किम रैन विदाय।
पगे बजाऊँ घूँघरू, हाथ बजाऊँ तूँब,
उमा आँचल मुलावियो, ज्यूँ साँवल की लूँव।

लोकगीत का ही आसन पा चुके पृथ्वीराज राठौर की पत्नी चम्पादे के भी कई गीत हैं। पति-पत्नी के बीच काव्य-विनोद की कई कथाएँ उनके नाम से प्रचलित हैं। कहते हैं, एक बार पृथ्वीराज राठौर ने दर्पण देख अपना श्वेत केश उखाड़ फेंका। चम्पादे की मुस्कान दर्पण में झलक गयी। पृथ्वीराज ने कहा :

पीथल धोला अविया बहुली लागी खोड़,
कामण मत्त गयन्द ज्यूँ ऊभी मुक्ख मरोड़।

उत्तर में चम्पादे हँसती हुई बोलीं :

हल ते धूना धोरिया पन्थज गग्धाँ पार,
तराँ, तुराँ अरड बनफल पक्का मक्का साँव।

स्त्री-मनोविज्ञान की यथेष्ट समझ के लिए जाँत-गीतों का अध्ययन भी आवश्यक दीखता है। सुमन राजे इन पर टिप्पणी करती हुई खूबसूरती से कहती हैं : "यह लोकगीतों का वह एकान्त कोना है जहाँ स्त्रियाँ एक पहर रात रहे उठकर

चक्की चलाती हुई अपनी व्यथा-कथा कहती हैं।"[2] एक गीत में बहू का भाई मिलने आता है। बहू बड़े चाव से पूछती है कि वह क्या भोजन बनाए तो सास कहती है कि 'कोदो' और 'मसउढ़ा' बना दो। 'कोदो' एक प्रकार का निकृष्ट चावल है और 'मसउढ़ा' एक प्रकार की घास। इस पर बहन दुखी होकर भाई से कहती है :

कै मन कूटौ भैया कै मन पीसो रे ना।
भैया कै मन सिझवँउ रसोइया रे ना।
सात खाँची भरि वसना भजारै रे ना।

इतना काम करने के बाद भी बहन की स्थिति है—

पीठ देखों तो पीठ देखो—
जैसे धोबी की पाट रे।
कपड़ा देखो भैया कपड़ा देखो—
जैसे समनवाँ के बदरी रे।

माँ से कहा नहीं जा सकता, पिता से कहा नहीं जा सकता—वे वृद्ध हैं, अशक्त हैं, इतना दुख कैसे सहेंगे, इसलिए भाई से ही कहती है : "हे भाई, मेरे दुख अपनी गठरी में बाँध लो; जहाँ उसे खोलना, वहाँ रोना।"

इ दुख बाँधो भैया अपनी गठरिया
जहवाँ खोलऊ तहवाँ रोवऊ रे।

परदेश में काम करनेवाले पतियों की पत्नियों को सत्परीक्षा के जिस त्रास से सीता की तरह गुजरना पड़ता था, उसके भी कुछ मार्मिक प्रसंग लोकगीतों में हैं। यहाँ एक का सारांश दे देना पर्याप्त होगा : "आग जल उठी/तेज खौलने लगा/ बहन पास खड़ी होकर शपथ देने लगी—जब वह गंगा की शपथ देने लगी/घड़े का गंगाजल सूख गया/ जब वह सूर्य की शपथ देने लगी/ तो सूर्य छिप गया/ जब वह आग की शपथ देने लगी तो खौलता तेल ठण्डा हो गया/ लांछित स्त्री ने एक बार हाथ डाला, दूसरी बार डाला, तीसरी बार में वह पार हो गयी/ हाथ में रुमाल लेकर भाई हँसने लगा/ मुँह पर दुपट्टा डालकर पति रोने लगा कि हाय मेरी सती स्त्री रूठकर मान में अब नैहर चली जाएगी।"

जिस स्त्री-तत्त्व की मान-रक्षा के लिए पूरी प्रकृति सहयोगिनी हो चली है, खुद उसका तेज कितना प्रखर है, यह तो ओखली में चावल कूटते-कूटते गाये जानेवाले इस छोटे-से लोकगीत से भी स्पष्ट है :

कूटो, कूटो, धान कूटो—
साहब गोरा आए
तो उसे भी कूट दो।

सन्दर्भ

1. महादेवी वर्मा, *शृंखला की कड़ियाँ* (जीवन का व्यवसाय), भारती भण्डार, इलाहाबाद, पृ. 87

2. राजे, सुमन : 'आधा इतिहास ही गायब है इतिहास से', वागर्थ, मार्च, 1997, पृ. 46

बारहवाँ अध्याय

यौनिकता : यौन-उद्योग, यौन-विस्फोट, यौन-नियोजन के किस्से

बच्चे बड़े करते हुए और छात्रों का व्यवहार गौर से परखते-निरखते हुए इतना तो मेरी समझ में आने लगा है कि अनादर, उपेक्षा और अन्धी स्पर्द्धा भी मारी हुई इस हिंसक दुनिया में 'काम्य' और 'विशिष्ट' दिखने की अभिलाषा एक तरह का अस्तित्ववादी आग्रह है जो किशोरावस्था में 'अलग' वजूद के एहसास के साथ ही पींगे भरने लगता है। पहले हम इसे 'हम किसी से कम नहीं' वाला सिण्ड्रोम समझती थी क्योंकि 'सादा जीवन, उच्च विचार' की खिचड़ी पर हमको पाला गया था, 'हैण्डसम इज दैट हैण्डसम डज' के स्टेपेल डायट पर, लेकिन इतना हमें समझना चाहिए कि आज के युवकों के सामने जो भी आदर्श (आइकन और 'कर्टि फिगर') हैं—फैशन, संगीत, सिनेमा, क्रिकेट और यौन-उद्योग के ही लोग हैं। धर्म-अर्थ-काम-मोक्ष—ये चार पुरुषार्थ जो गिनाए गये थे, उनमें 'धर्म' और 'मोक्ष' नामक संवर्ग उन्हें परेशान करते हैं, 'अर्थ' और 'काम' नामक संवर्ग आकर्षित। 'मोक्ष' का युवावस्था में वैसे भी कोई अर्थ नहीं निकलता, 'धर्म' कहते ही उन्हें दंगे और आतंकी विस्फोट याद आ जाते हैं या वे फासिस्ट फतवे जो आज भी भेद-भाव की राजनीति करने से बाज नहीं आते! पैसा कमाना और विपरीत यौन के लोगों की आँखों का तारा बना रहना प्रायः सबके जीवन का परम पावन कर्त्तव्य हो गया है! बेहतर समाज के प्रति, दुनिया के दुखी भाई-बन्धुओं के प्रति अपने नैसर्गिक कर्त्तव्य की याद दिलाने पर वे कहते हैं—'पैसे रहेंगे तो सबकुछ हो जाएगा, सेवा भी! पैसे से क्या नहीं जुटाया जा सकता—प्रेम तक!' गये वे दिन जब कबीर को हम मन-ही-मन गाकर मस्त रहा करते थे—

'प्रेम न खेतो ऊपजै। प्रेम न हाट बिकाई!'

अब प्रेम खेत में उग रहा है और हाट में बिक भी रहा है! ऐसा नहीं है कि पहले रूप और यौन-स्पन्दन हाट में बिकते नहीं थे, लेकिन इस तरह खुला खेल फर्रुखाबादी हो नहीं पाता था। 'धीरे-धीरे बोल कोई सुन ले और 'हुजूर आहिस्ता-आहिस्ता, जनाब आहिस्ता' का संकोच, भय और धीरज के स्थानापन्न 'खुल्लम-खुल्ला प्यार करेंगे हम दोनों' या 'बीच सड़क बिस्तर लगवाऊँ मेरी मर्जी' की अगरधत्तता बन गया है तो इसके कई मनोसामाजिक कारण हैं। अकेलापन बढ़ा है और 'प्राइवेट' कोने-अँतरे भी बढ़े हैं। आज मोबाइल ही मौसी है और कम्प्यूटर ही दादी, चिप्स ही 'अंकल' है और '420' ही है चाची (सन्दर्भ : चाची 420) युवकों से अन्तरंग बातें करने बैठिये तो कुछ अजब मुहावरे हवा में तैर जाते हैं, जिसमें एक है—'मामा बनाना', 'मैंने उसे क्या मामा बनाया।' (मामा यानी मूर्ख) जिस देश में चाँद भी मामा रहा है, नदियों को माँ का दर्जा मिला है, वहाँ मामा की यह दुर्गति! वैसे तो कंस मामा और मामा शकुनी के उदाहरण भी हमारी जातीय स्मृति में भरे पड़े हैं, किन्तु सामान्यतः मामा, मौसी और नाना-नानी, दादा-दादी से रिश्ते मधुर ही रहते थे! चोर-चोर 'चचेरे' नहीं, 'मौसेरे' भाई! चोर से 'चचेरे' का अनुप्रास बैठता पर लोकप्रज्ञा ने इसको खारिज कर अन्तरंगता की मिसाल के रूप में मौसेरों को शामिल किया तो शायद इसलिए कि 'सम्पत्ति' नाम के बखेड़े का बँटवारा पहले इनके बीच नहीं आता था। हर विपत्ति में नानी याद आती थी, शायद इसलिए कि स्नेह-सहानुभूति का अक्षय खजाना ननिहाल होता था। चिढ़कर किसी पितृसत्ताक भोजपुरी में यह भी कहावत बनाई—'खाए के दादा के, गाँवे के नाना के!' लोग खाते हैं दादा का, (गुण) गाते हैं नाना के! ससुराल-मायके में गाली-गलौज का सिलसिला तिलक के दिन से लेकर लड़की की अर्थी उठने तक चलता ही रहता है, यानी औरत की पूरी जिन्दगी दो पक्षों के बीच मध्यस्थता करते और एक के सामने दूसरे का पक्ष रखते, दोनों जगह से हिकारतें झेलते बीत जाती है, मायके में 'पराया धन' और ससुराल में 'छोटिहों की लड़की' ...इन सारे चकल्लसों के बीच अपनी यौनिकता और अपने वजूद पर कितना ध्यान दे पाती है सामान्य स्त्री सोचने की बात है!

निम्नवर्गीय, निम्न मध्यवर्गीय और मध्यवर्गीय घरों में पति-पत्नी का भी कोई अपना अन्तरंग कोना नहीं होता! और अन्तरंग कोना होकर भी क्या होगा! दफ्तर में बॉस की धौंस सुनकर आएँगे और घर में बीवी-बच्चों को कूटेंगे! साल-छह महीने पर कभी शराब पीकर या कोई मादक फिल्म देखकर लौटे तो काम-काज के अनन्त सिलसिलों के बाद थककर सोई पत्नी को यों खींचा ज्यों बैठने के खातिर कुर्सी खींच लेते हैं और मिनट दो मिनट की खुजली मिटाकर खर्राटे मारने लगे!

भारत में मर्द नामक संवर्ग की दो सामान्य कोटियाँ पायी जाती हैं : पहले संवर्ग में आते हैं चिड़चिड़े अरसिक और दूसरे में वे चिरअतृप्त महाकामी जो एक ही तरह का रिकार्ड हर जगह बजा देते हैं, जो स्त्री सामने पड़ी, उसको देखकर उन्हें बिस्तर

ही याद आता है, उनका वश चले तो दफ्तरों में भी एक बिस्तर बिछा लें और किसी अफरा-तफरी में भी यौन-पिपासा मिटाने से बाज नहीं आएँ! पहली कोटि के मर्दों के लिए स्त्री बॉक्सिंग बैग है और दूसरी कोटि के मर्दों के लिए पेप्सी कोला की टिन-'पियो और फेंको'! समृद्ध घरों के पुरुष दूसरी वाली कोटि में आते हैं : घर में एक सजी-धजी पत्नी किटी पार्टी और गहने तुड़वाने-बनवाने में मस्त और बाहर निजी सचिव से लेकर क्लाइण्टों तक के साथ होटलों-मोटलों की सैर! तकलीफ़ के साथ लिखना पड़ता है कि सम्पादक, प्रकाशक, नाट्य-निर्देशक, शोध-निर्देशक, सिनेमा के प्रोड्यूसर और कुछ स्थापित कवि-कथाकार, संगीतकार, कलाकार और शिक्षक भी इसी श्रेणी में आते हैं—राजनीतिज्ञों की तो बात ही छोड़ दें! स्त्रियाँ अपनी कृति, अपनी प्रतिभा का मूल्यांकन कराने निकलती हैं और उन्हें छोटा-सा सब्ज़बाग़ दिखाकर 'ताज़ की एक और कलंगी', टोपी का एक और फुदना', 'अनदर फेदर इन द मैप' के रूप में सजा लिया जाता है!

जो स्त्रियाँ देह का इस्तेमाल एक सीढ़ी के रूप में होने देती हैं, उन्हें मर्दवादी बैठकों या पितृसत्ताओं की किचेन-कैबिनेट में शामिल कर लिया जाता है, लेकिन ज़रा-सी उम्र बढ़ने पर उनकी उन्हीं बैठकों में जो फजीयत होती है, उसके किस्से भी आम हैं! शुरू-शुरू में तो वे तर्क दे देती हैं कि मेरा शरीर मेरा है, मैं उसका जो चाहे, उपयोग होने दूँ, किसी प्रभुत्वसम्पन्न आदमी के शरीर की खुजली मिटाकर यदि मेरे जीवन में भौतिक समृद्धियों के द्वार खुलते हैं तो यही सही, लेकिन अनुभव बताते हैं कि ये सारे तर्क अच्छे-खासे आत्मइन्ता तर्क हैं : तीन दृष्टियों से :

- स्त्रीवादी दृष्टि से तो यह मारक है ही! आपकी देह तो आपकी होगी, लेकिन आपके पीछे आपकी जो बहन किसी सम्यक् कारण से (काम माँगने या काम दिखाने) किसी मर्द के पास जाती है—उसकी देह तो आपकी पूँजी नहीं! आपने जिस 'महान' परम्परा की शुरुआत देह-दान द्वारा होने दी है, उसकी गिरफ्त में तो वह अनचाहे ही आ जाएगी! आपने तो अपनी मर्जी से कहा—'आ बैल, मुझे मार' लेकिन बैल मरखण्ड हो गया तो आगे आने वालों से अनुमति थोड़े ही लेगा कि आऊँ कि नहीं, वह तो जबर्दस्ती अपने सींग उसके पेट में घुसा देगा! ...इसलिए बहनापे की दृष्टि से यह बिलकुल अनुचित है!
- नवस्वतन्त्र समूह को समाज में अपने पाँव जमाकर खड़ा होने की खातिर अतिरिक्त नैतिक तेजस्विता की जरूरत होती है और नैतिकता की सिर्फ एक ही परिभाषा है कि जो व्यवहार अपने लिए पसन्द न आए, दूसरे से मत करें। दूसरा यदि आपसे वैसा व्यवहार करता है तो उसका हँसमुख प्रतिकार करें।

प्रतिकार की चार स्थापित तकनीकें हैं—साम-दाम-दण्ड-भेद! प्रतिकार की ये

अवस्थाएँ भी मानी जा सकती हैं और तकनीकें भी! सामने वाले के चरित्र के अनुसार यह तय किया जाना चाहिए कि किसको समझा-बुझाकर छोड़ा जाए, किसको धमकाकर! दण्डित किया ही जाना है तो किस हद तक किसको किया जाए—यह भी स्त्री अपनी प्रज्ञा से ही तय करे और भेद तो है ही अनुपम उपाय! जिस राह नहीं जाना, उसका पता क्या पूछना! कीकर के पेड़ से कितनी भी प्रार्थना करो या उसे कितना भी धमकाओ-दण्डित करो—क्या वह फूलों की टहनी बन सकता है। जिसके चित्त का विकास ही न हुआ हो, उस पर कोई मेहनत व्यर्थ है! उसको तो प्रणाम करके जल्दी ही अपने रास्ते चल देना चाहिए! वैयक्तिक सुधार-आन्दोलनों में लड़कियाँ बहुत समय और ऊर्जा बर्बाद करती है!

- ❒ मेहनती, कर्मठ व्यक्ति, सीधे रास्ते चलने वाला व्यक्ति अपने विरोधियों के भी सच्चे सम्मान का पात्र होता है! ईर्ष्या भी एक तरह का ट्रिब्यूट ही है! आखिर क्या है अस्मिता-आन्दोलन? एक तरह का स्वाभिमान-मिशन ही तो! मान-सम्मान और स्वाभिमान पर चोट खाकर कुछ हासिल किया भी तो उससे क्या? यशपाल की नायिकाएँ—खासकर 'झूठा सच' की कनक और तारा इस दृष्टि से अपने ढंग की अनूठी स्त्रीवादी नायिकाएँ हैं, 'दिव्या' की तो बात ही क्या!

युवकों में इधर काफी लोकप्रिय हुए हैं—शृंखला-प्रेम, समवेत-यौन और 'एक रात की प्रतिबद्धता' वाला दर्शन—'कभी मेरे साथ/एक रात गुजार/तुझे सुबह तक मैं करूँगा प्यार'....रात गई, बात गई! उसके बाद हम 'अच्छे मित्र' हैं। एक युवक का यह भी कहना था कि सारी 'खूबियाँ किसी एक व्यक्ति में तो मिलती नहीं, हमारे व्यक्तित्व के कई आयाम होते हैं, शरीर से हम किसी के प्रति आकर्षित होते हैं, मन से किसी और के प्रति, बौद्धिक विवाद करने में किसी तीसरे के साथ मन लगता है, स्वभाव किसी चौथे का पसन्द आता है तो हम टू-टाइमिंग क्या, फोर टाइमिंग भी कर लेते हैं! 'नए शहर में सम्बन्ध गुप्त रखने के बहुतेरे उपाय हैं! सम्बन्ध गुप्त इसलिए रखने पड़ते हैं कि किसी को 'रिजेक्शन' का दंश न झेलना पड़े, जब तक किसी को यह विश्वास न दिलाओ कि दुनिया में सबसे अच्छे व्यक्ति तुम्हीं हो, सम्बन्धों में ऊष्मा ही नहीं आती। इस तरह से देखा जाए तो प्रेम आहत अहंकार के पोषण का सबसे कारगर माध्यम है! (उसने इसे—'इगो-इण्टिग्रेटी' कहा।) बृहत्तर समाज में तो अपनी योग्यता सिद्ध करने की खातिर हमें लगातार सचेत रहना पड़ता है, इम्तिहान देने पड़ते हैं जो प्रतिभा-परीक्षण का कारगर माध्यम नहीं है, माता-पिता भी कम तनाव नहीं देते, वही विषय पढ़ने होते हैं जिनमें हमारी रुचि नहीं तो समय निकालकर हम भी कुछ मौज-मस्ती कर लेते हैं! धनी दोस्तों के कई मकान खाली पड़े होते हैं, रात में वहाँ 'हाउस पार्टी' होती है, पार्टी में पैसे भी वे ही लुटाते हैं या 'वी गो डच' (हम बराबर-बराबर अपना जेब-खर्च बाँट लेते हैं।)।'

विवाह की औसत उम्र बढ़ गयी है, निजी कोने आसानी से उपलब्ध हो जाते हैं और 'कामसूत्र' भी, फोन, इण्टरनेट आदि पर भी 'संगी' उपलब्ध हो जाते हैं, विवाहेतर प्रेम को लेकर मन में कोई अपराध-बोध भी नहीं रहता—इसलिए स्वच्छन्द प्रेम की घटनाएँ आम हो गयी हैं, किन्तु एक बात मेरे मन में उठती है कि यौन-तृप्ति के क्षण सचमुच कितनों को नसीब होते हैं! अफरा-तफरी में, बिना मानसिक-भावात्मक समर्पण के किया गया यौन-कर्म क्या सचमुच वह तृप्ति दे पाता है जिसका चित्रण 'कुमार सम्भव' में कालिदास करते हैं या 'गीत-गोविन्द' में जयदेव? हमारी जातीय स्मृति का हिस्सा अब भी कुछ ऐसे बहुचर्चित जोड़े हैं, जिनकी दुहाई फिल्मों जैसा लोकप्रिय माध्यम भी देता है!

शिव-पार्वती, राधा-कृष्ण, लैला-मजनू, शीरी-फरहाद आदि-आदि!

'Marry in haste repent at leisure' वाली अंग्रेज़ी कहावत का अच्छा-सा, चटकीला अनुवाद मेरे माता-पिता के गुरु, प्रो. अमरनाथ ठाकुर ने किया था! अनुवाद की उनकी किताब भारती भवन, पटना से छपी थी, जिसके पीछे ऐसी कुछ कहावतों के सुन्दर अनुवाद दिए थे! उपर्युक्त मुहावरे का अनुवाद मैथिली में दिया था, अब यह मुझे नहीं मालूम कि उन्होंने यह अनुवाद खुद किया था कि मैथिली के समृद्ध लोक से जुटाया था! अनुवाद था—'हड़-बड़ के बियाह, कनपट्टी में सेनुर'!

ब्याह तो फिर भी चलता है हड़बड़ी का! माँग में न पड़कर कनपट्टी में ही डाला हो सिन्दूर तो क्या, प्रतिबद्धता की एक रेखा तो खींची। किन्तु अफरा-तफरी का सम्भोग? चोरी-छिपे चलने वाले सम्बन्धों की नियति तो यह है ही, दाम्पत्य जीवन का भी ट्रेडमार्क है यह, कम-से-कम भारत में है! जैसे लम्बी क्यू वाले सार्वजनिक शौचालयों में जल्दी से काम निबटा लेना पड़ता है, जल्दी-जल्दी लोग शिश्नाग्र-खुजली मिटाते हैं और फिर गम्भीर होकर बैठ जाते हैं। कुर्सी पर दहाड़कर कहते हैं—'चाय', बहुत थके हों तो खर्र-खर्र करते सो जाते हैं! औरतें अँधेरे से आँखें लड़ाती देर तक जगी ही रहती हैं, सोचती हैं चाँद के बारे में, फिल्मी गीतों के बारे में, मेशोर्य के हास-परिहास के बारे में, आहें भरती हैं और हिसाब लगाती हैं : पानी यदि सुबह नहीं आया तो क्या करना होगा!

यह सब तब जब इतना हल्ला है कि खूब पोर्नोग्राफियाँ देखी थीं यौवन में और ब्लू फिल्में भी। इतनी तैयारी का क्या मतलब? ओवर एक्सपोज्ड रील खराब हो जाती है, काम की नहीं रहती! क्या यह सच नहीं, भाई?

यौन-उद्योग के आँकड़े

'सॉफ्ट पावर' भारत का सबसे समृद्ध पक्ष है : हाल-फिलहाल यू.एन.ओ. में शशि थरूर ने तमाम आँकड़े इस सन्दर्भ में प्रस्तुत किए कि 'सॉफ्टवेयर' और

मोबाइल आदि की बिक्री भारत के गाँव-गाँव में कितनी अधिक बढ़ गयी है! यह देश हमेशा से विस्थापितों का रहा है, परदेसी पियाओं का देश, क्योंकि नौकरी-चाकरी अपने मण्डल में तो मिलती नहीं, न हर मण्डल में अच्छे स्कूल-कॉलेज ही हैं! बिहार के गाँवों की स्थिति तो यह है कि अब वहाँ सिर्फ वृद्ध स्त्रियाँ और अनब्याही लड़कियाँ बसती हैं! कुछ समय पहले तक एस.टी.डी. बूथ तरह-तरह की सिसकियों, मुस्कियों, नन्हीं-मुन्नी कहानियों और अधूरी कविताओं और गीतों से गुंजायमान रहता था! अब तो पुआलों के नीचे भी मोबाइल रहता है, पान की दुकान वाले भी इण्टरनेट कैफे चलाते हैं। मुझे याद है कि जब हम पहले-पहल दिल्ली पढ़ने आए थे, ट्रन्ककॉल बुक करने हमें ईस्टर्न कोर्ट जाना होता था। पिताजी के फोन के इन्तजार में मैं रोज सुबह हॉस्टल गेट के सार्वजनिक फोन पर पाले-वाले में भी ठिठुरती हुई खड़ी रहती थी।

हमारी किशोरावस्था में 'चित्रहार', 'बुनियाद', 'हमलोग', 'महाभारत' और 'रामायण'—जैसे टी.वी. धारावाहिक भी मुहल्ले के लोग मिल-जुलकर देखते थे! इतवार के दिन 'महाभारत' के वक्त सड़कें सूनी हो जाती थीं! जिसके घर टी.वी. होती थी, एक बड़ी जाजिम वह बरामदे में बिछा देता था। थरमसों में चाय रख ली जाती थी!

उसके भी पहले-धुर बचपन से बांग्लादेश युद्ध के समय या आपातकाल के वक्त जिसके भी ट्रांजिस्टर पर 'बी.बी.सी.' पकड़ता था, उसमें तमाम घड़घड़ाहट झेलते, रह-रहकर ऐण्टीना ऐडजस्ट करते हुए लोग झुण्ड बाँधकर बैठ जाते थे! और भारत-पाक युद्ध के समय या चीनी आक्रमण के वक्त, माँ बताती है—जवानों के लिए जब घर-घर स्वेटर बुने जा रहे थे—मोर्चे का एक-एक समाचार लोकने-लपकने लोग उनकी देहली पर आ जुटते थे, जिनके घर रेडियो होता था! रेडियो के महान युग में हम पैदा हुए थे—विविध भारती और रेडियो सीलोन, बिनाका गीतमाला और रसमंजरी...हमारे रक्त में घुली है! रक्त में घुला है वो इप्टाई दर्शन :

'आइए बहार को बाँट लें,
जिन्दगी में प्यार को हम बाँट लें,
भूखा ना रहे कोई, प्यासा ना सोए कोई
तन्हा ना हँसे कोई, तन्हा ना रोए कोई,
सुबकी जीत-हार को हम बाँट लें,
आँसुओं की धार को हम बाँट लें!

× × ×

'अपने लिए जिए तो क्या जिए!'

× × ×

'तुम बेसहारा हो तो किसी का सहारा बनो,
तुमको अपने-आप ही सहारा मिल जाएगा,
कश्ती कोई डूबती पहुँचा दो किनारे पे,
तुमको अपने-आप ही किनारा मिल जाएगा'

रेडियो के इस महान युग के बाद मोबाइल और सॉफ्टवेयर का युग सूक्ष्म वायवीय/रूमानी रस-संचार के बाद हार्ड पॉर्न और मोबाइल-सम्भोग, कॉलगर्ल रैकेट की खुलेआम दस्तक! क्या 'साफ्टर इमोशन्स' के संचार का माध्यम बना है 'सॉफ्ट पावर'/'सॉफ्टवेयर' या यौन-जीवन के व्यावसायीकरण, यौन-क्रूरताओं, यौन-विकृतियों और यौन-विस्फोट का कारक रहा है। एक अलग तरह का आतंकवाद, एक अलग तरह की इम्युनिटी जो अंग-शिथिलता और रस-बाधा का भी कारण बनी है!

पहले 'उम्र भर एक मुलाकात' चली जाती थी, एक मुस्कुराहट जेहन में उम्रभर चटकती रहती थी, अब हार्ड पॉर्न से भी तृप्ति नहीं होने के व्यापक समाचार आते हैं। नीम-हकीमों की संख्या बढ़ गई है। जितेन्द्रियता और ब्रह्मचर्य हँसी का विषय हो गये हैं, लेकिन संयमित जीवन जीने वाले योगियों की यौनिकता चूँकि छितराई हुई नहीं होती, योगी का प्रेमी के रूप में वरण स्त्रियों के बीच प्यारी चुनौती के रूप में हर भाषा के लोकगीत में प्रसारित है! 'राँझा जोगिड़ा बन आया!'/'तेरे द्वार खड़ा एक जोगी/ना माँगे ये सोना-चाँदी/माँगे दर्शन, देवि'...आदि हजार उदाहरण जुटाए जा सकते हैं। ऐसी उम्मीद की जाती है कि अच्छा प्रेमी अच्छा योगी ही होगा : वो ही होगा जिसने इन्तजार लम्बा किया है! हरमन हेस का सिद्धार्थ जब आम्रपाली के पास प्रेम की शिक्षा लेने पहुँचता है, आम्रपाली उसकी योग्यताएँ पूछती है और कुछ सोचकर वह जो ईमानदार उत्तर देता है—मात्र तीन पंक्तियों में उसे सुनकर आम्रपाली सिहर जाती है, वे तीन पंक्तियाँ हैं—

"I can think. I can fast. I can wait."

योग्य प्रेमी किसी भी स्त्री के लिए वही होगा जो सोच सके, गहरे पानी पैठ सके, लालची न हो, इन्द्रियों पर निग्रह हो जिसको और जो इन्तजार का धीरज रखता हो—कयामत तक इन्तजार का धीरज! भरतमुनि ने भी नायकों की जिन चार श्रेणियों की चर्चा की है—धीरोदात्त, धीरललित, धीरप्रशांत और धीरोद्धत—'धीर' तत्त्व उनमें उभयनिष्ठ है! धैर्य के बिना नायकत्व की कल्पना असम्भव है। नई लड़कियों की 'फैंसी' में भी उनकी माताएँ और मौसियाँ—ये बातें भरती रहती हैं, माँ-बेटी का रिश्ता ही एक ऐसा रिश्ता है जो पहले से भी अधिक सान्द्र हुआ है, क्योंकि इलेक्ट्रॉनिक-गैजेटों के कारण माँओं की फुर्सत बढ़ी है और परिवार भी छोटे होने लगे हैं। माँ ही अब अक्सर नई लड़कियों की पक्की सहेलियाँ होती हैं, सो प्रेम-वेम में उनके आदर्श उतने नहीं बदले जितने लड़कों के बदले हैं जो दिन का अधिकांश वक्त दोस्तों में बितात हैं या मोबाइल-इण्टरनेट पर! लड़कियाँ भी 'सॉफ्टपॉवर' से लैस रहती हैं, लेकिन

वरीय पीढ़ी की स्त्रियों से थोड़ी-सी अन्तरंग बातचीत उनकी कायम है। माँएँ लड़कियों के फेर में भी ज्यादा रहती हैं, क्योंकि उनके कदम डगमगाए तो फजीयत ज्यादा उन्हीं की तो होगी!

विदेशी आँकड़े

कॉरपोरेट पोर्नोग्राफी से लेकर अवैध वेश्यावृत्ति तक के साधन और स्थान-विनियोजन में हर साल यौन-उद्योग कई बिलियन डॉलर कमाता है। 'नेमेड कैपिटलिस्ट्स' (फ्रैंक रिय) के एक आँकड़े के अनुसार अमरीकी संगीत और अमरीकी सिनेमा मिलकर जितने डॉलर नहीं उगाहते, अमरीकी पोर्नोग्राफी उगाह लेती है! यह सब तब जब 'एम.ए. बेस्ड कोलिशन अगेस्ट ट्राफिकिंग' के वेबसाइट पर साफ दर्ज हैं :

"The sex of pornography is the real sex of prostitution bought for public display and distribution. Sexual exploitation is practice in which person's achieve sexual gratification or feirancial gain or advancement through the abuse of a persons's sexuality and that person's chuman right to dignity, equality, autonomy and physical and mental well-being. All prostitution exploits women, regardless of women's consent."

गरीबी अशिक्षा या और किसी मानसिक मजबूरी में ही वेश्यावृत्ति करती हैं ज्यादातर स्त्रियाँ "और पाँच कार्यों की तरह इस एक और काम" मानने वाली वेश्याएँ भी अपनी बच्ची को वेश्यावृत्ति के बाहर खींचने का हर सम्भव यत्न करती है—उन्हें पढ़ा-लिखाकर। यह इस बात का सबसे बड़ा प्रमाण है कि स्त्रियाँ कम-से-कम हमेशा के लिए इस विचित्र व्यवसाय से जुड़ना नहीं चाहतीं, लेकिन हर बार पकड़े जाने पर दण्ड का भागी वे ही होती हैं! हाल-फिलहाल चीन ने एक चकला चलाने वाली अँधेड़ औरत को फाँसी पर लटका लिया और मुस्लिम देशों में तो गाहे-बगाहे उनका सिर कलम कर ही दिया जाता है।

मेसाचुटस इंस्टिच्यूट की एक रपट के अनुसार दो तरह भी स्त्रियाँ वेश्यावृत्ति स्वीकार कर लेती हैं—एक तो वे जिनकी यौनिकता काबू के बाहर होती है और दूसरी वे जिनकी संकल्प-शक्ति और प्रतिकार-क्षमता अत्यधिक न्यून होती है! कुल मिलाकर यह पालन-पोषण और सामाजीकरण का दोष है :

"It appears, then, that feeble-minded Sex had little to do with women's mental capabilities the term "explained" both"inherited" strains of degeneracy'–for which the proximate could not really be blamed.

(इ लॉस्ट सिस्टश्हुट, 19000-1918, रुथ शेज़न) हार्ड पोर्न की एक प्रसिद्ध नायिका ने एक बार पूरे अमरीकी मर्द-समाज को चुनौती देकर कहा, गम्भीरता से

देखा जाए तो यह चुनौती अत्यन्त मार्मिक है, यौन-दासियों की आन्तरिक पीड़ा के कई रग-रेशे इसमें खुलते हैं :

"My nams is Eve. Funny name. I know I'm not a real women. I'm first a pleasure matrix, a pice of ass in a software package. Far once I want a man to concentrate on me. I want to come. I want you to be the one trembling with desire. I'm trembling in the light. In want to come for you. The question is, are you man enough to do it?" (हार्ड कोर, लिण्डा विलियम्स, एपिलोग, पृ. 309)

मर्दानगी को सबसे बड़ी चुनौती तो यह है कि मर्द प्यार करने लायक ही नहीं रह गये! रहम खाकर या ऐसी ही किसी मजबूरी में औरतें अति क्रोधी/अतिकामी हुलुकबन्दरों के आगे सर झुका देती हैं, जिसका जिक्र निम्नांकित किस्से में एक नायिका करती है! प्रसंग यह कि नायक पीछे पड़ा है! वह पैदल जा रही है, नायक के पास गाड़ी है! एक बार 'लिफ्ट' के लिए वह इन्कार करती है घर से चार मील की दूरी पर, दूसरे दिन इन्कार करती है दफ्तर से पाँच मील की दूरी पर! लेकिन नायक है कि अपने 'अभद्र प्रस्ताव' के साथ रोज ही पीछे लग जाता है! एक बार खदेड़ता हुआ वह उसे जंगल की ओर ले जाता है! जंगल के पास वह उसका प्रस्ताव स्वीकार कर लेती हैं (लिफ्ट की शर्त्त थी समागम) समागम के बाद मूँछ पर ताव देता वह पूछता है कि आखिर इस बार कैसे उसने उसकी बात मान ली तो सिर झुकाकर वह कहती है—'साँझ ढल रही थी और घर पचास मील दूर था—चाहकर भी मैं पैदल न जा पाती!' मजबूरी का एक नाम महात्मा गाँधी होगा, दूसरा नाम क्या है? यह तो स्वयं आप सोचिए!

समलैंगिकता

वैसे तो अपनी खास यौन-प्राथमिकताएँ भी होती हैं, किन्हीं विशिष्ट लोगों का मन अपने लिंग के लोगों से ही स्पन्दित हो पाता है, किन्तु कभी-कभी मजबूरी का नाम भी समलैंगिकता होता है—इसमें कोई शक नहीं। लड़कों/लड़कियों में हॉस्टल, युद्ध के मोर्चे, जेलें और मठ अलग-अलग कारणों से समलैंगिकता का स्कोप बढ़ाते हैं। कभी-कभी यौन-हिंसा की सताई हुई स्त्रियाँ या उपेक्षिताएँ एक-दूसरे के करीब आ जाती हैं—जैसे 'फायर' या 'तिरोहित' में।

समलैंगिकता का दर्शन और स्त्रीवादी विमर्श

समलैंगिकता को एक तरह की यौन विकृति मानकर खारिज करने के पहले यह समझ लेना जरूरी है कि समलैंगिकता इतिहास के एक विशेष मोड़ पर हर तरह

के यौन-शोषण से परितप्त स्त्रियों का आपसी सखी-भाव-परिविस्तार है, जिसे एण्ड्रीन रिच ने बड़ी खूबसूरती से lesbium continuum कहा है—देह से अधिक आत्मा का ताल-बन्ध, एक-दूसरे से सबकुछ कह-सुन लेने के बाद की तृप्ति में एक-दूसरे को ऐसा कोमल आत्मीय स्पर्श, स्पन्दन, शान्ति और आराम देने की कोशिश जो पुरुषों के तूफानी संसर्ग में बहुधा मिल ही नहीं पाता! बहुत दिनों तक पुरुष-समाज में यह धारणा परिव्याप्त रही कि स्त्रियों की स्वतन्त्र यौन-तन्त्रिकाएँ होती ही नहीं, इसलिए वे प्रणय-क्रिया की पैसिव पार्टनर और एक कोख मात्र होती हैं! बाद के जीव-वैज्ञानिक अनुसन्धानों, समाजशास्त्रीय सर्वेक्षणों से अयां हुआ कि और स्त्री का अन्तरंग, 'क्लासिकल रचनात्मक बन्ध है—पहले ध्रुपद-धमार, फिर आलाप, तब खयाल और तान-तराना; पॉप संगीत की तूफानी धूम-धड़ाक उसकी देह के साथ उसके मन को भी ऐसी विद्रूपता से कुचल डालती है कि फिर उससे कहीं कोई 'राग' नहीं उठता—मामला घोर विराग का हो जाता है, जहाँ पुरुष का साथ त्रासद ही नहीं, फार्सिकल हो जाता है; मन की एकात्मकता साधे बिना देह पर हावी हो जाना एक ऐसा भयावह अपराध है, जिसके लिए कोई भी सज़ा कम समझी जानी चाहिए! बौद्धिक तादात्म्य के बिना, एक-दूसरे के सूक्ष्मतम दुख-सुख से एकाकार हुए बिना, एक-दूसरे के लिए मन में गहनतम सम्मान जगे बिना, सीधे दैहिक स्पर्श पर उतारू हो जाना दुनिया का क्रूरतम खेल है जो पुरुष वर्षों से खेलते आए हैं : इसी की तीक्ष्ण प्रतिक्रिया है यह लेस्बियनिज्म। ऐसे समय में स्त्री का स्त्री से संसर्ग ही खास किन्हीं स्त्रियों को ज्यादा सुखद दीखता है; आर्थिक-सामाजिक-राजनैतिक आत्मनिर्भरता तो कालक्रम में स्त्रियों ने अख्तियार कर ही ली थी, दैहिक आत्मनिर्भरता अख्तियार करने की यह कोशिश भी समझी जानी चाहिए।

माँ-बेटी, बहन-बहन, ननद-भाभी, सास-बहू के कुछ मीठे-खट्टे रिश्ते ऐसे हैं जिनकी सम्भावनाएँ तलाशती हुई बहुत-सी कहानियाँ/कविताएँ लिखी गयी हैं। स्त्रियों का निम्न मध्यवर्गीय, बुर्काबन्द मुस्लिम समाज, जो शब्द के मूल अर्थ में आज तक असूर्यम्पश्याओं का समाज है, अपने जीवन की विरसताओं-विद्रूपताओं का तात्कालिक निवारण एक-दूसरे के उस तरह के संग-साथ में ढूँढ़ ले जिसका हवाला इस्मत चुगताई अपनी संवेदनशील कहानी 'लिहाफ' में देती हैं, तो यह कोई बहुत हास्यास्पद स्थिति नहीं; इसके अपने मर्मस्पर्शी कोने-अँतरे भी हैं! औरत की देह में औरत विश्वास, निष्ठा और सहानुभूति आदि का परिविस्तार ही ढूँढ़ सकती है, और क्या! ये ही कुछ स्पन्दन हैं जो उसे पुरुष के संसर्ग में नहीं मिलते तो वह मीरा-महादेवी की सी मनःस्थिति में आकाश-तत्त्व की ओर मुड़ जाती है या फिर लेस्बियन रचनाकारों की तरह आत्मनिर्भर घेटो के सन्धान में![1]

ऑण्ड्रे लॉर्ड ने इस प्रकार के रूपक-विस्तार के लिए एक शब्द दिया है—biomythography or composite representations of mothers, friends and lovers. हमारे यहाँ गाँवों-कस्बों में सखी-बहिनाएँ बनाने की जो पुरानी परम्परा रही है, उसकी एक पूरी प्रक्रिया होती है—दुपट्टे बदलकर, एक-दूसरे को पान-कसैली खिलाकर लड़कियाँ एक खास तरह के अटूट बन्धन में बँध जाती हैं जो विवाह-बन्धन से भी कहीं गहरा समझा जाता है। एक-दूसरे के सारे राज़ ज़िन्दगी-भर अपने तक रखना और ज़िन्दगी के किसी कठिन मोड़ पर महीन-पोशीदा तरीके से तन-मन-धन से काम आ जाना इस रिश्ते की खूबसूरती होती है! एक गौरतलब बात यहाँ यह होती है कि सखियाँ एक-दूसरे का असल नाम नहीं लेतीं—दिये गये नाम से बुलाती है। नाम अक्सर प्रकृति का कोई उपादान होता है—जैसे चम्पा। 'अ' 'ब' को 'चम्पा' बुलाती है और 'ब' 'अ' को चम्पा। इस तरह नाम और कुछ राज़ एक हो जाना अस्मिताएँ एक होने का पर्याय हो जाता है। पर असल नाम पोशीदा रखने के पीछे मनोविज्ञान क्या है? शायद यह कि कुछ बातें होती हैं जिनका मर्म पितृसत्तात्मक पुरुष-समाज समझ ही नहीं सकता, इसलिए उसके आगे उनकी चर्चा भैंस के आगे बीन बजाने-जैसी है! कुछ लोग, कुछ प्रसंग उसकी जानकारी से इतर रखना स्त्री की स्वतन्त्र इयत्ता का इजहार तो है ही, एक अन्य स्त्री को अपने पति से अधिक नहीं तो कम-से-कम उसकी बराबरी का दर्जा देने के भी इससे संकेत मिलते हैं : स्नेह से, सम्मान से, रूमानियतजन्य रहस्यवाद के आवेग में कुछ नाम लिए ही नहीं जाते पर पति/ससुर/जेठ के अलावा सिर्फ 'सखी' ही है जिसका नाम उच्चरित नहीं किया जाता!

लेस्बियन साहित्य की पृष्ठभूमि में एक धारणा और जो काम कर रही है, वह यह कि स्त्री की अस्मिता तरल होती है, ठोस नहीं—उसमें पुरुष-तत्त्व और स्त्री-तत्त्व दोनों का समागम होता है और समय तथा स्थान के अनुरूप कोई एक स्वरूप उसमें प्रधान हो उठता है। इस तरह संरक्षक-संरक्षित का खेल दो स्त्रियाँ भी आपस में खेल ही सकती हैं। लड़कियों के स्कूल-कॉलेज छात्रावासों या इस तरह के दूसरे स्त्री-शासित 'स्पेसों' (gynaeceuns) में ये दृश्य आम हैं, जिनका सफल चित्रण कॉलेट अपने प्रसिद्ध उपन्यास *क्लॉडीन ऐट स्कूल* में करती है।[2] यहाँ एमी बूढ़ी है, क्लॉडीन की टीचर भी; पर ऊँच/नीच, स्त्री/पुरुष, महान/अधम, ज्ञानी-मूढ़ आदि सारी ऊँच-नीच का शमन इस सहज उल्लसित मनोबन्ध में सम्मिलित है! जानवरों का, वैसे, कोई लिंग नहीं होता (अँग्रेज़ी में 'इट' के न्यूटर जेण्डर से काम चला लिया जाता है), पर 'कैट' और 'फॉक्स' 'शी' से सम्बोधित की जाती हैं। क्यों? यह स्पष्ट है, यह यहाँ उसका भी सकारात्मक पक्ष क्रीड़ाभाव से प्रकाशित कर दिया गया है। चेहरे बदलते चलने की क्रीड़ाधर्मिता (masquerade) लेस्बियन उपन्यासों में यौन रूढ़ि पलटने का एक कारगर साधन बनकर सामने आती है।

यौन और जातीय इयत्ताओं को अन्तर्सम्बद्ध मानने वाली आण्ड्रे लॉर्ड का कहना है कि अलग-अलग सांस्कृतिक अस्मिताओं के बावजूद विश्व-भर की स्त्रियाँ बहनें

हैं (सन्दर्भ : universal sisterhood), क्योंकि उनकी तात्त्विक समस्याएँ एक हैं! इतिहास, मिथक और आत्मकथा के सम्मिश्रण (biomythography) से मातृसत्तात्मक विस्मृत स्पेस (matrilinear diasporas) पुनर्सृजित करने का जो मूलमन्त्र उन्होंने दिया, उसका एक सुन्दर विनियोग उनके अपने उपन्यास *जामी* में दीखता है। 'काल' की नियत धारणा से छेड़छाड़ अन्य लेस्बियन उपन्यासों के साथ इसमें भी सहज दिखायी देती है।[3]

बच्ची की कंघी-चोटी (और पिता से बकझक) करती माँ की देह के तरह-तरह के स्पन्दन ही इस पूरे अनुच्छेद का मूल पाठ है, जिसकी अपनी गझिन आधिभौतिक परिव्याप्तियाँ भी हैं (metonymic recreation of the psychic, incestuous sensuality)। कवितांश, आत्मकथांश, तरह-तरह के नाटकीय सम्वाद मिला-जुलाकर एक तरह से स्पर्श, स्वाद और गन्धों की एक सिमिऑटिक (गर्भगृह की-सी) जादुई दुनिया ही जैसे पुनर्सृजित कर ली गयी है जहाँ सुरक्षा है और शान्ति भी, जो बाहर की पुरुष-प्रधान दुनिया में नहीं है।[4]

इस घने तादात्म्य के बावजूद अपने अलग-अलग वजूदों और अलग सांस्कृतिक अस्मिताओं के प्रति सचेतन रहना भी उतना ही जरूरी है—यह याद दिलाना वे कभी नहीं भूलतीं।[5]

पुरुष समलैंगिता और जूडी गार्डेन

पिछले वर्ष भारत में समलैंगिक जोड़ों को कानूनी स्वीकृति मिली। उसके कुछ ही महीने पहले सहजीवन से जन्मे बच्चों को कानूनी अधिकार मिले थे, किन्तु उस समय ऐसा हर्षोन्माद न हुआ था जैसा अब हुआ! इसका क्या अर्थ निकाला जाए! यही न कि ऐसे जोड़ों की संख्या बहुत थी और उन्हें लुक-छुपकर, चोरों का जीवन जीना पसन्द नहीं था।

1973 में बिरमिंघम गे लिबरेशन फ्रॉण्ट' से एक न्यूज लेटर निकला था! उसमें गुलाबी पन्ने पर एक आलेख छपा था—'बॉर्न इन अ शट ट्रन्क' (बन्द बक्से में जन्म)। यह लेख उस समय की लोकप्रिय गायिका जूडी गारलैण्ड के बारे में था! कहीं भी उसमें इसकी चर्चा नहीं थी कि क्यों स्टेज पर वैयक्तिक त्रास की उसकी भावात्मक अभिव्यक्ति समलैंगिकों में उसे लोकप्रिय करती है, लेकिन यह स्पष्ट है कि स्त्री-जीवन से जुड़े त्रास की मार्मिक अभिव्यक्ति समलैंगिकों को भी तादात्म्य का विषय लगती थी! भले ही स्त्रियों के प्रति उनका यौनाकर्षण न होता हो, लेकिन दोयम दर्जे की उनकी नागरिकता का दर्द उनको पता था, इसलिए वे उनके हमदर्द थे। उस समय के एक संवेदनशील समलैंगिक, डैग क्वीन लिखते हैं—

"The white kids had the counter-culture, rock stars and mysticism. The blacks had a slogan which said they were beautiful, and a party demanding power. Middle America had what it always had. Middle America. The hawks had Vietram and the doves the Peace Movement. The students had their Campus Politics and the New Left had Cuba and the third world and women had a voice. I had rejection from all of them. Also had Iudy garland. (As Times Go By, Heavenaly Bodies, Richard Dyer, P. 137).

सम्पादक ने जूडी गार्डेन वाला आलेख छापते हुए लिखा था कि : 'We had a policy of printing anything, anybody in GLF submitted provided that it was not sexist, racist or faseist.'

समलैंगिकों ने जूडी से तादात्म्य का कारण ढूँढते हुए ग्रेग और ग्रिफिट्स भी मजेदार ढंग से लिखते हैं कि समलैंगिकों में उसकी लोकप्रियता का मुख्य कारण था कि उनके जीवन कें घोर अकेलापन और त्रास का प्रतिबिम्बन करती थी :

"We do not have a monopoly in the anguish and loneliness department our paraents were straight. They were the most anguished and lonely people I ever knew.

आगे वे लिखते हैं कि उसका मुख्य आकर्षण थी, उसकी अद्‌भुत बचाव वृत्ति :

"I loved her became no matter how they put her down, she survived. When they said, she couldn't sing; when they said, she was drunk; when they said she was drugged; when they said, she couldn't keep a man...When they said she was fat; when they said, she was thin; whey they said, she had fallen flat on her face. People are falling on thein faces every day. She got up."

(*Greig and Pyriffitns, 1981, 62*)

भावात्मक वर्ष गिने जाएँ तो जूडी गार्डेन कई सौ वर्ष प्राचीन थी! उसकी आवाज में कशिश थी, पारम्परिक अर्थों में ज्यादा सुन्दर भी नहीं थी वह, लेकिन एक अद्‌भुत पारदर्शिता और सहज साहसिकता उसे आकर्षक बनाते थे! सम्पादक के नाम-पत्र में लेखक ने लिखा—"She appeals to me as a gay person because she tends to sing songs which seem to echo all the doubts and trials of a gentle soul within an unaccepting social circle."

उसकी बात के साक्ष्य के रूप में हम जूडी गार्डेन का यह गीत उद्धृत कर सकते हैं, जहाँ गीत में कहीं अटके होने (in between) का त्रास रेखांकित है! मैं उसका अनुवाद नहीं दे रही लेकिन श्यामनन्दन किशोर में एक प्रसिद्ध गीत के कुछ हिस्से तुलनात्मक सांस्कृतिक अध्ययन की खातिर सामने रख रही हूँ :

'जो अपने से आप डरेगा—
उसका कौन सहारा होगा!

जो अपने को भूल गया हो—
उसका क्या ध्रुवतारा होगा!
वह तो पौरुष का अभियानी—
दोनों तट से छूट गया जो—
मेरे सौ जलयान बहुत कम,
पा ऐसी मझधार सकें जो।"

दोनों तटों से छूट जाने का त्रास रेखांकित करती जूडी गार्डेन का गीत है :

'My dad says I should bother more about my lack of grammer/The only thing that bother me. Is my lack of glamour... Fifteen thougsand times a day I hear a voice within me say/Hide yourself behind a screen, you shouldn't be heard/You shouldn't be seen, you fat and awful go between... I can't go on like this. I can't go there/I am like a circle in a square. I do not fit in anywhere."

पहले गीत में 'पौरुष का अभियानी' और इस गीत का 'इन-विट्वीन' : दोनों तट से छूटने का त्रासद एहसास झेल रहे हैं, लेकिन कैसी अलग मनःस्थिति में, गौर करने की बात यह है!

इन दोनों ऐसे बहुतेरे जोड़ों की संख्या बढ़ रही है जहाँ बच्चा जनना विवाह का उद्देश्य नहीं! इनमें कुछ ऐसे भी समलैंगिक जोड़े हैं जो अनाथालयों के बच्चे गोद ले कर उन्हें स्नेहपूर्वक पालते हैं। यौन-प्राथमिकताएँ अलग होने से मानवीयता थोड़े ही कम हो जाती है! अलग तरह का होना हीन होना नहीं है! लक्ष्मी त्रिपाठी—जैसी उदात्त सेवा-वृत्ति वाले, पढ़े-लिखे हिंजरों की संख्या भी लगातार बढ़ ही रही है! यौन-क्रान्ति के ये स्पष्ट लाभ हैं कि एक 'निरे' संयोग, प्राकृतिक संयोग का मुआवजा जीवनभर घुट-घुटकर लोग नहीं देते, अपनी कारयित्री क्षमताओं से बृहत्तर समाज को अनुप्राणित भी करते हैं। जबर्दस्ती बनाया गया यौन-सम्बन्ध हिंसा है, निर्दय और दण्डनीय अपराध, बच्चों को बहला-फुसलाकर बनाया गया रिश्ता भी, बाकी तो इससे क्या फर्क पड़ता है कि कोई गेंदे की संगति में आह्लादित हो या गुलाब की संगति में! फैन्सी का क्षेत्र एक निहायत निजी क्षेत्र है जिस पर शासन-प्रशासन की सोचनी भी नहीं चाहिए!

उद्धरण एवं सन्दर्भ

1. "I mean the term lesbian continuum to include a range–through each woman's life and throughout history–of woman-identified experience; Andrienne, *Blood, Bread and Poetry: Selected Prose,* 1979-1985, Virago, 1987.

2. "Our intimacy is progressing very fast. Her nature is like a demonstrative cat's; she is delicate, acutely sensitive to cold, and incredibly caressing in her own ways. I like looking at her pink face. Collet, *Claudine at school,* Penguin, Harmondsworth,1979, p. 15

3. "I never caught cold, but got 'co-hum' and then everything turned 'cro-bo-so', and topsy turvy, or at least, a bit askew.

   I am a reflection of my mother's secret poetry as well as of her hidden angers.

   Sitting between my mother's spread legs, her strong knees gripping my shoulders tightly like some well-attended drum, my hard in her lap, while she brushed and combed and oiled and braided. I feel my mother's strong, rough hands all up in my unruly hair, while I'm squirming around on a low stool or on a folded towel on the floor, my rebellious shoulders hunched and jerking against the inexorable sharp-toothed comb.

   After each springly portion is combed and braided, she pats it tenderly and proceeds to the next.

   I hear the interjection of sotto voce adomonitions that punctuated whatever discussion she and father were having.

   'Hold your back up, now! Deenie, keep still! Put your head so!' Scratch, scratch. 'When last you wash your hair? Look the dandruff!" Scratch, scratch, the comb's truth setting my own teeth on edge. Yet, these were some of the moments missed most sorely when our real words began.

   I remember the warm mother smell caught between her legs, and the intimacy of our physical touching nestled inside of the anxiety/pain like a nutmeg nestled inside its covering of mace.

   The radio, the scratching comb, the smell of petroleum jelly, the grip of her knees and my stinging scalp all fall into the rythms of a litany, the rituals of Black women combing their daughters' hair." —Andre, Lorde, *Zami,* Sheba, London, 1982, pp 32-3.

4. "For some of us there was no one particular place, and we grabbed whatever we could from whatever we found space, comfort, quiet, a smile, non-judgement." We were different. Being Black together was not enough. We were different. Being Black dykes together was not enough. We were different." –Ibid p. 226.